Heinrich von Staden
mit allen guten
Wünschen
Columbus, 20. November 2008

Georges Tamer

Zeit und Gott

Studien zur Geschichte und Kultur des islamischen Orients

Beihefte zur Zeitschrift „Der Islam“

Herausgegeben von

Lawrence I. Conrad

Neue Folge

Band 20

Walter de Gruyter · Berlin · New York

Georges Tamer

Zeit und Gott

Hellenistische Zeitvorstellungen in der altarabischen Dichtung und im Koran

Walter de Gruyter · Berlin · New York

Printed on acid-free paper which falls within the guidelines of the ANSI
to ensure permanence and durability

ISBN 978-3-11-020057-7

Library of Congress Cataloging-Publication Data

A CIP catalogue record for this book is avaible from the library of Congress.

Bibliographic information published by the Deutsche Bibliothek

The Deutsche Nationalbibliothek lists this publication in the Deutsche Nationalbibliografie; detailed bibliographic data are available in the Internet at http://dnb.d-nb.de.

Printed in Germany
Cover design: Christopher Schneider, Berlin

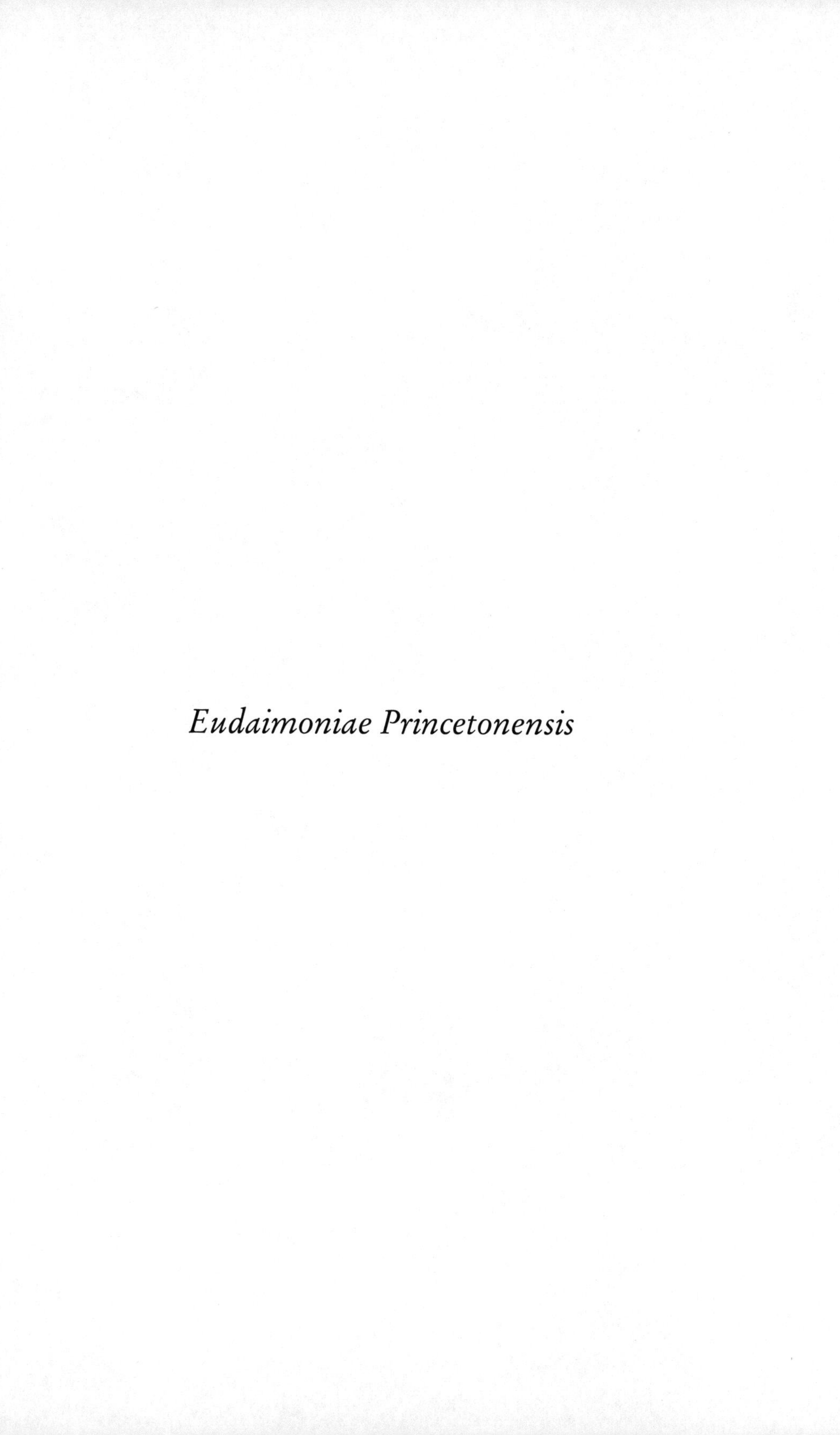

Eudaimoniae Princetonensis

Vorbemerkung

Vorliegende Schrift hat sich anders entwickelt, als sie ursprünglich geplant war. Beabsichtigt war eine Untersuchung der Zeitvorstellungen in der vorislamisch-arabischen Poesie und daraus resultierender Lebensformen als Einstieg in die Untersuchung der Auffassung von Zeit und Zeitlichkeit im Koran, ein Thema, das bisher in der Forschung kaum gebührend berücksichtigt wurde. Bis auf Ausführungen vor allem in unterschiedlichen Werken von Helmer Ringgren und Toshihiko Izutsu und wenige Aufsätze aus der Feder von Jacques Berque, Gerhard Böwering und Robert Brunschvig steht eine eingehende Untersuchung darüber noch aus wie übrigens auch die aufgrund mangelnden Stoffs verhältnismäßig kurze Bibliographie am Ende des jüngst erschienenen Artikels „Time" in der *Encyclopedia of Qur'ān* deutlich macht. Äußerungen zum Verständnis der Zeit im Koran sind lediglich hier und da Teil der Beschäftigung mit anderen Fragen. Arabische Autoren, die sich mit dem Thema befassten, konnten sich aus dem Bann der klassisch-islamischen Koranforschung nicht lösen. Ihre Arbeiten bringen deshalb nichts Neues zu dem in jenem Bereich bereits Bekannten. Wenngleich die Lage hinsichtlich der Behandlung von Zeitvorstellungen in der vorislamisch-arabischen Dichtung besser aussieht, wie die Auseinandersetzung mit der Literatur an Ort und Stelle zeigen wird, fehlt bisher dennoch eine Monographie, die die Zeitvorstellungen im Koran und der vorhergehenden Poesie gründlich untersucht und in Verhältnis zueinander setzt.

Dies zu untersuchen hatte ich mir vorgenommen, ehe mir klar wurde, dass die vorislamisch-arabischen Gedichte deutliche Gemeinsamkeiten mit hellenistischen Zeitvorstellungen aus der griechisch-römischen Spätantike des östlichen Mittelmeerraums aufweisen. Der Sachverhalt verlangte danach, tiefer erforscht zu werden, ein Unternehmen, das sich auch auf den Koran erstreckte. Überraschende Ergebnisse konnten dadurch erzielt werden: Nicht nur die vorislamisch-arabische Dichtung, sondern auch der Koran selbst enthält bedeutsame hellenistische Zeitvorstellungen. Welche wichtigen Konsequenzen daraus für die Behandlung des Themas entstehen, sei hier nur stichpunktartig vorweggenommen. Im Gegenteil zu der in der bisherigen Forschung herrschenden Meinung ging der Hellenismus mit der Entstehung des Islams nicht zu Ende, sondern wurde in neuer Gestalt fortgesetzt. Eine solche Erkenntnis führt notwendigerweise dazu, dass der Koran und die sich darauf stützende islamische Kultur in ein neues Licht rücken müssen. Von der Bedeutung der erzielten Forschungsergebnisse überzeugt, habe ich mich entschlossen, sie der Fachwelt mitzuteilen. In anschließenden Forschungen will ich die reichhaltige Zeitauffassung im Koran hermeneutisch-kritisch behandeln.

Die Untersuchung ist im Ganzen von einem geistesgeschichtlichen Interesse geleitet, das einen Horizont altarabischer und koranischer Weltanschauung zu erschließen versucht, um einen Beitrag zum besseren Verständnis eines nicht immer leicht zugänglichen Religions- und Kulturraumes und einer alten, aber dennoch sehr präsenten geistigen Epoche zu leisten. Die Beschäftigung mit dem historischen Gegenstand soll jedoch von einem stets wachen Interesse an gegenwärtigen Verhältnissen in der islamischen Religion und Kultur begleitet werden, die in ungebrochener Kontinuität mit ihrer Vergangenheit stehen. Denn moderne Probleme des Islams können ohne die Beziehung konstituierender Epochen seiner Entwicklungsgeschichte nicht angemessen behandelt werden. Nicht nur im fundamentalistischen Diskurs lebt der frühe Islam imaginativ fort; auch die rationalistisch-aufklärerischen Bemühungen rekurrieren auf die vergangene Blütezeit der arabischen Kultur, um ihre neuen Ansätze in der Tradition zu verankern.

Dieses Buch ist eine leicht überarbeitete Fassung meiner Habilitationsschrift, die im vergangenen Februar von der Philosophischen Fakultät II der Friedrich-Alexander-Universität Erlangen-Nürnberg angenommen wurde. Mein Dank geht an erster Stelle an die Mitglieder des Fachmentorats Prof. Dr. Hartmut Bobzin (Erlangen), Prof. Dr. Wilhelm Schmidt-Biggemann (Berlin) und Prof. Dr. Walter Sparn (Erlangen), die die Arbeit in ihren verschiedenen Phasen mit Interesse begleitet haben. Meine Lehrjahre in Erlangen sind wohl fruchtbar gewesen. Sie brachten mich mit freundlichen Kollegen und neugierigen Studierenden zusammen, wofür ich dankbar bin. Besonders seien hier Prof. Dr. Otto Jastrow und die Kollegen am Lehrstuhl Orientalische Philologie, Prof. Dr. Dagmar Glass, Dr. Claudia Ott, PD Dr. Shabo Talay and Frau Herta Hafenrichter, erwähnt. Hervorheben möchte ich ebenfalls Gelegenheiten geistiger Bereicherung, die mir dort im Gespräch besonders mit meinen verehrten Freunden Prof. Dr. Karl Bertau, Prof. Dr. Jens Kulenkampff und Prof. Dr. Michael Lackner zuteil wurde.

Eine kürzere Version der ersten beiden Kapitel ist 2002–2003 während eines Fellowship-Jahres am Arbeitskreis Moderne und Islam am

Wissenschaftskolleg zu Berlin entstanden. Dem Arbeitskreis und der Fritz-Thyssen-Stiftung ist der Verfasser für ihre Förderung zu Dank verpflichtet. Ebenfalls richtet sich mein Dank an Prof. Dr. Angelika Neuwirth (Berlin) für vielfältige Anregungen und Prof. Dr. Renate Jacobi (Berlin) für ihre sorgsame Durchsicht und fachliche Begutachtung der Schrift. Prof. Dr. Hans Daiber (Frankfurt am Main) hat in den letzten Jahren meine Arbeit mit Interesse stets freundlich unterstützt, wofür ich ihm meinen Dank aussprechen möchte. Ebenfalls richtet sich mein Dank an Prof. Dr. Gerhard Böwering (Yale), der eine frühere Version des ersten Teiles las.

Der Kern der Studie ist im letzten Jahr während eines ergiebigen Forschungsaufenthalts am Institute for Advanced Study in Princeton entstanden. Die günstigen Bedingungen in diesem Forscherparadies halfen mir, meine Forschung nach Kräften fortzusetzen und zu einschlägigen Erkenntnissen zu gelangen. Den Faculty Members der School of Historical Studies sei an der Stelle für freundliche Aufnahme und inspirierende Gespräche gedankt. Besonders möchte ich den anregenden Gedankenaustausch mit Prof. Dr. Glen Bowersock und Prof. Dr. Patricia Crone hervorheben. Prof. Dr. Peter Goddard, der Direktor des Institute, und Prof. Dr. Heinrich von Staden trugen entscheidend durch die Überwindung von besonderen Schwierigkeiten zur Förderung meiner Forschung bei, wofür ihnen mein aufrichtiger Dank gilt. Meine Arbeit dort wäre mit Sicherheit nicht so fruchtbar gewesen ohne die kompetente und stets freundliche Betreuung des Libraryteams, an dessen Spitze Frau Marcia Tucker steht. Sie und ihre Mitarbeiterinnen sowie Marian Zelazny und Terrie Bramley seien hier mit Lob und Dank bedacht. Unfassbar und deshalb nicht konkret mit gebührendem Dank zu bedenken ist der am Institute wehende Geist der Freiheit, der die Seele mit Freude an der Wissenschaft erfüllt. Ihm sei das Buch als bescheidenes Zeichen tiefer Anerkennung gewidmet.

Dem Verlag Walter de Gruyter besonders Frau Dr. Sabine Vogt und Frau Ilona Szlezak für freundliche und kompetente Betreuung sowie Prof. Dr. Lawrence Conrad möchte ich für die Aufnahme des Buches in die Reihe „Studien zur Geschichte und Kultur des islamischen Orients" Dank aussprechen.

Zum Schluss möchte ich ganz besonders meiner Frau danken. Ohne ʿAbla und ihre beflügelnde Liebe wäre Vieles von dem, was in meinem Leben real geworden ist, nicht möglich gewesen.

Columbus, Ohio, im November 2007 Georges Tamer

Hinweise zur Transkription und Aussprache arabischer Laute

Namen und Begriffe aus dem Arabischen werden in wissenschaftlicher Umschrift wiedergegeben. Wenn diese im geläufigen Sprachgebrauch bereits eingedeutscht sind, wird die bekannte Schreibweise verwendet (z.B. Koran statt Qur'ān, Muhammad statt Muḥammad und Diwan statt Dīwān).

Die transkribierten arabischen Laute werden wie folgt ausgesprochen:

ʾ	fester Stimmeinsatz (be'eilen)
ṯ	scharfes englisches *th* (thing)
ǧ	weiches *dsch* (Dschungel)
ḥ	gehauchtes *h*
ḫ	hartes *ch* (Lachen)
ḏ	weiches englisches *th* (then)
z	weiches deutsches *s* (Sonne)
š	deutsches *sch*
ṣ	stimmloses emphatisches *s* am Obergaumen
ḍ	emphatisches *d* am Obergaumen
ṭ	emphatisches *t* am Obergaumen
ẓ	emphatisches z am Obergaumen
ʿ	Kehllaut
ġ	Gaumen-r wie im Französischen
q	tief artikuliertes emphatisches *k*
w	wie ein englisches *w*

Die Begriffe *dahr* und *aion* werden immer klein geschrieben, auch wenn sie die tätige oder ikonographische Personifikation der Zeit bezeichnen.

Das arabische Wort *ibn* (*bin*), Sohn, wird in männlichen Personennamen abgekürzt mit b. wiedergegeben.

Inhaltsverzeichnis

Erster Teil
Zeit und Zeitlichkeit in der vorislamisch-arabischen Dichtung

Zweiter Teil
Arabischer Hellenismus

Einleitung

Der zeitgenössische arabische Dichter und Literaturkritiker Adonis (Adūnīs) eröffnet seine kompakte Einführung in die arabische Poesie mit der ersten Hälfte eines Verses des Dichters Tamīm b. Muqbil (gest. vermutlich kurz nach 690 A.D./70 A.H.). Dieser gehörte zu den *muḫaḍramūn*, denjenigen Dichtern der Generation Muhammads, die vor und nach der Verkündigung des Korans wirkten. Tamīm blieb in Bezug auf Themen und Aufbau seiner Gedichte auch nach Entstehung des Islam der vorislamischen Epoche verpflichtet. Vollständig lautet der zitierte Vers:[1]

> „Wie schön das Leben wäre, wenn der Jüngling ein Stein wäre, von dem die Ereignisse (Schicksalsschläge) fernblieben und der noch fest wäre."

Adonis charakterisiert den Wunsch, Stein zu sein, als einen „Schlüssel zum Verständnis des arabischen Menschen" in der vorislamischen Zeit. Dieser Wunsch stelle sich als eine Warte dar, von der aus die geistige Landschaft jener Epoche beobachtet werden könne, die von der immer nahen, immer präsenten Todesvorstellung beherrscht sei.[2]

Betrachtet man den Vers erneut, bestätigt sich die Hypothese des Adonis. Der Jüngling verkörpert bekanntlich heranwachsende Stärke, uneingeschränkte Hoffnung und ungedämpfte Lebenslust. Er steht im Vers für den Menschen schlechthin. Dagegen ist der Stein hart und gefühllos; er hält Naturereignissen stand und bleibt unverändert.[3] Im

---

1 Adūnīs (ʿAlī Aḥmad Saʿīd), *Muqaddima li-š-šiʿr al-ʿarabī*, Beirut (1975): 13, zitiert den ersten Halbvers, der in den Anmerkungen, S. 34, ergänzt wird:

ما أطيب العيش لو أن الفتى حجر   تنبو الحوادث عنه وهو ملموم

Biographisches zu Tamīm b. Muqbil ist in Fuat Sezgin, *Geschichte des arabischen Schrifttums* (*GAS*), Bd. II, Leiden (1975): 248f. enthalten. Zu Tamīms Dichtung vgl. Thomas Bauer, *Altarabische Dichtkunst. Eine Untersuchung ihrer Struktur und Entwicklung am Beispiel der Onagerepisode*, Bd. I, Wiesbaden (1992): 225–228.

2 Adūnīs, a.a.O.

3 Clemens von Alexandria berichtet, dass die Araber den Stein verehrten: Julius Wellhausen, *Reste altarabischen Heidentums*, Berlin (1887). Abdruck: Berlin (1961): 101. Verschiedene Überlieferungen sprechen davon, dass die Araber vor dem Islam bei ihren Reisen oder Kriegszügen „heilige Steine" mitnahmen, was

zweiten Halbvers wird beschrieben, weshalb er zum Desiderat des altarabischen Dichters gemacht wird. Die Schicksalsschläge (*ḥawādiṯ*) beeinträchtigen das Leben derart, dass den Menschen allein eine steinartige Existenz die notwendige Sicherheit zu gewähren scheint. Nichts anderes also als die allzu geläufige Erfahrung menschlicher Hinfälligkeit lässt den arabischen Dichter den Stein als Lebensmuster wünschen.[4]

In der Tat kann in der altarabischen Dichtung ein weit verbreiteter Pessimismus festgestellt werden. Man fragt sich zunächst, ob diesen Pessimismus etwa nur der physische Kontext der Wüste und die daraus entstandenen Lebensbedingungen bedingten, die von räumlicher und geistiger Unruhe gekennzeichnet waren, oder ob es dafür noch tiefergehende Gründe geben könnte.[5] Betrachten wir die Strukturen der menschlichen Existenz, wie sie in der vorislamisch-arabischen Dichtung beschrieben werden, gewinnen wir den Eindruck, dass das Leben in der Wüste mit den damit verbundenen natürlichen und klimatischen Umständen zwar als schwer empfunden wird, dass aber der Grund der angedeuteten pessimistischen Stimmung primär woanders gesucht werden soll. Gewisse Zeitvorstellungen, die im vorislamisch-arabischen Kontext dominierten, prägen die dort verbreitete Lebensanschauung, wie sie uns in der Poesie vermittelt werden. Der aufmerksame Leser kann deutlich die Tiefe spüren, in der das altarabische Gedicht, die *qaṣīda*, die Konfrontation mit der Zeit als Herrschaftsmacht in der Welt reflektiert.[6] Dabei manifestieren sich die von den Arabern vertretenen Zeitvorstellungen als Teil der spätantiken Geisteswelt, mit denen sich auch der Koran in einer eigentüm-

---

als Zeichen dafür interpretiert werden kann, dass sie in vielen Fällen Stein und Gott für identisch hielten. Vgl. dazu Susanne Krone, *Die altarabische Gottheit al-Lāt*, Frankfurt am Main etc. (1992): 290ff. Der Stein in dem oben zitierten Vers hat weniger religiöse als existentielle Bedeutung.

4 Das Wort *ḥawādiṯ* ist die Pluralform des Wortes *ḥādiṯ*, ein Partizipaktiv vom Verb *ḥadaṯa*, das „sich ereignen" bedeutet. Daher bedeutet *ḥawādiṯ* neutral „Ereignisse", ohne dass damit weitere Konnotationen verbunden wären. Allerdings bekommt das Wort im arabischen Sprachgebrauch gewöhnlich die negative Bedeutung schlechter Ereignisse oder böser Unfälle. Vgl. Abū l-Faḍl Ǧamāl ad-Dīn M. b. Mukarram b. Manẓūr, *Lisān al-ʿarab*, 15 Bde, Beirut (1955–1956) (*Lisān*) und Edward W. Lane, *An Arabic-English Lexicon*, Book I, Part 1–8, London-Edinburgh 1863–1893 (*Lane*) s. v. *ḥadaṯa*.

5 Vgl. Georg Jacob, *Altarabisches Beduinenleben*, 2. Aufl., Berlin (1897); Ewald Wagner, *Grundzüge der klassischen arabischen Dichtung*: Bd. I: *Die altarabische Dichtung*, Darmstadt (1987): 177–187.

6 Vgl. dazu Andras Hamori, *On the Art of Medieval Arabic Literature*, Princeton (1974): 29.

lichen Weise auseinandersetzt, die als Dialektik von Aufnahme und Ablehnung bezeichnet werden kann.

In der westlichen Forschung wurde dieses Thema bisher noch nicht eingehend untersucht, wie der folgende Überblick deutlich macht. Werner Caskel hat als erster die Aufmerksamkeit auf Schlüsselbegriffe der Zeitauffassung in der vorislamisch-arabischen Poesie gelenkt.[7] Er subsumiert sie jedoch dem Schicksalgedanken, was dazu führt, dass die betroffene Zeitauffassung nur auf einen ihrer Aspekte reduziert wird. Wie im Laufe dieser Untersuchung deutlich wird, wird die unendliche, aktiv auf das Leben einwirkende Zeit sehr deutlich mit dem Schicksal konnotiert, ist jedoch keineswegs mit ihm identisch. Caskels einseitge Interpretation wurde bisher meistens unkritisch übernommen. Von ihm bleibt auch Helmer Ringgren abhängig, wenn er die altarabischen Zeitvorstellungen als fatalistisch interpretiert.[8] Durch eine solche Betrachtung werden zwar wichtige Inhalte erkannt, deren Fokussierung auf den Fatalismus läßt jedoch relevante Bezüge anderer Prägung außer Acht. Beide Autoren deuten die Zeit als Funktion einer von ihr unterschiedenen Macht, in deren Zeichen der natürliche Verlauf der Zeit steht. Eine solche Interpretation trifft auf die Vorstellungen der arabischen Dichter nicht zu. Sie konnten für unerklärliche Ereignisse keine andere Ursache als die Zeit finden. Ihr nüchterner Blick nahm die Zeit als unendliche Wiederkehr von gleichen Perioden wahr, die meistens unliebsame Veränderungen ihrer Lebensverhältnisse mit sich brachten. Ihre Begründung der Geschehnisse kann wohl deshalb angemessener als natürlich geprägte Kausalität denn als Fatalismus bezeichnet werden.

Im Rahmen seiner Abhandlung über das Verhältnis von Gott und dem Menschen im Koran widmet Toshihiko Izutsu der vorislamischen Betrachtung der Zeit kurze Ausführungen, die anregende Gedanken enthalten, freilich ohne das Thema umfassend zu behandeln.[9] In anderer Weise beschäftigt sich Maxime Rodinson mit Zeitwahrnehmungen in Nord- und Südarabien vor dem Islam. Sein besonderes Interesse gilt dabei der Rolle von Zeitperioden im Leben der Nomaden und Bauern. Darüber hinaus behandelt er die soziale und kultische Bedeutung von Zeitabschnitten und festgelegten Zeiten, bevor er zur muhammedanischen Kalenderreform gelangt. Da er die Poesie in seiner Studie kaum berücksichtigt, würde die Auseinandersetzung mit seinen Thesen den Rahmen

---

7 Werner Caskel, *Das Schicksal in der altarabischen Poesie*, Leipzig (1926).
8 Helmer Ringgren, *Studies in Arabic Fatalism*, Uppsala und Wiesbaden (1955).
9 Toshihiko Izutsu, *God and Man in the Koran*, Tokio (1964).

dieser Studie sprengen.[10] Albert Arazi stellt die wichtigsten Motive der Zeitauffassung in der vorislamisch-arabischen Dichtung vornehmlich an der Nacht dar.[11] Seine Analyse dringt jedoch nicht tief genug in die Materie ein, um bedeutsame Gehalte zu extrahieren. Außerdem stützt er sich bei der Suche nach Belegen für seine Interpretation auf relativ späte Sammlungen, deren Zuverläßigkeit als Quellen der vorislamisch-arabischen angezweifelt werden kann.

Wenn wir den Blick auf den arabischen Raum richten, können wir beobachten, dass es unter den modernen arabischen Autoren es das Verdienst von ʿAbd al-Ilāh aṣ-Ṣāʾiġ bleibt, sich mit dem Thema eingehend beschäftigt zu haben. Sein materialreiches Buch stellt die unterschiedlichen Bezeichnungen der verschiedenen Zeiten dar. Eine fundierte Analyse der Zeitbegriffe bietet er jedoch nicht. Seine Deutung des Transformationsprozesses der vorislamischen arabischen Zeitvorstellungen gelangt über Spekulationen nicht hinaus. Besonders seine Ausführungen über die Betrachtung der Herrschaft, des Menschen und der Frau als Transformationen der Zeit entbehren überzeugender Begründung in der behandelten Dichtung.[12]

Allen genannten Studien ist gemeinsam, dass sie den hellenistischen Charakter der vorislamisch-arabischen Zeitvorstellungen völlig übersehen, ein Mangel, der ein tiefes Verständnis jener Vorstellungen besonders im Hinblick auf ihre Einbettung in den kulturellen Kontext der Spätantike verhindert. Als Folge davon wird der Blick auf den Koran und die Anfänge des Islam derart eingeengt, dass diese aus ihrem kulturellen und religiösen Entstehungskontext herausgerissen und isoliert werden. Gegen diesen Missstand wendet sich vorliegende Studie. Sie widerspricht in erster Linie der herrschenden Meinung, die Araber seien vor dem Islam Bewohner eines kulturell leeren Raumes, fern von Einflüssen der benachbarten Hochkulturen gewesen. Diese fragwürdige Beurteilung der vorislamisch-arabischen Geschichte und der Anfänge des Islams wird durch die hier erzielten Forschungsergebnisse grundsätzlich ausgeräumt. Die Analyse der

---

10 Maxime Rodinson, „L'Espace et le Temps chez les Anciens Arabes [Première partie: Le Temps]", in: *Matériaux Arabes et Sudarabiques – Groupe d'Études de Linguistique et de Littérature Arabes et Sudarabiques*, N.S. 8 (1997): 13–77. Der Aufsatz wurde eigenen Angaben des Verfassers zufolge 1970 verfasst. Da ich ein anderes Interesse am Gegenstand verfolge, verzichte ich auf eine ausführliche Auseinandersetzung mit der erwähnten Studie. Überschneidungen lassen sich in diesem Zusammenhang natürlicherweise nicht vermeiden.

11 Albert Arazi, *La réalité et la fiction dans la poésie arabe ancienne*, Paris (1989).

12 ʿAbd al-Ilāh aṣ-Ṣāʾiġ, *az-Zaman ʿinda š-šuʿarāʾ al-ʿarab qabla l-Islām*, Bagdad (1986).

Zeitvorstellungen bringt eine von hellenistischen Zügen geprägte Zeitauffassung ans Licht, die auch im Koran rezipiert wird. Während dort die in der vorislamisch-arabischen Dichtung geltende Macht der Zeit nicht aufrecht erhalten werden kann, weil sie der verkündeten Auffassung von der absoluten Macht Gottes widersprechen würde, wird der hellenistische Charakter der altarabischen Zeitauffassung durchaus beibehalten.

Der eben umrissene Sachverhalt bildet den thematischen Zusammenhang dieser Arbeit. Die Darstellung der astrologischen Zeit[13] und die Frage nach der arabischen Zeitrechnung vor dem Islam[14] werden nicht

---

13 Es kann mit großer Wahrscheinlichkeit angenommen werden, dass die vorislamischen Araber Kenntnis von den Sternbildern und ihren Bewegungen besaßen. Es wird weiterhin vermutet, dass sie die Sterne als Lebewesen betrachteten und ihnen Einfluss auf die irdische Welt zuschrieben. Siehe dazu Josef Henniger, *Arabica sacra*, Göttingen (1981): 48–117. Um den Ablauf der Zeit zu berechnen, verwendeten die Araber das primitive System der *anwāʾ*, das auf der Beobachtung der Sternkonstellationen beruht und wie Henniger, „Über Sternkunde und Sternkult in Nord- und Zentralarabien", in: *ZE*, 79 (1954): 82–117, besonders 114, meint, vom Kalender der Plejaden beeinflusst war. Da die Sterne für die Ursache des Regens gehalten wurden, wurden sie intensiv beobachtet, um den Witterungszustand vorauszuschauen. Vgl. Ch. Pellat, „anwāʾ", in: *EI*², I, 523f. Von den klassischen arabischen Autoren vgl. Ibn Qutaiba, *Kitāb al-anwāʾ fī mawāsim al-ʿarab*, Ḥaidarabād (1956); Abū ʿAlī Muḥammad b. al-Mustanīr Quṭrub, *Kitāb al-azmina wa-talbiyat al-ǧāhilīya*, Beirut (1985): 24–30; Abū ʿAlī al-Marzūqī, *Kitāb al-azmina wa-l-amkina*, Beirut (1996): 132–149; Abū r-Raiḥān Muḥammad b. Aḥmad al-Bīrūnī, *Kitāb al-ʾāṯār al-bāqiya ʿan al-qurūn al-ḫāliya* (*Chronologie orientalischer Völker*), Hg. E. Sachau, Leipzig (1878), Kap. 21; Krone, *Die altarabische Gottheit al-Lāt*, 345–357.

14 Da ich bei der Untersuchung vornehmlich philosophisch-religionswissenschaftliches Interesse am Thema verfolge, sehe ich davon ab, die Frage der vorislamischen Zeitrechnung zu behandeln. Siehe dazu: A. Sprenger, „Über den Kalender der Araber vor Moḥammed", in: *ZDMG*, 13 (1859): 134–175; Willy Hartner, „Zamān", in: *EI*¹, IV, 1307–1310; Caussin de Perceval, „Notes on the Arab Calendar Before Islam", in: *IC*, 21 (1947): 135–153 (von L. Nobiron englische Übersetzung des 1843 in *JA* veröffentlichten Aufsatzes „Memoires Sure Le Calendrier Arab Avant L'Islamisme"); Ǧauwād ʿAlī, *al-Mufaṣṣal fī tārīḫ al-ʿarab qabla l-Islām*, Bd. VIII, Beirut (1971): 436–470; Fazlur Rehman Shaikh, „The Veracity of the Arab Pagan Calendar", in: *IC*, 71 (1997): 41–69; F.A. Shamsi, „Perceval's Reconstruction of the pre-Islamic Arab Calendar", in: *IS*, 37 (1998): 354–369.
Zu dem Ergebnis, 77 Jahre vor der Hiǧra existierte in Palästina ein arabisches Datierungssystem, kommt Yiannis Meimaris infolge seiner Untersuchung zahlreicher arabischer und griechischer Inschriften und Papyri. Eine Darstellung einiger Forschungsergebnisse findet sich in seinem Aufsatz „The Arab(Hijra) era mentioned in Greek inscriptions and papyri from Palestine", in: *Graeco-Arabica*, 3 (1984): 177–189.

behandelt, da sich in der Dichtung keine Anhaltspunkte dafür finden. und die Frage nach der arabischen Zeitrechnung vor dem Islam ausgeschlossen. Die Poesie liefert für deren Behandlung keine Anhaltspunkte.

An dieser Stelle scheint mir eine begriffliche Klärung notwendig. Die vorislamische Epoche der arabischen Geschichte wird in der islamischen Tradition üblicherweise als *ǧāhilīya* bezeichnet. Der Terminus bedeutet im Koran eine Gesinnung, die durch falsche Vorstellungen von Gott, die sein umfassendes Wissen nicht anerkennen (Q 3: 154), unanständige Sitten von Frauen, die sich exzentrisch schmücken (*tabarruǧ*) (Q 33:33), und eifernde Torheit (*ḥamīya*) (Q 48:26) gekennzeichnet ist. An der spätmedinensischen Stelle Q 5:50 wird mit dem Terminus eine Herrschaftsform (*ḥukm al-ǧāhilīya*) bezeichnet, die im Gegensatz zu der in der neu gegründeten Theokratie geltenden Herrschaft Gottes durch seinen Gesandten steht. Mit dem Ausdruck ist also der Zustand oder die Zeit der religiösen Ignoranz und moralischen Torheit gemeint, die vor dem Islam bei den Arabern herrschten. Als Gegenpol zum Islam aufgefasst charakterisiert *ǧāhilīya* spezifisch den besonders in Zentral- und Westarabien lokalisierten arabischen Teil des vorislamischen Kulturraums, von dem nordarabische Kulturzentren wie Petra und Palmyra sowie die jemenitische Kultur in Südarabien kein Teil sind.[15] So verstanden eignet sich der Begriff nicht, im Rahmen der vorliegenden Studie verwendet zu werden. Denn er reduziert die arabische Kultur vor dem Islam allein auf den religiösen Aspekt. Außerdem vermittelt er von dieser Epoche ein ausschließlich negatives Bild, das weder mit dem eher elaborierten Charakter ihrer Dichtung noch mit ihren komplexen, im gegenwärtigen Rahmen herausgearbeiteten Zeitvorstellungen vereinbar ist.[16]

Nun zum Thema: Den in den folgenden Kapiteln thematisierten Zeitvorstellungen liegen zwei natürlich geprägte Erfahrungen zugrunde. Die

---

15 Siehe für die traditionelle Auffassung: Ignaz Goldziher, „Was ist unter ‚Al-Ǵâhilijja' zu verstehen" in: *Muhammedanische Studien*, 2 Bde., Halle 1888. 2. Nachdr.: Hildesheim etc. (2004): I, 219–228; Shlomo Pines, „Jāhiliyya and ʿilm", in: *JSAI*, 13 (1990): 175–194. Wellhausen, *Reste*, 71, A. 1, betrachtet *ǧāhilīya* als eine arabische Übersetzung des griechischen ἄγνοια (Apg 17:30: „Zeit der Unwissenheit") und schlägt damit einen christlichen Ursprung des Ausdrucks vor. G. R. Hawting, *The Idea of Idolatry and the Emergence of Islam. From Polemic to History*, Cambridge (1999): 99f., macht dagegen darauf aufmerksam, dass das islamische Konzept der *ǧāhilīya* auch in Beziehung zu einer Bezeichnung im jüdisch-hellenistischen Buch der Weisheit Salomos 14:22 stehen könnte.

16 Vgl. Ewald Wagner, *Die altarabische Dichtung*, 8ff.; Ders., *Grundzüge der klassischen arabischen Dichtung*: Bd. II: *Die arabische Dichtung in islamischer Zeit*, Darmstadt (1988): 2f.

erste dieser Erfahrungen ist die der fortschreitenden Alterung mit der Zeit. Jeder sieht, wie er selbst und seine Mitmenschen Tag für Tag und Jahr für Jahr älter werden und wie damit der Tod näher rückt. Der unaufhaltbare Verlauf der Zeit zeigt sich auf diese Weise als unkontrollierbarer Prozess zum Tode hin, mit dem das sichtbare Leben endet. Daraus folgt, dass die Wahrnehmung der Zeit mit der Erwartung des Todes eng verknüpft ist. Die arabischen Poeten vor dem Islam haben deshalb die Zeit als Quelle des Todes betrachtet. Die zweite Beobachtung ist spezifisch auf die äußeren Lebensbedingungen jener Poeten bezogen. Denn der in einer Nomadengesellschaft nicht ungewöhnliche Anblick zerstörter Lagerreste und verkommener Ruinen, deren Einwohner auf der Suche nach Wasser und Weide weitergezogen sind, erweckt den Eindruck, die Zeit habe zusammen mit dem Wechsel in der Natur die Orte veröden lassen. Die Zeit wird damit als Zerstörungsfaktor empfunden, dessen Wirkung nicht nur Lebewesen, sondern auch unbeseelte Gegenstände betrifft.

Diese beiden Erfahrungsgrundlagen haben bei den Arabern zur Entwicklung einer Auffassung geführt, der zufolge die Zeit nicht nur für einen passiven Rahmen von Geschehnissen gehalten wird; vielmehr wird ihr zugeschrieben, Veränderungen zu bewirken. Die Zeit erhält auf diese Weise eine aktive Dimension, deren poetische Darstellung sich als steigerungsfähig erweist. Dieser aktiven Dimension gemäß agiert sie sowohl im Zusammenwirken mit der Natur als auch allein destruktiv. So zerstört sie durch Naturereignisse wie Wind und Regen Orte; ihr Verlauf führt die Menschen zum Tod. Die Zeit wird als anonyme Macht empfunden, die sich auch im Hintergrund am Geschehen beteiligt, das von anderen unmittelbar tätigen Kräften vollzogen wird. Damit erhält die abstrakte Zeit eine starke Konnotation als bestimmendes Schicksal all dessen, was sich innerhalb von Zeitstrukturen befindet.

Das Unternehmen, die vorislamisch-arabische Dichtung auf die in ihr enthaltene Zeitauffassung hin zu befragen, verlangt einige methodische Voraussetzungen sowohl formeller als auch inhaltlicher Art. In formeller Hinsicht wird die Poesie im Großen und Ganzen als vorislamisch betrachtet, ohne die einst vieldiskutierte Frage nach ihrer Echtheit erneut aufzurollen.[17] Das behandelte poetische Material ist einigen der frühesten Anthologien und Werken der wichtigsten altarabischen Dichter ent-

17 Vgl. die Darstellung der verschiedenen Ansichten darüber in Wagner, *Die altarabische Dichtung*, 12–29; Renate Jacobi, „Die altarabische Dichtung (6.–7. Jahrhundert)“, in: *Grundriß der arabischen Philologie*, Bd. II: *Literaturwissenschaft*, hrsg. von Helmut Gätje, Wiesbaden (1987): 20–31, besonders 20ff.

nommen.[18] Für die Auswahl der Stellen ist in erster Linie der metaphorische Gehalt der in ihnen enthaltenen Zeitausdrücke entscheidend, deren Bedeutung sie für den vorliegenden Zusammenhang geeignet macht. Die Interpretation ist von der Bemühung gekennzeichnet, stets textnah zu bleiben. Dabei gehen die Philologie und die philosophische Betrachtung Hand in Hand, um auf fundierter philologischer Basis für Philosophie und Religionswissenschaft interessante Ergebnisse zu erzielen. Sofern es nicht anders angegeben ist, sind die zitierten Stellen von mir übersetzt. Meine Absicht ist dabei nicht primär, ästhetische Ansprüche zu erfüllen, sondern den semantischen Gehalt der Zeitausdrücke im jeweiligen Kontext herauszupräparieren.[19]

---

18 Insbesondere seien hier die Sammlungen von al-Mufaḍḍal aḍ-Ḍabbī (gest. 164/780 oder 170/786), Abū Tammām (gest. 231/845 oder 232/846), al-Buḥturī (gest. 284/897) und die von Ahlwardt edierten sechs Diwane vorislamischer Dichter hervorgehoben. Für Einzelheiten s. Bibliographie.

19 Zitierte ältere Übersetzungen werden den Regeln der neuen deutschen Rechtschreibung angepasst. Bei der Stellenangabe wird vor dem Komma auf die Nummer des Gedichtes im Band, nach dem Komma auf die Versnummer im Gedicht verwiesen. Ansonsten werden die Seiten- und Verszahlen angeführt, wenn in den verwendeten Ausgaben die Gedichte nicht nummeriert sind.
Die *muʿallaqāt* sind die berühmtesten altarabischen Gedichte vor dem Islam. Wegen ihrer Bedeutung waren sie gemäß arabischer Überlieferung an der Kaaba aufgehängt. Dies wird allerdings in der modernen, vorwiegend westlichen Forschung bestritten. Vgl. die Kritik in Theodor Nöldeke, *Beiträge zur Kenntnis der Poesie der alten Araber*, Hannover (1864): XVII–XXIII. Ferner dazu: R. A. Nicholson, *A Literary History of the Arabs*, Cambridge (1956): 101ff.; H. A. R. Gibb, *Arabic Literature*, Oxford (1963): 22ff.; Nāṣir ad-Dīn al-Asad, *Maṣādir aš-šiʿr al-ǧāhilī*, Kairo (1956): 169ff.; M. J. Kister, „The Seven Odes. Some Notes on the Compilation of the *Muʿallaqāt*", in: *RSO*, XLIV (1970): 27–36. Die Zahl der *muʿallaqāt* variiert je nach Sammlung zwischen sieben und zehn. Sie werden hier nach der Sammlung von Abū ʿAbdillāh al-Ḥusain b. Aḥmad az-Zauzanī, *Šarḥ al-muʿallaqāt as-sabʿ*, Beirut (1973), zitiert.
Zusätzlich zu den angegebenen Quellen der Zitate wurden bei der Untersuchung folgende Werke berücksichtigt: ʿAmr b. Kulṯūm, *Diwan*, Beirut (1996); al-Ḥuṭaiʾa, *Diwan*, Komm. Abū Saʿīd as-Sukarrī, Beirut o. j.; Muhalhil b. Rabīʿa, *Diwan*, hrsg. v. Ṭalāl Ḥarb, Beirut (1996); as-Samauʾal b. ʿĀdiyāʾ, *Diwan*, hrsg. v. W. aṣ-Ṣamad, Beirut (1996); Abū Bakr Muḥammad b. al-Qāsim b. al-Anbārī, *Šarḥ al-Qaṣāʾid as-sabʿ aṭ-ṭiwāl al-ǧāhilīyāt*, hrsg. v. ʿAbd as-Salām Muḥammad Hārūn, Kairo (1980); Abū Ǧaʿfar Aḥmad b. Muḥammad an-Naḥḥās, *Šarḥ al-qaṣāʾid at-tisʿ al-mašhūrāt*, hrsg. v. Aḥmad Ḫaṭṭāb, Bagdad (1973); Ludwig Abel, *Die Sieben Muʿallaqāt*, Berlin (1891); Lūwīs Šaiḫū, *Šuʿarāʾ an-Naṣrānīya qabla l-Islām*, 2. Aufl. Beirut (1967); Albert Arazī und Salmān Muṣāliḥa, *al-ʿIqd aṯ-ṯamīn fī dawāwīn aš-šuʿarāʾ as-sitta al-ǧāhilīyīn*, Jerusalem 1999 (= Eine neue Edition

Die untersuchten Gedichte sollten innerhalb von ungefähr eineinhalb Jahrhunderten vor der Hiğra entstanden sein. Sie repräsentieren daher, die Geisteslage der vorislamisch-arabischen Kultur. Damit wird für die Behandlung des Gegenstands genug geleistet, denn der Anspruch auf vollständige Erfassung der Dichtung jener Epoche wäre im Hinblick auf die Überlieferungslage ohnehin illusorisch. Die überlieferten altarabischen Gedichte aus vorislamischer Zeit, deren älteste wahrscheinlich auf Ende des fünften Jahrhunderts datiert werden könnten, wurden durch Rezitatoren mündlich tradiert, bevor sie erst von der zweiten Hälfte des achten Jahrhunderts an schriftlich fixiert werden konnten. Es wäre deshalb naiv zu glauben, dass die Gedichte in ihrer festgehaltenen Form ihrem ursprünglichen Wortlaut ganz entsprechen würden. Veränderungen, die durch die mündliche Überlieferung der Gedichte entstanden sind und die den Wortlaut und die Anordnung einzelner Verse sowie die Autorschaft von Gedichten betreffen, müssen notwendigerweise in Kauf genommen werden.[20] Sie dürften jedoch die vorliegende Untersuchung insofern kaum beeinträchtigen, als es sich dabei offensichtlich um ein weit verbreitetes Zeitbewusstsein handelt, das nicht auf einzelne Fälle beschränkt ist, und deshalb auch nicht von bestimmten Textformen abhängig ist. Vielmehr wird es von verschiedenen Dichtern in unterschiedlichen Gedichten zum Ausdruck gebracht. Die überlieferten Verse können also durchaus als verlässliche Quelle für unsere Fragestellung betrachtet werden. Selbst wenn unter ihnen einige sein sollten, die später im Islam entstanden sind, wären diese eben ein Beweis dafür, dass die in

---

von Wilhelm Ahlwardt, *The Divans of the six ancient Arabic poets Ennābiga, 'Antara, Tharafa, Zuhair, 'Alqama and Imruulqais*, London 1870, versehen mit einer Konkordanz).

20 Vgl. W. Ahlwardt, *Bemerkungen über die Aechtheit der alten Arabischen Gedichte*, Greifswald 1872. Die Parry-Lord-Theorie der „oral poetry" fand in den siebziger Jahren des letzten Jahrhunderts Eingang in die Arabistik und wurde hauptsächlich von James T. Monroe, „Oral Composition in pre-Islamic poetry", in: *JAL*, 3 (1972): 1–53, und Michael Zwettler, *The Oral Tradition of Classical Arabic Poetry*, Columbus (1978), vertreten. Dagegen wendet sich unter anderem Gregor Schoeler, „Die Anwendung der oral poetry-Theorie auf die arabische Literatur", in: *Isl*, 58 (1981): 205–236, sowie Wagner, *Die altarabische Dichtung*, 21–24. Die Anwendbarkeit der Parry-Lord-Theorie auf die altarabische Dichtung wurde schon von Mary C. Bateson, *Structural Continuity in Poetry. A Linguistic Study of Five Pre-Islamic Arabic Odes*, Paris (1970): 33–36, in Zweifel gezogen. Zu der Möglichkeit der schriftlichen Fixierung der altarabischen Poesie und ihren Motiven vgl. die Studie von Ğauwād ʿAlī, „Tadwīn aš-šiʿr al-ğāhilī", in: *Mağallat al-mağmaʿ l-ʿilmī l-ʿIrāqī*, 4 (1956): 520–563.

ihnen enthaltenen Zeitvorstellungen – die von ihrem Geist her durchaus als vorislamisch gelten müssen, weil sie mit der Idee eines alles bestimmenden Gottes nicht vereinbart werden können – in der arabischen Weltanschauung doch derart verankert waren, dass sie im Islam fortleben konnten.[21]

Ein wichtiges Indiz für den vorislamischen Charakter der Zeitvorstellungen in der altarabischen Dichtung ist die Reaktion des Koran darauf: Aufnahme und Widerlegung. Diese merkwürdige Art des Umgangs mit dem Phänomen der Zeit kann wiederum vor dem Hintergrund der vorkoranisch-arabischen Dichtung sehr viel besser beleuchtet werden. Die altarabische Dichtung und der Koran stehen insofern in einem kontextualistischen Verhältnis gegenseitiger Bestätigung. Obwohl es der vorliegenden Untersuchung nicht darum geht, sich mit neueren Ansichten, die den arabischen Charakter des Korans bestreiten, auseinanderzusetzen, wird sie – wenn auch indirekt – dazu beitragen, eben diesen Charakter zu bestätigen. Denn die koranische Zeitauffassung macht deutlich, dass der Koran in demselben geistigen Umfeld wie die vorislamisch-arabische Poesie entstanden ist.

Hiermit gelangen wir zu einem wichtigen Punkt, nämlich der Berechtigung des wissenschaftlichen Vorhabens, der Poesie Zeitvorstellungen zu entnehmen, die dem realen Zeitverständnis der Araber vor dem Islam entsprechen. Selbstverständlich ist die für die Untersuchung herangezogene Dichtung Fiktion. Daher ist es an der Stelle angebracht, das Fiktive

21 Zu den in einzelnen Teilen der Untersuchung erwähnten Werken sind auch Ergebnisse moderner Forschung über Dichtung und Dichter der vorislamischen Epoche allgemein berücksichtigt, die in folgenden Studien enthalten sind: Carl Brockelmann, *Geschichte der arabischen Literatur*, 2 Bde., 2. Aufl., Leiden 1943–1949, 3 Supplementbde. Leiden 1937–1942 (GAL); Gustav von Grünebaum, „Zur Chronologie der früharabischen Dichtung“, in: *Orientalia*, 8. N.S. (1939): 328–345; Ders., „Pre-Islamic Poetry“, in: *MW*, 32 (1942): 147–153; Nāṣir ad-Dīn al-Asad, *Maṣādir aš-šiʿr al-ǧāhilī*, Kairo (1956); A. J. Arberry, *The Seven Odes: The first Chapter in Arabic Literature*, London (1957); Muḥammad an-Nuwaihī, *aš-Šiʿr al-ǧāhilī. Manhaǧ fī dirāsatihi wa-taqwīmihi*, 2 Bde, Kairo (1966); Abdulla el Tayib, „Pre-Islamic Poetry“, in: A. F. L. Beeston et al. (Hg.), *The Cambridge History of Arabic Literature. Arabic Literature to the end of the Umayyad period*, Cambridge (1983): 27–113; Renate Jacobi, „Die altarabische Dichtung (6.–7. Jahrhundert)“, in: *Grundriß der arabischen Philologie*, Bd. II: *Literaturwissenschaft*, hrsg. von Helmut Gätje, Wiesbaden (1987): 20–31; Bd. III: *Supplement*, hrsg. von Wolfdietrich Fischer, Wiesbaden (1992): 253–255; ʿAzīza Fauwāl Babtī, *Muʿǧam aš-šuʿarāʾ al-ǧāhilīyīn*, Beirut (1998); Dies., *Muʿǧam aš-šuʿarāʾ al-muḫaḍramīn wa-l-umawīyīn*, Beirut (1998).

der altarabischen Dichtung zu erörtern. In Anlehnung an Wolfgang Iser hat Renate Jacobi für die Interpretation der klassischen arabischen Dichtung eine begriffliche Triade vorgeschlagen, der zufolge das Fiktive eine Zwischenstellung zwischen dem Realen und dem Imaginären einnimmt. Real ist die „außertextliche Welt", aus der der Dichter „durch Selektion und Kombination [...] seine Fiktionen erschafft"[22]. Fiktion kann deshalb mit Recht als „Modell der Realität" erfasst werden, das sich insofern von ihr unterscheidet, als es einerseits die Totalität des Realen nicht umfassen kann, andererseits jedoch durch einen Selektions- und Kombinationsprozess der Realität neue Deutungen hinzufügt.[23] Mit anderen Worten: Die Fiktion operiert an der gegebenen Wirklichkeit sinngebend, indem sie reale Erfahrungen bearbeitet. Das Fiktive wird damit zur gestalteten und gedeuteten Realität, „wobei der Gehalt an Realem, die Differenz zur Wirklichkeit, größer oder geringer sein kann". Ebenso wie das Fiktive in dieser Konstellation auf dem Realen beruht, beruht auch das Imaginäre auf dem Fiktiven. Das Imaginäre ist jene literarische Fiktion, die ihren Realitätsgehalt in hohem Maße reduziert hat, so dass sie den Bezug „auf lebensweltliche Phänomene" kaum noch retten kann.[24]

Zu den wichtigsten Eigenschaften der vorislamisch-arabischen Dichtung gehört, dass sie ein Weltbild vermittelt, das durch seine Realitätsnähe gekennzeichnet ist. Die dort enthaltenen Ideen und Bilder erwachsen aus den konkreten Wahrnehmungen und mittelbaren Erfahrungen der Dichter, deren Absicht es ist, die Realität bildlich-abstrahierend in einem pointierten, das Wesentliche aufgreifenden Sinn zu interpretieren. Ihre Fiktion behält ihren Wahrheitsanspruch, weil sie ein „kontext-

---

22 Renate Jacobi, „Das Fiktive und das Imaginäre in der klassischen arabischen Dichtung", in: Stefan Leder (Hg.), *Story-telling in the framework of non-fictional Arabic literature*, Wiesbaden (1998): 20–33, hier 20f. Vgl. Wolfgang Iser, „Das Fiktive im Horizont seiner Möglichkeiten. Eine Schlußbetrachtung", in: Dieter Henrich und Wolfgang Iser (Hg.), *Funktionen des Fiktiven*, München (1983): 547–557.

23 Aleida Assmann, *Die Legitimität der Fiktion. Ein Beitrag zur Geschichte der literarischen Kommunikation*, München (1980): 14ff.

24 Jacobi, „Das Fiktive", 21. Zur Veranschaulichung der von ihr vorgeschlagenen Kategorien gibt Jacobi überzeugend das Beispiel des *nasīb*. Nicht immer realitätstreu beschrieben die vor- und frühislamischen Dichter ihren durch die Trennung von der Geliebten verursachten Liebeskummer. Das fiktive Motiv war damals noch präsent im Bewusstsein der beduinischen Gesellschaft. Mit der Urbanisierung der Poesie zur Zeit der Abbasiden verliert das Motiv jedoch jeden Realitätsbezug und wird zum Imaginären.

gebundenes Phänomen" ist.[25] Ihre Gedichte sind nicht referenzlos, denn in ihrer sinngebenden Reflexion über die Wirklichkeit wird diese nicht aufgehoben, sondern zur allgemeinen Bewusstseinseinstellung in Verhältnis gesetzt. Besonders in Bezug auf unser Thema lässt sich dies gut verdeutlichen. Bei der Beschreibung der Zeitwirkung auf das menschliche Leben trennen sich die Dichter von den in ihrer sozialen Welt dominanten Vorstellungen nicht. Im Gegenteil dazu nimmt ihre Dichtung bereits in ihrem Kontext latent vorhandene Ideen auf und artikuliert sie in einer Art, die eine breite Rezeption ermöglicht. Weil sie in einem mündlich getragenen Kommunikationsprozess entstanden und durch Generationen überliefert worden ist, besitzt die altarabische Dichtung kollektiven Charakter. Daher kann ihre Fiktionalität als eine von breiten Schichten und mehreren Generationen der Rezipienten geteilte bezeichnet werden.[26] Darüber hinaus musste das Fiktive der Zeitvorstellungen die Erfordernisse ihres Entstehungskontexts erfüllen; die Dichter brachten die Bewussteinslage ihres Zeitalters signifikant zum Ausdruck. Ihre Beschreibung der Zeitauffassung weist deshalb ein hohes Maß an Anschaulichkeit, Wahrscheinlichkeit und Glaubhaftigkeit auf, das ihr schließlich die Rezeption der Zuhörer verschaffte, die sie akzeptiert und folgenden Generationen überliefert haben.

Es muss an diesem Punkt noch darauf hingewiesen werden, dass die für das europäische Mittelalter notwendig erscheinende Beziehung von Zeitbestimmung und Geschichtlichkeit in unserem Zusammenhang kein Thema sein kann. Die Materiallage erlaubt es kaum, anhand der Gedichte ein angemessenes geschichtliches Verständnis zu konstruieren, zu dem die hier herausgearbeitete Zeitauffassung wiederum in Verhältnis gesetzt werden könnte. Der Zeitbegriff, der gewonnen werden kann, ist also nicht als historisch im strikten Sinn zu bezeichnen. Es handelt sich eher um einen lebensphilosophischen Begriff, der insofern eine historische Aussagekraft beanspruchen kann, als er eine Auffassung von Zeit und Zeitlichkeit beschreibt, die die vorislamisch-arabische Ideenwelt prägte, mit der sich die Verkündigung des Korans auseinandersetzte, um die absolute Herrschaft Gottes zu proklamieren.

Die einzelnen Kapitel des Buches entfalten die Ergebnisse der Untersuchung in vier Schritten. Im ersten Schritt wird die grundsätzliche Frage nach der Beschaffenheit der Zeitvorstellungen in der vorislamisch-arabischen Dichtung ausführlich behandelt, indem die spezifischen Merkmale

25 Wolfgang Iser, „Das Fiktive", 548.

26 Vgl. Aleida Assmann, *Die Legitimität der Fiktion*, 11.

der dort vorkommenden Zeitausdrücke herausgearbeitet werden. Aufgrund seiner besonderen Bedeutung wird der Begriff der unendlichen Zeit, *dahr*, Gegenstand gründlicher Analyse sein. Auf diese Weise wird eine linear-zyklische Auffassung der Zeit freigelegt, die auf der Beobachtung der Naturzyklen und der Erfahrung, dass die Zeit niemals endet, beruht. *Dahr*, als aktive Entität der Zeit, enthält eine starke Konnotation des Schicksals und wird in Korrelation mit dem Tod wahrgenommen.

Im zweiten Kapitel wird die Wahrnehmung der Zeitlichkeit in der vorislamisch-arabischen Dichtung behandelt. Aus den verschiedenen Komponenten der Zeitvorstellung bildet sich eine vielschichtige Betrachtung des Zeitlichen, der zufolge das Zeitliche vom Wandel dominiert wird, der so regelmäßig und eintönig stattfindet, dass er in Wirklichkeit nichts Neues mit sich bringt. Darüber hinaus werden mit der Verflechtung von Zeitlichem und Schicksalhaftem im Begriff des *dahr* der Zeitlichkeit verhängnisvolle Züge verliehen. Eine solche Zeitwahrnehmung bewirkt eine Lebensweise, deren wichtigste Merkmale, wie sie der vorislamisch-arabischen Dichtung abgelesen werden können, in gewisser Ausführlichkeit diskutiert werden. Die beiden ersten Kapitel bilden den ersten Teil der Abhandlung.

Im zweiten Teil wird der hellenistische Charakter der in der vorislamisch-arabischen Dichtung und im Koran vorhandenen Zeitvorstellungen hervorgehoben. So wird im dritten Kapitel die markante Ähnlichkeit des Begriffs *dahr* mit dem spätantiken Begriff *aion*, wie er in der hellenistischen Dichtung präsentiert wird, analysiert. Durch die Behandlung weiterer poetischer Stellen, ausgeweitet um einen etymologisch orientierten Exkurs, der das hebräische Wort *dōr* mit einbezieht, wird der zyklisch aktive, das menschliche Leben machtvoll beeinflussende Charakter der Zeit im Begriff *dahr* schärfer herausgearbeitet. Der kulturhistorische Blick auf den benachbarten persischen Kulturraum erfasst ebenfalls den Begriff Zurvan, der die unendliche Zeit bedeutet. Das Verhältnis der unterschiedlichen Begriffe unendlicher Zeit zueinander wird eingehend behandelt. Zusätzlich zu hellenisch-griechischer Dichtung werden dabei spätantike Mosaiken und Zeugnisse der mithraischen Religion berücksichtigt. Aus der umfangreichen Analyse ergibt sich, dass *dahr* das arabische Pendant von *aion* ist.

Im vierten Kapitel wird die koranische Auffassung des *dahr*-Begriffs diskutiert. Dabei werden Äußerungen der Ungläubigen über die Macht der Zeit über Leben und Tod untersucht. Dadurch zeigt sich, wie im Koran diese Macht aufgehoben und Gott übertragen wird. Gott greift immer ein, um die Perioden und Zeiten zustande zu bringen. Ausdrücke, die im Koran für diese seine Tätigkeit benutzt werden, deuten auf drehende Bewegungen hin, die Gottes unmittelbares Einwirken auf die Entstehung der Zeit darstellen. Somit wird die wichtigste Eigenschaft des arabischen *dahr* und des griechischen *aion* Gott zueigen gemacht.

Das Buch wird mit perspektivischen Bemerkungen abgeschlossen, die die oben dargelegten Untersuchungsergebnisse resümieren und neue Forschungsaufgaben anvisieren. Für die Betrachtung der arabischen und islamischen Kulturgeschichte ergibt sich das relevante Resultat, dass der Islam in einem Kontext entstanden ist, der bedeutsame Ideen der griechischen Antike und des Hellenismus umfasste. Der islamischen Kultur ist von Beginn an ein hellenistisches Element eigen. Daraus ergeben sich weitere Implikationen nicht nur für die Hermeneutik der islamischen Kulturgeschichte, sondern auch für die Beziehung des Islams zu den anderen beiden monotheistischen Religionen, deren Entwicklung bekanntlich vom Hellenismus geprägt war.

Erster Teil

Zeit und Zeitlichkeit in der vorislamisch-arabischen Dichtung

Erstes Kapitel

Zeitvorstellungen in der altarabischen Dichtung

Wie haben die Araber vor dem Islam die Zeit wahrgenommen? Die Beantwortung dieser Frage führt uns auf eine Reise in die Landschaft der vorislamischen Dichtung, die uns jene Welt erschließt. Wir beginnen mit der Suche nach sprachlichen Formen, der sich die Dichter bedienten, um ihre Zeitvorstellungen zu artikulieren. Darunter fallen Nomina, welche bestimmte Zeiten bedeuten, wie auch Verben, die Handlungen beschreiben, die zu bestimmten Zeiten vollzogen werden. Zusätzlich zu ihren ursprünglichen Bedeutungen besitzen solche Ausdrücke in der Regel weiteren semantischen Gehalt, der ihre Relevanz für unsere Fragestellung begründet. An solchen Zeitformen mangelt es in der vorislamisch-arabischen Dichtung nicht. Sie vermitteln die Erkenntnis, dass die Araber vor dem Islam ein ausgeprägtes Bewusstsein von der Zeit hatten.

Unter den sprachlichen Zeitformen lassen sich zunächst zwei Kategorien präsentieren: Die Kategorie der natürlichen Zeit und die Kategorie der doppeldeutigen Tempora. Von ihnen unterscheidet sich eine weitere Zeitform, die auf ihre Erfüllung hinaus läuft, von der aus sie ihren Sinn herleiten. Die altarabische Auffassung von den drei Zeitmodi – der Vergangenheit, der Gegenwart und der Zukunft – wird in einem folgenden Abschnitt untersucht. Daran schließt sich die ausführliche Betrachtung der unendlichen Zeit. Hier tritt besonders vor Augen, dass die üblicherweise durch ihre Realitätsnähe gekennzeichnete Dichtung der vorislamischen Araber auffallend intensive Abstraktion zeigt, die es ermöglicht, dass die Zeit mit weitreichenden Eigenschaften ausgestattet wird. Der aktive Charakter der arabischen Zeitauffassung kommt in diesem Zusammenhang besonders deutlich zum Vorschein. Abschließend wird der Versuch unternommenen, den äußerst komplexen Begriff *dahr* zu bestimmen, auch indem er von den in der Dichtung vermittelten Gottesvorstellungen abgegrenzt wird.

I. Zeitformen in der vorislamisch-arabischen Poesie

I.1 Sprachliche Zeitformen

Mit sprachlichen Zeitformen meine ich Worte, die temporale Zustände und Abschnitte ausdrücken und durch die Assoziation von sprachlichem Ausdruck und zeitlicher Angabe spezifische Bestimmungen der Zeit vermitteln. Indem sie mehr als schlichte Zeitangaben bedeuten, bilden sie Signifikate der altarabischen Zeitvorstellungen, die durch ihre enge Verknüpfung mit bestimmten Termini fassbare Gestalt annehmen. Auch sie stellen Zeitabschnitte in aktiver Form dar. Dies geschieht sowohl mittels verbaler Verwendung von Zeiten als auch durch die Bedeutungserweiterung von Tempora, die damit über ihren ursprünglichen Sinn hinausgehen. Dementsprechend teilen sie sich in zwei Gruppen ein: Die erste Gruppe umfasst Formen der natürlichen Zeit, die zweite besteht aus Formen doppeldeutiger Tempora.

I.1.1 Formen der natürlichen Zeit

Die Erörterung der vorislamisch-arabischen Zeitvorstellungen beginnt mit Zeitangaben und Zeitspannen, die als sprachliche Formen der natürlichen Zeit bezeichnet werden können, weil sie mit Naturerscheinungen zusammenhängen oder deren Dauer völlig durch sie bedingt ist. Dazu gehören die temporalen Angaben zu bestimmten Tageszeiten wie beispielsweise die Morgenröte (*al-faǧr*), der Morgen (*aṣ-ṣubḥ, aṣ-ṣabāḥ*), der späte Morgen (*aḍ-ḍuḥā*), der Sonnenuntergang (*al-ġurūb*) und der Abend (*al-masāʾ*). Ebenfalls zählen dazu Zeitspannen von bekannter Dauer wie der Tag (*an-nahār*), die Nacht (*al-lail*) sowie das Jahr mit seinen vier Bezeichnungen (*al-ʿām*, *as-sana*, *al-ḥiǧǧa* und *al-ḥaul*).[1] Trotz der Deutlichkeit ihrer natürlichen Bestimmung können diese Angaben gemäß der psychologischen Lage des Betrachters variierend empfunden werden. In diesem Sinn führt in einem auf Selbstruhm ausgerichteten Vers die lästige Empfindung der Dürre dazu, dass ein dürres Jahr als lang bezeichnet

1 Das Wort ḥaul ist von der Wurzel ḤWL abgeleitet. Das Verb „ḥāla“ im ersten Stamm bedeutet „sich ändern“ und „vergehen“. Damit kommt eine Bedeutung des Jahres als einer vergehenden Periode zum Ausdruck. Vgl. *Lisān* und *Lane*, s.v.

wird.[2] Die Vorstellung der Jahre (*ḥiǧaǧ*) erhält darüber hinaus eine aktive Komponente, wenn sie als Grund der Zerstörung dargestellt werden. Ihnen wird zugeschrieben, dass sie die Spuren der Zeltlager verwischen:[3]

> „Wem gehören die Wohnstätten, deren Spuren an der Wende des Tales verwischt wurden, da in Daum, zwischen Buḥār und Šarʿ?

---

2 Seinen Stamm rühmend sagt ʿĀmir b. aṭ-Ṭufail, *Diwan*, nach der Überlieferung al-Anbārīs, Beirut (1959): S. 46f.:

إذا سنةٌ عزَّتْ وطال طِوالُها　　وأقحطَ عنها القطرُ واصفرَّ عودُها

وُجِدْنا كرامًا لا يحوَّلُ ضيفُنا　　إذا جفَّ فوق المنزلاتِ جليدُها

„Wenn ein dürres Jahr herrscht und lang dauert, der Regen fern bleibt und die Pflanzen gelb werden,
Sind wir großzügig; unser Gast wird nicht abgewiesen, wenn der gefrorene Tau austrocknet [d.h.: wenn die Dürre herrscht].“

3 Al-Mufaḍḍal aḍ-Ḍabbī, *al-Mufaḍḍalīyāt*, hrsg. v. Aḥmad Muḥammad Šākir und ʿAbd as-Salām Hārūn, 3. Aufl., Kairo (1964): 122, 1f.

لِمَن الدِّيارُ عفَوْنَ بالجَزْعِ　　بالدَّومِ بينَ بُحارَ فالشَّرْعِ

درسَتْ وقد بَقِيَتْ على حِجَجٍ　　بعدَ الأنيس عفَونها، سَبْعِ

Vgl. Wagner, *Die altarabische Dichtung*, S. 96.
Vermutlich gab es in den verschiedenen Gegenden Arabiens verschiedene Kalender, die verschiedene Monatsnamen enthielten. Nicht zuletzt wegen der Pilgerfahrt dürfte sich laut Wellhausen, *Reste*, 94, allmählich der Kalender von Quraiš durchgesetzt haben. Die späteren Angaben muslimischer Gelehrter darüber sind nur mit größter Vorsicht zu behandeln. Demnach hatten die Araber vier kriegsfreie Monate. Deren Namen werden unterschiedlich angegeben. Der Koran, Q 9:36, spricht von vier „heiligen“ (*ḥurum*) Monaten, ohne sie zu nennen (Vgl. auch 9:2,5). Die meisten muslimischen Kommentatoren nennen D̲ū l-Qiʿda, D̲ū l-Ḥiǧǧa, al-Muḥarram und Raǧab. S. auch Abū Bakr al-Baihaqī, *Faḍāʾil al-auqāt*, hrsg. v. H̱ilāf M. ʿAbd as-Samīʿ, Beirut (1997): 19f. Die kriegsfreie Zeit konnte wahrscheinlich verschoben werden. Wenn dies tatsächlich der Fall war, kann man daran eine in der vorislamischen Zeit bekannte Verfügbarkeit der Zeit gemäß wirtschaftlichen und religiösen Bedürfnissen erkennen. Siehe dazu: Wellhausen, *ibid.*, 98ff.; ʿAlī, *Mufaṣṣal*, VIII, S. 471–487; Rodinson, „L'Espace et le Temps chez les Anciens Arabes“, 38–44; B. van Dalen u.a., „Ta'rīkh“, in: *EI*[2], X, 257ff.; A. Knysh, „Months“, in: *EQ*, III, 409–414, besonders 410.
Es sei angemerkt, dass sich mit einigen Monatsnamen des islamischen Kalenders besondere zeitbedingte Eigenschaften naturalistischen Charakters verbinden lassen. So könnte beispielsweise *Ǧumādā* auf einen sehr kalten Monat im Winter, in dem das Wasser friert, hindeuten, während *Ramaḍān* die Bezeichnung eines glutheißen Monats sein könnte. Für beide Monatsnamen s. Quṭrub, *Kitāb al-azmina*, 38; al-Marzūqī, *Kitāb al-azmina*, 206; Wellhausen, *ibid.*, 96f. Darüber hinaus: Al-Bīrūnī, *al-ʾĀṯār*, 60. Vgl. ferner die umfassende Untersuchung der kalendarischen Zeitrechnung in Frühkulturen: Martin P. Nilsson, *Primitive Time-Reckoning*, London etc. (1920), zu den arabischen Monatsnamen S. 237ff.

> Sie sind zugrunde gegangen, nachdem sie sieben Jahre menschenleer geblieben waren – Jahre, die ihre Spuren verwischten."

In diesen Versen zeichnet sich die Charakterisierung der langen Zeit als aktive Macht ab, die Merkmale räumlicher Identität verwüstet. Damit verbindet sich ein Zustand der Verlorenheit: Der Dichter kann die einst bekannten Spuren kaum wieder finden.

Nach dieser eher allgemein ausgerichteten Beobachtung wenden wir uns ausgeprägten Formen der natürlichen Zeit zu, die in der altarabischen Dichtung in Verbindung mit gewissen Zeitvorstellungen vorkommen.[4]

I.1.1.A Natürliche Zeiten

Zeitangaben und Zeitspannen, die an Naturerscheinungen gebunden sind, die des öfteren in relativ kurzen Abständen regelmäßig wiederkehren, bestimmen in stärkerem Maße als andere Zeitangaben den Lebensrhythmus. Sie sind deshalb besonders geeignet, als Träger von Zeitvorstellungen, die eine enge Verbindung des Menschen mit der Natur aufweisen. In diesem Sinn werden Sonnenaufgang und Sonnenuntergang mit persönlichen Situationen und inneren Einstellungen des Dichters verbunden. Dadurch kommt eine Wechselwirkung zwischen äußerer Naturerscheinung und seelischer Verfassung zustande, die dazu führt, dass gewöhnliche Naturereignisse in der Poesie weitere Bedeutungen erlangen und im gleichen Zug den seelischen Zustand des Dichters intensivieren. Die berühmte Trauer-Dichterin al-Ḫansāʾ sagt in einer ihrer Elegien auf den Tod ihres Bruders Ṣaḫr:[5]

> „Der Sonnenaufgang erinnert mich an Ṣaḫr und ich entsinne mich seiner bei jedem Sonnenuntergang."

Die immer wieder von neuem aufeinander folgenden Auf- und Untergänge der Sonne bedeuten für die Dichterin nicht nur punktuelle Ereignisse, sondern sie stehen für den Verlauf der Zeit schlechthin. Indem sie regelmäßige Naturphänomene zum Anlass ihrer Erinnerung an den verstorbenen Bruder macht, will sie in erster Linie die ständige Erneuerung und Lebendigkeit der Erinnerung hervorheben. Durch die Verwendung

---

4 Ethnologische Beobachtungen zu der natürlichen Zeit und zusammenhängenden Gewohnheiten bei den Beduinen befinden sich in Ewa Machut-Mendecka, „The Desert Near the Threshold (Forms of Time and Space in Islamic Culture)", in: *Studia Arabistyczne i Islamistyczne*, 8 (2000): 33–43.

5 Al-Ḫansāʾ, *Diwan*, Beirut (1983): S. 89, V. 8:

يذكّرني طلوع الشمس صخرًا وأذكره لكل غروب شمس

von Gegensatzbegriffen, die die Ganzheit betonen, wird dieser Gedanke bekräftigt. Von allen Tageszeiten dürften für sie der Sonnenaufgang und der Sonnenuntergang eine besondere psychologische Bedeutung haben: Der Sonnenaufgang könnte für sie im Zusammenhang mit den Kriegszügen des verstorbenen Bruders stehen; beim Sonnenuntergang, der in der Wüste Erleichterung mit sich bringt, würde sie dessen Verlust besonders schwer empfinden.[6]

Mit den Zeitangaben *ṣabāḥ*, Morgen, und *masāʾ*, Abend, werden Zeitformen gebildet, die explizit jeweils den Anfang eines neuen Zustands bedeuten. Sie stellen sich somit als unausbleibliche Wechselfaktoren dar. Umaiya b. Abī ṣ-Ṣalt lobt seinen Freund mit der Äußerung, dass weder der Morgen noch der Abend etwas an seinem guten Charakter zu ändern vermöchten.[7] Aus der Sicht des Dichters bringen die erwähnten Naturerscheinungen Veränderungen mit sich, die nicht nur den Wechsel von Tag und Nacht bewirken, sondern zugleich auch Wechsel im menschlichen Verhalten herbeiführen. Ein standhaft guter Charakter scheint dementsprechend lediglich in Form eines gegen Veränderungsfaktoren der Zeit geleisteten Widerstands möglich zu sein. Mit anderen

---

6 Nach Ditlef Nielsen bildeten Mond, Sonne und Venusstern eine altarabische Göttertrias, die in ihrer altsüdarabischen ursprünglichen Form Mond als Vater, Sonne als Mutter und Venusstern als Sohn umfasste. Später sollen Verschiebungen in der inneren Stellung der Glieder dieser Trias aufgetreten sein, die später auch in Nordarabien bekannt wurde. Siehe dazu Detlef Nielsen, *Handbuch der altarabischen Altertumskunde*, Paris-Kopenhagen-Leipzig, Bd. I (1927): 186–241; Maria Höfner, „Die vorislamischen Religionen Arabiens“, in: Hartmut Gese, Maria Höfner, Kurt Rudolf, *Die Religionen Altsyriens, Altarabiens und der Mandäer.* [*Die Religionen der Menschheit.* Hrsg. von Christel Matthias Schröder. Bd. X,2] Stuttgart u.a. (1970): 234–402; Ilai Alon, „Did Islam Introduce a New Perception of Time?“, in: *al-ʿUṣūr al-wusṭā*, 16 (2004): 34–38, hier 35.
Zu der immer noch lebendigen mythischen Bedeutung der Sonne bei arabischen Beduinen siehe J. J. Hess, *Von den Beduinen des inneren Arabiens. Erzählungen, Lieder, Sitten und Gebräuche*, Zürich (1938): 30ff., 155.

7 In Ḥabīb b. Aus aṭ-Ṭāʾī Abū Tammām, *al-Ḥamāsa*, hrsg. v. ʿAbdullāh b. ʿAbd ar-Raḥīm ʿUsailān, 2 Bde., Riad (1401 H./1981): 811/796, 3:
خليلٌ لا يغيِّره صباحٌ عن الخُلق الجميل ولا مساءُ
„Ein Freund, den weder Morgen weder Abend / der angebornen schönen Art entrückt.“ (Übersetzung Rückert)
Nach dem Schrägstrich in der Stellenangabe wird die Gedichtsnummer in der Ausgabe Friedrich Rückert, *Hamāsa*, 2 Bde. Bearbeitet von Wolfdietrich Fischer, Göttingen (2004) angegeben. Der Schrägstrich trennt in poetischen Übersetzungen arabischer Verse die Vershälften voneinander.

Worten: Gut ist der Mensch, dessen Charakter sich trotz der stets abwechselnden Morgen und Abende nicht verändern lässt. Menschliche Güte erhält damit den Sinn einer negativen Einstellung gegenüber der Zeit.

I.1.1.B Zeitverben

Das Arabische kennt Verben, die etymologisch auf eine strukturelle Verbindung zwischen Handlung und Tageszeit hinweisen. Einige von ihnen sind *ṣabaḥa* und *aṣbaḥa* (für eine Handlung am Morgen), *aḍḥā* (für eine Handlung am frühen Vormittag) und *amsā* (für eine Handlung am Abend). Ein Beispiel für die Verwendung eines solchen Verbs in Verbindung mit einer Tätigkeit stammt aus einem Klagelied von Ǧanūb al-Huḏailīya, das sie ihrem verstorbenen Bruder widmet:[8]

> „Viele Stämme hast du zerstört, viele Stämme hast du am Morgen angegriffen (*ṣabaḥta*) und vielen Stämmen hast du raschen Tod verliehen."

Der morgendliche Angriff wird mit dem Verb *ṣabaḥa* angedeutet, das den Morgen als Zeit der Tätigkeit bestimmt. Handlung und Zeit werden somit miteinander verschränkt. Die Zeitspanne geht in einer bestimmten Tätigkeit auf, die ihr einen gewissen Sinn verleiht. Die Handlung wird ihrerseits strukturell durch die Zeitspanne bedingt und enthält damit einen spezifischen Charakter. Dementsprechend lautet der erste Vers aus der *muʿallaqa* des ʿAmr b. Kulṯūm:[9]

> „Wohlan, wach auf und reiche uns deinen Becher zum Morgentrank her (*fa-ṣbaḥīnā*), verberge nicht die Weine des Enderiners!"

Hingegen weist das Verb *amsā*, das ursprünglich „Abend werden" bedeutet, auf eine negative Zustandsveränderung hin. Als Hilfsverb wird es

8 Zitiert nach Allan Jones, *Early Arabic Poetry*. Bd. I: *Marāthī and ṣuʿlūk poems*, Oxford (1992): 49:

فحيٌّ أبحتَ وحيٌّ صبَحْتَ وحيٌّ منحتَ منايا عجالا

Derselbe Vers in einer anderen Version in G. Kosegarten, *The Hudsailian Poems in Arabic and English*, vol. 1, London (1854): 246 (später als *Huḏalīyīn* angeführt). Vgl. ferner Julius Wellhausen, *Lieder der Hudhailiten*, in: *Skizzen und Vorarbeiten*, Erstes Heft, Berlin (1884). Photomechanischer Nachdruck, Berlin (1985). Weitere Belege zum Gebrauch des Verbs *ṣabaḥa* im Sinne von „zum Morgen angreifen" sind auch in ʿĀmir b. aṭ-Ṭufail, *Diwan*, S. 32, V. 2; S. 37, V. 1; S. 49, V. 3; S. 94, V. 1, enthalten.

9 *Muʿallaqa*, V. 1:

ألا هبي بصحنك فاصبَحينا ولا تخفي خمور الأندرينا

Modifizierte Übersetzung von Phillip Wolff, *Muallakat*, Rotweil (1857): 58.

Verben vorangestellt, die durch diese Verbindung negative Bedeutung erhalten. Es eignet sich bsonders für traurige Kontexte. In einer Elegie des Dichters Bišr b. Abī Ḫāzim al-Asadī wird gesagt:[10]

> „Sumair ist [in einem schlechten Zustand] dahin gegangen (*amsā Sumairun qad bāna*), er verschied (*inqaṭaʿa*); meine Seele ist wegen seines Todes von Trauer erfüllt.
>
> Er war ein Großzügiger, bei dem wir Zuflucht suchten; er ist jedoch in einen schlechten Zustand geraten, indem die Zeit ihn niedergeworfen hat (*amsā ramāhu z-zamānu*); er wurde erniedrigt."

Durch die Verwendung des Verbs *amsā* wird der Abend mit dem Tod derart verknüpft, dass er seine Vorstufe zu sein scheint. Dieser Deutung entspricht die Reihenfolge der Verben *amsā*, *bāna*, *inqaṭaʿa* im ersten Halbvers. Das Abendwerden scheint die Beendigung eines vortrefflichen Lebenszustands durch den Tod einzuleiten. Der Tod eines Einzelnen wird somit in ein kosmisches Naturereignis eingebettet. Damit entsteht ein Bild, in dem einem subjektiven Ereignis weitaus größere Bedeutung als sonst beigemessen wird. Die Zeit wird in solchen Fällen nicht als selbsttätig dargestellt. Sie tritt jedoch mit menschlichen Handlungen derart verbunden auf, dass sie von ihnen wesentlich bestimmt zu sein scheint.

I.1.1.C Die Nacht

Die Nacht ist Gegenstand aufmerksamer Betrachtung in der vorislamisch-arabischen Poesie.[11] Sie wird von den Dichtern üblicherweise als Zeit der Unterhaltung und Geselligkeit beschrieben.[12] In weiteren poetischen Bildern bekommt sie jedoch völlig andere Funktionen, die für unseren Zusammenhang relevant sind. Um seine Furchtlosigkeit im Krieg hervorzuheben, beschreibt sich Taʾabbaṭa Šarran als jemand, der sich mit der Nacht bekleidet (*lābis al-lail*).[13] Die bereits erwähnte Elegie-

---

10 Bišr b. Abī Ḫāzim al-Asadī, *Diwan*, hrsg. v. Mağīd Ṭurād, Beirut (1994): Nr. 26, V. 1, 4:

أمسى سُمَيرٌ قد بان فانقطعا   يا لهف نفسي لبينِه جزَعا
كان لنا باذخًا نلوذ به   أمسى رماه الزمانُ فاتَّضعا

11 S. Albert Arazi, *La réalité et la fiction*, 49ff., sowie die verschiedenen Abstufungen der Dunkelheit, 55–60, mit Beispielen.

12 Al-Ḫaṭīb at-Tabrīzī, *Šarḥ al-qaṣāʾid al-ʿašr*, hrsg. v. Faḫr ad-Dīn Qabāwa, Aleppo (1969): 336f.

13 Der Dichter warb um eine Frau, die ihm zunächst zugesagt hatte, dann aber ihre Meinung änderte, nachdem ihre Stammesgenossen sie davor gewarnt hatten, einen Mann zu heiraten, der früher oder später in einer seiner Fehden umkommen würde: Abū Tammām, *Ḥamāsa*, 167/158, 2:

Dichterin al-Ḫansā' erinnert sich in einer „trüben Nacht" an ihren verstorbenen Bruder, der Hilfsbedürftigen nachts zu helfen pflegte:[14]

> „Ich habe mich in einer trüben Nacht an ihn erinnert; in meinem Herzen ist ein Riss, der nicht genäht wurde.
>
> Wie viele bedrängte Menschen in der dunklen Nacht laut riefen! Denen hast du die Stricke des Todes entfernt."

Eine zweifache Vorstellung von der Nacht kommt hier zum Vorschein. Sie ist die stille Zeit der Erinnerung sowie die dunkle Zeit der lauernden Gefahren. In einem weiteren Bild aus der *muʿallaqa* des Imru' al-Qais wird die schwer lastende Nacht als Auslöser unterschiedlicher Sorgen mit den Meereswellen sowie einem sich ausstreckenden Tier verglichen. Sie dauert so lange, dass die Sterne an festen Felsen angebunden zu sein scheinen. Die Hoffnung auf Besserung des Zustands nach einer langen Nacht erweist sich schließlich als nichtig, denn der Morgen kann keine Entspannung mit sich bringen.[15]

فلم ترَ من رأيٍ فتيلاً وحاذرت تأيُّمَها من لابِس الليلِ أروَعا

„Und sie ist unverständig genug, und fürchtet daß sie werde / zur Witwen eines, der bei Nacht nie scheute Kriegsbeschwerde". (Übers. Rückert)
Vgl. die erklärende Bemerkung Rückerts, Bd. I, S. 264. Die Mutter des Ta'abbaṭa Šarran nennt ihn in einer in Reimprosa (*sağʿ*) verfassten Klage „Sohn der Nacht" (*wā bna l-lail*): Wagner, *Die altarabische Dichtung*, 116.

14 *Diwan*, S. 16, V. 2, 4:

إني تذكرته والليل معتكرٌ ففي فؤادي صدعٌ غير مشعوبِ
كم من منادٍ دعا والليل مكتنعٌ نفست عنه حبال الموت مكروبِ

15 *Muʿallaqa*, V. 44–47:

وليلٍ كَمَوجِ البحرِ أرخى سُدولهُ عليَّ بِأنواعِ الهُمومِ ليبتَلي
فَقُلتُ لهُ لمّا تَمطّى بِصُلبِهِ وأردفَ أعجازًا وناءَ بِكَلكَلِ
ألا أيها الليلُ الطويلُ ألا انجلي بِصُبحٍ وَما الإِصباحُ منكَ بِأمثَلِ
فَيا لكَ من ليلٍ كَأنَّ نُجومَهُ بِأمراس كتّانٍ إلى صُمِّ جَندلِ

Übersetzung: Wolff, *Muallakat*, S. 13 (leicht modifiziert):
„Wie manche Nacht hat ihre Decke hin über mich / Geworfen wie Meereswogen, mit Sorgen jämmerlich!
Ich sagt' ihr, als sie streckte die Mitte wie zur Luft, / Den hintern Teil nachschleppte und wandte ab die Brust:
O lange Nacht, geht's nimmer der Morgenröte zu / Bei dir? Doch Morgenröte nicht Besseres bringt als du.
O Nacht, du Schauerliche! Schien doch da dein Gestirn / An Felsgestein gekettet mit leinenem Gezwirn."
Vgl. Tabrīzī, *Šarḥ*, 55f. Zum Motiv der Sorge und der Schlaflosigkeit vgl. Vgl. A. Arazi, *La réalité et la fiction*, 71–74. Zum Ausdruck der Schwere der Nacht *ibid.*, 78.

In den bereits herangezogenen Stellen wird der Nacht nicht etwa zugeschrieben, selbst Handlungen auszuführen. Sie ist vielmehr der kosmische Rahmen verschiedener menschlicher Tätigkeiten. Einen ganz anderen Gedanken bringt der Vers zum Ausdruck, in dem die Nacht als Unheil bringend bezeichnet wird.[16] Diese Vorstellung dürfte zur Entstehung der arabischen Redewendung *„ṣurūf al-layālī"* (die Wechselfälle der Nächte) geführt haben, die die Vielfalt der durch die Nächte zugeteilten Übel bedeutet.[17] Die Vorstellungskraft der arabischen Poeten versah sie mit einer weiten Palette von Katastrophen. So richten die Nächte einzelne Menschen zugrunde.[18] Wenn sie kommen, sagt al-Aʿšā, erschüttern sie Königreiche oder entfernen das, was nahe ist. Zu ihren Opfern gehören Könige wie David und Salomo sowie der legendäre Luqmān, der in der altarabischen Tradition als Symbol für Weisheit und langes Leben gilt.[19] Ein anderer Dichter assoziiert die Nacht mit dem Grab:[20]

„Ihr sollt mich nicht begraben, mein Begräbnis ist euch nicht gestattet! O Hyäne, freu' dich darauf [mich zu bestatten],

Wenn mein Kopf weggenommen – und darin ist der beste Teil von mir – und mein Rest dort bei al-Multaqā hinterlassen wird.

Dort erhoffe ich kein Leben weiter, das mich erquicken könnte; alle Nächte lang [d.h. unendlich] bin ich durch die Frevel zugrundegerichtet."

---

16 Al-Ḫansā', *Diwan*, S. 147,1:

لا أرى في الناس مثل معاوية إذا طرقت إحدى الليالي بداهيه

„Ich sehe unter den Menschen niemanden, der Muʿāwiya ähneln würde, wenn eine Nacht Unheil mit sich bringt."
Ein ähnlicher Gedanke kommt auch in Abū Tammām, *Ḥamāsa*, 251/247,2 vor.

17 Vgl. Arazi, *La réalité et la fiction*, 70.

18 Abū Tammām, *Ḥamāsa*, 781,3/766,3:

وأفنتني الليالي، أمَّ عمرو، وحلّي في التنائفِ وارتحالي

„Mich, Mutter Amru's, zehren auf die Nächte / des Reisens her und hin durch Höhn und Gründe". (Übers. Rückert)

19 Abū ʿUbāda al-Walīd b. ʿUbaid al-Buḥturī, *Kitāb al-Ḥamāsa*, hrsg. v. L. Šaiḫū, Beirut (1910): 404. Nach ihm wird die 31. Sure des Korans genannt. Mehr zur Figur des Luqmān vor und nach dem Islam in B. Heller und N.A. Stillmann, „Lukmān", in: *EI*², V, 811f. Ähnliche Verse sind in al-Buḥturī, *Ḥamāsa*, 385, Labīd zugeschrieben.

20 Aš-Šanfarā in Abū Tammām, *Ḥamāsa*, 166/157, 1–3:

لا تقبروني إن قبري محرَّمٌ عليكم ولكن أبشري أمَّ عامِرِ
إذا احتملت رأسي وفي الرأس أكثري وغودِر عند الملتقى ثمَّ سائري
هنالك لا أرجو حياةً تسرُّني سجيسَ الليالي مُبسَلاً بالجرائرِ

Eine weitere Zeitvorstellung in Verbindung mit der Nacht kommt im folgenden Vers von an-Nābiġa aḏ-Ḏubyānī zum Ausdruck:[21]

> „Du ähnelst der Nacht, die mich ereilt, auch wenn ich mir einbilde, ich wäre von dir weit entfernt."

An-Nābiġa lebte eine Weile am Hofe der Laḫmiden in Ḥīra, bevor er zu deren Gegnern, den Ġassāniden, wechselte, vermutlich um die Befreiung von Gefangenen aus seinem Stamm zu erreichen. Dadurch fiel er bei dem Laḫmidenkönig an-Nuʿmān in Ungnade, weshalb er Entschuldigungs- und Preisgedichte an den zornigen König richten musste.[22] An dieser Stelle beabsichtigt er, sich beim König zu entschuldigen und ihn zugleich zu loben, indem er ihn mit der Nacht vergleicht. Dies kann ihm mit dem Bild der Nacht gut gelingen, denn die Nacht ist zum einen derart umfassend, dass sie nicht umgangen werden kann:[23] mit ihr vergleicht der ängstliche Dichter die weit verbreitete Herrschaft des Königs, vor dem er keine Zuflucht findet und zu dem er deshalb reumütig zurückkehrt. Er kann auf diese Weise seine Angst vor dem wütenden König rechtfertigen, ohne dessen Macht mit irgendwelchen Schreckensbildern assoziieren zu müssen. Zum anderen eignet sich ein solches Bild durchaus zum Lob, denn es suggeriert die Gnade angenehmer Abkühlung in der Wüste nach einem heißen Tag. In diesem Sinn dürfte das Bild der Nacht auch als verdeckter Hinweis auf die erhoffte Gnade des Königs und seine Geschenke verstanden werden.[24]

I.1.1.D Der Tag und die Nacht

Die arabischen Poeten widmen Tag und Nacht besonderes Interesse. Denn genauso wie Morgen und Abend befinden sie sich stets in gegenseitigem Wechsel. Sie werden als *„al-ǧadīdāni"*, „die beiden Neuen", bezeichnet. Ein Vers lautet:[25]

---

21 An-Nābiġa aḏ-Ḏubyānī, *Diwan*, hrsg. v. Karam al-Bustānī, Beirut o.J., S. 81, V. 10:
فانكَ كالليل الذي هو مدركي　　　وان خلتُ أن المنتأى عنك واسعُ

22 S. Sezgin, *GAS*, II, S. 110–113; A. Arazi, „al-Nābigha al-Dhubyānī", in: *EI*², VII, 840ff. Zur Preisdichtung an-Nābiġas: Renate Jacobi, *Studien zur Poetik der altarabischen Qaṣīde*, Wiesbaden (1971): 95–100.

23 Arazi, *La realité et la fiction*, 63ff., beobachtet, dass der umfassende Charakter der Nacht durch das an manchen Stellen zum Ausdruck gebrachte Spiel der Gegensätze verstärkt wird.

24 Die Nacht ist Gegenstand von überlieferten Schwurformeln, die die heidnischen *kuhhān* Arabiens verwendet haben sollen: Šauqī Ḍaif, *al-ʿAṣr al-ǧāhilī*, 8. Auflage, Kairo (1977): 420ff.

25 Al-Buḥturī, *Ḥamāsa*, 427, 2:
إن يسلم المرء من قتل ومن مرض　　　في لذة العيش أبلاه الجديدان

„Auch wenn man von dem Tod und der Krankheit im angenehmen Leben sicher bleibt, lassen ihn die beiden Neuen dahinschwinden."

Der altsemitischen Zeitrechnung zufolge geht die Nacht dem Tag voran.[26] Indem Tag und Nacht immer von neuem aufeinander folgen, stellen sie ein völlig anderes Bild dar als das gewöhnliche Phänomen menschlichen Daseins, nämlich dass Vergangenes nicht wiederkehrt.[27] Sie werden als zwei Jünglinge der Zeit (*al-fatayāni*, bzw. *fatayā dahrin*) personifiziert und sogar für das Vergehen in der Welt verantwortlich gemacht. Al-Aʿšā bringt diese Überzeugung prägnant zum Ausdruck, indem er eine Parallele zwischen dem Wirken von Tag und Nacht auf der einen und dem Wirken der *manāyā*, der den Tod bringenden Schicksale, auf der anderen Seite zieht:[28]

„Habt Ihr Iram und ʿĀd nicht gesehen, wie sie die Nacht und der Tag zugrunde richteten?

Und zuvor vernichtete der Tod (*al-manāyā*) [den Stamm] Ṭasm, ohne dass die Vorsicht ihn hätte retten können."

In einem an-Nābiġa aḏ-Ḏubyānī zugeschriebenen Vers wird den beiden Zeiten umfangreicher Einfluss auf menschliches Leben nachgesagt:[29]

„Die beiden Jünglinge verwehten sie plötzlich; jedem Schloss haben sie einen Schlüssel bereitet."

---

26 Da die Araber dem Mondkalender folgten, besaß bei ihnen wie bei den Hebräern die Nacht eine Vorrangstellung gegenüber dem Tag. Vgl. al-Bīrūnī, *al-ʾĀṯār al-bāqiya*, S. 5. A. Fischer, „‚Tag und Nacht' im Arabischen und die semitische Tagesberechnung" in: *Abhandlungen der philologisch-historischen Klasse der Königlich Sächsischen Gesellschaft der Wissenschaften* 27, Leipzig (1909): 739–758, hier 745–749, führt die veränderte Reihenfolge auf ein ursemitisches Verständnis des Tages zurück und vermutet, dass die Araber sowohl die lunare wie die solare Zeitrechnung kannten. Es wird dort, S. 757, auch angenommen, dass die Araber die Sonne als göttliches Wesen anbeteten.

27 Al-Ḫansāʾ, *Diwan*, S. 93, V. 3:

إن الجديدين في طول اختلافهما لا يفسدان ولكن يفسُدُ الناسُ

„Die beiden Neuen werden trotz ihres langen Abwechselns nicht verdorben, die Menschen aber werden dadurch zugrunde gehen."

28 Rudolf Geyer, *The Dīwān of al-Aʿsha*, London (1928): Nr. 53, V. 1,4:

ألم تروا ارمًا وعادا أودى بها الليلُ والنهارُ

وقبلهم غالت المنايا طسمًا ولم يُنجِها الحِذارُ

29 Buḥturī, *Ḥamāsa*, 428,3:

ما لبث الفَتَيان أن عصفا بهم ولكل قفل يسَّرا مِفتاحا

Vgl. *Lane*, s. v. *fatā*.

Die behandelten Beispiele zeigen, wie menschliche Handlungen durch ihre Verknüpfung an Naturphänomene sprachlich verzeitlicht werden können. Die auf diese Weise hergestellte Einheit von Handlungen und Naturphänomenen wird weiter verschärft, wenn den Naturphänomenen selbst Handlungsfähigkeit zugeschrieben wird. Vor allem die Nacht und der Tag weisen in diesem Zusammenhang besondere Funktionen auf, die für den koranischen Umgang mit dem vorislamisch-arabischen Zeitverständnis eine wichtige Bedeutung haben werden. Der Inhalt solcher sprachlichen Zeitformen bleibt jedoch insofern einfach, als die damit verbundenen Zeitvorstellungen eindimensional sind. Im Vergleich dazu bieten die im folgenden Abschnitt zu behandelnden Zeitausdrücke insofern ein komplexeres Bild, als sie zweideutige Zeitformen darstellen.

I.2 Formen der doppeldeutigen Tempora

Wir begegnen in der altarabischen Dichtung einer zweiten Kategorie der sprachlichen Zeitformen, die doppeldeutige Ausdrücke wie *sāʿa* (Stunde) und *yaum* (Tag) umfasst. Solche Zeitformen können sowohl eine festgelegte Zeitdauer als auch eine Zeitdauer unbestimmter Länge bezeichnen. Ihre Ausdehnung variiert nach subjektiver Maßgabe, indem sie entweder am Charakter der Handlung gemessen wird oder sich am Zustand des in der Zeit befindlichen Subjekts orientiert. Ihre Bedeutungen werden im Folgenden systematisch herausgearbeitet.

I.2.1 Die Stunde

Das Wort *sāʿa*, das im Altarabischen eine mehr oder weniger fixierte kurze Zeitspanne bedeutet,[30] kommt auch in der Bedeutung des Augen-

30 So wie im folgenden Vers des Dichters Aus b. Ḥağar, *Diwan*, hrsg. v. Muḥammad Yūsuf Nağm, Beirut (1960): S. 121, V. 26:

فإنّا وجدنا العِرض أحوج ساعةً الى الصون من ريطٍ يمانٍ مسهَّمِ

„Wir fanden, dass die Ehre mehr als gestreifte jemenitische Gewänder, wenn auch für eine kurze Weile (Stunde, *sāʿa*), des Schutzes bedarf."
In *Lisān*, s. v., bedeutet *sāʿa* auch einen Teil aus gleichen 24 Teilen, die die Dauer von einem Tag und einer Nacht bilden.

blicks vor. So lautet ein vermutlich vorislamischer Vers, dessen Autorschaft umstritten ist:[31]

> „Hätte mein Herz deinetwegen nur einen Augenblick Geduld!"

Mit der Zeitform *sāʿa* will der Dichter einen ersehnten Zustand herbeirufen, dessen Dauer von der Intensität seines Liebesgefühls abhängig ist. Je intensiver dieses Gefühl ist desto kürzer ist die Geduld angesichts der Ferne der geliebten Person. Je nach der Natur des Geschehens, das sich innerhalb der Zeitspanne von *sāʿa* vollzieht, lassen sich mit dem Ausdruck unterschiedliche Sinngehalte verbinden. Während *sāʿa* in der Schlacht eine relativ lange Weile bedeuten kann,[32] gleicht es im folgenden Vers einer Zeitspanne von unbestimmter Dauer, die von einer anderen, inhaltlich diametral entgegengesetzten Zeitspanne abgelöst wird. Zuhair lobt die Großzügigkeit von Haram, indem er sagt:[33]

> „Es ist ihm gleichgültig, wann du zu ihm kommst: in einer Stunde des Unheils, vor der man sich schützen müsste, oder in einer glücklicheren."

In der noch im arabischen Sprachgebrauch der Gegenwart geläufigen Redewendung „*sāʿata mandami*" bedeutet die Stunde eine eher kurze Zeitphase von unbestimmter Dauer, in der man vergangene Taten bereut.[34] Hier handelt es sich um eine unmittelbar gegenwärtige, intensiv erlebte Zeit, die sich von der Vergangenheit nicht losgelöst hat, sondern sich noch unter ihrem Einfluss befindet.

Ebenfalls um eine intensive Zeiterfahrung handelt es sich bei einem Vers von al-Aʿšā, in dem er die zerstörerische Wirkung der Nächte be-

---

31 Abū Tammām, *Ḥamāsa*, 312/267,11:
ليت قلبي ساعةً صبرَه عنكَ ملَّكْ
Vgl. dazu Manfred Ullmann, *Das Gespräch mit dem Wolf*. Beiträge zur Lexikographie des klassischen Arabisch Nr. 2, Bayerische Akademie der Wissenschaften philosophisch-historische Klasse: Sitzungsberichte Heft 2. München (1981): 99; Jones, *Early Arabic Poetry*, I, 35.

32 Charles Lyall, *The Poems of ʿAmr Son of Qamīʾah*, Cambridge (1919): 22, 22:
فدارَت رحانا ساعةً ورحاهُمُ ودرَّتْ طِباقًا بعد بَكٍّ لَقوحُها
„Then whirled our war-mill for a while, and theirs; and [War's] milch camel yielded milk in abundance, after giving little at first".

33 Zuhair b. Abī Sulmā, *Diwan*, hrsg. v. Karam al-Bustānī, Beirut o.J., S. 23, V. 3:
سواءٌ عليه أيَّ حينٍ أتيتَه أساعةَ نحسٍ تُتَّقى أم بأسعدِ

34 Abū Tammām, *Ḥamāsa*, 43/41, 3:
ولما رأيتُ أنني قد قتلتُه ندمتُ عليهِ أيَّ ساعةِ مندَمِ
„Als ich sah, dass ich ihn umgebracht hatte, bereute ich es; und was für eine Stunde der Reue!"

schreibt, die „jederzeit und jeden Augenblick“ sichtbar wird. Er stellt *sāʿa* neben *waqt*, das eine immer im Zusammenhang mit einem bestimmten Sachverhalt fixierte Zeitdauer bedeutet, die offenbar mehr als einen Moment währt:[35]

> „Die vorübergehenden Nächte erschüttern Königreiche und entfernen Nahes jede Zeit und jede Stunde.“

Die vorgebrachten Beispiele zeigen eine nach ihrem Handlungsgehalt veränderte psychologische Ausdehnung der Stunde, die allerdings nicht im aktiven Zustand vorgestellt wird. Genau dies wird sich im Koran ändern, wenn *as-sāʿa*, die Stunde, vorwiegend im eschatologischen Sinn verwendet wird.[36]

I.2.2 Der Tag

Al-yaum, der Tag, kann in der altarabischen Dichtung sowohl auf die Zeitspanne von 24 Stunden als auch auf die sich vom Sonnenaufgang bis zum Sonnenuntergang erstreckende Zeit bezogen sein. In der zweiten Bedeutung wird *al-yawm* mit dem Wort *nahār* gleichgesetzt, das nur die Zeit vom Sonnenaufgang bis zum Sonnenuntergang umfasst.[37] Darüber hinaus bezeichnet der Ausdruck *yaum* eine unbestimmte Zeitspanne, die mit einem breiten Spektrum von Vorstellungen verbunden ist, von denen sich die folgenden sechs für die vorliegende Untersuchung als relevant erweisen:

Die Zeit des Lebensanfangs. Sich selbst lobend beschreibt der Ritter-Poet ʿAmr b. Maʿdīkarib in einem Gedicht seine Tapferkeit und sein Durchhaltevermögen an Kampftagen. Er erklärt diese Eigenschaften für angeboren, indem er sagt, dass er „an dem Tag seiner Erschaffung als Standhafter erschaffen wurde.“[38]

---

35 Der Vers lautet in al-Buḥturī, *Ḥamāsa*, 404, 1:

ومرُّ الليالي كلَّ وقتٍ وساعةٍ　　　يزعزعن مُلكًا أو يباعدن دانيا

36 Vgl. beispielsweise: Q 33:63; 42:17; 54:1.

37 In einem Vers von an-Nābiġa aḏ-Ḏubyānī, *Diwan*, S. 31, V. 5, in dem der Dichter die Schnelligkeit seiner Stute beschreibt, kommen beide Zeitausdrücke nah zueinander vor:

كأن رحلي وقد زال النهارُ بنا　　　يومَ الجليل على مستأنسٍ وحدِ

„Als ob mein Sattel, als am Tage (*yaum*) des Ǧalīl der Tag (*an-nahār*) zuende ging, auf einem einsamen Onagerhengst wäre, der die Anwesenheit von Menschen spürte.“

38 Abū Tammām, *Ḥamāsa*, 34,14/32,15: „*wa-ḫuliqtu yauma ḫuliqtu ǧalda(n)*“. Der Dichter lebte in die islamische Zeit hinein.

Yaum bedeutet hier den Zeitpunkt der Geburt. Der am Geburtstag festgelegte Charakter prägt das ganze Leben. Dessen Tage stellen sich dementsprechend als Fortsetzung des ersten Tages dar, dessen Zustand sich auf alle Tage des Lebens erstreckt.[39]

Die Zeit des Lebensendes. In einem anderen Zusammenhang bedeutet *yaum* den Zeitpunkt des Todes, den Tag, dem kein Mensch entfliehen kann. In diesem Sinn äußert sich ʿAbīd:[40]

> „Vor dir ist ein Tag, den du gewiss erreichen wirst, vor dem sich weder Städtebewohner noch Nomaden retten können."

ʿAbd Qais b. Ḫufāf wendet sich kurz vor seinem Tod an seinen Sohn mit dem Vers:[41]

> „O Ǧubail, der Tag deines Vaters nähert sich; beeile dich, wenn du zu großen Taten aufgefordert wirst."

Hier taucht die Vorstellung vom Tag als dem Todestag auf, der jedem Menschen unabänderlich beschieden ist. *Yawm* wird mit dem passiven Verb *ḥumma*, dessen Gegenstand gewöhnlich das Todesverhängnis ist, verstärkt in Verbindung gebracht.[42] So wird im Ausdruck *„yauma ḥumma lahu yaumuhu*", „an dem Tag, an dem sein Tag beschieden war", der Todestag als ein herausragendes Ereignis vom Verlauf des Lebens abgehoben. In einem anderen Vers symbolisiert der Tod des Rehs die Unausweichlichkeit dieses bestimmten Tages. Das schwer zu jagende wilde Tier steht an dieser Stelle für alle Lebewesen, die unabhängig von ihrer Kraft und Fluchtfähigkeit dem Todestag nicht entfliehen können.[43]

Die unbestimmte Zeit des Unvorhersehbaren. Zwischen dem Tag der Geburt und dem Tag des Todes vollzieht sich das Leben. *Yauman*, in der adverbialen Form des unbestimmten Akkusativs, bezeichnet zunächst

39 Zu genethialogischen Ansätzen bei den Arabern vor dem Islam s. T. Fahd, „Nudjūm, Aḥkām, Al-", in: *EI*², VIII, 105b ff. Vgl. ferner al-Marzūqī, *Kitāb al-azmina*, S. 528f.; Wellhausen, *Reste*, S. 200ff.

40 ʿAbīd b. al-Abraṣ, *Diwan*, S. 63, V. 5:

إنّ أمامَك يومًا أنت مدركه   لا حاضرٌ مفلتٌ منه ولا بادي

41 *Mufaḍḍalīyat*, 116, 1:

أجُبيلُ ان أباك كارِبَ يومُه   فإذا دُعيت الى العظائم فاعجَل

Ähnlich in Abū Tammām, *Ḥamāsa*, 52/47, 1.

42 Ausführlich darüber vgl. Werner Caskel, *Das Schicksal*, 12f.

43 *Mufaḍḍalīyat*, 54, 10:

لو كان حيٌّ ناجيًا لنجا   من يومه المزلَّمُ الأعصمْ

„Wenn ein Lebewesen dem Tode entfliehen könnte, hätte das wie ein Pfeil schnelle, rote Reh mit weißen Beinen seinen Tag überlebt."

einen negativ konnotierten Zeitpunkt, dessen Auftreten kaum wahrscheinlich ist. Al-Aʿšā beschreibt einen Gegner, der ihm vergeblich Schaden zuzufügen versucht, mit dem folgenden Vergleich:[44]

> „Wie eine Bergziege, die einen Felsen mit ihren Hörnern stößt, um ihn eines Tages (*yauman*) zu spalten; sie fügt ihm aber keinen Schaden zu, sondern sie schwächt nur ihre Hörner."

Derselbe Ausdruck bedeutet aber auch einen offenen, unvorhersehbaren Zeitabschnitt, der mit Sicherheit auftreten wird. Ein Halbvers Labīds lautet:[45]

> „... und jeden Jüngling wird eines Tages (*yauman*) die Zeit (*dahr*) umbringen."

Die Gewissheit, dass sich ein solcher Zeitabschnitt unbedingt ereignen wird, dass aber der Zeitpunkt des Ereignisses dem Menschen unbekannt bleibt, verursacht Angst. Der Tag bedeutet in diesem Fall eine unbestimmte und unsichere Zeit.[46] Diese Zeitvorstellung steigert sich zum Determinismus, der für alles ein vorherbestimmtes Ende sieht. Ein Vers von Labīd lautet:[47]

> „Sowohl Geld wie Angehörige sind nichts als anvertrautes Gut; anvertraute Güter müssen eines Tages (*yauman*) zurückgegeben werden."

Aus der Vorstellung eines unvorhersehbaren Zeitpunkts entwickelt sich eine an dem Wort *yawman* demonstrierbare Zeitform, die einen unbestimmten Zeitabschnitt bezeichnet, dessen Länge und Auftreten unbekannt sind. Er steht deshalb für die gesamte Lebenszeit eines Menschen, wie es der folgende Vers formuliert:[48]

---

44 Al-Aʿšā, *Diwan*, hrsg. v. Rudolf Geyer, London (1928): 6,49:
كناطح صخرةٍ يومًا ليفلِقها فلم يضرها وأوهى قرنَه الوعلُ

45 *Diwan*, S. 88, V. 3: „*wa-kullu fatan bihi d-dahru fāǧʿu*".

46 Abū Tammām, *Ḥamāsa*, 387/375, 2:
هما أخَوا في الحرب مَن لا أخًا له إذا خاف يومًا نَبوةً فدعاهما
„Kampfbrüder waren sie dem Mann, der keinen Bruder hatte, sobald er sie angerufen hat, wenn er eines Tages eine drohende Gefahr fürchtete." (Rückerts Übersetzung modifiziert)

47 *Diwan*, S. 89, V. 2:
وما المال والأهلون إلا وديعة ولا بد يوما أن ترد الودائعُ

48 Mutammim b. Nuwaira in *Mufaḍḍalīyāt*, 67, 48:
فلا تفرحنْ يومًا بنفسِكَ، إنني أرى الموتَ وقاعًا على من تشجعا
Auch in diesem Sinn preist an-Nābiġa aḏ-Ḏubyānī, *Diwan*, S. 36, V. 7 – 37, V. 1, an-Nuʿmān, indem er ihn mit dem Euphrat vergleicht, der den König an Großzügigkeit niemals, „*yauman*", übertreffen wird.

„Freue dich niemals (*yauman*) über dich selbst; ich sehe den Tod jeden Mutigen überfallen."

Die Aufforderung, niemals sich seiner selbst zu erfreuen, ist in einer Gesinnung begründet, der zufolge jeder eines Tages von einer Katastrophe heimgesucht werden könnte. So lautet die nüchterne Weisheit eines Dichters:[49]

„Eines Tages werden Wohlleben und alles Unterhaltende vergehen und verwesen."

Hier steht der Ausdruck *yauman* für ein einbrechendes Ereignis, das einen bestehenden Zustand beendet, um einen entgegengesetzten Zustand einzuleiten. Die zukunftsorientierte, nach vorne schauende Zeitvorstellung, die mit *yauman* verbunden ist, kann jedoch in einem anderen Fall Anlass zu verhaltenem Optimismus geben.[50]

Während sich der unbestimmte Zeitausdruck *yauman* in der bisher betrachteten Deutung auf Zukünfiges richtet, kann er sich in anderen Kontexten auch auf Vergangenes beziehen. Die daraus resultierende Zeitvorstellung bezeichnet einen bereits vergangenen, nicht fixierten Zeitabschnitt von unbestimmter Dauer. Mit dieser Zeitform kann die ganze Vergangenheit gemeint sein, wie es in der Aussage *„wa-lam aqum ʿalā nadabin yauman"*, „ich habe zu keinem Zeitpunkt meines Lebens einen Toten beweint," der Fall ist.[51]

Die vergehende Handlungszeit. Der Tag, *al-yaum*, bedeutet ferner einen vorübergehenden Zustand, in dem man sich befindet, wie es in dem Vers von Taʾabbaṭa Šarran lautet:[52]

---

49 Al-Aswad b. Yaʿfur an-Nahšalī in *Mufaḍḍalīyat*, 44, 15:

فإذا النعيمُ وكلُّ ما يُلهى به   يومًا يصير إلى بلىً وفسادِ

Siehe ferner Bišr b. Abī Ḫāzim, *Diwan*, S. 148, V. 5.

50 Zum Lob des Stammes Murra sagt Zuhair, *Diwan*, S. 59, V. 7: *„ǧadīrūna yauman an yanālū wa-yastaʿlū"*, „sie sind würdig, eines Tages den Sieg zu erlangen und den Feind zu überwinden".

Ein Vers von ʿUrwa b. al-Ward lautet:

فذلك إن يلقَ المنية يلقها   حميدًا، وإن يستغن يومًا فأجدر

„That man, if he meets with death, meets it gloriously; or if some day he becomes a wealthy man, how worthy he is of that." Zitiert und übersetzt nach Jones, *Early Arabic Poetry*, I, 136.

51 ʿAbd al-Qādir al-Baġdādī, *Ḫizānat al-adab wa-lubb lubāb lisān al-ʿarab*, hrsg. v. ʿAbd as-Salām M. Hārūn, 13 Bde., Kairo (1967–1986): Bd. 3, S. 178.

52 Abū Tammām, *Ḥamāsa*, 11/10, 4:

اقول لِلحيانِ وقد صفِرتْ لهم   ويومي ضيق الجُحر مُعْوِرُ

„Zu denen von Liḥyān sprach ich, als mein Bauch leer und mein Tag furchtbar wie ein enges Loch war".

Der überschaubare Zeitabschnitt des Tages wird damit zum Synonym für die aktuelle Situation des Subjekts. Von da aus entwickelt er sich zum bevorzugten zeitlichen Rahmen menschlichen Handelns. Mit dem Ausdruck *aiyām al-ʿaṭāʾ*, Tage des Gebens, wird die Eigenschaft des Subjekts als großzügig und wohlhabend beschrieben.[53] In diesem Sinn schildern Ausdrücke den Zustand des Subjekts jeweils durch ein adjektivisches Attribut zum Tag. So beschreibt der Ausdruck *yaum safūk*, der wörtlich übersetzt soviel wie „ein Tag, der viel Blut vergießt" bedeutet, zugleich die Grausamkeit der Schlacht sowie die Tapferkeit des an der Schlacht teilnehmenden Dichters.[54] Der dunkle Schlachttag, an dem die Schwerter glänzen, wird in einem weiteren Vers als „ein Tag, dessen Sterne nicht untergehen" (*yauman lā tawārā kawākibuh*) beschrieben.[55] Ta'abbaṭa Šarran bezeichnet den Tag, an dem er seine Feinde besiegte, als einen tyrannischen Tag, *yaum ġašūm*.[56] Bemerkenswert ist, dass an solchen Ausdrücken die Entwicklung von zwei zusammenhängenden Momenten abgelesen werden kann: Der zeitliche Handlungsrahmen wird einerseits mit dem Handlungssubjekt, andererseits mit der Handlung selbst weitgehend identifiziert. Die Zeit wird mit einem aktiven Moment ausgestattet.

Eine weitere Dimension dieser Zeitform erschließt sich dadurch, dass aufeinander folgende Tage abwechselnde Zustände bezeichnen, die durch ihre Gegensätzlichkeit den Reichtum der Phänomene darstellen, die sich in der Zeit äußern. Ein Vers von an-Namir b. Taulab lautet:[57]

---

53 *Ibid.*, 773, 3. Eine andere Version ist in *ibid.*, 690, 3, überliefert.

54 *Ibid.*, 81/75.a, 1:

وإنَّا لَتُصْبَحُ أسيافُنا إذا ما اصطُبِحْنَ بيومٍ سفوكِ

„Unsere Schwerter laßen wir nicht / am blutausschenkenden Tage dürsten." (R.) Mit dem Verb *ṣabaḥa* wird auf den Morgentrank hingewiesen. Vgl. oben Anm. 9.

55 *Ibid.*, 701/687, 1.

56 Ta'abbaṭa Šarran, *Diwan*, hrsg. v. Ṭalāl Ḥarb, Beirut (1993): 54, 7:

ثأرْتُ بهِ وما اقترفتْ يداهُ فظلَّ لها بنا يومٌ غشومُ

„Ich rächte mich an ihm für das, was seine Hände getan haben, als es dort für uns einen tyrannischen Tag gab."

Der Krieg wird auch *ġašūm* im Sinne von „willkürlich" genannt. Vgl. *Lisān* und *Lane*, s.v. *ġašama*.

57 Al-Buḥturī, *Ḥamāsa*, 616:

فيومٌ علينا ويومٌ لنا ويومٌ نُساءُ ويومٌ نُسَر

Ähnliche Beschreibungen finden sich in Imru' al-Qais, *Diwan*, S. 81, V. 3; *Huḏalīyīn*, 1, 1–3; 65, 4.

„An einem Tag werden wir besiegt, an einem anderen siegen wir; an einem Tag widerfährt uns Übel, an einem anderen erfahren wir Freude.“

Dass die Veränderung der Lebenszustände durch unterschiedliche Eigenschaften der verschiedenen Tage ausgedrückt wird, führt dazu, dass die Erinnerung an vergangene Lebenszustände in der Erinnerung an bestimmte Tage konkrete Gestalt annimmt, wie es in der *muʿallaqa* von Imru' al-Qais mehrfach vorkommt.[58] Der Tag wird damit als ausgezeichnete Periode von Erlebnissen dargestellt, die nicht von langer Dauer sind, sich aber dennoch ins Gedächtnis einprägen.

Die subjektiv empfundene Zeit. Der Tag steht in anderen Fällen für eine subjektive Zeit, deren Dauer der psychischen Einstellung des Menschen entsprechend empfunden wird. In diesem Sinn werden die Flirt- und Liebestage als *„aiyām qiṣār“*, kurze Tage, bezeichnet.[59] Die Zeitdauer relativiert sich in einem ähnlich strukturierten Zusammenhang aber auch gemäß der Intensität und der Wirkung von durchgeführten Handlungen. Aus der Sicht von ʿĀmir b. aṭ-Ṭufail ist der Schlachttag lang, an dem sein Stamm gesiegt und den Feinden eine verheerende Niederlage zugefügt hat. Wirkt sich der Tag aus der Sicht der Sieger lang aus, so ist er dagegen für die Besiegten „ein elender Tag“:[60]

---

58 Verse 10,11,13,18. Übersetzung: Wolff, *Muallakat*:

ألا رُبَّ يَومٍ لكَ مِنهُنَّ صالِحٍ ولا سِيَّما يومٍ بِدارَةِ جُلجُلِ
ويومَ عَقرتُ للعَذارى مَطِيَّتي فَيا عَجَبًا مِن كُورِها المُتَحَمَّلِ
ويومَ دخَلتُ الخِدرَ خِدرَ عُنَيزَةٍ فَقالَت لكَ الويلاتُ إنَّكَ مُرجِلي
ويومًا على ظهرِ الكَثيبِ تَعذَّرَت عليَّ وآلت حَلفَةً لم تُحلَّلِ

„Hab' ich doch viel der Tage durch sie an Freude reich / Erlebt, keinen jenem in Dārat Ǧulǧul gleich;
Dem Tag, wo ich den Mädchen geschlachtet mein Kamel / Und sie auf ihre luden gütlich mein Sitzgestell;
Dem Tag, an dem die Sänfte, die Sänfte Oneisas ich / Bestieg, und sie sprach: Willst du zum Gehen nöth'gen mich?
Dem Tag, wo auf des Sandes Hügel sie gegen mich / Sträubte sich und geschworen 'nen Eidschwur fürchterlich.“

59 *Mufaḍḍalīyāt*, 98, 19:

فقد كانت لنا ولهنَّ، حتى زوتْنا الحربُ، أيامٌ قصارُ

„Wir hatten mit den Weibern kurze Tage, bevor uns der Krieg voneinander entfernte.“

60 *Diwan*, S. 113, V. 4 – S. 114, V. 1:

وكان لهم بها يومٌ طويلٌ كما أجَّجْتَ باللهَبِ الضِّراما
بدارهم تركنا يومَ نحسٍ لدى أوطانهم تُسقى السِّماما

> „Sie hatten in der Schlacht einen langen Tag (*yaumun ṭawīlun*), der sich wie die Flammen des entfachten Feuers ausdehnte [oder: der wie die Flammen des entfachten Feuers brennend auswirkte].
>
> Wir hinterließen in ihrer Stätte einen elenden Tag (*yauma naḥsin*); dort, wo sie zu Hause sind, wird Gift zum Trinken gereicht."

Die flüchtige Gegenwart. Al-yaum bezeichnet des weiteren ein Glied in einer Kette, das im Verhältnis zu vorherigen und späteren Gliedern steht. In diesem Sinn benennt es die Gegenwart, die in krassem Gegensatz zur Vergangenheit steht und mit großer Wahrscheinlichkeit auch in eine nahe, gleichgeartete Zukunft hinein reicht:[61]

> „Wie viele Unedle sahen wir, die Kamele besaßen; sie sind heute (*al-yaum*) geizig geworden und sie bewirten keine Gäste."

Der im Vers angedeutete Zustandswechsel betrifft nicht nur den heutigen Tag, sondern auch die kommende Zeit, zumindest solange eine weitere Veränderung nicht in Sicht ist. Mit *al-yaum* verbindet sich ferner eine auf die Gegenwart bezogene Zeitvorstellung, die allerdings im Gegenteil zu der bereits erläuterten Vorstellung auf eine andersgeartete Zukunft hinweist. Begleitet wird die ununterbrochene Abfolge der Tage von der Möglichkeit immer wieder auftretender Veränderung der Lebensumstände. Ein Dichter sagt:[62]

> „Wenn zu dir ein Bittender kommt [und du seine Bitte erfüllst], weißt du nicht, ob du der Glücklichere bist oder er.
>
> Ein Bedürftiger, dem du heute (*al-yaum*) nicht gibst, worum er dich bittet, könnte ein Morgen haben."

Die Abfolge der Tage zwingt zum verantwortlichen Handeln, denn heutiges Geschehen könnte morgen Konsequenzen haben. Daraus ergibt sich auch, dass die Menschen dazu angehalten werden, unangenehme Ereignisse der Gegenwart mit Blick auf eine bald kommende Zustandsveränderung zu ertragen. Ein geduldiger Mensch wird mit folgenden Worten beschrieben:[63]

---

61 Abū Tammām, *Ḥamāsa*, 748,3/735,1:
كم من لئيمٍ رأينا كان ذا إبلٍ   فأصبح اليوم لا معطٍ ولا قار

62 *Ibid.*, 421/412,1f.:
وانك لا تدري اذا جاء سائلٌ   أأنت بما تعطيه أم هو أسعدُ
عسى سائلٌ ذو حاجة إنْ منعتَه   من اليوم سؤلاً أنْ يكونَ له غدُ
Ebenso in ʿAdī b. Zaid, *Diwan*, 23, 39.

63 *Ibid.*, 274,15/264,13:
قليلُ التشكي للمصيبات حافظٌ   من اليوم أعقابَ الأحاديث في غدِ

> „Er beklagt sich wenig über Unglücksfälle und bewahrt vom heutigen Tag (*mina l-yaumi*) die morgigen Folgen der Ereignisse."

Es ist hierbei noch keine Rede von Hoffnung, sondern von minimalisierter Klage und dem Aushalten in Erwartung kommender Erleichterung. Ein Beispiel dafür aus dem Kontext der Liebesthematik findet sich bei Bišr b. Abī Ḫāzim. Hier tröstet sich das lyrische Ich dafür, dass sich die Geliebte von ihm getrennt hat, mit dem Gedanken, er würde sich wohl demnächst mit einer anderen Frau die Zeit vertreiben:[64]

> „Wenn Salmā mich heute (*al-yaum*) nach der Freundschaft verlassen und sich von mir abwenden würde, weil ich weißhaarig geworden bin,
>
> Könnte ich mich doch eines Tages (*yauman*), wenn ich möchte, mit einer weißen, koketten und netten jungen Frau vergnügen."

Al-yaum, als Einheit im Verlauf der fließenden Zeit verstanden, wird aber auch im Sinne des historischen Präsens gebraucht, wie es in einem Vers von Muʿāwiya b. Mālik deutlich wird. Der Dichter erinnert sich an eine frühere gescheiterte Jagdreise, als ob sie *heute* stattgefunden hätte.[65] Für einen anderen Dichter ist der Tag ein gegenwärtiger Zustand, der sich aus einem vergangenen ergibt:[66]

> „Ich habe zurückgegeben, was ich von der Jugendzeit geliehen hatte; ich kümmere mich heute (*al-yaum*) um meinen Besitz und vermehre ihn."

Für al-Aʿšā schließlich bedeutet der Tag die Gegenwart schlechthin, die der Kürze des Tages zum Trotz festgehalten werden muss, damit sie von einem erahnten unliebsamen Ereignis nicht ersetzt würde.[67]

Der Tag als die Hälfte des Lebens. Yaum bedeutet eine Zeiteinheit, die in Verbindung mit einer weiteren Einheit (ebenfalls *yaum*) gebracht wird, um ein Menschenleben zu bezeichnen. Mit dem Dual *yaumān*,

---

64 Bišr b. Abī Ḫāzim, *Diwan*, S. 70, V. 5f.:

فإن يكُ قد نأتني اليوم سلمى — وصدَّت بعد إلفٍ عن مشيبي

فقد ألهو إذا ما شئتُ يومًا — إلى بيضاءَ آنسةٍ لعوبِ

65 *Mufaḍḍalīyāt*, 105, 5:

فإن تكُ لا تصيد اليومَ شيئًا — وآب قنيصها سلمًا وخابا

„Wenn du heute nichts jagst und die Beute sicher zurückkehrt, bist du enttäuscht."

66 *Ibid.*, 41, 7:

فأديتُ عني ما استعرتُ من الصبى — وللمال عندي اليوم راعٍ وكاسبُ

67 *Diwan*, Ed. Geyer, 25,1:

شُرَيحُ لا تتركنِّي بعدما علقت — حبالَك اليومَ بعد القِدِّ أظفاري

„Verlass' mich nicht Šuraiḥ, nachdem meine Nägel heute nicht nur an dem Riemen, sondern auch an deinen Seilen anhafteten."

zwei Tage, verbindet Ta'abbaṭa Šarran die Summe seines Wirkens und Tuns. Sein Leben besteht demnach aus einem Tag, an dem er sich mit Frauen vergnügt, und einem anderen Tag, an dem er junge Männer tötet.[68] Ṭarafa und sein Onkel al-Mutalammis standen im Dienste Qābūs', des Bruders des Königs ʿAmr b. Hind, ein Zustand, der für sie mit vielen Mühen verbunden war. Der Dichter beklagt sich darüber mit einem Gedicht, dem folgende Verse entnommen sind, in denen er das Leben des Fürsten als aus einem Jagdtag und einem Trinktag bestehend beschreibt:[69]

„Du hast die sorgenfreie Zeit des Lebens (*dahr*) [in zwei Teile] eingeteilt; ebenso verhält es sich mit der Regierung: entweder ist sie gerecht oder ungerecht;

Uns ein Tag und den Regenpfeifern ein Tag; die elenden Vögel können jedoch fliegen, wir aber fliegen nicht."

I.2.3 Die Tage

Die enge Verknüpfung des Tages mit bestimmten Lebensumständen führt dazu, dass *al-aiyām*, die Tage, die Gesamtheit eines Menschenlebens bedeuten. Eine solche quantitative Auffassung vom Leben ist mit dem weiteren Gedanken verbunden, dass es nicht unendlich ist und unvermeidlich mit dem Tod enden muss. Ein Vers von ʿAbīd lautet:[70]

„Die Tage des Menschen sind gezählt; die Stricke des Todes belauern dem Jüngling jeden gefährlichen Pfad."

---

68 *Diwan*, 12, 3f.:

فقلتُ لها: يومان، يومُ إقامة   أهز به غصنًا من البان أخضرا
ويومٌ أهز السيفَ في جيدِ أغيدٍ   له نسوةٌ لم تلقَ مثلي أنكرا

„Ich sagte zu ihr: Es sind zwei Tage (*yaumān*): Ein Tag (*yaum*) der Weile, an dem ich einen grünen Moringenzweig schwinge,
Und ein Tag (*yaum*) an dem ich das Schwert in den Nacken eines jungen Mannes hinein schwinge, dessen weibliche Angehörige noch keinen Üblen wie mich trafen."
Die duale Einteilung des Lebens wird ebenfalls im altarabischen Spruch „*yaumāhu yaumu nuʿmin wa-yaumu bu'sin*", „Seine beiden Tage sind ein Tag der Gnade und ein Tag des Elends" zum Ausdruck gebracht: *Lisān*, XII, S. 650.

69 *Diwan*, hrsg. v. Karam al-Bustānī, Beirut o.J., S. 48f., besonders S. 49, V. 3f.:

قسَمْتَ الدَّهرَ في زمنٍ رخيٍّ   كذاك الحكمُ يقصِدِ أو يجورُ
لنا يومٌ وللكروان يومٌ   تطير البائساتُ ولا نطيرُ

70 ʿAbīd b. al-Abraṣ, *Diwan*, Beirut o.J., S. 68, V. 6:

وللمرء أيامٌ تُعَدُّ وقد رعَتْ   حبالُ المنايا للفتى كلَّ مرصدِ

In einem spezifischen Sinn stehen die Tage für die Zukunft. Ṭarafas bekannter Vers lautet:[71]

> „Die Tage (*al-aiyām*) werden dir enthüllen, was du nicht gewusst hast; dir wird der Nachricht bringen, den du für die Reise nicht ausgestattet hast."

Aufgrund der Begrenztheit seines gegenwärtigen Erkenntnisstands stellt sich im zitierten Vers die kommende, noch verborgene Zeit als Quelle möglicher Erkenntnis dar. Eine solche Vorstellung findet in der Ansicht eine Steigerung, dass die Tage die Wiedergutmachung schlechter gegenwärtiger Zustände mit sich bringen mögen. Dementsprechend lautet der Wunsch:[72]

> „Mögen die Tage (*al-aiyām*) Menschen zurückbringen, die denjenigen ähneln, die da waren."

Der Dichter ist sich dessen bewusst, dass Verstorbene nicht wiederkehren. Er wünscht sich deshalb, dass die Neugeborenen ihnen ähneln und dass dadurch die alten Verhältnisse wiederhergestellt würden – vermutlich weil er mit der Gegenwart unzufrieden ist und keine Hoffnung auf eine bessere Zukunft hat. Die Hoffnung auf eine Zeitenwende, die Neues herbeiführen könnte, wird jedoch durch Erfahrungen gedämpft, die sich auf die Vergangenheit beziehen. Aus einer ähnlichen Überzeugung zieht Imru' al-Qais die Konsequenz:[73]

> „Wer nach dem Sohn von Hurmuz den Tagen (*al-aiyām*) vertraut, den werden sie genauso heimsuchen, wie sie den Kaiser heimsuchten."

Im Unterschied zum vorherigen Vers sind hier die kommenden Tage kein Grund für hoffnungsvolle Antizipation. Vielmehr erregen sie Furcht, weil sie Unheil bringen können.

Das Wort *al-aiyām*, die Tage, bedeutet ferner „Zeit schlechthin".[74] Die Tage werden in diesem Fall personifiziert und als tätige Zeit dargestellt. Mit den Tagen werden oft negative Geschehnisse wie die Trennung von Liebenden, Zerstörung bestehender Verhältnisse und Vernichtung von Menschen assoziiert. Ihre Wirkung kann ferner mit den furchtbaren

---

71 *Mu'allaqa*, V. 101:
ستبدي لك الأيام ما كنت جاهلاً   ويأتيك بالأخبار من لم تزوِّدِ
Ähnlich in Abū Tammām, *Ḥamāsa*, 439/427, 1.

72 Abū Tammām, *Ḥamāsa*, 2/2,2:
عسى الأيامُ أن تُرجِـ   ـعَ قومًا كالذي كانوا

73 Imru' al-Qais, *Diwan*, hrsg. v. Muḥammad Riḍā Murūwa, Beirut (1993): 132,3:
فمن يأمن الأيامَ بعد ابن هُرمُز   نزلن به كما نزلن بقيصرا

74 *Lisān*, s. v. *yaum*.

Folgen anhaltender intertribaler Kriege in Verbindung gebracht werden.[75] Besonders in Trauerliedern wird ihre Zerstörungskraft beklagt:[76]

> „Ich sehe, dass die Tage (*al-aiyām*) keinen Edlen, kein Reh und kein wildes Tier am Leben lassen."

Die zerstörerische Kraft der Tage ist umfassend und unerbittlich. Eine Dichterin aus dem Stamm Huḏail stellt resigniert fest:[77]

> „Lerne, dass ein langes Leben Qual ist und dass jeder, der mit den Tagen (*al-aiyām*) ringt, besiegt wird."

Im Zusammenhang mit ihrer Trauer erscheint der Dichterin das Leben im Ganzen voller Qual, die so lange wie das Leben selbst dauert. Dagegen hilft kein Widerstand, weil es an der Natur der qualvollen Tage liegt, dass sie unbesiegbar sind und dass sie mit dem Tod den Menschen endgültig besiegen.

I.2.4 Die Tage der Araber

Hiermit gelangen wir zu einer besonderen Bedeutung der Tage. In dem spezifischen Ausdruck *aiyām al-ʿarab*, die Tage der Araber, bedeutet *yaum* Zeitraum für Krieg und Stammesfehden. Der Ausdruck ist doppeldeutig. Er bezeichnet die Kampftage der arabischen Stämme vor dem Islam sowie die Berichte darüber.[78] Wie Werner Caskel feststellt,

---

75 Abū Tammām, *Ḥamāsa*, 162/154, 3:

فما أبقتِ الأيامُ مِ لمال عندَنا   سوى جِذمِ أذوادٍ محذَّفة النسل

„Die Tage ließen uns keinen Besitz übrig außer einem Rest von wenigen Kamelen ohne Nachkommenschaft."

76 *Huḏalīyīn*, 16, 5:

أرى الأيامَ لا تُبقي كريمًا   ولا العُصمَ الأوابدَ والنَّعاما

Ähnlich lautet ein Vers von Abū Ḏu'aib in: Joseph Hell, *Neue Huḏailiten-Diwane*, 1. *Dīwān des Abū Ḏu'aib*, Hannover (1926): 3, 1.

77 Al-Buḥturī, *Ḥamāsa*, 1444, 1:

تعلَّمَنْ أنَّ طولَ العيش تعذيبُ   وأنَّ من غالبَ الأيامَ مغلوبُ

Hier wird das Gedicht ʿAmra, der Schwester von ʿAmr al-Kalb al-Huḏalī zugeschrieben. Laut *Huḏalīyīn*, 110, 1, soll der Vers von Ǧanūb, der anderen Schwester von ʿAmr, stammen. Die erste Vershälfte lautet hier: *„kullu (ʾi)mriʾin bi-ṭawāli l-ʿaiši makḏūbu"*, „jeder Mensch wird durch langes Leben getäuscht".

78 Es wird auch von nachislamischen *aiyām*-Fehden berichtet: Werner Caskel, *„Aijām al-ʿarab*. Studien zur altarabischen Epik", in: *Islamica*, 3 (1930): 1–99, hier S. 5; Egbert Meyer, *Der historische Gehalt der Aiyām al-ʿArab*, Wiesbaden (1970): 1.

kann ein Tag, *yaum*, in diesem Zusammenhang „eine Schlacht im herkömmlichen Sinne des Wortes sein, öfter ist er ein Raubzug *ġazwa*".[79] Die Fehden sind vermutlich immer nach einem bestimmten Muster abgelaufen, das bereits von Julius Wellhausen rekonstruiert wurde. Den Kampfhandlungen gingen verbale Dispute voraus.[80] Als Beweggründe galten meistens gemeine Bedürfnisse des nackten Daseins.[81]

Die Berichte darüber bestehen aus Prosa mit lyrischen Elementen. In knapper, anschaulicher, bildhafter und wirklichkeitsnaher Sprache wird darin über Personen und Ereignisse berichtet.[82] Den Geschichten sind Gedichte beigefügt, die meistens im Stil der Selbstdarstellung die Heldentaten der Protagonisten rühmen. Sie sind weder reine Historie noch reine Dichtung, sondern eine Mischung von beiden, die handelndes Leben darstellt.[83] Die Erzählungen wurden im Islam weiter tradiert. Sie bilden einen Teil zahlreicher literarischer und historiographischer Werke. Einzelne Berichte sind in Kommentaren zu vor- und frühislamischer Poesie sowie in Sprichwortsammlungen enthalten. Sie sind von Gelehrten wie Hišām b. Muḥammad al-Kalbī (gest. um 819/203) und Abū ʿUbaida at-Taimī (gest. 825/209) eigenständig gesammelt worden.[84] Sie wurden in der zeit der späteren Abbasiden in den Kanon arabischer Bildung aufgenommen.[85]

Die Motive der Erzählungen folgen oft einem stereotypen Muster, das auch Raum für Variationen offen lässt. Reich an Nebenmotiven und individuellen Handlungen, zeigen die Berichte charakteristische Merk-

79 Caskel, *ibid.*, 2.

80 Vgl. Julius Wellhausen, *Skizzen und Vorarbeiten*, IV, Berlin (1889). Nachdruck: Berlin (1985): 28ff.

81 Caskel, „*Aijām al-ʿarab*", 9–23. In seiner einschlägigen Studie untersucht Caskel die Typologie der *aiyām al-ʿarab* und rekonstruiert ihre Motive, Abläufe und Funktionalität in der späteren islamischen Geschichte.

82 Vgl. Caskel, *ibid.*, 38ff.

83 Vgl. Meyer, *Der historische Gehalt*, 2–10 und die Beispiele, die er in seiner Studie anführt.

84 Am bekanntesten ist Abū ʿUbaidas Sammlung *Aiyām al-ʿarab qabla l-Islām*. Neuere Edition von ʿĀdil Ǧāsim al-Baiyātī, Beirut (1407 H./1987). Ibn al-Kalbīs Zuverlässigkeit wurde mehrfach angezweifelt. S. Caskel, *ibid.*, 85ff. Vgl. Ferner: M. A. Bek, A. M. al-Baǧǧāwī und M.A. Ibrāhīm, *Aiyām al-ʿarab fī l-ǧāhilīya*, Kairo (1942).

85 Ibn ʿAbd Rabbih, *al-ʿIqd al-farīd*, Kairo (1302 H.): III, 61 gegen Ende.

male der Araber in der vorislamischen Zeit.[86] Sie sind im Allgemeinen durch „Wirklichkeitstreue“ und „Unberührtheit von großen Zielen“ gekennzeichnet.[87] Trotz mancher Übertreibung bei der Beschreibung von Heldentaten vermitteln sie ein natürliches Bild von den tatsächlichen Ereignissen und ihrer Wirkung im Leben des Einzelnen und der Gemeinschaft.

In diesem Zusammenhang vermutet Werner Caskel, dass die spezifische Bedeutung des Tages (*yaum*) als Schlachttag sich „offenbar aus der allgemeineren Bedeutung ‚entscheidender, kritischer, Glücks- oder Unglückstag‘ entwickelt“ hat.[88] Der Tag, *al-yaum*, bedeutet in den Berichten mehr als eine natürliche Größe. Seine Zeit ist davon geprägt, dass sie beides ist: eine von zwei Nächten begrenzte natürliche Einheit und eine davon unabhängige Erlebnisdauer, deren Bedeutsamkeit sich an der Bedeutsamkeit des Geschehens bemessen lässt. Die Wirkung des Tages kann von seiner natürlich vorgegebenen Realität jedoch kaum abgekoppelt werden. Eine zeitlich bedingte Regel der Ereignisse bestimmt den Verlauf der kriegerischen Handlungen. Für den Ausgang eines Kampfes ist es nicht selten entscheidend, wie nahe die Nacht ist. Der natürliche Tag weist damit bestimmende Züge schicksalhafter Zeit auf.

In *aiyām al-ʿarab* besitzt *al-yaum* einen eigenen, gesteigerten Sinn, dem zufolge der Tag eine Lebensäußerung von Handlungen ist, die nicht nur von Individuen, sondern auch von Gemeinschaften ausgehen. Sie dokumentiert vornehmlich das gemeinschaftlich gelebte Leben. „Das Sicherstrecken durch die Zeit hin, dieses Elementarste im menschlichen Lebensgefühl überhaupt, hat hier einen gemeinschaftlichen Rhythmus.“[89] Der Tag wird somit zum Inbegriff des Daseins, zum einheitlichen Ganzen, in dem das Leben, als Gesamtheit von Handlungen, zeitlich verläuft. Auf der Basis der in gegenwärtigen Handlungen zustande gekommenen Vereinigung von Individuellem und Gemeinschaftlichem stellt er sich als eine Zeitspanne dar, in der später Geschichte und Legende miteinander vereinigt werden. Die kollektive Erinnerung der Araber vor und nach

---

86 S. die Darstellung von I. Lichtenstädter, „Altarabische Literatur“, in *Neues Handbuch der Literaturwissenschaft*, hrsg. von Klaus von See, Bd. V. *Orientalisches Mittelalter*, hrsg. von Wolfhart Heinrichs, Wiesbaden (1990): 157–160. Vgl. Tilman Nagel, *Der Koran: Einführung – Texte – Erläuterungen*, München (1983): 153f.

87 Georg Misch, *Geschichte der Autobiographie*, Zweiter Band, Erste Hälfte, 2. Auflage, Frankfurt (1969): 196f.

88 Caskel, „*Aijām al-ʿarab*“, 2.

89 Misch, „*Geschichte der Autobiographie*“, 228.

dem Islam lässt die Hauptpersonen dieser Tage über viele Generationen hinweg zu unvergesslichen Helden werden. Das Ereignis, das den Kern des narrativen Berichts bildet, gewinnt einen symbolischen Charakter, der in der Zusammenfügung von Realität und Imagination besteht. Die allgemeine Vorstellung der Zeit, die aus den Erzählungen hervorgeht, ist voller Ereignisse, die sie prägen. Der symbolische Charakter der Ereignisse führt jedoch dazu, dass die Implikationen des Erzählten über den Rahmen des Realen hinausgehen und dass das wirklich Geschehene mit dem, was gewünscht wird, nämlich mit der Verewigung, verbunden wird. Die Berichte über die Tage der Araber können zwar nicht als verlässliche Quelle für historische Kenntnisse gelten. Ihre Bedeutung liegt jedoch in der Überlieferung rühmlicher „Beispiele altarabischer Sittlichkeit“[90] – ein Umstand, der es erlaubt, sie als Schauplatz öffentlicher Meinung zu betrachten.[91]

Aiyām al-ʿarab vermitteln ein Menschenbild, das dem Konzept dieser Fehdenberichte entspricht. Ein „pathetische[s] Heldenideal“ fehlt.[92] Der Held, der Verbindung zu höheren Mächten hat, handelt unter ihren negativen und positiven Einflüssen und versucht stets ihre Gunst zu gewinnen. Er ist mit übernatürlichem Wissen ausgestattet, das ihm ein persönlicher Dämon (*rāʾī, tābiʿ*) vermittelt. Sein Tod wird auf eine Schuld zurückgeführt, die in den meisten Fällen in Maßlosigkeit und frevelhaftem Übermut besteht.[93] Während der Tod in der Welt des Krieges eine Selbstverständlichkeit ist, bekommt er im Zusammenhang der Fehden mit ihren Blutrachen die Bedeutung eines Garanten für ewiges Andenken: Wer den Tod eines Verwandten rächt, lindert nicht nur den Schmerz über dessen Verlust, sondern er scheint dessen Tod dadurch überwinden zu wollen, dass er einen Ausgleich schafft. Die Blutrache ist dadurch, dass sie die Stammesgemeinschaft mit einbezieht, mehr als eine individuelle Angelegenheit. Der Rächer scheint darüber hinaus den unvermeidlich kommenden eigenen Tod ideell überwinden zu wollen. Weil er durch den Racheakt die beschädigte Ehre seiner Gemeinschaft wieder herstellt, wird er von den Dichtern seines Stammes gepriesen und damit über Generationen hinweg gerühmt. In *aiyām al-ʿarab* wimmelt es von Helden, die gegeneinander kämpfen und durch ihre Siege Lob und ein langes Gedenken ihrer Stämme anstreben. Auch sie fallen in Wirklichkeit dem

90 Caskel, „*Aijām al-ʿarab*“, 8. Vgl. Meyer, *Der historische Gehalt*, 112.
91 Caskel, *ibid.*, 54ff.
92 Caskel, *ibid.*, 23. Vgl. auch S. 38.
93 Caskel, *ibid.*, 26f.

Tode zum Opfer und liefern selbst den Beweis für die Nichtigkeit ihres Vorhabens. Die Zeitvorstellung, die mit dem Ausdruck *aiyām al-ʿarab* verknüpft wird, ist selbst nicht aktiv gedacht. Sie öffnet sich jedoch für heroisches Handeln und wird schließlich damit identifiziert.

II. Zeit der Erfüllung

Die bereits dargestellten Zeitvorstellungen zeichnen sich dadurch aus, dass sie im Kern mit bestimmten Zeitabschnitten verbunden sind, die mit unterschiedlichen Funktionen ausgestattet werden können. Es existieren in der vorislamischen Poesie weitere Zeitausdrücke, in denen die Zeit auf ihre Erfüllung hin, mit der sie endet, gedacht wird. So bedeutet *al-ağal*, die Frist, die Dauer einer Zeitspanne, die zu einem vorher festgelegten Zeitpunkt oder mit dem Vollzug einer zusammenhängenden Handlung zu Ende geht. Das antizipierte Ende einer Zeitspanne ist ein wesentliches Merkmal dieses Zeitbegriffs und kann daher als identitätsstiftende Komponente betrachtet werden. Daraus entwickelt sich die Bedeutung von *ağal* als dem prädestinierten, unentrinnbaren Zeitpunkt des Todes. Jedes Lebewesen hat sein eigenes *ağal*, d.h. einen ihm zugewiesenen Todestermin, mit dem sein Leben endet. Der Zeitausdruck wird zum Synonym für den Tod und kann auch in Verbindung mit dem Passivverb *ḫumma* vorkommen, das das Todesverhängnis kennzeichnet.[94] Ein Vers lautet:[95]

> „Alles kann dich töten, wenn du dem Zeitpunkt deines Todes (*ağalak*) begegnest."

Man kann nichts unternehmen, um diesen Termin zu verschieben oder ihm gar zu entgehen.[96] Jeden Tag rückt er konstant näher:[97]

---

94 Caskel, *Das Schicksal*, 11f.

95 Abū Tammām, *Ḥamāsa*, 312/267,7:

كلُّ شيءٍ قاتلٌ حين تلقى أجلك

Während at-Tabrīzī den Vers as-Salaka zuschreibt, schreibt ihn al-Maqrīzī einer unbekannten Frau zu: Izutsu, *God and Man*, 128.

96 Vgl. den Vers von ʿAntara mit Übersetzung in Izutsu, *ibid.*:

ولا تفرَّ إذا ما خضت معركة فما يزيد فرارُ المرء في الأجلِ

„Do not flee once you have gone deep into a battle, for flying before the enemy will never defer your appointed time (*ağal*)."

97 Ḥātim aṭ-Ṭāʾī, *Diwan*, Beirut (1401 H./1981): S. 73, V. 8f.:

يسعى الفتى وحمام الموت يدركه وكل يوم يدني للفتى الأجلا

إني لأعلم أني سوف يدركني يومي، واصبح عن دنياي مشتغلا

„Der junge Mann läuft, das Verhängnis des Todes ereilt ihn aber; jeder Tag bringt dem jungen Manne den Zeitpunkt seines Todes (*al-aǧala*) näher.
Ich weiß gewiss, dass mein Tag mich ereilen wird und dass ich keine Sorge mehr für meine Welt tragen werde."

Diese Zeitvorstellung zeigt fatalistischen Charakter, der mysteriöse Züge enthält. Sie findet im Arabischen angemessenen Ausdruck. Während im bereits zitierten Vers noch erklärt wird, dass die Tage dem Menschen den verhängten Tod bringen, wird in der vorislamisch-arabischen Dichtung meistens von *aǧal* im Passiv geredet; die Macht, die über das Verhängnis des Todes verfügt, ist unbekannt.[98]

Eine weitere Vorstellung der erfüllten Zeit verbindet sich mit dem Verb *ḥāna*. Es bedeutet „an der Zeit sein". Es bringt eine schon aufgetretene Fülle der Zeit zum Ausdruck und wird auch verwendet, wenn von einem günstigen Zeitpunkt die Rede ist. Aus diesem Verb werden die Verbalsubstantive *ḥīn* und *ḥain* gebildet. *Ḥīn* bedeutet einen unbestimmten Zeitabschnitt, dessen Dauer kurz oder lang sein kann sowie die Zeit, in der eine Handlung vollzogen wird. ʿAbīd berichtet:[99]

„Sie sagte mir: Du bist älter geworden! Ich sagte: Es ist wahr! Ich habe eine Zeit nach der anderen (*ḥīnan baʿda ḥīni*) verbracht."

Der Ausdruck *ḥain* andererseits bedeutet wie *aǧal* die prädestinierte Stunde des Todes, der mit diesem Ausdruck als Erfüllung des Lebens bewertet wird.[100]

III. Die Zeitmodi

Die spezifischen Zeitformen, die bereits behandelt worden sind, decken ein breites Spektrum von Vorstellungen, die mit Ausdrücken, die eine begrenzte Zeitdauer bezeichnen, verbunden sind. In vielen Fällen demons-

---

98 *Aǧal* wird mit *ḥumma, utīḥa, mutāḥ*, verhängt, in Verbindung gebracht. Für weitere Belege s. Caskel, *Das Schicksal*, S. 11–20; Ringgren, *Studies*, 9f., 40f. Auch der Plural *āǧāl* ist belegt. Vgl. dazu Izutsu, *God and Man*, 127ff.

99 ʿAbīd, *Diwan*, S. 146, V. 2:

فقالت لي كبرتَ فقلت حقا لقد أخلفتُ حينًا بعد حين

100 In einem Halbvers von al-Aʿšā, *Diwan*, hrsg. und komm. v. Ibrāhīm Ǧizzīnī, Beirut (1388 H./1968): S. 215, V. 14, kommt *ḥāna* in beiden Bedeutungen vor: *„laqad ḥānat manīyatuhu wa-ḥāna"*, „sein Tod ereignete sich und es war ihm an der Zeit", d.h. die Zeit seines Lebens erfüllte sich, er starb.
Wie *aǧal* kommt auch *ḥain* in Verbindung mit *utīḥa*, *mutāḥ* vor. S. dazu die Ausführungen in Ringgren, *Studies*, 9, 40, 72, 75.

trieren sie einen aktiven Charakter der Zeit. Bevor ich nun die altarabischen Konzeptionen der unendlichen Zeit untersuche, möchte ich zunächst auf die Auffassung der Zeitmodi, Vergangenheit, Gegenwart und Zukunft eingehen, um deutlich zu machen, welche Vorstellungen mit ihnen in der vorislamisch-arabischen Dichtung assoziiert werden.

III.1 Die Vergangenheit

Für die altarabischen Dichter ist die Vergangenheit kein Gegenstand tiefer Reflexion, sondern einfacher Erinnerung. In dem sogenannten *nasīb*-Teil, den in der Regel zum Beginn der *qaṣīda* Liebeserinnerungen gewidmeten Versen, erinnern sich die Dichter an vergangene Zeiten und Erlebnisse, die sie einst mit ihren Geliebten teilten. Erinnert wird dabei auch häufig an den Ort, an dem sich diese aufhielt, bevor sie sich mit ihrem Stamm zu einem neuen Ort begab. Dabei geht oft mit der Aufforderung zur Wehklage an den verlassenen Lagerplätzen der Geliebten einher. In der Erinnerung verschmilzt die Gegenwart des Dichters mit seiner Vergangenheit. Er ruft eine fröhliche Vergangenheit in Erinnerung, um einen Gegenentwurf zu bestehenden Verhältnissen, die von Trennung und Verlassenheit geprägt sind, zu zeichnen. Die Vergangenheit bekommt damit eine funktional-korrektive Bedeutung, die durch eine zusätzliche räumliche Dimension, die in der deskriptiven Rekonstruktion von inzwischen verwüsteten Wohnstätten besteht, bereichert wird. Durch die Nachzeichnung einer vergangenen raum-zeitlichen Realität will der Dichter des *nasīb* in einer schlechteren, sich von der Vergangenheit diametral unterscheidenden Gegenwart Veränderungen bewirken, die zum endgültigen Bruch mit der Vergangenheit führen, ohne dass die erhoffte Veränderung die gegenwartsbezogene Verlusterfahrung positiv beeinflussen könnte.[101]

Die Vergangenheit hat in der altarabischen Poesie eine persönliche Bedeutung, deren Wert nicht in sich selbst besteht, sondern in ihrer Bewältigungsfunktion für die schwierigen Gegenwartsverhältnisse des Subjekts. Dabei ist die Vergangenheit jedoch keine autobiographische, die wie im Lebenslauf in ihrer Kontinuität aus einem gegenwärtigen

---

101 Vgl. Lichtenstädter, Ilse, „Das *Nasīb* der altarabischen *Qaṣīde*", in: *Islamica*, 5 (1932): 17–96; Renate Jacobi, „Die Anfänge der arabischen Ġazalpoesie", in: *Isl*, 61 (1984): 218–250; Jaroslav Stetkevych, *The* Zephyrs *of* Najd. *The Poetics of Nostalgia in the Classical Arabic* Nasīb, Chicago (1993): 25.

Standpunkt heraus begriffen wird. Sie wird eher segmentartig, Stück für Stück evoziert. Da die Bedeutung der Vergangenheit aus der Gegenwart geschöpft wird, interessiert sich der Dichter nur für punktuelle Erlebnisse, die mit seiner Person und seiner aktuellen Situation zusammenhängen. Das Zeitkonzept des *nasīb* ist zwar linear; zugleich aber ist seine Linearität gebrochen und beinhaltet zudem auch eine am Prozess der Natur orientierte zyklische Bewegung, wie Renate Jacobi zutreffend beobachtet.[102]

Auch vergangene Ereignisse umfassenderen Charakters, die keinen unmittelbaren Bezug zur Person des Dichters haben, können zum Gegenstand der Erinnerung werden. Sie haben die Funktion, für den Umgang mit der Gegenwart nützliche Lektionen und Beispiele (*ʿibar*) zu liefern, wie die bereits zitierten Verse al-Aʿšās deutlich zeigen.[103] Meines Wissens werden in solchen Gedichten häufig Bilder von Katastrophen und Heimsuchungen aufgerufen, denen mächtige Personen und ganze Völker bereits zum Opfer fielen. Nach dem bekannten Ubi-sunt-Motiv wird eine dramatische Vergangenheit vergegenwärtigt, um die allen Menschen gemeinsame Vergänglichkeit zu demonstrieren.[104] Von einem geschichtlichen Bewusstsein kann allerdings hier nicht die Rede sein. Eine gewisse Ausnahme könnte in der Hinsicht die Dichtung von Umaiya b. Abī ṣ-Ṣalt darstellen, in der sich diese Art des Umgangs mit der Vergangenheit sehr oft zeigen lässt, was den Schluß auf eine bewusstere Betrachtung vergangener Ereignisse vergangener Ereignisse nahelegt.[105]

Im Falle der Zeitangabe *ams*, gestern, kann beobachtet werden, dass sich mit ihr die spezifische Vorstellung einer Zeit verbindet, die samt allem, was mit ihr zusammenhängt, endgültig vergeht. Wenn der Dichter eine Gegend, die sein Stamm im Krieg verwüstete, mit „dem Gespräch

102 Renate Jacobi, „Time and Reality in *nasīb* and *ghazal*", in: *JAL*, 16 (1985): 1–17, hier S. 15.

103 Siehe oben in diesem Kapitel Anm.28.

104 Vgl. C. H. Becker, „Ubi sunt, qui ante nos in mundo fuere", in: Ders., *Vom Werden und Wesen der islamischen Welt. Islamstudien*. 1. Bd., Leipzig (1924): 501–519. Der Autor zeigt, wie dieser griechische Gedanke über das Christentum in die vorislamisch-arabische Dichtung und von da aus in die islamische Literatur eindringen konnte.

105 Siehe Friedrich Schulthess, „Umajja b. Abi-ṣ-Ṣalt", in: Carl Bezold (Hg.), *Orientalische Studien. Theodor Nöldeke zum siebzigsten Geburtstag*, Giessen 1906, S. 71–89; *Umajja b. Abi ṣ-Ṣalt*. Die unter seinem Namen überlieferten Gedichtfragmente ges. und übers. v. F. Schultheß, Leipzig 1911.

von gestern“ (*ka-ḥadīṯi amsi*) vergleicht, meint er damit umfassende Vernichtung und unwiderrufliches Verschwinden.[106]

III.2 Die Gegenwart

Noch stärker als die Vergangenheit ist die Gegenwart vom einförmigen Kontext der Wüste geprägt. Während in der Vergangenheit das Dasein durch die Erinnerung zwar greifbar ist, bietet es doch als Abgeschlossenes kaum Neues und selbst wenn es gelegentlich etwas Neues gibt, ist es dem Bekannten vergleichbar. Die Gegenwart stellt sich hingegen als konkrete, vorhandene Zeit dar, die im Verrinnen begriffen ist. Gegenwärtige, angenehme wie unangenehme, Zustände sind unausweichlich dem Wechsel ausgesetzt, wie es bei an-Nābiġa aḏ-Ḏubyānī lautet:[107]

> „Jeder Zustand wird sich ändern.“

Für einen anderen Dichter ergibt sich aus dieser Situation die Notwendigkeit, in der Gegenwart zu handeln:[108]

> „Ich werde euch nicht enttäuschen, ich werde mich jetzt (*al-ʾān*) bemühen, als das Jetzt seine Grenze erreichte.“

Al-ʾān, das Jetzt, von dem im Vers gesprochen wird, ist die konzentrierte Gegenwart, die im aktuellen Moment ihren Höhepunkt erreicht hat. Es stellt sich jedoch als ein flüchtiger Moment dar, der kaum Raum für den Vollzug von Handlungen bietet. Hier scheint mir folgende Sprachbeobachtung sinnvoll: Das temporale Adverb *al-ʾān* stammt von dem Verb *ʾāna*, das ursprünglich „in sich ruhen“ bedeutet.[109] *Al-ʾān* ist also der in sich ruhende Augenblick, die momentane Zeit, deren Bewegung stillsteht. Im zweiten Halbvers ist menschliches Handeln eine Sache der Gegenwart an der Schwelle zur Zukunft. Darauf deutet die Verwendung der futurischen Partikel *sa* vor dem Imperfekt *asʿā* hin. Das Jetzt hingegen

---

106 ʿĀmir b. aṭ-Ṭufail, *Diwan*, S. 108, V. 1:

تركنا َمذحِجًا كحديث أمسٍ   وأرحبَ إذ تكفنُهم فِثاما

„Wir ließen Maḏḥaǧ und Arḥab wie das Gespräch von gestern werden, als [die Pferde] sie alle [die Feinde] wie Leichen umhüllten.“

107 In Abū l-Faraǧ al-Iṣfahānī, *Kitāb al-aġānī*, 24 Bde., Kairo (1927–1961): Bd. XI, S. 23: „*wa-lā ḥāla illā saufa tantaqilu*“.

108 Ar-Rabīʿ b. az-Ziād, *Diwan*, hrsg. v. ʿĀdil al-Baiyātī, Bagdad (1968): S. 5, V. 3:

فإني غيرُ خاذلكم ولكن   سأسعى الآن إذ بلغت مداها

109 *Lisān*, s. v.

steht im Kontext in unmittelbarer Verbindung mit der Vergangenheit und wird mittels des Perfekts *balaġa* bestimmt. Gemäß der damit erschlossenen Vorstellung existiert das Jetzt also in Bezug auf die Vergangenheit; diese scheint das Jetzt zu bestimmen, kann es jedoch nicht festhalten. Da sie nicht aufgrund eines autochthonen Wertes existiert, sondern ihre Berechtigung vielmehr aus ihrer Funktion innerhalb einer ausgedehnten Gegenwart herleitet, bleibt sie dem Jetzt gegenüber wirkungslos, das sich kaum von der flachen Gegenwart des Wüstendaseins abhebt.

III.3 Die Zukunft

Die Vorstellung von der Zukunft ist in der vorislamischen Dichtung spärlich belegt. Am Wort *ġadan*, morgen, illustriert, dürfte sie in der Regel eine gewisse Hoffnung auf bessere Lebensumstände suggerieren, wie es der folgende Vers vermittelt:[110]

> „Jedweder andere Vetter wäre gewiss bereit, mir den Kummer zu verscheuchen und mich das Morgen sehen zu lassen."

Dennoch scheint die Sicht auf die kommende Zeit meistens weniger der Hoffnung als der Furcht vor dem Verborgenen verhaftet zu sein:[111]

> „Das Heute wie das Gestern liegt mir wie auf der Hand;
> Doch was das Morgen bringet, das ist mir unbekannt."

Verbunden mit der Erfahrung, dass die negativen Ereignisse der Zeit die positiven weit überwiegen, rührt aus der Unkenntnis der Zukunft ein Gefühl starker Unsicherheit. ʿAbīd äußert sich deutlich darüber:[112]

> „Das Morgen (*al-ġad*) könnte die Wechselfälle mit sich bringen; sie können morgens und abends eintreffen."

Dafür gibt es auch einen schlicht realen Grund: Angesichts öfter geschehenen Ortwechsels wird nicht gern in die Zukunft geschaut. An-Nābiġa

---

110 Ṭarafa, *muʿallaqa*, V. 76:

فلو كان مولايَ أمرًا هو غيرَه　　　لفرَّج كربي أو لأنظرني غدي

Die Übersetzung ist eine modifizierte Fassung aus Wolff, *Muallakat*, S. 27.

111 Zuhair, *muʿallaqa*, V. 47. Übersetzung: Wolff, *Muallakat*, S. 40:

وأعلمُ ما في اليوم والأمس قبله　　　ولكنني عن علم ما في غدٍ عمِ

112 ʿAbīd b. al-Abraṣ, *Diwan*, S. 58, V. 1:

إنَّ الحوادثَ قد يجيءُ بها الغَدُ　　　وَالصُّبحُ والإمساءُ منها موعدُ

ad-Dubyānī verwirft die kommende Zeit sogar, aus dem Grund, dass sie die Trennung von den Geliebten mit sich bringe:[113]

> „Das Morgen (*ġad*) ist nicht willkommen, wenn die Trennung von den Geliebten morgen (*ġad*) ist."

Die Furcht vor der Zukunft, verbunden mit dem Wunsch, sie möge nicht kommen, kann in resignierte Genügsamkeit umschlagen. Ein Vers von Aus b. Ḥaǧar lautet:[114]

> „Ich hebe nie Nahrung aus Vorsicht vor morgen (*ġad*) auf, denn jedes Morgen (*ġad*) hat seine Nahrung."

Der Dichter scheint zuversichtlich zu sein, dass er auch in den kommenden Tagen ausreichend Nahrung bekommen wird. Ein solcher scheinbar genügsamer Optimismus ist aber trügerisch, denn er beruht nicht auf positiver Erwartung, sondern muss als Zeichen tiefer Ungewissheit im Hinblick auf die Zukunft verstanden werden. Wenn einer nach dem Motto lebt: „Wenn ich bis morgen lebe, werde ich auch zu essen bekommen", sieht er in der Anstrengung nach einer besseren Zukunft ein gefährdetes Unternehmen, das vielleicht aufgrund unsicherer Zukunft überflüssig wäre. Daher ist in diesem Zitat wohl eher resignierte Vorsicht als angemessene Hoffnung zu sehen.[115]

Nach dieser allgemein orientierten Darstellung der Zeitmodi, wie sie in der vorislamisch-arabischen Dichtung betrachtet werden, möchte ich

---

113 *Diwan*, S. 38, V. 4:

لا مرحبًا بغدٍ ولا أهلاً به   إن كان تفريق الأحبة في غدِ

Ähnlich lautet ein Vers von Kulṯūm b. Ṣaʿb in Abū Tammām, *Ḥamāsa*, 582/569,2:

فليت غدًا يومٌ سواه وما بقي   من الدهر ليل يحبس الناسَ سرمدا

„O wäre doch statt morgen ein andrer Tag, und nun / die Nacht dazwischen ewig, dass alles müsste ruhn." (R.)

114 *Diwan*, S. 115, V. 6:

ولستُ بخابئٍ أبدًا طعامًا   حذارَ غدٍ، لكلّ غدٍ طعامُ

115 Aus einem anderen Standpunkt heraus macht Jacobi, „Time and Reality", S. 15ff., darauf aufmerksam, dass der Dichter des *nasīb* seinen Blick in die Vergangenheit richtet, während sich der Dichter des später herausgebildeten *ġazal* hingegen der Zukunft zuwendet. Die unterschiedliche Zeitauffassung korrespondiert laut Jacobi mit einer umfassenden Weltanschauung, der zufolge sich ersterer als Teil der Welt begreift, während letzterer die Welt als Teil seiner Anschauung sieht. Die skizzierte Veränderung der poetischen Weltwahrnehmung wird dabei zutreffend auf die Veränderung der politischen und gesellschaftlichen Lebensbedingungen, die mit dem Sieg des Islam auftrat, zurückgeführt.

nun hervorheben, dass die Struktur des klassischen arabischen Gedichts, der *qaṣīda*, verschiedene Teile vereinigt, die jeweils mit einem Zeitmodus verbunden sind. Wie bereits erklärt ist der *nasīb* am Anfang des Gedichts stark an der Vergangenheit orientiert. Anschließend wechselt der Dichter traditionellerweise das Thema und beschreibt einen in seiner Gegenwart stattfindenden Wüstenritt. Darauf folgen in der Regel lobende Äußerungen, die auf den Dichter selbst bzw. seinen Stamm bezogen werden. Sie vergegenwärtigen lobenswerte Taten und Eigenschaften, um eine Zukunftsperspektive aufzuwerfen, die eine gewisse Kontinuität der Errungenschaften über die Gegenwart hinaus in Aussicht stellt.[116] Auf diese Weise vermittelt die Struktur des klassischen arabischen Gedichts eine prägende Empfindung der Zeit, deren drei Dimensionen auch formell in der Dichtung reflektiert werden. Das vorislamisch-arabische Gedicht weist damit eine strukturelle Kontinuität auf, die jedoch bruchhaft ist, weil die verschiedenen Teile des Gedichts inhaltlich kaum miteinander verbunden sind, sondern sich wie verschiedene Themenblöcke hintereinander reihen. Die vorislamisch-arabische *qaṣīda*, sei es als Gattung oder Einzelgedicht, „als ein formal und inhaltlich genau durchstrukturiertes Gebilde“ zu beurteilen, kann deshalb mit Recht als eine falsche Einschätzung bezeichnet werden.[117]

IV. Lange, unendliche Zeit

Zusammen bilden die bereits vorgestellten Zeitmodi die Gesamtheit der Zeit. Die vorislamische Dichtung kennt dafür mehrere Ausdrücke. *Dahr*, *zaman* und *zamān* werden in vielen Fällen synonym verwendet. Letzteres (Pl. *azmān*) ist vermutlich ein altes iranisches Lehnwort im Semitischen. Es bedeutet die unendliche Zeit im philosophischen oder mathematischen Sinn und wird in dieser Bedeutung dem *makān*, Raum, gegenübergestellt.[118] Es bezeichnet auch die Zeitdauer von Ereignissen,

116 Vgl. die Erörterung der Struktur der altarabischen Poesie in Wagner, *Die altarabische Dichtung*, 145–160. Vgl. auch die Darstellung der drei Schichten der Zeit in der *qaṣīda* in J. Stetkevych, *The* Zephyrs *of* Najd, 27ff.

117 Renate Jacobi, „Neue Forschungen“ zur altarabischen Qaṣide“, in: *BO*, XL (1983): 5.

118 Aṭ-Ṭabarī definiert zum Beginn seiner Chronik *az-zamān*, die Zeit, als die Gesamtheit der Stunden der Tage und der Nächte und appliziert sie gleichermaßen auf kürzere und längere Perioden: Muḥammad b. Ǧarīr aṭ-Ṭabarī, *Tarīḫ al-umam wa-l-mulūk*, 8 Bde., Beirut o.J., Bd. I, S. 5f.

längere Perioden, Regierungszeiten von Dynastien und historische Epochen sowie im astronomischen Sprachgebrauch „den numerischen Betrag eines seinem Wesen nach variablen Zeitintervalls".[119] Unter den genannten Zeitausdrücken kommt in der vorislamisch-arabischen Dichtung allerdings das Wort *dahr* (Pl. *duhūr* und *adhār*) mit Abstand am häufigsten vor. Viel seltener tritt dort das gleichbedeutende *abad* (Pl. *'ābād*) auf, das die Ewigkeit bezeichnet.

Das Wort *waqt* (Pl. *auqāt*) andererseits, das im modernen Sprachgebrauch auch die numerische Zeit, d.h. die Summe von gezählten Zeiteinheiten bezeichnet, scheint in der altarabischen Poesie lediglich eine für einen bestimmten Zweck ausersehene Zeitspanne von kürzerer Ausdehnung zu bedeuten.[120] In einem der Klagelieder, die sie ihrem verstorbenen Bruder widmet, sagt Ǧanūb:[121]

> „Sie [zwei Leoparden] wurden ihm zur Zeit (*waqt*) des Todesverhängnisses verhängt. Sie bekamen, bei deinem Leben, sie bekamen von ihm [was sie wollten]."

Ein in diesem Kontext ebenfalls selten überliefertes Wort ist *ʿauḍ*, das adverbial in der Bedeutung von „immer" oder „niemals" verwendet wird.[122] Das Wort scheint ursprünglich eher „Wechsel" bzw. „Wechsel

---

119 Willy Hartner, „Zamān", in: *EI*[1], IV, 1307–1310. Vgl. die philologischen Ausführungen in C. Brockelmann, *Lexicon syriacum*, 2. Aufl., Halle (1928) Rep. Hildesheim (1982): 187b; Ders., *Grundriss der vergleichenden Grammatik der semitischen Sprachen*, Bd. I, Berlin (1908): 170, 280; L. Köhler und W. Baumgartner, *Hebräisches und Aramäisches Lexicon zum Alten Testament*, 3. Auflage, Bd. I, Leiden (1967): S. 262b. H. H. Schaeder, „Der iranische Zeitgott und sein Mythos", in: *ZDMG*, 95 (1941): 268–299, hier 269f., bestreitet jegliche Abhängigkeit der Wortentwicklung in der altiranischen und der semitischen Tradition. Wie es dazu kommt, dass in den betroffenen Sprachen dasselbe Wort dieselbe Bedeutung hat, erklärt er nicht überzeugend. Das Wort könnte akkadischen, also semitischen Ursprungs sein.

120 Ṭarafa, *muʿallaqa*, 102:

ويأتيكَ بالأخبارِ مَن لم تبعْ لهُ   بتاتًا ولم تضربْ لهُ وقتَ موعِدِ

„Und Nachricht wird dir derjenige bringen, dem du keinen Wegvorrat gekauft und mit dem du keine feste Zeit vereinbart hast."

Vgl. Hartner, a.a.O.; *Lisān*, s. v.

121 *Huḏalīyīn*, 112, 4:

أتيحا لوقت حِمام المنون   فنالا لعمرُكَ منه ونالا

Vgl. Caskel, *Das Schicksal*, 18f.

122 *Mufaḍḍalīyāt*, 43,14. Im Sinne von „ich tue es niemals" auch in Quṭrub, *Kitāb al-azmina*, 59: „*lā afʿaluhu ʿauḍa l-ʿāʾiḍīna wa-lā dahra d-dāhirīna*".

der Zeit" zu bedeuten. Von da aus entwickelte sich die Bedeutung des Wortes, um die Zeit schlechthin zu bezeichnen. Vermutlich steckt dahinter die Vorstellung, dass die Zeit in ständiger Bewegung vergangene Zeitabschnitte durch neue ersetzt.[123] Mit *ʿauḍ* wird eine personifizierende Vorstellung von der verändernden und vernichtenden Zeit assoziiert, deren Pfeile in den ganzen Körper eindringen.[124] Theodor Nöldeke hat schon vermutet, dass *ʿauḍ*, im Sinne von „Zeit", „Schicksal", eine Gottheit war, deren Kult offensichtlich im Stamm Bakr b. Wāʾil existierte. In diesem Fall könnte dieser Ausdruck für Zeit als Gegenstand von Beschwörung vorgekommen sein.[125]

Ein ähnlich lautender Zeitausdruck ist *ʿahd*, der soviel wie einen langen Zeitabschnitt bezeichnet, der in der tiefen Vergangenheit beginnt und bis in die Gegenwart hinein reicht. Imruʾ al-Qais fragt nach den ehemaligen Bewohnern eines verödeten Lagerplatzes, den er als einen sehr alten Ort versteht, über den lange Zeiten hingezogen sind.[126] Die mit *ʿahd* verbundene lange Vergangenheit kann über die Generation des Dichters hinausgehen und unendlich sein, wie es Ṭarafa formuliert, wenn er *abad* nach *ʿahd* attributiv hinzufügt.[127] Erst im Zusammenhang mit einer Person, einem Herrscher oder einer Dynastie wird die grenzenlose Vergangenheit bestimmt, deren Länge nun von der Dauer des Lebens oder der politischen Herrschaft abhängt.[128]

---

123 Vgl. *Mufaḍḍalīyāt*, 48, 8. Ebenso al-Marzūqī, *Kitāb al-azmina*, 215. Siehe Nöldeke in: *ZDMG*, 40 (1886): 184; *Lane*, V, S. 2197.

124 Abū Tammām, *Ḥamāsa*, 179/169,3:

ولولا نبلُ عوضٍ في خُطُبَّاي وأوصالي

„Wenn die Pfeile von *ʿauḍ* nicht in meinem Leibe und Gliedern wären!"
Ebenfalls in diesem Sinn wird in V. 6 erwähnt, dass die Wechselfälle des *dahr* (*ṣurūf ad-dahr*) niemanden unverändert lassen.

125 Theodor Nöldeke, „Arabs (Ancient)", in: *Encyclopædia of Religion and Ethics*, hrsg. v. James Hastings, New York (1908–1926): I, 659–673, hier 662; Wellhausen, *Reste*, 66; Ringgren, *Studies*, 40; Izutsu, *God and Man*, 125.

126 Ahlwardt, *The Divans*, 199,8: *„maḥallun qadīmu l-ʿahdi ṭālat bihi ṭ-ṭuwal"*.

127 *Ibid.*, 54,6: *„qabla hāḏa l-ǧīli min ʿahdin abad"*.

128 *Ibid.*, 61,3: *„ʿahdi ḥabībin"*, die vergangene Zeit eines Geliebten (Ṭarafa); *„ʿahdi Kisrā"*, Chosraus Regierungszeit (ʿAntara). Das Wort *ʿahd* bedeutet auch „Bund" und „Versprechen".

IV.1 *Dahr*

Mit *dahr* verbindet sich eine Fülle von Bildern und Vorstellungen, die das Leben der Araber vor dem Islam tief prägten.[129] *Dahr* bedeutet in ihrer Dichtung vorwiegend „unendliche Zeit“. Insofern als diese in ihrem Lauf alles, was im Leben passiert, mit sich zu bringen scheint, gewinnt der substantivierte Ausdruck eine starke Konnotation des Schicksals. Er wird aber auch auf Einzelne und Gemeinschaften bezogen und bedeutet dann „Lebensalter“ und „Generation“. *Dahr* ist die ganze Zeit, sei es eines Einzelnen, einer Gemeinschaft von Zeitgenossen oder gar der Welt. Wie die verschiedenen Bedeutungen und Nuancen des Begriffs in der vorislamisch-arabischen Poesie behandelt werden und welche Zeitvorstellungen sich damit verbinden, soll im Folgenden unter Berücksichtigung gleicher Bedeutungen der verwandten Begriffe *zamān* und *abad* dargestellt werden.

Die lange, gefahrvolle Zeit. Zunächst begegnet uns *dahr* in indeterminierter Fassung in der Bedeutung einer vergangenen oder künftigen Zeitphase von langer, unbestimmter Dauer.[130] Determiniert bedeutet der Ausdruck die ganze Zeit eines Lebewesens. Ein Hirte sagt:[131]

> „Ich ließ meine Schafe wünschen, der Wolf wäre ihr Hirte und dass sie mich ewig (*'āḫira l-abadi*) nicht sähen;
>
> Denn der Wolf greift sie in der ganzen Zeit ihres Lebens (*dahr*) nur einmal an, mich aber sehen sie jeden Tag mit dem Messer in der Hand.“

Dahr bezieht sich hier auf die Lebenszeit der Schafe, die Dauer ihrer Existenz. Kontrastiert man den Begriff des *dahr* mit dem Begriff der Ewigkeit, *abad*, zeigt sich, dass sich seine Dauer hier auf das Dasein der Lebewesen beschränkt, auf die er bezogen wird. Obwohl *dahr* an dieser Stelle also nicht als unendlich gedacht ist, umfaßt die Zeitangabe eine

---

129 Bekannt für ihre Neigung, Dinge mit vielen Namen zu nennen, die unterschiedliche Eigenschaften und Aspekte des Genannten reflektieren, haben die Araber auch *dahr* mit verschiedenen Namen versehen. Ihre Darstellung würde den Rahmen der vorliegenden Untersuchung sprengen, deshalb wird hier darauf verzichtet, besonders weil sie ihrem Inhalt nichts Neues bringen würden. Vgl. die Ausführungen in al-Marzūqī, *Kitāb al-azmina*, S. 214–226.

130 Abū Tammām, *Ḥamāsa*, 259,8/242.2.399,1: „*wa-qad ʿištu dahran wa-l-ġuwātu ṣaḥābatī*“, „ich lebte eine Zeit lang in dem Zustand, dass Verführer meine Freunde waren.“

131 Abū Tammām, *Ḥamāsa*, 683/670:

تركت ضأني تودُّ الذئب راعيَها وأنها لا تراني آخر الأبدِ
ألذئب يطرقها في الدهر واحدةً وكلَّ يومٍ تراني مديةٌ بيدي

Ganzheit. Inhaltlich betrachtet handelt es sich um die Zeit der lauernden Gefahren. Diese Eigenschaft teilt *dahr* mit *zamān*, dessen Unendlichkeit den Betrachter in Staunen versetzen kann – insbesondere im Hinblick auf die Erfahrung menschlicher Vergänglichkeit, die übrigens der Zeit zur Last gelegt wird. So sagt al-Ḫansā' in einer Elegie auf ihren getöteten Bruder:[132]

> „Die Zeit (*zamān*), da sie nicht vergeht, ist erstaunlich; sie ließ uns einen Schwanz, der Kopf wurde aber vernichtet."

An diesen beiden Beispielen zeigt sich, dass sowohl *dahr*, als Lebensdauer, wie auch *zamān*, als unendliche Zeit, in diesem Zusammenhang nicht als tätige Zeit auftreten. Wenngleich sie selbst keine boshaften Taten ausführen, bekommen sie doch den Charakter des Boshaften zugeschrieben.

Die Lebenszeit des Einzelnen. Wie *aiyām* bedeutet *dahr* das Leben eines einzelnen.[133] Dieses ist in der Lebenswelt der vorislamisch-arabischen Dichter von ständiger Wanderung und Unruhen gezeichnet und wird durch den Tod beendet:[134]

> „Muss ich mich die ganze Zeit (*dahr*) meines Lebens niederlassen und dann wegziehen? Würde sie [die Zeit] mich nicht am Leben lassen? Würde sie mich [davor] nicht schützen?"

Es handelt sich hierbei um die Lebenszeit von bestimmten Personen, wie es im folgenden Vers lautet:[135]

> „Ehre deinen Bruder das ganze Leben (*ad-dahra*), solange ihr zusammen seid; es reicht, was der Tod an Trennung und Entfernung mit sich bringt."

Mit dem Tod einer der betroffenen Personen endet die in diesem Zusammenhang mit *dahr* bezeichnete Zeit, die auch hier nicht als handlungswirksam gedacht ist und selber dem Menschen nichts Unangenehmes zufügt. Sie steht völlig im Schatten des Todes, der unerwartet einbricht

---

132 *Diwan*, S. 93, V. 1:

إن الزمان وما يفنى له عجبٌ أبقى لنا ذنبًا واستؤصل الراسُ

133 Eine andere Lesart ersetzt *yafnā* durch das transitive Verb *yufnī*, zerstören. Al-Ḫansā', *Diwan*, S. 117, V. 2: „*faqadtu d-dahra*", „ich habe das Leben verloren."

134 *Mufaḍḍalīyāt*, 76, 37:

أكلَّ الدهر حلٌّ وارتحالٌ أما يبقي عليَّ وما يقيني

135 Abū Tammām, *Ḥamāsa*, 410/401,2:

فأكرم أخاك الدهرَ ما دمتما معًا كفى بالممات فرقةً وتنائيا

Ebenso als Lebenszeit wird *dahr* in den oben in diesem Kapitel, Anm. 69, zitierten Versen von Ṭarafa b. al-ʿAbd.

und das Leben beendet.[136] *Dahr* bezeichnet weiterhin die schlechte Zeit eines Menschen, in der zuverlässige Helfer benötigt werden.[137] Ein langes Leben beinhaltet auch, dass ein Mensch öfter Krankheit und Tod von Angehörigen erlebt. Es gibt demnach mehr Anlaß zur Trauer. Die grundlegende Vorstellung ist, dass, je länger die Lebenszeit dauert, desto intensiver ist sie von Anstrengung und Mühsal gezeichnet. Der alte Dichter beginnt sogar ein panegyrisches Gedicht mit der folgenden Klage:[138]

> „Bei deinem Leben, die lange Dauer dieser Zeit (*zaman*) ist für den Menschen nichts anderes als erschöpfende Mühe.
>
> Die Unberechenbarkeit des Todes, die Krankheit seiner Angehörigen und die Trauer steinigen ihn stets."

Die Zeit als inniger Zustand. In der negativen, auf die erste Person bezogenen Verwendung *„mā dahrī"* bedeutet *dahr* soviel wie das Trachten nach einer Sache, eine Lebensgewohnheit und eine intensive Beschäftigung mit einem Gegenstand.[139] In diesem Fall verbinden sich im Ausdruck gelebte Zeit und innere Einstellung aufs engste miteinander. So lautet der Anfang von Mutammims Trauergedicht auf seinen Bruder:[140]

> „Bei meinem Leben, ich trachte nicht danach (*mā dahrī*), einen Toten zu beklagen oder mich vor dem zu betrüben, was [mich] traf und schmerzte."

Mit *dahr* meint der Dichter nicht nur den Verlauf seines Lebens, sondern auch das, was man im Leben besonders innig pflegt. In diesem Sinn bekräftigt ein anderer Dichter mit Hilfe desselben Ausdrucks, dass er keineswegs jeden Boden liebt, sondern nur den Boden, auf dem die Geliebte

---

136 Vgl. *ibid.*, 143/135,2; 339/326,2; 358/346,4.

137 So lautet es in *Mufaḍḍalīyāt*, 17,5:

وسقيا لريعان الشباب فإنه أخو ثقة في الدهر إذ أنا جاهلُ

„Die Blüte der Jugend möge mit Wasser begnadet sein, denn sie war mir ein vertrauter Bruder in der Zeit, als ich unwissend war."

138 Al-Aʿšā, *Diwan*, Ed. Geyer, 2,1 f.:

لعمرك ما طول هذا الزمن على المرء إلا عناء معَنّ

يظل رجيمًا لريب المنون وللسقم في أهله والحزَن

139 *Lisān*, s. v.

140 *Mufaḍḍalīyāt*, 67,1:

لعمري وما دهري بتأبين هالِكٍ ولا جزع مما أصاب فأوجعا

Nöldeke, *Beiträge*, 104, 120, fasst den Ausdruck *„mā dahrī"* anders auf und übersetzt den Vers folgendermaßen:

„Bei meinem Leben! – obwohl meine Zeit nicht dazu da ist, Tote zu beklagen oder mich um ein Unglück oder einen schmerzlichen Fall zu betrüben".

Vgl. auch Jones, *Early Arabic Poetry*, Bd. I, S. 104.

wohnt.[141] *Dahr* bedeutet in diesem Zusammenhang einen existentiellen Zustand, der von tiefer Sorge und echtem Interesse derart gekennzeichnet ist, dass er quasi zum persönlichen Schicksal wird.

Die Generation. Dahr kann sich ferner auf das Leben einer Gemeinschaft beziehen und die Bedeutung von Generation haben. In diesem Sinn rühmt sich Kaʿb b. Zuhair, Schüler seines Vaters zu sein:[142]

> „Ich nahm auch das wahr, was bereits vor mir Zuhair seinen Zeitgenossen (*li-dahrihi*) sagte; selbst wenn er gestorben ist, so bleiben seine Sprüche ewig."

Der Ausdruck *dahrihi* steht für die Menschen, die Zuhairs Dichtung zu seiner Lebzeit gehört haben. Weil die Konstellation, die den Dichter und seine Zuhörer zusammenbringt, mit seinem Tod endet, ist Zuhairs *dahr* im Gegensatz zu seinen Gedichten, die weiter tradiert werden, nicht ewig.

Die Zeit bezeichnet in einem ähnlichen Zusammenhang die Epoche einer Gemeinschaft, die ihrem Zeitalter seinen spezifischen Charakter verleiht. Al-Aʿšā sagt:[143]

> „Jenes war die Zeit (*dahr*) von Menschen, die bereits vergangen sind; diese [jetzigen] Menschen haben eine Zeit (*dahr*), die sich ergeben hat."

Nach dieser Vorstellung konstituiert sich die Zeit in Bezug auf die konkrete Existenz von Menschen. Sie ist die spezifische Zeit von Individuen und Gemeinschaften, die mit ihnen zuende geht und von der keine andere Spur übrig bleibt als die Erinnerung.[144] Über mehrere Generationen dauernde Zeit lässt jedoch ältere Völker in Vergessenheit geraten.[145] Auf der Grundlage dieser Vorstellung werden Konstruktionen gebildet, in denen *dahr* mit verschiedenen Attributen verbunden wird, die sich auf

---

141 Abū Tammām, *Ḥamāsa*, 492/480,2:

وما دهري بحُبِّ ترابِ أرضٍ ولكن ما يحُلُّ بها حبيبُ

„Ich pflege nicht (*wa-mā dahrī*), die Erde eines Bodens zu lieben – nur den Boden, auf dem sich die Person niederlässt, die ich liebe."

142 Zitiert nach Saiyid Ḥanafī Ḥasanain, *aš-Šiʿr al-ǧāhilī*, Kairo (1981): 106:

وأدركتُ ما قد قال قبلي لدهره زهيرٌ، وإن يهلك تخلّد نواطقه

143 Al-Aʿšā, *Diwan*, Ed. Geyer, 36,54:

ذاك دهرٌ لأناسٍ قد مضوا ولهذا الناس دهرٌ قد سنح

144 Vgl. Abū Tammām, *Ḥamāsa*, 373/361,4; *Mufaḍḍalīyāt*, 86,10.

145 *Mufaḍḍalīyāt*, 97,33:

ألم ترَ أن طول الدهر يسلي ويُنسي مثل ما نُسيت جُذامُ؟

„Hast du nicht gesehen, dass die lange Dauer der Zeit tröstet und vergessen macht, ebenso wie Ǧuḏām in Vergessenheit geriet?"

die Vergangenheit oder Zukunft beziehen. Auf diese Weise wird die alte Zeit als *qadīm ad-dahr*, die vergangene als *sālif ad-dahr* und die kommende als *ad-dahr al-ǧadīd*, „neue Zeit“, bezeichnet.[146]

Die Zeit, die Wohnstätten zerstört. Wie bereits erwähnt dürfte der Anblick der über viele Jahre hinweg öde gewordenen Lagerplätze die Vorstellung von der zerstörerisch wirkenden Zeit hervorgebracht haben. Der Dichter kehrt nach langer Abwesenheit zu den alten Stätten der Geliebten zurück, nimmt die inzwischen an ihnen aufgetretenen Veränderungen wahr und führt sie auf die Wirkung der langen vergangenen Zeit zurück. An-Nābiġa sagt:[147]

> „Oh Wohnstätte Maiyas in der Höhe, auf dem Bergrücken! Sie ist verlassen, und lange Zeit (*al-abad*) zog an ihr vorüber.
>
> Sie ist verödet, ihre Bewohner brachen auf, es hat sie dasselbe vernichtet, das Lubad vernichtet hatte.“

Neben Wind und Wetter wird hier die Zeit als eine natürliche Zerstörungsmacht empfunden, deren Wirkung an den Ruinen sichtbar geworden ist.[148] Eine tiefe Verbindung besteht besonders zwischen *dahr* und *ṭalal*, dem Überrest des verlassenen Lagerplatzes, wie es ʿAbīds Vers zur Sprache bringt:[149]

> „Die ersten Wohnstätten der Banū Saʿd Ibn Ṯaʿlaba zersprengte eine Zeit (*dahr*), die über den Menschen schrecklich waltet.“

---

146 *Ibid.*, 40,42; 17,57; *Huḏalīyīn*, 17,4.

147 *Diwan*, S. 30, V. 1, S. 31, V. 2:

يا دار ميَّة بالعلياء فالسند أقوت وطال عليها سالف الأبد
أمست خلاءً وأمسى أهلها احتملوا أخنى عليها الذي أخنى على لبد

Die Übersetzung des ersten Verses lehnt sich an Jacobi, *Studien*, S. 23, an. Der vorislamischen Legende nach wurde dem lang lebenden Luqmān die Lebensdauer von sieben Adlern gewährt, deren letzter Lubad war. Vgl. Heller und Stillmann, „Luḳmān“, in: *EI*², V. 811ff. Vgl. ferner Labīd, *Diwan*, Beirut o.J., S. 164, 1.

148 Zuhair, *Diwan*, S. 27, 1f.:

لمن الديارُبقُنَّة الحَجرِ أقوين من حجج ومن شهر؟
لعب الزمان بها وغيَّرها بعدي سوافي المورِ والقطرِ

„Wem gehören die Wohnplätze auf der Höhe von al-Ḥaǧr, seit Jahren und Monaten verödet?
Die Zeit hat mit ihnen gespielt, Sand- und Regenstürme haben sie entstellt, seit ich fortzog.“ Übers.: Caskel, *Das Schicksal*, S. 44.

149 *Diwan*, S. 40, V. 2:

ديارُ بني سعدِ بن ثعلبة الأولى أذاع بهم دهرٌ على الناس رائبُ

Die Zeit als umfassende Vernichtungsmacht. Daran knüpft sich leicht der Gedanke, die Zeit zerstöre nicht nur verlassene Wohnstätten, sondern auch das ganze materielle Eigentum von Menschen. Wie schon im vorherigen Vers wird *dahr* hier als tätige Entität substantiviert. Dadurch wird das Schicksalsmoment im Begriff des *dahr* besonders präsent. Al-Ḫansā' gedenkt der Großzügigkeit ihres verstorbenen Bruders mit der rhetorischen Aufforderung, jeder, dessen Hab und Gut das Schicksal (*dahr*) vernichtet hat, solle ihn beweinen.[150] Die Zeit verursacht also Armut und Elend, sie fügt dem Menschen großen Schaden zu und zerstört Hoffnungen.[151]

Eine weitere Vorstellung von *dahr* als einer allgemein wirkenden Ursache für die willkürliche Heimsuchung von einzelnen Menschen und Vernichtung von ganzen Völkern lässt sich beobachten, wenn seine vernichtende Wirkung versinnbildlicht und ihm zugeschrieben wird, dass er den Menschen weite Wunden zufügt.[152] In diesem Sinn sagt Qatāda b. Maslama al-Ḥanafī:[153]

> „Ich bin der erste nicht, dem *dahr* und eine tapfere Stammesgemeinschaft reiner Herkunft eine Katastrophe zufügten."

Die Zeit, die böse Ereignisse mit sich bringt. In den bereits dargestellten Bedeutungen steigerte sich der Ausdruck *dahr* von der bloß gefahrvollen Zeit, die aber selber keine Gefahr verursacht, über die Vorstellung eines den Naturgesetzen ähnlichen, Zerstörung bewirkenden Phänomens bis hin zu einer Kraft, die gezielt Güter vernichtet. Eine weitere Steigerung macht sich bemerkbar, wenn dem substantivierten *dahr* auch die Vernichtung von Menschenleben zugeschrieben wird. Seine zerstörerische Tätigkeit manifestiert sich in deutlicher Form durch die Kombination mit Ausdrücken wie *ṣurūf* (böse Wechselfälle), *ḥidṯān* bzw. *waqaʿāt* (böse Ereignisse), oder *nawāʾib* (üble Fügungen). So können wir lesen, dass *ṣurūf az-zamān* Wohnstätten in Ruinen verwan-

---

150 *Diwan*, S. 53, V. 4:

ليبكِه مقتِرٌ أفنى حريبته   دهر وحالفه بؤسٌ وإقتارُ

„Es soll ihn beweinen jeder Nichtshabende, dessen Hab und Gut *dahr* vernichtet hat und den Elend und Armut anheimfielen."

151 Al-Ḫansā', *ibid.*, S. 49, V. 5: *„inna d-dahra ḍarrāru"*.

152 *Huḏalīyīn* 25, 5: *„wa-li-d-dahri aiyāmun riġābun kulūmuhā"*.

153 Abū Tammām, *Ḥamāsa*, 255/251, 3:

ما كنتُ أول من أصاب بنكبة   دهرٌ وحيٌّ باسلون صميمُ

deln,[154] die bösen Geschehnisse des *dahr* Menschen verändern und sie willkürlich vernichten[155] und dessen schlimme Fügungen Elend hervorbringen.[156] Solche Ausdrücke, die gleichermaßen mit *dahr* und *zamān* assoziiert werden können, stehen für die verschiedenen Unglücksfälle, die unvorhersehbar blitzartig ins Leben der Menschen einbrechen. Ihrer Wirkung können sogar feste Berge nicht widerstehen:[157]

> „Sollte ich nach al-Ḥāriṯ, dem König, Sohn des ʿAmr, und nach dem guten Ḥuǧr, der mit den Kuppeln ist,
>
> Von den bösen Wechselfällen des *dahr* Milde erhoffen? Sie schonen sogar die soliden Steinhügel nicht."

Die todbringende Zeit. Dahr wird demnach als universal wirkendes Unheilsprinzip aufgefasst, dem nichts auf der Welt widerstehen kann. Seine Wirkung zeigt sich jedoch besonders an den zwischenmenschlichen Beziehungen, die durch seine destruktiven Fügungen zerstört werden:[158]

> „Das eine gehörte wohl zum anderen; die Zeit (*dahr*) brachte sie auseinander, die wieder zerstreut, was sie bereits zusammenbrachte."

---

154 ʿAbīd b. al-Abraṣ, *Diwan*, S. 148, V. 1:

لمن الديارُ بُبرقة الروحان درست وغيَّرها صروفُ زمان

„Wem gehören die Häuser in Burqat Ruḥān, zerstört und durch die Wechselfälle der Zeit verwandelt?"

Vgl. Imru' al-Qais, *Diwan*, S. 95, V. 2: „*wa-li-d-dahri ʿuqab*", „dem *dahr* sind Wechselereignisse"; Ahlwardt, *The Divans*, 202,4: „*ṣurūf ad-dahr*", „Wechselfälle des *dahr*".

155 Abū Ḏu'aib, *Diwan*, 4,5:

تغيَّرتَ بعدي أم أصابكَ حادثٌ من الدهر أم مرَّت عليكَ مُرورُ

„Hast du dich nach mir etwa geändert? Oder hat dich ein übles Geschehen der Zeit getroffen, oder sind Wechselfälle über dich ergangen?"

Vgl. Abū Tammām, *Ḥamāsa*, 300/290,1; al-Ḫansā', *Diwan*, S. 89, V. 5.

156 Zuhair, *Diwan*, S. 28, V. 6: „*nawā'ib ad-dahr*".

157 Imru' al-Qais, *Diwan*, S. 204, V. 2:

أبعدَ الحارث الملك ابن عمرٍ وبعد الخير حجرٍ ذي القبابِ

أرجّي مِن صروف الدهرِ لِينًا ولم تغفلْ عن الصُّمِّ الهضابِ

Die Bezeichnung „*ḏū l-qibābi*, der mit den Kuppeln ist" deutet auf die gehobene Stellung des Königs hin. Mehr zu dem oben Aufgeführten in: Ringgren, *Studies*, 35f.; Izutsu, *God and Man*, 126.

158 Al-Aʿšā, *Diwan*, Ed. Geyer, 13,7:

وكان شيء إلى شيء ففرَّقه دهرٌ يعود إلى تشتيت ما جمعا

Diese Vorstellung erreicht ihren Höhepunkt, wenn *dahr* mit dem Tod gleichgesetzt wird:[159]

> „Keine Trauer, wenn *dahr* uns voneinander trennt! Jeden Jüngling wird *dahr* eines Tages töten (*bihi fāǧʿu*)."

Dahr und Tod werden im vorliegenden Kontext durch die Verwendung des Aktivpartizips *fāǧiʿ* gleichgesetzt, das ursprünglich „jemanden durch den Tod sehr traurig machen" bedeutet. Besonders in Trauerliedern wird die Wirkung des *dahr* mit der des Todes identifiziert. In diesem Sinn wird *dahr* als Räuber (*ḫallās*) beschrieben, der den Menschen das Leben plötzlich und unbemerkt wegnimmt.[160] Gleichgesetzt mit ihm in der Bedeutung von Tod wird das Wort *manūn*, das ebenso in Verbindung mit dem Wort *raib* steht, das „Plage und Beunruhigung" bedeutet. In diesem Sinne bezeichnet al-Ḫansāʾ *dahr* als *raiyāb*, sehr plagend:[161]

> „Warum weinst du nicht, mein Auge, in Strömen, da *dahr* uns plagte; *dahr* ist sehr plagend."

Die gleiche Wirkung von Zeit und Tod scheint nicht nur darin begründet zu sein, dass das unausweichliche Fortschreiten der Zeit jedem Menschen den Tod unaufhörlich näher bringt, was die Zeit aus der Sicht des Menschen zur Bewegung in Richtung des unentrinnbaren Todes macht. Die Verbindung von Zeit und Tod wird in der vorislamisch-arabischen Dichtung tiefer begründet, wenn der Abbruch des Lebens auf ein Ereignis zurückgeführt wird, dessen Ursache *dahr* ist. Sind seine Schläge vielfältig, so ist doch der Tod der bitterste von ihnen und die destruktivste Manifestation seiner Macht. Bei diesen Ausdrücken, die sich übrigens gleichermaßen auf Verstorbene und Hinterbliebene beziehen, handelt es

---

159 Labīd, *Diwan*, 30,3:

فلا جزعٌ إن فرّق الدهرُ بيننا وكلُّ فتًى يومًا به الدهرُ فاجعُ

160 *Hudalīyīn*, 77,1: „*fa-inna d-dahra ḫallāsu*".

161 Buḥturī, *Ḥamāsa*, 1443,1:

يا عين ما لكِ لا تبكين تسكابا إذ راب دهرٌ وكان الدهرُ ريّابا

Vgl. Abū Tammām, *Ḥamāsa*, 270/260,2: „*man audā bi-iḫwatihi raibu z-zamāni*", „dessen Brüder die Plage der Zeit umbrachte". Ähnlich in al-Ḫansāʾ, *Diwan*, S. 23, V. 6; Nöldeke, *Beiträge*, 172ff.

Raib ad-dahr, die Plage des *dahr*, wird ebenso in al-Ḫansāʾ, *Diwan*, S. 94, V. 1, erwähnt. *Raib al-manūn* und der unvergängliche *dahr* werden zusammen als Todesursache vermutet: *Hudalīyīn* 28,5. Vgl. dazu ausführlich Caskel, *Das Schicksal*, 40ff.

sich nicht um ein natürliches Sterben, sondern ausschließlich um einen unerwarteten und deshalb bitter empfundenen Tod, der infolge von Mord oder Unfall eintritt. Zum Inhalt dieser Ausdrücke gehört auch ein wesentliches Moment der Feindseligkeit. Der Tod, der durch *dahr* verursacht wird, rührt aus feindlicher Haltung. Weil *dahr* und Tod dem klagenden Dichter identisch zu sein scheinen, kann er schließlich letzteres durch ersteres ersetzen:[162]

> „Ich sagte dieser Zeit (*dahr*): Wenn du mir Gutes erweisen willst, dann lass' ʿAmr und seine Brüder zusammen."

Die Zeit als Summe wiederkehrender Perioden. An diese Vorstellung schließt sich ein zentrales Moment in der Auffassung von *dahr* an, das uns an späterer Stelle noch intensiv beschäftigen wird. Er wird als der ewige Kreislauf wiederkehrender Tage und Nächte dargestellt, die chimärenhaft existieren, um danach zu verschwinden und alles mit sich verschwinden zu lassen. Dementsprechend besteht die Zeit aus gleichen Einheiten, die durch Auf- und Untergang der Sonne gebildet werden und im gleichen Rhythmus vom Werden und Vergehen aufeinander folgen. Abū D̠u'aib meditiert:[163]

> „Ist die Zeit (*dahr*) etwas anderes als Nacht und Tag, als das Aufgehen der Sonne und ihr Untergang?"

Die Zeit wird als die zyklische Bewegung immer wiederkehrender Naturphänomene bezeichnet. Ihr Alternieren bewirkt zwar wie bereits erwähnt die Vernichtung der seienden Dinge, sie bringt jedoch auch eine Erneuerung mit sich, die zumindest in der Natur beobachtet werden kann. Dementsprechend sagt Imru' al-Qais, dass die Zeit (*dahr*) „nichts außer Tage und Nächte ist".[164]

Besteht die Zeit gemäß dieser Vorstellung aus den stets wiederkehrenden Naturzyklen wie den Tagen und Nächten, den monatlichen Mondzyklen und den Jahreszeiten, so scheint der zyklische Verlauf der

---

162 Maʿqil b. Ḫuwailid beklagt den Tod seines Bruders ʿAmr in *Hud̠alīyīn*, 65, 5:
فقلتُ لهذا الدهرِ: إن كنتَ تاركي   لخيرٍ، فدعْ عمرًا وإخوته معا

163 *Diwan*, 5, 1:
هل الدهرُ إلا ليلة ونهارها   وإلا طلوع الشمس ثم غيابها؟
Übersetzung: Jacobi, „Die Anfänge", 237. Vgl. *ibid.*, 247. Ähnlich lautet ein Vers von Ḥātim, *Diwan*, 34, 1.

164 Ahlwardt, *The divans*, 124,13: „*alā innamā d̠ā d-dahru yaumun wa-lailatun*".

Zeit im Hinblick auf das menschliche Leben eine lineare Ausrichtung zu haben, der der Mensch unterworfen ist, wie es in einem Vers aus Ṭarafas *muʿallaqa* dargestellt wird:[165]

> „Ich sehe, dass das Leben ein Schatz ist, der jede Nacht abnimmt, und das, was *dahr* und die Tage vermindern, wird zu Ende gehen."

Die Zeit zehrt vom Menschenleben, das sich in Zeitstrukturen ereignet und somit in einem gewissen Sinn den Inhalt der Zeit ausmacht. Sie verschlingt gemäß dieser Vorstellung das, was sie selbst erzeugt.

Die wechselvolle Zeit. Gemäß einer weiteren Zeitvorstellung tritt *dahr* als Prinzip willkürlichen Wechsels auf. Ihm werden im folgenden Vers unterschiedliche Farben und Zustände zugeschrieben:[166]

> „Ich habe sie [die Verstorbenen von seinem Stamm] zwar überlebt, bleibe jedoch nicht ewig, denn die Zeit (*dahr*) hat Wechselzustände und Färbungen."

Die Veränderungen der Zeit sind vorwiegend zum Schlimmeren hin ausgerichtet.[167] Eher als Gutes bringt *dahr* Schlechtes und steht daher meistens im Zusammenhang mit Unglücksfällen, die gute Zeiten beenden.[168] Verschlechtert sich der Zustand eines Menschen, wird dies damit begründet, dass sich *dahr* von ihm abwandte.[169] *Dahr* ist unberechenbar, trennt und bringt zusammen.[170] Die Gewissheit, *dahr* belasse nichts bei seinem Zustand, sondern verursache stets Veränderungen,[171] veran-

---

165 *Muʿallaqa*, V. 65:

أرى العيشَ كنزًا ناقصًا كلَّ ليلة   وما تنقص الأيامُ والدهرُ ينفدِ

In einer anderen Lesart kommt *„ad-dahr"* statt *„al-ʿaiš"* vor, das als Gesamtheit aller in einer bestimmten Zeitepoche Existierenden gedeutet wird, die der umfassenden Vernichtungsmacht des *dahr* zum Opfer fallen. Vgl. Tabrīzī, *Šarḥ*, S. 129, V. 66.

166 ʿAbīd b. al-Abraṣ, *Diwan*, S. 149, V. 5:

فخلّدْتُ بعدهم ولستُ بخالدٍ   فالدهرُ ذو غِيَرٍ وذو ألوانِ

Ähnlich in Abū Tammām, *Ḥamāsa* 225/218,2; al-Ḫansāʾ, *Diwan*, S. 50, V. 1. Ein ähnlicher Ausdruck ist *„ʿudawāʾ ad-dahr"*, „Umschwung des *dahr*". S. Caskel, *ibid.*, 51 mit Beleg.

167 Abū Tammām, *Ḥamāsa*, 489/477,1: *„ġaiyarat minhu d-duhūru"*, „die Zeiten haben ihn verändert."

168 Buḥturī, *Ḥamāsa*, 406, 6: *„wa-d-dahru yuʿqibu baʿda ṣāliḥatin fasādā"*.

169 Taʾabbaṭa Šarran, *Diwan*, 29, 6: *„wa-ḏī raḥimin aḥāla d-dahru ʿanhu"*.

170 *Mufaḍḍalīyāt*, 31[2], 4: *„fa-qad ġanīnā wa-šamlu d-dahri yaǧmaʿunā"*, „wir ließen uns nieder und der *dahr* ließ uns beisammen."

171 *Mufaḍḍalīyāt*, 57, 2: *„wa-aiyu ḥālin mina d-dahri tadūmu"*, „und welcher Zustand des *dahr* bleibt unverändert?"

lasst Schadenfreudige dazu, die Zeit als Ursache von gewiss auftretender Verschlechterung der Charaktereigenschaften und Lebensumstände anderer anzusehen. In diesem Sinn hilft *dahr* einem sogar, sich zu rächen:[172]

> „Dieser *dahr* da, in seiner Wechselhaftigkeit, macht die Rache an dem Mörder möglich."

Bringt der Wandel der Zeit eigene Vorteile mit sich, so bedeuten diese einen Nachteil für den Gegner. Die Verhältnisse werden jedoch bald umgekehrt. Es entwickelt sich folglich die Vorstellung, die Zeit bestünde lediglich aus zwei Zuständen, einem erfreulichen und einem unangenehmen, die bei derselben Person nie gleichzeitig existieren, sondern sich stets abwechseln:[173]

> „Hast du nicht gesehen, dass *dahr* zweifarbig ist und dass er aus zwei Zuständen besteht: einem fröhlichen und einem trügerischen?"

Die Zeit, die Glück und Unglück spendet. Eine weitere Bedeutung von *dahr* stellt sich in der Auffassung dar, er verfüge über den Verlauf menschlichen Lebens, indem er den Menschen Gaben verleihe oder sie zwinge, ihrer zu entbehren. *Dahr* spendet seine Gnade oder enthält sie vor, wem immer und wann immer er will. Sein Wirken ist von der Qualifikation des Menschen unabhängig und übersteigt deshalb menschliches Ermessen. Die Vorstellung vom freiwillig begnadigenden *dahr* korrespondiert durchaus mit der Vorstellung seiner uneingeschränkten Macht. Die Zeit wird damit zum unentrinnbaren Schicksal. Von Imru' al-Qais sind die folgenden Verse überliefert, in denen er beschreibt, wie *dahr* den Menschen ohne Rücksicht auf eigenes Vermögen Glück und Unglück schenkt:[174]

---

172 Imru' al-Qais, *Diwan*, S. 148, V. 11:

والدهرُ ذا والدهرُ في صَرفِهِ   يُمكِنُ بالوِترِ من القاتلِ

173 As-Sulaik in aš-Šanfarā, *Diwan*, hrsg. v. Ṭalāl Ḥarb, Beirut (1996): S. 80, V. 6, sagt:

ألم ترَ أن الدهرَ لونان لونُه   وطوران: بشرٌ مرَّة وكذوبُ

Ähnlich in al-Ḫansā', *Diwan*, S. 51, V. 2: „*wa-li-d-dahri iḥlā'un wa-imrāru*", „*Dahr* versüßt und verbittert". Vgl. Ringgren, *Studies*, 37.

174 *Diwan*, S. 206, V. 11–13:

عاجزُ الحيلة مسترخي القوى   جاءه الدهرُ بمالٍ وولدْ
ولبيبٌ أيِّدٌ ذو حيلةٍ   محكَمُ المِرَّةِ مأمونُ العُقَدْ
حصَّه الدهرُ وغطّى حزمَه   وانتضاه من عبيرٍ وسَبَدْ

Vgl. al-Buḥturī, *Ḥamāsa*, 821,1–3; Caskel, *Das Schicksal*, 55.

„Hilflos und schwach, dem verlieh *dahr* Reichtum und Nachkommen!

Verständig, mächtig und kräftig; er verfügt über eine gesunde Urteilskraft und ist zuverlässig;

Den hat *dahr* vernichtet und vom Wohlleben und Reichtum weggerissen."

Die anthropomorphe Zeit. Ein bedeutendes Moment der *dahr*-Vorstellung in der altarabischen Dichtung, das besondere Aufmerksamkeit verdient, ist seine Anthropomorphisierung. So spricht ein Dichter von der Jugendzeit des *dahr.*[175] Dieser bekommt menschliche Organe und Eigenschaften. Seine Hand (*yad*) steht für seine Handlungsfähigkeit, die sich in den Schicksalsschlägen äußert, denen die Menschen nicht ausweichen können.[176] Er wird ferner als ein Schütze vorgestellt, der Pfeile auf den wehrlosen Menschen schießt. In Lyalls Übersetzung lauten Verse von ʿAmr b. Qamīʾa:[177]

„Time has made an onset and taken me as his object; and aforetime he was wont to cast his snares upon others like me.

His arrows hit me straight when they are shot at me, and my shafts, O Sulaimá, turn away and miss him."

In einer idiomatischen Verwendung, die noch im Gebrauch ist, heißt es, *dahr* esse und trinke, wobei er seine menschlichen Opfer als Tafel zur Verfügung hätte.[178] Aufgrund seines Wandels wird ihm ein Wechselspiel aus Verrat und Treue vorgeworfen:[179]

„Als sie alle sahen, dass sie *dahr* verraten hat, fanden sie sich mit der Schmach ab und murmelten nicht."

---

175 *Mufaḍḍalīyāt*, 40,96: „*fī šabābi d-dahri wa-d-dahru ǧaḏaʿ*", „in der Jugendzeit des *dahr*, als *dahr* noch jung war."

176 Al-Aʿšā, *Diwan*, S. 84, V. 1: „*yad ad-dahr*".

177 ʿAmr b. Qamīʾa, *Diwan*, 6, 8–9:

جلّح الدهرُ وانتحى لي وقِدمًا كان يُنحي القُوى على أمثالي
أقصدَتني سهامُه إذ رمتْني وتولّت عنه، سليمى، نبالي

Dasselbe Motiv ist auch in ʿAdī b. Zaid, *Diwan*, hrsg. von M. Ǧ. Al-Muʾaibid, Bagdad (1965): 21,5.

178 An-Nābiġa aḏ-Ḏubyānī sagt in Ahlwardt, *The Divans*, 164,7:

سألتني عن أناسٍ هلكوا أكلَ الدهرُ عليهم وشربْ

„Sie fragte mich nach Menschen, die umgekommen sind; *dahr* aß und trank auf ihnen."

179 Buḥturī, *Ḥamāsa*, 405,3:

فكلهم لما رأى الدهر خانه أقرَّ على ذل فلم يترمرم

Zum Inbegriff jeden nur menschenmöglichen Übels wird *dahr* erhoben, wenn er mit einem grausamen Tyrannen verglichen wird, dem nicht vertraut werden kann.[180]

Metaphorische Vermehrung der übelbringenden Zeit. Ferner führt die Personifizierung des *dahr* dazu, dass seine vielfältigen Wirkungen als seine Töchter (*banāt ad-dahr*) bezeichnet werden:[181]

> „Die Töchter des *dahr* schossen auf mich aus einem Ort, den ich nicht sehen konnte; was für einen Zustand, angeschossen zu werden, ohne selbst schießen zu können!"

Dahr begnügt sich gemäß dieser Vorstellung nicht damit, allein als Vernichtungsmacht zu wirken, sondern zeugt weitere Vernichtungsmächte, die den Menschen heimsuchen, ohne dass er sich vor ihnen schützen könnte:[182]

> „Kann sich der Jüngling vor den Töchtern des *dahr* schützen? Oder hat er ein Amulett gegen das Todesverhängnis?"

Die Töchter des *dahr* werden mit dem Verhängnis des Todes gleichgesetzt. Der Dichter verknüpft sie sogar mit der Beschreibung seiner Beerdigung.[183] Vom weitreichenden Unheil der Töchter des *dahr* sind ebenfalls Könige und Völker betroffen.[184] Der Ausdruck weist insofern mythologische Züge auf, als die vorislamischen Araber Gott Töchter zuschrieben.[185]

---

180 Ta'abbaṭa Šarran, *Diwan*, 29,6:

بزّني الدهرُ وكان غشومًا   بأبيٍّ جارُه ما يُذَلُّ

„*Dahr* has plundered me, the *Dahr* who is mercyless tyrant, of (a dear friend of mine) a haughty one who has never allowed his client to be disgraced, (i.e. let alone himself)".

Übersetzung aus Izutsu, *God and Man*, 125. Vgl. auch die Ausführungen S. 124.

181 ʿAmr b. Qamīʾa, *Diwan*, 3, 11:

رمتني بنات الدهر من حيث لا أرى   فكيف لمن يُرمى وليس برام

182 *Mufaḍḍalīyāt*, 80, 1:

هل للفتى من بنات الدهر من واق   أم هل له من حمام الموت من راق؟

183 *Ibid.*, V. 2–4. Vgl. Charles Lyall, *The Mufaḍḍalīyāt*, Arabic Text. Oxford (1921): 601; Caskel, *Das Schicksal*, 14ff.

184 Labīd, *Diwan*, 19, 30–34.

185 Ibn al-Kalbī, *Kitāb al-aṣnām* (*Das Götzenbuch*), Ed., Übersetzung mit Einleitung und Kommentar von Rosa Klinke-Rosenberger, Leipzig (1941): 39, arab. Text, 12; Wellhausen, *ibid.*, 24–45; Ringgren, *Studies*, 40ff. für Bezüge zur altiranischen Mythologie. In Bezug auf den Koran s. Hawtings Studie „The daughters of God" in: Ders., *The Idea of Idolatry*, 130–149.

Die oben dargelegte Vorstellung von *banāt ad-dahr* deckt sich mit einigen Zügen der Moiren bei Homer und in der nachhomerischen griechischen Literatur. Im

Die Zeit als Bestie. Wie hässlich und furchtbar die Taten des *dahr* empfunden werden, zeigt sich daran, dass er in poetischen Bildern die Gestalt eines wilden Raubtiers annimmt. *Dahr* greift die Menschen mit messerscharfen Klauen an[186] und beißt sie mit seinen scharfen Zähnen.[187] Al-Ḫansā' beschreibt ihr Leiden unter der animalischen Willkür des *dahr* mit dem folgenden Vers:[188]

> „*Dahr* hat mich [wie einen Knochen] abgenagt mit Abbeißen und Abschneiden; *dahr* hat mir wehgetan mit Schlägen auf den Kopf und Zwicken."

Singular bedeutet Moira ursprünglich die Portion, die man von Land, Kriegsbeute, Opferfleisch und Leben erhält. Seit Homer bezeichnet der Singular das schon bei der Geburt bestimmte menschliche Geschick. Die Moiren erscheinen später als drei mächtige Schicksalsgöttinnen. Hesiod stellt sie in seiner Theogonie als Ausgeburten der Nacht, später aber auch als Kinder von Zeus und Themis dar. Sie sind Geber von Gut und Böse; ihre Einwirkung wird jedoch meistens als negativ bezeichnet. In plastischen Darstellungen spinnen sie den Schicksalsfaden und wachen über Geburt und Tod eines jeden Einzelnen. Ihr Wille ist unerbittlich. Ihnen gegenüber scheinen im homerischen Epos sogar die Götter gelegentlich ohnmächtig zu sein (A. Henrichs, „Moira", in: *Der Neue Pauly*, VIII, Stuttgart (2000): 340–343). Das Verhältnis der Moiren zu den Göttern gestaltet sich in der Forschung tatsächlich schwierig. J. Duffy stellt überzeugend fest, die schicksalhaften Bestimmungen der Moira bei Homer seien eigentlich identisch mit dem Willen des omnipotenten Zeus, der sie zu den Menschen sende (James Duffy, „Homer's Conception of Fate", in: *CJ*, 42 (1946–7): 397–405). Noch Platon, *Apol.* 33c und *Phaidr.* 230a, spricht von den „göttlichen Moiren" (Weizsäcker, „Moira", in: W. H. Roscher, *Ausführliches Lexikon der griechischen und römischen Mythologie*, 3084–3102). Vgl. Ferner Paul Bohse, *Die Moira bei Homer*, Berlin (1893); W. F. Otto, *Die Götter Griechenlands*, Bonn (1929): 343ff.; Eckhard Leitzke, *Moira und Gottheit im alten griechischen Epos*, Göttingen (1930); U. von Wilamowitz-Moellendorff, *Der Glaube der Hellenen*, Bd. I, Berlin (1931): 359ff.; Martin P. Nilsson, *Geschichte der griechischen Religion*, Bd. I, München (1967): 361–368. Eine philosophisch orientierte Erörterung des Themas befindet sich in Michael Theunissen, *Schicksal in Antike und Moderne*, München (2004): 16ff.

186 An-Nābiġa in Ahlwardt, *The divans*, 164,14: „*man yaṭlubi ad-dahra tudrikhu maḫālibuhu*".

187 Abū Tammām, *Ḥamāsa* 257/253,4:

إذا الدَّهرُ عضَّتكَ أنيابُهُ   لدَي الشَّرِّ فأزِمْ بهِ ما أزَمْ

„Wo irgend das Schicksal die Zähne dir fletscht, / da schau du es herb an, wie dichs angeschaut". (R.) Vgl. Izutsu, *God and Man*, 125f.

188 *Diwan*, S. 86, V. 1:

تعرّقني الدهرُ نهسًا وحزّا   وأوجعني الدهرُ قرعًا وغمزا

Vgl. ferner Abū Tammām, *Ḥamāsa* 491/479,3; Mutammim bei Nöldeke, *Beiträge*, S. 101, V. 6; Caskel, *Das Schicksal*, 49.

In der Metapher des männerverschlingenden Monsters (*ġūl*) findet die unermessliche willkürlich-destruktive Wirkund des *dahr* einen prägnanten Ausdruck.[189]

Die Analyse der angeführten Stellen versuchte zu zeigen, wie sich die vorislamisch-arabischen Poeten die Zeit vorstellten und welche Konnotationen mit den jeweiligen Vorstellungen verbunden werden können. Die Poeten denken die Zeit nicht nur als passiven Rahmen menschlicher Handlungen, sondern sie schreiben ihr die Fähigkeit zu, selbst tätig zu sein. Insbesondere *dahr*, der Begriff der unendlichen Zeit, tritt hier als substantivierte Macht auf, die als Quelle von Gutem und Schlechtem empfunden wird. Ihr ist der Mensch unterworfen, solange er lebt. Sie scheint sein Lebensgeschick zu bestimmen. Die Bedeutung des Schicksals schwingt in *dahr* immer mit. Bleibt bei einer solchen Konstellation Platz für Gott übrig?

IV.2 Versuch einer Abgrenzung: *dahr* und Allah

Die Auffassung des *dahr* als einer universal wirkenden Macht führt selbstverständlich dazu, dass er gegen andere Machtinstanzen kosmischer Wirkung abgegrenzt werden muss, mit denen er konkurriert und wie im folgenden Fall denselben kulturellen Kontext teilt.

Lange vor Muhammad kannten die heidnischen Araber – nicht nur die Juden und Christen unter ihnen – Allah als Gottesbezeichnung.[190] Der Name kommt in vorislamischer Dichtung sowie in den Anrufungsformeln (*talbiya*) der arabischen Stämme während des Pilgerritus (*ḥaǧǧ*)

---

189 Imru' al-Qais, *Diwan*, S. 207, V. 9:

ألم يُخبرْكَ أن الدهرَ غولٌ   ختورُ العهدِ يلتهمُ الرجالا

„Hat er dir nicht erzählt, dass *dahr* ein verräterisches Monster ist, das die Männer frisst?"

Vgl. Caskel, *Das Schicksal*, 51. In einem Sprichwort, dessen Wortlaut in einem Halbvers des vorislamischen Dichters D̲ū l-Iṣbaʿ al-ʿAdwānī, *Diwan*, hrsg. v. ʿAbd al-Wahhāb M. ʿA. al-ʿAdwānī und Muḥammad N. ad-Dulaimī, al-Mūṣil (1973): 5, 12, vorkommt, wird *dahr* mit einer Kamelin verglichen, die der kompetente Mensch melkt: „*wa-laqad ḥalabtu d-dahra ašṭurahu*".

190 Vgl. Th. Nöldeke, „Arabs", 664; Louis Gardet, „God in Islam", in: *ER*, VI, 26–35, hier 27; W. M. Watt, „Ḥanīf", in: *EI*², III, 165f. Für eine ausführliche Analyse vgl. Krone, *Die altarabische Gottheit*, 214–232, 457–491.

vor.[191] Auch eine Reihe von altarabischen theophoren Namen und Redewendungen enthalten den Namen Gottes.[192] Aṭ-Ṭabarī erzählt, dass der Schreiber, der für Muhammad das Ḥudaibīya-Abkommen (*ṣulḥ al-Ḥudaibīya*) schreiben sollte, mit der wahrscheinlich erst im Islam eingeführten Anfangsformel „*bi-smi llāhi r-raḥmāni r-raḥīm*“ (Im Namen Gottes des barmherzigen Erbarmers) nichts anfangen konnte und stattdessen die aus vorislamischer Zeit altbekannte Formel „*bi-smika llāhumma*“, „in deinem Namen, Gott“ benutzte, in der Allah im Vokativ erwähnt wird.[193] Für die Entstehung des Gottesbegriffs im Arabischen hat Julius Wellhausen eine linguistische Erklärung gegeben, die einflussreich wurde. Demnach soll der Ausdruck *Allāh* aus der Zusammenfügung des Wortes *ilāh* für Gott mit dem bestimmten Artikel *al* entstanden sein (*al-ilāh* → *allāh*, der Gott).[194]

---

191 Einen umfangreichen Überblick darüber bietet Carl Brockelmann, „Allah und die Götzen, der Ursprung des islamischen Monotheismus“, in: *AR*, 21 (1922): 99–121. Die verschiedenen Formen der *talbiya* der verschiedenen Stämme werden in Quṭrub, *Kitāb al-azmina,* 39–44 aufgeführt. Dazu: T. Fahd, „Talbiya“, in: *EI²*, X, 160f.; Meir J. Kister, „Labbayka, Allāhumma, Labbayka ...“, in: *JSAI*, 2 (1980): 33–57.

192 Vgl. Wellhausen, *Reste*, 2ff., 218f. Zu arabischen Kultbräuchen vor dem Islam vgl. Toufic Fahd, *La divination arabe*, Paris (1987): 131–178. Ibn Qaiyim al-Ǧauzīya (1292–1350), erwähnt im Zuge seines Vergleichs zwischen den religiösen Überzeugungen der Zoroastier (*al-maǧūs*) und der arabischen Heiden (*ʿabadat al-auṯān*), dass diese an eine Gottheit glaubten (*kānū yuqirrūna bi-tauḥīdi r-rubūbīya*) und Gott als einzigen Schöpfer (*lā ḫāliqa illā llāh*) anerkannten, ihre Götzengötter jedoch als Vermittler zwischen ihnen und ihm anbeteten: *Zād al-maʿād*, 2 Bde., hrsg. v. Ṭāha ʿAbd ar-Raʾūf Ṭāha, Miṣr, (1970): Bd. II, Teil III, S. 269 (Kapitel über die Kopfsteuer, *al-ǧizya*). Dieses Urteil könnte freilich auf der auch später an der Stelle aufgeführten islamischen Auffassung beruhen, dass die Araber ursprünglich die Religion Abrahams hatten, die durch den Islam restauriert werden sollte.

193 *Tārīḫ aṭ-Ṭabarī*, II, 281. Das Ereignis ist auf das Jahr 6 n. H./628 n. Ch. zu datieren. Vgl. Watt, „Al-Ḥudaybiya“, in: *EI²*, III, 539.

194 Wellhausen, *Reste*, 215–224. Vgl. Nöldekes Besprechung der ersten Auflage von 1887 in: *ZDMG*, 41 (1887): 707–726. Wellhausen berücksichtigte in der zweiten Auflage (1897) Nöldekes Kritik.
Ich verzichte hier auf eine Darstellung der verschiedenen Ansichten zur etymologischen Entwicklung des Wortes *Allāh*, die weitere semitische Sprachen wie das Aramäische und das Hebräische berücksichtigen müsste. Zu der vorhin erwähnten Studie von Suzanne Krone sei noch auf folgende Erklärungsversuche verwiesen: D. B. Macdonald, „Allāh“, in: *EI¹*, I, 316–327; A. Jeffery, *The Foreign Vocabulary of the Qurʾān*, Baroda (1938), s. v. „Allāh“; H. A. R. Gibb, „The Structure of Religious Thought in Islam“, in Stanford J. Shaw and William

Der Versuch, der altarabischen Dichtung Züge eines vorislamischen Gottesbegriffs abzugewinnen, darf nur mit größter Vorsicht unternommen werden. Es besteht nämlich der berechtigte, schon von Theodor Nöldeke geäußerte Verdacht, beim Wort Allah könnte es sich in der vorislamischen Dichtung in den meisten Fällen um spätere Interpolation durch muslimische Rezipienten handeln, die damit Götzennamen ersetzen wollten.[195] Trifft dies nicht für weitere Namen altarabischer Götter zu, und läßt sich zudem der Name des Hochgottes Allah in verschiedenen Formen im Frühnordarabischen, Nabatäischen, Frühlihyanischen sowie anderen altsüdarabischen Dialekten belegen,[196] bleibt es notwendigerweise äußerst schwierig zu konstruieren, in welches Verhältnis die vorislamischen Araber *dahr* zu Allah setzten. Die folgende Erörterung wird sich deshalb auf die Behandlung von Stellen beschränken, in denen *dahr* und Allah explizit und in einer Weise miteinander in Verbindung gebracht werden, die für diese Untersuchung relevant ist.

Welche Beziehung zwischen Allah und dem *dahr* konnte zunächst die Forschung unter Berücksichtigung der bekannten Schwierigkeiten bisher bei den Arabern vor dem Islam vermuten? Die Meinungen darüber gehen z.T. weit auseinander. Julius Wellhausen beschreibt den vorislamischen Allah der Araber als Gott des Schicksals, der „den Lauf der Zeit und die Schicksale der Menschen" bestimmt.[197] Laut Carl Brockelmann hielten die Araber Allah für den Schöpfer und Herrn der Welt und der Menschen, der Macht über die Natur hat und dem Schicksal als der

---

R. Polk (Hg.), *Studies on the Civilization of Islam*, London (1962): 176–218 (ursprünglich in *MW*, 38 (1948): 17–28, 113–123, 185–197, 280–291); T. Fahd, *Le Panthéon de l'Arabie centrale*, Paris (1968); J. Blau, „Arabic Lexicographical Miscellanies", *JSS*, 17 (1972): 175–177; J. van Ess, „Der Name Gottes im Islam", in: H. von Stietencron (Hg.), *Der Name Gottes*, Düsseldorf (1975): 156–175; John Wansbrough, *Quranic Studies*, London (1977): 95f.; Ǧ. ʿAlī, *Mufaṣṣal*, Bd. VI, Beirut (1970): 102–117; A. Ambros, „Zur Entstehung der Emphase in Allāh", in: *WZKM*, 73 (1981): 23–32; G. Böwering, „God and His Attributes", in: *EQ*, II, 316–331. G. R. Hawting, *The Idea of Idolatry*, 26ff., bespricht die Theorie Wellhausens und die in der Forschung vorgeschlagenen Alternativen.

195 Nöldeke, *Beiträge*, IXf. Dagegen argumentiert ʿAlī, *Mufaṣṣal*, VI, 114f., dass die von Nöldeke vermutete Namensänderung nur auf einige Götzennamen wie *al-Lāt*, jedoch nicht auf alle Namen heidnisch-arabischer Gottheiten angewandt werden könnte. Ähnlich argumentiert Krone, *Die altarabische Gottheit*, 215f., gegen Lyall.

196 Belege befinden sich reichlich in Krone, *Die altarabische Gottheit*, 457–491.

197 Wellhausen, *Reste*, 222.

höheren Macht gegenüber steht.[198] Überwiegend dieser Linie folgt dann Helmer Ringgren, wenn er im Hinblick auf die Bestimmung der Beziehung von Allah und *dahr* drei Positionen unterscheidet: erstens, dass Allah in einem bestimmten Maße als Gott des Schicksals anerkannt wird, zweitens, dass er nur in wenigen Fällen *dahr* überlegen ist und drittens, dass Allah in einigen Fällen mit *dahr* identifiziert wird.[199] Diese Einschätzung unterscheidet sich grundlegend von der folgenden These Werner Caskels:

> „Allah's Macht ist freilich beschränkt. Er verleiht Segen und Fluch, aber er *regiert* im allgemeinen nicht. Die Poesie kennt nur Fügungen, nicht *göttliche* Fügungen. Und die Weltregierung liegt in der Poesie nicht bei Allah, sondern beim *dahr*. Greift aber Allah einmal ein, so hat er einen Zug von blinder Willkür in seinem Wesen, der ihn dem *dahr* verwandt erscheinen lässt."[200]

Nach dieser Auffassung ist *dahr* mächtiger als Allah, dem nur im Hinblick auf willkürliches Handeln Ähnlichkeit mit *dahr* zugeschrieben wird. Toshihiko Izutsu, der sich in erster Linie auf Aussagen des Korans an die Heiden stützt, vertritt eine ähnliche Auffassung, indem er Allah lediglich Macht über die Schöpfung der Welt und dementsprechend über die Geburt des Einzelnen einräumt, dessen Leben bis zum Tod jedoch unter dem Einfluss des *dahr* verläuft.[201] Schließlich sieht Krone, deren Belege kaum etwas über das Wesen Allahs besagen, dass die Araber Allahs Macht „als Lenker des menschlichen Schicksals" anerkannten.[202]

Nur wenige Stellen aus dem Korpus der altarabischen Poesie lassen sich für das Thema fruchtbar machen. Zwei Verse aus einem Trauergedicht Labīds auf den Tod seines Bruders Arbad setzen *dahr* und Allah einander gegenüber, wobei das hier vermittelte Gottesbild wenig mit der Vorstellung eines guten Gottes gemeinsam hat:[203]

---

198 Brockelmann, „Allah und die Götzen", 105ff., besonders 111. Die an der Stelle von Brockelmann angeführten Belege für Allahs Überlegenheit *dahr* gegenüber scheinen mir weniger zuverlässig. Sein Versuch, in der vorislamischen Dichtung die Existenz einer Vorstellung von Allah als einer den Lokalgöttern gegenüber höheren Macht zu beweisen, ist eindrucksvoll. Nichtsdestotrotz bleibt er eine genauere Bestimmung der Beziehung von Allah und *dahr* schuldig.

199 Ringgren, *Studies*, 48.

200 Caskel, *Das Schicksal*, 54 (kursiv für Sperrung im Original). Vgl. hierzu W. L. Schrameier, *Ueber den Fatalismus der vorislamischen Araber*, Bonn (1881).

201 Izutsu, *God and Man*, 95ff., 127.

202 Krone, *Die altarabische Gottheit*, 483.

203 *Diwan*, S. 90, V. 3f.:

أتجزع مما أحدث الدهر بالفتى وأيٌّ كريم لم تصبه القوارعُ
لعمرك ما تدري الضوارب بالحصى ولا زاجرات الطير ما الله صانعُ

> „Fürchtest du dich vor dem, was *dahr* dem Jüngling zugefügt hat? Welcher noble Mann wurde nicht von Katastrophen getroffen?
>
> Bei deinem Leben, weder die Hellseherinnen, die Kieselsteine schlagen, noch diejenigen, die Vögel scheuchen, wissen, was Gott (*Allāh*) tun wird.“

Die Fügungen des *dahr* scheinen mit Allahs Vorhaben gleichgesetzt zu sein. Was *dahr* geschehen lässt, entspricht hier einer göttlichen Tat. Die Wirkungen beider Mächte stimmen miteinander überein, was den Gedanken nahelegt, dass die Verse in islamischer Zeit entstanden sein könnten. In einem Vers von al-Ḫansāʼ wird sogar die Ewigkeit Gottes mit der Ewigkeit des *dahr* in Verbindung gebracht.[204] Ein ähnlicher Gedanke ist in Versen enthalten, die Zuhair zugeschrieben werden:[205]

> „Mir ist offenbar geworden (*badā lia anna*), dass Gott wahr ist; die Furcht Gottes brachte mich näher zum Wahren, solange es offenbar ist.
>
> Mir ist offenbar geworden (*badā lia anna*), dass die Menschen und ihre Besitztümer zugrunde gehen; ich sehe aber nicht, dass *dahr* vergeht.“

Die beiden Verse sind strukturell parallel aufgebaut; beide beginnen mit der affirmativen Aussage „*badā lia anna*“, deren Gegenstand im ersten Vers die Wahrheit der Existenz Gottes ist. Im zweiten Vers werden mit der Aussage die Beobachtungen, dass die Menschen samt ihrer Habe vergehen, während *dahr* unversehrt bleibt, gegeneinander kontrastiert und bestätigt. Die wahre Existenz Gottes und die Unvergänglichkeit des *dahr* verhalten sich hier symmetrisch zueinander. Im Hinblick auf die ewige Existenz werden Allah und *dahr* gleichgesetzt, wobei beide hier nicht als aktive Wesen dargestellt werden. Eine altarabische Dichterin, die den Tod ihrer beiden Söhne auf die Wirkung des *dahr* zurückführt, misst diesem offensichtlich größere Macht als Gott (*al-ilāh*) bei, der nach ihrer

---

204 *Diwan*, S. 33, V. 1:

لا شيء يبقى غير وجه مليكنا　　　ولست أرى شيئًا على الدهر خالدا

„Nichts außer dem Antlitz unseres Königs bleibt übrig; ich sehe nichts, was *dahr* an Ewigkeit übertreffen könnte.“

Malīk, König, wird im Koran als göttliches Attribut verwendet: Q 54: 55. Der Vers könnte islamisch sein, was den Vergleich des *dahr* mit Gott noch brisanter machen würde. Vgl. Q 55: 27.

205 *Diwan*, S. 106, V. 2f.:

بدا ليَ أن اللهَ حقٌّ فزادني　　　إلى الحقِّ تقوى اللهِ ما كان باديا

بدا ليَ أن الناسَ تفنى نفوسُهم　　　وأموالُهم ولا أرى الدهرَ فانيا

Vgl. Zuhairs *muʿallaqa*, V. 26f., wo Gott und das Jüngste Gericht erwähnt werden.

Meinung wahrscheinlich die Tat des *dahr* nicht zu verhindern vermag, sondern lediglich eine tröstende Funktion hat:[206]

> „Es sind zwei Söhne einer alten Frau, der *dahr* ihre Angehörigen bereits nahm; ihr ist außer ihnen [den beiden Söhnen] niemand mehr geblieben – nur Gott (*al-ilāh*)."

Die Überzeugung von der Ewigkeit des *dahr*, der selbst den alles vernichtenden Tod vernichtet, scheint noch an weiteren Stellen im frühen Islam vertreten zu sein, wie einer Auseinandersetzung zwischen Ǧarīr und al-Farazdaq entnommen werden kann.[207]

Fazit: Die vorislamischen Araber dürften Allah als höchste Gottheit, sozusagen als Gott der Götter betrachtet und ihm die besonders in der Wüste hochgeschätzte Gabe des Regens zugeschrieben haben.[208] Es kann vermutet werden, dass er für mächtiger und universeller als die Götzen gehalten wurde, die ihm als Vermittler beigesellt worden waren.[209] *Dahr*

206 Jones, *Early Arabic Poetry*, I, 52:
بنَيّا عجوزٍ حرَّم الدهرُ أهلها   فليس لها إلا الإلاه سواهما

207 *Lisān*, s. v. *da-ha-ra*. In einem Vers von al-Aʿšā, in Quṭrub, *Kitāb al-azmina*, 13, wird sogar der Himmel vom Einfluss des *dahr* nicht verschont.

208 Vgl. Nöldeke, „Arabs", 664. Zumal jegliche Evidenz dazu in der vorislamischen arabischen Poesie fehlt, wird diesbezüglich gewöhnlicherweise auf koranische Stellen zurückgegriffen, die in diesem Sinn verstanden werden können. S. beispielsweise Q 29:61,63; 31:25; 43:9. Die Aussagen deuten nicht explizit auf Ansichten arabischer Heiden hin. Eine solche Interpretation kann dem Kontext nicht zwingend entnommen werden.
Javier Teixidor, *The Pagan God. Popular Religion in the Greco-Roman Near East*, Princeton (1977), erkennt eine monotheistische Tendenz bei den semitischen Heiden, die an die Spitze ihrer Götter-Hierarchie einen höchsten Gott setzten, dem der Himmel gehörte und der somit das Wetter bestimmte. Vgl. zu den Gottheiten in Nordarabien besonders S. 62–99. Zu weiteren altarabischen Vorstellungen einer obersten Gottheit vgl. ʿAlī, *Al-Mufaṣṣal*, Bd. VIII, S. 118–121.

209 Darauf könnten die sich auf die Heiden beziehenden Aussagen in Q 2:22,165; 14:30 hindeuten. Allerdings könnte mit *„andādan"*, seinesgleichen, gemeint sein, dass die Heiden Gott Kinder, besonders Töchter beigesellt haben, wovon explizit in Q 16:57; 37:149,151–153; 43:16; 52:39 die Rede ist. Der koranische Ausdruck für Polytheismus ist *širk*; aus der Wurzel *š-r-k* wird das Partizip Aktiv *mušrik* (Pl. *mušrikūn*) geleitet. Vgl. zum Thema: W. M. Watt, „Belief in a ‚High God' in Pre-Islamic Mecca", in: *JSS*, 16 (1971): 35–40; Ders. „Pre-Islamic Arabian Religion", in: *IS*, 15 (1976): 73–79; Alford T. Welch, „Allah and Other Supernatural Beings: The Emergence of the Qur'anic Doctrine of *tauhid*", in: *JAAR*, thematic issue, 47 (1979): 733–753; ferner aus islamischer Sicht: Muhammad Ibrahim H. Surty, *The Qur'anic Concept of al-Shirk (Polytheism)*, London

wird hingegen als Herr des menschlichen Lebens und des Weltgeschehens gefürchtet. Ihm wird jedes Übel in der Welt zur Last gelegt. Seine Macht wird als uneingeschränkt bewertet. Während Allah jenseits von Gut und Böse bleibt, ist *dahr* die unendliche Zeit, die laufend Gutes und Böses bringt und deshalb als das Geschick eines jeden Lebewesens betrachtet wird. Die Araber dürften keine Konkurrenz zwischen den beiden gesehen, sondern sie bis zu ihrer Vereinigung im Islam als zwei Mächte unterschiedlicher Gewaltenbereiche anerkannt haben.

Schließlich darf bei der Beurteilung des ohnehin wegen vieler dunkler Aspekte komplizierten Verhältnisses von *dahr* und Allah in der vorislamisch-arabischen Dichtung ein Punkt nicht unberücksichtigt bleiben, wie es bisher der Fall ist. Die religiöse Zugehörigkeit des jeweiligen Dichters dürfte eine gewisse Rolle dabei gespielt haben, ob er Allah oder *dahr* höhere Kompetenzen zuschrieb. Die Wahrscheinlichkeit dürfte daher groß sein, dass für einen Juden oder einen Christen Allah mehr Macht als *dahr* besitzt. Von heidnischen Dichtern müsste hingegen das Gegenteil erwartet werden. So lesen wir beim Christen ʿAdī b. Zaid:[210]

> „Gott sei Dank (*al-ḥamdu li-llāhi*), dass er dich vor einem Übel gerettet hat; Gott (*Allāh*) verlangt nicht, dass Anhänger ihm danken.
>
> Da Gott (*Allāh*) dich heute vor dem Sturz bewahrt und seinen Feinden noch mehr Erniedrigung und Armut zugefügt hat,
>
> So seid also zufrieden und danket Gott (*Allāh*) für seine Gnade; ihr werdet finden, dass euer Gott (*ilāhakum*) die Unrechttaten vergibt."

(1982). G. R. Hawting, *The Idea of Idolatry*, macht in seinem Buch darauf aufmerksam, dass die islamische Beschreibung des altarabischen Heidentums auf das zentral-westliche Gebiet Arabiens (*al-ḥiǧāz*) konzentriert ist. Es dürfe dabei weniger Kenntnis über die religiöse Realität der arabischen Heiden als über die historische Bewusstseinslage im Islam erwartet werden. Die konstruierte Geschichte der Araber stelle sich als Reflexion von Muslimen über ihre Vergangenheit dar. Im Mittelpunkt der Argumentation Hawtings steht die Deutung der Bezeichnung *mušrikūn* im Koran, die in der islamischen Tradition gefolgt von einem Großteil der westlichen Forschung für die Götzendiener verwendet wird. Seine Auffassung ist, dass mit *mušrikūn* auch Monotheisten gemeint sein könnten, deren Monotheismus vom Koran nicht akzeptiert wird. Hawtings Thesen tragen zu einer differenzierteren Beurteilung der komplexen Beziehung des Islams zu dem geistigen Umfeld seiner Entstehung bei.

210 *Diwan*, 6, 19,45,46:

فالحمدُ للهِ إذ نجَّاكَ مِن عطَبٍ والله لا يبتغي للحمْدِ أنصارا
فاليومَ إذ ما وقاكَ اللهُ صرعتَه وزاد أعداءَه ذُلاً وإمعارا
فاستعتِبوا واشكروا للهِ نعمتَه تُلفوا إلهَكُمُ للظُّلمِ غفَّارا

Da wir aber keine sicheren Angaben über die religiöse Identität der meisten Dichter oder über die Authentizität der ihnen zugeschriebenen Gedichte besitzen, kann der unterbreitete Gedanke über mögliche Verschiebung des Kräfteverhältnisses zwischen Allah und *dahr* bei den jeweiligen Dichtern auf der Grundlage monotheistischen Glaubens nicht über die Grenzen des Hypothetischen hinausgehen.[211]

V. Versuch einer Begriffsbestimmung

Mit dem Begriff *dahr* der vorislamisch-arabischen Poesie verbindet sich ein weites Spektrum von Bedeutungen, die vom Leben eines Einzelnen bis zur anfanglosen und unendlichen Zeit der Welt reichen. Bezogen auf die Gemeinschaft bedeutet *dahr* Generation. Die unendliche Zeit zeigt sich als ununterbrochener Verlauf stets wiederkehrender Tage und Nächte, deren Werden und Vergehen das einzig manifeste Zeichen der Zeit ist. Ansonsten ist die Zeit unsichtbar. Aus der Beobachtung der kosmologischen Zyklen verbunden mit der Erfahrung, dass die Zeit nie endet, resultiert in der Dichtung eine linear-zyklische Auffassung der Zeit. Ihr zyklischer Charakter beruht auf der Wahrnehmung der perpetuierenden Wiederkehr natürlicher Phänomene limitierten Status *ad infinitum*. Folgende Verse von Labīd b. Rabīʿa reflektieren diesen Gedanken:[212]

> „Ein langer, ununterbrochener, ausgedehnter *dahr* hat jeden Trost überwunden, obwohl ich unbesiegt war;
>
> Es ist ein Tag – wie er auf mich zukommt! – und eine Nacht, beide kehren wieder, nachdem sie vergehen;

---

211 Vgl. beispielsweise die Diskussion über as-Samauʾal b. ʿĀdiyāʾ, der ein gewesen sein soll, in: Thomas Bauer, „al-Samawʾal b. ʿĀdiyā", in: *EI²*, VIII, 1041; T. Kowalski, „A contribution to the authenticity of the Dīwān of as-Samauʾal", in: *Archiv Orientalni*, 3 (1931): 156–161. Eine vollständige Bibliographie befindet sich in: *GAS*, II, 149f. Vgl. ferner Nöldekes Abhandlung zur Poesie der Juden in Arabien: *Beiträge*, 52–86. Wagner, *Die arabische Dichtung*, 7, stellt nach Darstellung der Sachlage fest, dass „eine jüdisch-arabische religiöse Poesie aus vorislamischer Zeit nicht erweisbar" ist.

212 *Diwan*, S. 47, V. 3–5:

غلبَ العزاءَ وكنتُ غيرَ مغلَّبِ   دهرٌ طويلٌ دائمٌ ممدودُ
يومٌ إذا يأتي عليَّ وليلةٌ   وكلاهما بعد المَضاءِ يعودُ
وأراه يأتي مثلَ يومِ لقيتُه   لم ينصرم وضعفتُ وهو شديدُ

> Und ich sehe ihn kommen genauso wie an dem Tag, an dem ich ihm einst begegnet bin; er ist nicht vergangen; ich bin schwach geworden, während er stark bleibt."

Die unendliche Zeit besteht also aus wiederkehrenden Perioden, die unverändert erscheinen. Im Vergleich dazu verläuft die menschliche Lebenszeit schlicht linear. Hier muss man jedoch vorsichtig sein, den periodisch zyklischen Charakter der Zeit in der vorislamisch-arabischen Dichtung nicht automatisch auf die Zeit schlechthin zu übertragen. Daraus würde eine zirkuläre Auffassung der Zeit entstehen, derzufolge diese insgesamt aus längeren Perioden bestehen würde.[213] Weder die Gedichte noch die späteren Berichte über ihre religiösen Ansichten vor dem Islam vermögen eine solche Annahme zu bestätigen.[214] Im Gegenteil: Ihre Auffassung der Zeit ist linear. Diese Auffassung zeigt sich vornehmlich am Alternieren der Tage und Nächte und ist als zielloser Ablauf gedacht, der Sein und Werden in rhythmischer Abfolge kontinuierlich kombiniert. Der Strang der Zeit vollzieht sich in Zyklen; sie scheint keinen Anfang und kein Ende zu haben. Die von griechischen Denkern vertretene Betrachtung der Zeit als rationaler Ordnung im Universum findet sich hier nicht.[215] Die arabischen Poeten scheinen davon entfernt zu sein, der Zeit eine solche kosmische Funktion zuzuschreiben. Ihr Interesse gilt eher der Wirkung der Zeit in der fassbaren Realität des menschlichen Lebens.

Das folgende Diagramm soll die erörterte Zeitauffassung in der vorislamisch-arabischen Dichtung illustrieren:

Ohne Anfang OOOOOOOOOOOOOOOO **Ohne Ende**

Wie die präsentierten Beispiele der vorislamisch-arabischen Dichtung zeigen, enthält *dahr* eine starke Konnotation des Schicksals. Dies hat manchmal dazu geführt, *dahr* vordergründig, ja fast ausschließlich als Schicksal zu interpretieren. Auf diese Weise hat Werner Caskel den Be-

---

213 Vgl. dazu: Henri-Charles Puech, „Gnosis and Time", in: *Man and Time*. Papers from the Eranos Yearbooks, New York (1957): 38–84; Mircea Eliade, „Time and Eternity in Indian Thought", *ibid.*, 173–200.

214 Deshalb verstehe ich nicht, wie Nagel, *Der Koran*, 149ff., 198, gewiß sein kann, dass die arabischen Heiden eine zyklische Zeitauffassung hatten.

215 Vgl. zum Beispiel Platon, *Timaios*, 37c; Brandon, *History, Time and Deity*, 84ff.

griff aufgefasst und die temporale Bedeutung weitgehend vernachläßigt.[216] Er stützt sich bei dieser Interpretation vorwiegend auf die Beobachtung, dass *dahr* und *manūn* jeweils mit dem Wort *raib*, Unberechenbarkeit, verbunden werden, eine Konstruktion, die den Charakter der plötzlichen Schicksalsschläge beschreibt. Dieser Sicht schließt sich Helmer Ringgren in seinen Studien zum arabischen Fatalismus an, in denen er keinen Unterschied zwischen der temporalen und der fatalen Dimension im Begriff *dahr* macht und das Zeitliche dem Fatalen zu stark unterordnet.[217]

In diesem Kapitel habe ich versucht zu zeigen, wie in der vorislamisch-arabischen Poesie die Zeit nicht nur als passiver Rahmen menschlichen Handelns, sondern auch als tätig aufgefasst wird. Als aktiv betrachtet werden dabei sowohl die Tageszeiten als auch die Zeit im Sinne des Unendlichen. Sie läuft unaufhaltsam voran; ihr Lauf manifestiert sich an den zyklisch wiederkehrenden Perioden. In ihr vollzieht sich das menschliche Leben als ein auf den Tod hin gerichteter Prozess. Im Hinblick darauf wird die Zeit in enger Verbindung mit dem Tod wahrgenommen. Im Verlauf der Zeit entfalten sich glückliche und unglückliche Ereignisse; die Zeit wird als ihre Ursache empfunden. Besonders *dahr* wird infolgedessen mit den Wechselfällen des Schicksals aufs engste assoziiert. Personifiziert und mit tyrannischen Eigenschaften versehen greift *dahr* willkürlich ins innerweltliche Geschehen ein, trifft Einzelne und Gemeinschaften unterschiedslos und wirkt eher destruktiv auf sie ein. All das lässt *dahr* als Schicksal erscheinen. Dennoch müssen die im Begriff verflochtenen Bedeutungen der unendlichen Zeit und des Schicksals heuristisch auseinander gehalten werden. Auf dieser Ebene zeigt es sich, dass der Begriff *dahr* zwar ein starkes Moment des Schicksals enthält, das dieses Moment allerdings mit seinem begrifflichen Umfang nicht deckungsgleich ist. *Dahr* bedeutet die lange, unbegrenzte Zeit, die Zeit als ein Ganzes. Die mit *dahr* bezeichnete Zeit ist nicht leer, sondern muss immer auf Existentes bezogen werden. Dieses kann ein Einzelner, eine Generation oder die Welt sein.

Die Zeit in allen Fällen mit dem Schicksal zu identifizieren wie Ringgren und vor ihm Caskel es tun, bedeutet, die Zeit auf eines ihrer Momente zu reduzieren.[218] Auch wenn die Ausdrücke, mit denen beide Be-

---

216 Caskel, *Das Schicksal*, 42–52.

217 Vor allem in seinen Übersetzungen werden beide Bedeutungen durcheinander gebracht. S. nur beispielsweise S. 27f., 201.

218 Ringgren, *Studies*, 30ff. Die Unterscheidung von Zeit und Schicksal in diesem Zusammenhang wird in Nöldeke, „Arabs“, 661b, aufrechterhalten.

deutungen artikuliert werden, in bestimmten Konstruktionen synonym erscheinen,[219] ist die Bedeutung der Zeit, an *dahr* illustriert, mit dem Schicksal nicht erschöpfet. Weil alles in der Zeit geschieht, scheint sie die Geschehnisse zu bringen, auch die Fügungen eines unpersönlichen Schicksals; das ist aber nur eine Seite der Zeit. Darüber hinaus stimmt es nicht, dass „der Araber nur ein Wort für Schicksal und Zeit – *dahr*" hat.[220] Die Ausdrücke *qaḍā'* und *qadar* stellen verschiedene Aspekte des Schicksals dar. So kann letzteres das Schicksal im aktiven Zustand bedeuten, das als Fügung die Wirkung seiner selbst ist. Im Unterschied dazu wird *al-qaḍā'* im Sinne der Bestimmung auf einen Urheber, meistens Gott, bezogen.[221] Auch der Ausdruck *ağal* scheint ursprünglich den fixierten Zeitpunkt im Allgemeinen zu bezeichnen, der im ultimativen Sinn den schicksalhaft festgelegten Todestermin bedeutet. Dasselbe gilt auch für *ḥīn*.[222]

Erfahren wird die Zeit gemäß der Beobachtung vorislamisch-arabischer Poeten in unterschiedlichen Formen als eine unerbittliche Macht. Die sichtbarste dieser Formen ist der unabänderliche Kreislauf der Natur, aus dem sich ein Bewusstsein deterministischer Zeitstruktur ergibt, das das Leben unter dem Einfluss fremder Zeitmacht vollzogen sieht. Unglücks- und Todesfälle sowie Naturkatastrophen werden folglich zu den Übeln gezählt, die von der Zeit herrühren. Die Zeitmodi werden mithin als Zustände eines allgemeinen Pessimismus empfunden. Der Zeitlauf, der die Veränderung bestehender Unannehmlichkeiten mit sich bringen könnte, stellt sich hingegen als eine Bewegung in das befürchtete Geheimnisvolle hinein dar, als ein irreversibler Prozess, an dessen Ende auf individueller Ebene nichts anderes als der Tod steht. Die abstrakte, unendliche Zeit, *dahr*, wird darum als eine deterministische Macht wahrgenommen und als Schicksal empfunden. Gedanken zum freien Willen werden überhaupt nicht formuliert.[223] Wie vor dem Hintergrund einer solchen Erfahrung der Zeit die Zeitlichkeit, d.h. das Leben in der Zeit, gestaltet wird, ist Gegenstand der folgenden Ausführungen.

---

219 Wie in *raib ad-dahr* und *raib al-manūn*.

220 Ringgren, *Studies*, 58.

221 Caskel, *Das Schicksal*, 20ff., arbeitet die Bedeutungen dieser Ausdrücke schön heraus, vermischt sie jedoch dann miteinander, weil er konzeptuell Zeit und Schicksal durcheinander bringt. Vgl. als Beispiel der Verwirrung die Übersetzung des zweiten Verses auf S. 52, wo auf unverständliche Weise „*zamān*" mit „Schicksal (*dahr*)" übersetzt wird.

222 Vgl. Ringgren, *Studies*, 39f.

223 Vgl. Nöldeke, „Arabs", 661; Ringgren, *Studies*, 30ff.

Zweites Kapitel

Wahrnehmung der Zeitlichkeit

Wie die Erörterung der verschiedenen Zeitausdrücke in der altarabischen Dichtung zeigt, haben die vorislamischen Araber die unendliche Zeit als unerbittliche Macht empfunden, deren Herrschaft der Mensch stets unterworfen ist. Diese Erfahrung ist ihnen im alltäglichen Leben in vielfacher Form zuteil geworden. Zunächst lässt der unabänderliche Kreislauf der Natur mit seinen immer wiederkehrenden Erscheinungen eine deterministische Wahrnehmung der Zeitstruktur entstehen. Daraus entwickelt sich die Ansicht, dass die vielfältigen Unglücks- und Todesfälle sowie Naturkatastrophen von der Zeit herrühren. Der infolgedessen verbreitete Zeitpessimismus ist durchaus mit dem Pessimismus vergleichbar, der in der griechisch-römischen Kultur der Spätantike im Zusammenhang mit der Zeitauffassung herrschte.[1] Der Ablauf der Zeit, von dem eine Veränderung bestehender Unannehmlichkeiten erhofft werden könnte, wird indes als eine unumkehrbare ständige Bewegung zum Geheimnisvollen hin betrachtet, an deren Ende nichts anderes als der Tod steht.

Wie wird nun die Zeitlichkeit in der vorislamisch-arabischen Dichtung wahrgenommen? Aus den verschiedenen Komponenten der Zeitvorstellungen bildet sich eine vielschichtige Wahrnehmung des Zeitlichen, die verpflichtenden Charakter hat. Demnach ist das Zeitliche vom Wandel dominiert, der so regelmäßig und eintönig stattfindet, dass er in Wirklichkeit nichts Neues mit sich zu bringen scheint. Da die Abläufe eines solchen Wandels und ihre Ergebnisse im Zusammenhang mit natürlichen Vorgängen stehen, wirkt er sich sogar statisch aus. Hinzu kommt, dass besonders die Verflechtung von Zeitlichem und Schicksalhaftem im *dahr* dem Zeitlichen unverkennbar verhängnisvolle Züge verleiht. Der Höhepunkt dieser Konstellation wird erreicht, wenn sich die Erfahrung der Herrschaft der Zeit und die Wahrnehmung des Todes

1 S. Henri-Charles Puech, „Gnosis and Time", in: *Man and Time*, 38–84, besonders 45f.

durchkreuzen. Spätestens dann stellt sich das menschliche Leben als ununterbrochener Verlauf im Schatten des Todes unter der Dominanz des *dahr* dar. Dieser Sachverhalt wird in der altarabischen Dichtung auf interessante Weise dokumentiert: Es fehlt nach meiner Erkenntnis die Betrachtung des Lebensanfangs. In den überlieferten Gedichten ist auffälligerweise die Entstehung des Lebens kein Thema; Überlegungen zur Geburt von Menschen oder zum Ursprung der Welt werden nicht angestellt. Das Interesse der Dichter ist dem Dasein in seinen gegenwärtigen und vergangenen Formen gewidmet. Dieses wird wie eine gegebene Bürde hingenommen, unter deren Last die Menschen ihre verborgene Herkunft außer Acht lassen und den Blick auf Aspekte der Daseinsbewältigung und das unumgängliche Ende fixieren.

Um die Wirkung der erläuterten Zeitvorstellungen auf die Lebensgestaltung, wie sie in der vorislamisch-arabischen Poesie beschrieben wird, abschätzen zu können, wendet sich die Untersuchung nun der Auffassung der Zeitlichkeit in dieser Dichtung zu. Zunächst kann beobachtet werden, dass die bereits dargestellte Zeitwahrnehmung eine Lebensweise bewirkt, die vom Drang zur Tätigkeit geprägt ist und deshalb als aktionistisch bezeichnet werden kann. Danach soll am Beispiel verschiedener Seiten des menschlichen Lebens verdeutlicht werden, welche Konsequenzen aus den bereits dargestellten Zeitvorstellungen für die Zeitlichkeit des Menschen entstehen. Dafür werden Aspekte ausgewählt, die zentrale Momente altarabischer Anschauungen reflektieren, wie sie aus der Dichtung ermittelt werden können. Sie gewinnen für unseren Themenkomplex insofern größere Bedeutung, als hier noch ein transzendenter Konvergenzpunkt fehlt, der wie später im Koran verkündet, den geistigen Raum zu okkupieren beansprucht. So wird unter dem Gesichtspunkt der Herrschaft der Zeit das Verhältnis von Mensch und Natur behandelt, das wichtige Eindrücke über diesen Zusammenhang vermittelt. Darauf folgt die Erörterung der spannungsreichen Beziehung zwischen dem Einzelnen und der Gemeinschaft. Hier kommt das unter dem lastenden Gefühl der Herrschaft der Zeit komplexer gewordene Verhältnis zwischen dem Ich des Dichters und dem Wir seiner Gruppe auf bemerkenswerte Weise in den Blick. Mit der Untersuchung der konventionellen Klage an den Ruinen wenden wir uns einer räumlich bedingten, für die vorislamisch-arabische Auffassung der Zeitlichkeit konstitutiven Dimension zu. Damit verbindet sich eine rückwärtsgewandte Ausrichtung der Thematik, die überwiegend aus der Vergangenheit schöpft und in einem weiteren Schritt dargelegt wird. Schließlich wird eine antagonistische Auffassung des Lebens erörtert, in der der Sinn des

Lebens im Kampf gegen die Zeit besteht. Die Befindlichkeit in der Zeit wird somit zu einem agonischen Zustand, der mit purer Resignation endet, weil der Versuch des Menschen, sich von der Zeitherrschaft zu befreien, natürlicherweise scheitert.

I. Aktionistisches Dasein

Die menschliche Reaktion auf die äußeren Daseinsbedingungen nimmt in der altarabischen Dichtung weitgehend eine Form an, die von einer umfassenden Tendenz zum Tätigsein durchdrungen ist, die als aktionistisch bezeichnet werden kann. Dieser aktionistischen Lebensweise liegt besonders bei den Beduinen die konkrete Erfahrung des häufigen Wanderns und Stättewechsels zugrunde.[2] Dementsprechend zeichnen die Dichter ein äußerst bewegtes und unruhiges Daseinsbild, das Mensch und Tier, beide Akteure der Wandertätigkeit, gleichermaßen einschließt und sich daher vornehmlich an der Schilderung von Reit- und Jagdtieren illustrieren lässt. Darin werden Pferde, Kamele und Wildesel vorwiegend nicht im Stillstand, sondern im Zustand der Bewegung beschrieben. In Versen, die in der Fachwelt wegen ihrer Detailliertheit bekannt geworden sind, schildert zum Beispiel Ṭarafa seine Kamelin im Gehen.[3] Das Pferd von Imru' al-Qais wird bemerkenswerterweise so dargestellt, als ob es gleichzeitig verschiedene Bewegungen machen würde:[4]

> „Zum Angriff und zum Fliehen, im Kommen und im Gehen, gleich geschickt, wie ein Stein des Felsen, den der Strom von oben herabrollt."

Ein weiteres Zeichen des bewegten Menschenlebens besteht darin, dass in der zu Beginn vieler Gedichte beschriebenen Szene der verlassenen Lagerplätze, *aṭlāl*, die Schilderung paradigmatisch mit der Aufforderung

---

2 S. erstes Kapitel, Anm. 134.

3 Der Teil seiner *muʿallaqa*, den Ṭarafa diesem Thema widmet (V. 11–39), beginnt mit dem Vers:

وإنّي لأمضي الهَمَّ عِندَ احتِضارِهِ   بعَوجاءَ مِرقالٍ تَروحُ وتَغتَدي

„Ich führe mein Vorhaben aus auf einer eifrigen, schnellen Kamelin, die abends und morgens stets gleich einher trabt" (Übersetzung in Anlehnung an Wollf, *Muallakat*, S. 21). Der Abschnitt ist in der Übersetzung Rückerts in Wagner, *Die altarabische Dichtung*, S. 104f., enthalten. Vgl. zum Thema Arazi, *La réalité et la fiction*, 114f.

4 *Muʿallaqa*, V. 53:

مِكَرٍّ مِفَرٍّ مُقبِلٍ مُدبِرٍ مَعاً   كَجُلمودِ صَخرٍ حَطَّهُ السَيلُ مِن عَلِ

ansetzt, stehen zu bleiben. So z.B. der berühmte Anfang der *mu'allaqa* des Imru' al-Qais:[5]

> „O steht doch [ihr zwei], lasst uns weinen wegen der wachen Erinnerung an eine Geliebte und eine Stätte, die am Sandabhang zwischen Daḫūl und Ḥaumal lag."

Der Dichter erreicht den Ort des Andenkens während der Reise und hält dort nur kurz an, um seine Reise fortzusetzen. Die Bewegung geht in der vermittelten Konzeption dem Stillstand implizit voran, der sich im Hinblick auf die Weiterreise als kurzes Innehalten darstellt.

Man kann sogar noch einen Schritt weiter gehen und die Beobachtung hervorheben, dass der klassische Aufbau längerer Gedichte wie der *mu'allaqāt* auf formeller Ebene als Widerspiegelung der erwähnten aktionistischen Tendenz betrachtet werden könnte. Der Dichter beginnt mit der *aṭlāl*-Szene, die nur wenige Verse umfasst, um zu einem anderen Thema zu wechseln, das dann der Reihe nach von weiteren Themen gefolgt wird. Dabei hält er sich nur kurz mit einzelnen Detaildarstellungen auf, um möglichst viele in den Blick zu nehmen. Hinzu kommen Tierepisoden oder Beschreibungen vergangener Erlebnisse, welche beliebig in das Gedicht eingebaut werden. Der Dichter bewegt sich in kurzen Sprüngen von einem Objekt zum anderen. Das Gedicht, das aus vielen zusammenhängenden Einheiten besteht, entwickelt sich somit gewissermaßen zu einer Miniatur des instabilen, bewegten Lebens des Dichters und seiner Umwelt.[6] Hermann Fränkels Urteil im Hinblick auf die frühgriechische Lyrik gilt auch hier: Die Norm, „die im Lied waltet" ist zugleich die „Norm der Wirklichkeit – Gesetz des Daseins ist der Wechsel".[7]

---

5 *Mu'allaqa*, V. 1:

قفا نبكِ من ذكرى حبيبٍ ومنزلِ　　　بسقط اللوى بين الدَّخول فحوملِ

6 Zur Widerspiegelung sozialer Verhältnisse in der altarabischen Poesie s. Wagner, *Die altarabische Dichtung*, 30ff. Zum lockeren Gedankengang in der altarabischen *qaṣīda* mit Beispielen vgl. Alfred Bloch, „Die altarabische Dichtung als Zeugnis für das Geistesleben der vorislamischen Araber", in: *Anthropos*, 37–40 (1942–1945): 186–204, besonders 198ff.; Jacobi, *Studien*, 3ff. Wagner, *ibid.*, 83ff., 145ff.
Einen interessanten, obgleich in mancher Hinsicht irreführenden Versuch, das altarabische Gedicht als „organische Einheit" darzustellen, bietet Kamal Abu-Deeb, „Towards a Structural Analysis of Pre-Islamic Poetry", in: *IJMES*, 6 (1975): 148–184.

7 Hermann Fränkel, „Die Zeitauffassung in der frühgriechischen Literatur" in Ders., *Wege und Formen frühgriechischen Denkens*, München (1955): 1–22, hier S. 12. Vgl. Bateson, *Structural Continuitiy*, 25ff. sowie ihre linguistische Strukturanalyse der *mu'allaqāt* von Imru' al-Qais, Ṭarafa, Zuhair, Labīd und 'Antara, besonders S. 41–56, 91–116.

Die aktionistische Lebensweise scheint nach altarabischer Weltanschauung der einzige Faktor der Lebenserfüllung zu sein.[8] Demzufolge besteht die Sinnhaftigkeit des Lebens im Handeln; fast ausschließlich handelnd versucht man zur eigentlichen Selbsterfahrung zu gelangen. Eine solche aktionistische Lebenseinstellung wird durch die Erfahrung der als Last empfundenen Herrschaft der Zeit erzeugt und genährt, von der man sich durch kontinuierliche Tätigkeit zu befreien versucht. Der junge Dichter Ṭarafa, der als wichtiger Vertreter dieser aktionistischen Einstellung gilt, deutet diesen Zusammenhang an, wenn er beansprucht, durch Mut und Tapferkeit, also Charaktereigenschaften, die vornehmlich nach Handlungen verlangen, die Zeitdauer zu verkürzen:[9]

> „Doch ich treibe die Männer von mir ab durch Stärke, Mut, Tapferkeit, Ehrlichkeit und edle Herkunft.
>
> Bei deinem Leben, des Tages habe ich keine Sorge und meine Nächte sind nicht lang.“

Der hier geschilderte Zustand, der durch Kurzweiligkeit und Sorglosigkeit gekennzeichnet ist, ist aber temporär. Er ist an bestimmte Lebenssituationen gebunden, die nicht lange dauern und deshalb die grundlegende Negativität der Zeit nicht beeinflussen können. Die angestrebte Selbstbefreiung von der Herrschaft der Zeit kann durch Aktionismus nicht erreicht werden. Eine Lebensweise, die lediglich auf äußerliches Handeln beschränkt ist, reicht nicht aus, um dieses Ziel zu erlangen. Dafür wird eine geistige Ausstattung benötigt, die über den innerweltlichen Zeithorizont hinausgeht und von da aus befreiend wirkt. Wie die Dichtung zeigt, verfügten die Araber vor dem Islam nicht über eine solche

---

8 Duraid b. aṣ-Ṣimma, in Abū Tammām, *Ḥamasa*, 275/265, 7f.:

يُغارُ عَلَينا واترِينَ فَيُشتَفى   بنا إن أُصِبنا أو نُغيرُ على وِترِ
قَسَمنا بِذاكَ الدهرَ شَطرَين بيننا   فَما يَنقَضي إلاّ ونحنُ عَلى شَطرِ

„Auf uns mit Blutes Forderungen
wird eingerannt, an uns
Den Mut zu kühlen, und hinwider
von uns wird eingerannt.
So teilen wir auf zwei Geschäfte
die Stunden [*dahr*] zwischen uns,
Und keine geht, die nicht auf eines
von beiden sei verwandt.“ (R.)

9 *Muʿallaqa*, V. 96f.:

ولكن نفى عني الرجالَ جراءتي   عليهم وإقدامي وصدقي ومحتدي
لعمرُكَ، ما أمري عليَّ بغُمَّةٍ   نهاري، ولا ليلي عليَّ بسرمدِ

Instanz. Die einzige Macht, die die Dichter über ihr Dasein waltend empfunden haben, war *dahr*, von dessen Alleinherrschaft die Menschen sich vergeblich zu befreien versuchten. Im Gegenteil wurden sie infolgedessen im gleichen Maße von all ihrem Auf und Ab immer stärker abhängig, in dem sie die Entlastung lediglich im äußerlichen Handeln suchten. Niemand fürchtet den Wandel der Zeit mehr als der nur Tätige, dem die innere Ruhe und die geistige Stabilität der Besinnung fehlen. Ein solcher Mensch ist schutzlos dem erbarmungslosen Spiel äußerlicher Mächte ausgesetzt, die von der betroffenen Person nicht beeinflusst werden können. Er gerät nur weiter in den Griff der Zeit.[10] Welche Beziehung zur außermenschlichen Natur lässt sich unter solchen Daseinsbedingungen gestalten?

II. Mensch und Natur

Im Gegensatz zur biblisch-koranischen Auffassung vom Menschen als Herrscher über die außermenschlichen Natur[11] scheinen die vorislamischen Araber ihrer Poesie zufolge dem Menschen der Natur gegenüber keine Herrschaftsansprüche eingeräumt, sondern ihn als Teil eines Naturganzen, das gleichermaßen aus Beseeltem und Unbeseeltem besteht, betrachtet zu haben. Er wird von den Dichtern als ein naturverbundenes Lebewesen dargestellt, dessen Verbundenheit mit anderen Lebewesen unter der uneingeschränkten, alles beherrschenden Macht der Zeit eine Tiefendimension einnimmt. Er ist Mitglied einer großen Schicksalsgemeinschaft, der auch die Tiere und die unbewegte Natur im selben Maße angehören.

Die altarabischen Dichter schenken der unbeseelten Natur relativ wenig Aufmerksamkeit. Gustav von Grünebaum hat drei Motive ihrer Naturbeschreibungen festgestellt. Vereinzelte Szenen und Phänomene der Natur werden vorgestellt, um mittels der Metaphorik den vortrefflichen Charakter des Dichters oder der von ihm gepriesenen Person zu unterstreichen. In diesem Sinn werden ebenfalls natürliche Situationen und Gefahren beschrieben, die den sozialen Status eines Menschen hervorheben. Ein weiteres Motiv stellt sich in der stereotypen Verbindung von Naturelementen und emotionalen Zuständen dar. So kann die Be-

10 Für weitere Beispiele vgl. Wagner, *Die altarabische Dichtung*, 110f.

11 Vgl. beispielsweise in der Bibel: Gen 1:26,28–29; Ps 8:6–9; im Koran: Q 10:67; 14:32f.; 16:14; 22:65; 43:13; 45:13.

schreibung der verödeten Lagerplätze auch die Wirkung von Wind und Regen umfassen. Die lange Nacht und die Sterne, die wie am Himmel fixiert erscheinen, gehören zur Darstellung der Sorgen des Poeten. Das Bild der Berge wird in das fatalistische Konzept der unentrinnbaren Schicksalsbestimmung eingebaut. Schließlich werden Einheiten der umgebenden Natur wie Palmen, Wege und Winterlandschaften aus objektivem Interesse beschrieben. Auch hier präsentiert sich vornehmlich die harte Realität des Daseins in der Wüste.[12]

Im Hinblick auf das Verhältnis zwischen Mensch und Tier zeigt sich ein anderes Bild. Reit- und Zugtiere sind für die Nomaden bekanntlich unentbehrlich. Unter solchen Bedingungen steht der Mensch in gewisser Abhängigkeit vom Tier, die zur Entstehung einer engen Beziehung zwischen beiden Lebewesen führt, wie die zahlreichen Tierbeschreibungen in der altarabischen Dichtung demonstrieren.[13] Sie sind derart genau und intensiv, dass sie als Hinweis darauf verstanden werden können, dass die poetische Hinwendung zu den Tieren nicht nur auf einen Mangel an möglichen anderen Beschreibungsobjekten zurückzuführen ist.[14] Sie beruht gleichermaßen auf der vorherrschenden Empfindung, dass Mensch und Tier Bestandteile eines einheitlichen Naturgespanns bilden, in dem beide Spezies unter der Macht der Zeit aufeinander angewiesen sind. Eine solche Gesinnung führt dazu, dass sich zwischen dem Menschlichen und dem Tierischen Schnittstellen entwickeln, so dass sich mit der Beschreibung des Zustands der Tiere Implikationen verbinden, die auch im Hinblick auf den geistigen Zustand des Dichters von Bedeutung sind.[15]

Ein wichtiger Aspekt der in der vorislamisch-arabischen Dichtung präsentierten Existenzgemeinschaft von Mensch und Tier zeigt sich, wenn der von der Trennung der Geliebten und Zerstörung ehemaliger Wohnstätten gepeinigte Dichter sein Reittier in die poetische Besinnung

---

12 Vgl. Gustave E. von Grunebaum, „The Response to Nature in Arabic Poetry", in: *JNES*, 4 (1945): 137–151, besonders 137–141.

13 Vgl. al-Aṣmaʿī, *Kitāb al-ḫail*: Das Kitâb al-chail von al-ʾAṣmaʿî. Hrsg. u. mit Anm. versehen von August Haffner. *SBAW*, 132 (1895) X. Abhandlung; Ders., *Kitāb al-wuḥūš*: Das Kitâb al-wuḥûš von al-ʾAṣmaʿî mit einem Paralleltexte von Quṭrub. Hrsg. u. mit Anm. versehen von Rudolf Geyer. *SBAW*, 115 (1888): 353–420.

14 Vgl. Andras Hamori, *On the Art*, 7, über die methodischen Merkmale der Kamelbeschreibung.

15 Thomas Bauer arbeitet in seiner bereits erwähnten zweibändigen Studie *Altarabische Dichtkunst. Eine Untersuchung ihrer Struktur und Entwicklung am Beispiel der Onagerepisode* auf erhellende Weise unterschiedliche, kontextabhängige Nuancen der verschiedenen Beschreibungen desselben Tieres heraus.

darüber miteinbezieht. Das Tier wird zum Bestandteil einer an der Erinnerung leidenden Gegenwart. Der Dichter strebt an, sich von ihrer Bürde durch die Wendung zur Weiterreise zu befreien. Das Reittier hat hier die Funktion, ihm die Erschließung eines neuen Raumes zu ermöglichen, der eine wichtige Bedeutung für die Herstellung einer neuen geistigen Phase und eines neuen Lebensabschnitts hat. Während das Reittier in die konstruktive Erinnerung an vergangene Situationen indirekt miteinbezogen, intensiviert sich seine Präsenz in der Gegenwart des Dichters durch die unternommene Reise. Die Wende im klassischen arabischen Gedicht, der *qaṣīda*, von dem vergangenheitsorientierten *nasīb*-Teil hin zur Beschreibung des Reittieres besitzt im Hinblick auf die dort vorgestellte Struktur der Zeitlichkeit einen symbolhaften Charakter. Sie steht für den Wechsel von der Vergangenheit zur Gegenwart, von der schönen Erinnerung zur harten Realität, vom bloß Vorgestellten zum Tatsächlichen hin.[16]

Die Bedeutung der Beschreibung von Tieren in der vorislamisch-arabischen Dichtung wurde auch von klassischen Gelehrten der arabischen Literatur erkannt. In seinem *Buch vom Tier* (*Kitāb al-Ḥayawān*) stellt der enzyklopädische Schriftsteller al-Ǧāḥiẓ (gest. 868/9 n. Chr.) fest, dass die altarabischen Dichter den symbolischen Wert der Tiere bei der Betrachtung von Leben und Tod immer nach einem bestimmten Muster zum Ausdruck bringen. Dementsprechend pflegten sie Jagdszenen in Elegien und panegyrische Gedichte einzubauen. In den Elegien ließen sie Jagdhunde eine Oryxantilope töten. Im Falle des Lobes dagegen laufe die Beschreibung darauf hinaus, dass die Hunde von einem wilden Tier getötet würden. Bis auf diese Situation seien Oryxantilopen in den meisten Fällen die Opfer der siegreichen Jagdhunde und ihres Besitzers.[17] So sehen wir, dass das gejagte Wildtier den Menschen symbolisiert, der sich sicher wähnt, dann aber plötzlich von einem Schicksalsschlag getroffen wird. Der Jäger steht hier für das Schicksal.

Besonders in Todesfällen, an denen sich die Grausamkeit des Daseins besonders schmerzhaft offenbart, spürt der Dichter das Bedürfnis, sich Anderen zuzuwenden, denen dasselbe Schicksal widerfahren könnte, obwohl sie eher davon verschont zu bleiben scheinen. In ihren Gedichten

16 Vgl. dazu einleuchtend mit Beispielen Renate Jacobi, „The Camel-Section of the panegyrical ode", in: *JAL*, 13 (1982): 1–22; Wagner, *Die altarabische Dichtung*, 100–108.

17 Abū ʿUṯmān al-Ǧāḥiẓ, *Kitāb al-ḥayawān*, Bd. II, hrsg. v. ʿA. Hārūn, Kairo (1965): 20.

werden deshalb starke wilde Tiere in diesem Zusammenhang häufig geschildert. Wie der nordafrikanische Schriftsteller Ibn Rašīq (gest. 1063/4 oder 1070/71) beschreibt, pflegten die frühen Araber in ihren Trauerliedern Trost zu finden, indem sie das Beispiel von „mächtigen Königen, vergangenen Völkern, Rehen, die sich in hohen Bergen verschanzen, Löwen, die in den Wüsten weilen, Wildeseln, die in den Öden wandern, Adlern, Geiern und Giftschlangen aufgrund ihrer Kraft und langen Lebensdauer" anführten.[18] Um den Schmerz der Trauer zu lindern, demonstriert der Dichter die Unentrinnbarkeit des Todes an Lebewesen, von denen man glauben würde, sie könnten nicht einfach getötet werden. Die genannten Tiere stehen in der Trauerdichtung für ein hohes Maß an Kraft und Ausdauer. Ihr Tod soll insofern eine tröstliche Funktion haben, als er den unter Schicksalsschlägen leidenden Menschen die Universalität und Unumgänglichkeit des Todes prägnant veranschaulicht.

Ein hervorragendes Beispiel für die Verwendung von Tierbildern und Kampfszenen bei der Verarbeitung von tragischen Situationen findet sich in einer bekannten Elegie des Dichters Abū D̲u'aib al-Hud̲alī, die uns noch ausführlicher beschäftigen wird.[19] Darin tröstet er sich über den Tod seiner fünf Söhne,[20] indem er auf das Tierreich hinschaut, um deutlich zu machen, dass die Wirkung des *dahr* gleichermaßen Tier und Mensch trifft, die in gleicher Weise den Schicksalsschlägen ohnmächtig gegenüber stehen. In dieselbe Kategorie gehört auch ʿAntaras emphatische Beschreibung seines Pferds mitten im Kampf:[21]

> „Sie riefen, ‚Antara', während die Lanzen wie Brunnenseile (straff) in der Brust des Rappen steckten.
>
> Unaufhörlich ließ ich seine Halsgrube und seine Brust auf sie stoßen, bis er mit einem Überwurf von Blut bekleidet war.
>
> Da drehte er vor dem Zufahren der Schäfte seine Brust zur Seite, klagte mir mit Tränen und Murmeln.

---

18 Abū l-Ḥasan al-Qairawanī Ibn Rašīq, *al-ʿUmda fī maḥāsin aš-šiʿr wa-ʾādābih wa-naqdih*, hrsg. v. M. M. ʿAbd al-Ḥamīd, Miṣr (1972): Bd. II, S. 150.

19 S. u. S. 116–120.

20 Vgl. hierzu: E. Bräunlich, „Abū D̲u'aib-Studien", in: *Isl*, 18 (1929): 1–23, hier 1.

21 *Muʿallaqa*, V. 66–69. Übersetzung: Nöldeke, *Fünf Moʿallaqāt*, II, Wien (1900): 21f.:

يَدعونَ عَنتَرَ وَالرماحُ كَأَنَّها أشطانُ بِئرٍ في لَبان الأدهَمِ
ما زلتُ أرميهم بثُغرة نَحرهِ ولَبانِهِ حتى تسربل بالدمِ
فازورَّ من وقع القنا بلبانه وشكا إليَّ بعَبرَة وتحمحُمِ
لو كانَ يَدري ما المُحاوَرَةُ اشتَكى ولكانَ لو عَلِمَ الكَلامَ مُكَلِّمي

> Wüsste er, was die Sprache ist, so hätte er sich (wirklich) beklagt; ja er hätte mich angeredet, wenn er hätte reden können."

Die eindrucksvolle Szene veranschaulicht einen extremen Zustand der Beziehung von Mensch und Tier, die im Kriegszustand besonderes Gewicht erhält, weil sich dort Ritter und Pferd in einer echten Schicksalsgemeinschaft befinden, die meistens auf gemeinsames Leben und Sterben hinausläuft. Dementsprechend entwickelt sich zwischen den Betroffenen eine Art der Kommunikation, die der verbalen Artikulation nicht bedarf, um existentielle Sinngehalte zum Ausdruck zu bringen.

III. Der Einzelne und die Gemeinschaft

Da der Mensch in der altarabischen Dichtung vom Rest der Natur insofern nicht abgehoben wird, als er wie ihre übrigen Teile der Herrschaft der Zeit unterworfen ist, läge es nahe, zu vermuten, dass die Beziehung zwischen dem Einzelnen und der Gemeinschaft auch nach einem ähnlichen Muster verlaufen würde. Hier zeichnet sich jedoch ein komplexeres Bild ab. Unter den in der Wüste gegebenen geographischen und sozialen Bedingungen, die mit einem tiefen Bewusstsein der unentrinnbaren Zeitherrschaft eng zusammenhängen, entwickelt sich eine existentiell begründete Solidarität, in der die Gemeinschaft und der Einzelne einander verpflichtet sind. Menschen, die sich ohnehin vor der Zeit als schutzlos empfinden, suchen in der Gemeinschaft Geborgenheit und gegenseitige Hilfe. Soziale Pflichten und Gewohnheiten wie Großzügigkeit, Schwurtreue und Hilfeleisten im Notfall, die die vorislamischen Araber pflegten, fallen in diesen Rahmen.[22] Dazu gehört auch die Pflicht, bedrohten Flüchtlingen Schutz zu gewähren, auch wenn dies zum Kampf führt, der nicht immer zu Gunsten des Schutzgewährenden ausfallen würde.[23] Die gesamte ethische Einstellung der vorislamischen Araber wird gewöhnlich in dem Begriff *murūʾa* zusammengefasst, der soviel wie Edelmut bedeutet und in der Forschung als eine Art altarabischer Religion deklariert wurde.[24]

---

22 Zum arabischen Stammeswesen vor dem Islam s. Goldziher, *Mohammedanische Studien*, I, 40ff.

23 Vgl. dazu al-Aʿšās poetische Erzählung einer beispielhaften Tat Samauʾals in Wagner, *Die altarabische Dichtung*, 169f.

24 I. Goldziher, *Mohammedanische Studien*, I, 13ff.; J. Spencer Trimingham, *Christianity among the Arabs in Pre-Islamic Times*, London, Beirut (1979): 243ff. Die

Im Falle der Poesie weist die Verflechtung des Einzelnen und der Gemeinschaft noch eine weitere Dimension auf. Der Dichter galt als Sprecher seines Stammes und genoss in dieser Funktion großes Ansehen in der Öffentlichkeit. Die Poesie wurde in Stammesstreitigkeiten als Angriffs- und Verteidigungsmittel eingesetzt und war ein vorzügliches Medium, die Errungenschaften des Stammes zu rühmen und dessen Anliegen zu vertreten. Sie besaß somit einen identitätsstiftenden Charakter. Aus all diesen Gründen wertete der Stamm die Erscheinung eines Dichters als ein außergewöhnliches Ereignis, das groß gefeiert wurde.[25] Die besonders enge Verbindung zwischen dem Dichter und seinem Stamm zeigt sich vor allem am kollektiv orientierten Selbstlob, in dem es schwierig wird, zwischen dem „Individuellen" und dem „Kollektiven" zu unterscheiden, zumal beide restlos ineinander übergehen und der Dichter selbst am gerühmten Geschehen beteiligt ist.[26] Der Dichter hat in seiner Gesellschaft eine Vorbildfunktion. Er stilisiert das kollektive Wertesystem, wenn er seine Eigenschaften zum Gegenstand der Beschreibung macht. In seinem Selbstlob „bekennt er sich zu den Normen des Stammes und fügt sich damit in die Gemeinschaft ein."[27]

Dem Leser der altarabischen Dichtung fällt jedoch auf, dass die Dichter besonders in Lobgedichten als energische Vertreter einer individualistischen Gesinnung auftreten.[28] Eine solche Gesinnung steht eigent-

---

neuere Forschung betont im Gegensatz zu Goldziher die Kontinuität zwischen vorislamischen und islamischen Tugenden: W. M. Watt, *Muhammad at Mecca*, Oxford (1953): 82; Meir M. Bravmann, *The Spiritual Background of Early Islam*, Leiden (1972): 1–7.

25 Vgl. Nicholson, *A Literary History of the Arabs*, 71.

26 Vgl. z.B. den Hauptteil von ʿAmr b. Kulṯūms *muʿallaqa*, V. 23ff. Jacobi, „Die altarabische Dichtung", 23, stellt überzeugend fest, dass die altarabische Poesie einen „kollektiven Charakter" hat. Vgl. ihre Ausführungen zum Verhältnis des Dichters und seiner Gesellschaft, *ibid.*, 26ff. Die Kollektivität dieser Dichtung zeigt sich ferner an der Vermittlung der Gedichte durch die *ruwāt* sowie an der Bedeutung von Dichterwettbewerben auf den öffentlichen Märkten. Vgl. dazu Tayib, „Pre-Islamic Poetry", 29f.

27 R. Jacobi, „Neue Forschungen", 13.

28 Zu diesem Ergebnis kommt Gottfried Müller, *Ich bin Labīd und das ist mein Ziel. Zum Problem der Selbstbehauptung in der altarabischen Qaside*, Wiesbaden (1981): 3, 9. Vgl. die strukturalistische Analyse für Labīds *muʿallaqa* in Abu-Deeb, „Towards a structural Analysis", 152–173. Ich teile die berechtigte Kritik R. Jacobis an den beiden Autoren in der in Anm. 27 erwähnten Besprechung.

lich im Widerspruch zur Tatsache, dass die soziale Struktur im vorislamischen Arabien vom Stammeswesen bestimmt war. Die von den Dichtern zum Ausdruck gebrachte Betonung der Individualität relativiert sich, wenn sie im zeitlichen Kontext als Antwort auf die empfundene Nötigung betrachtet wird, sich im Leben zu behaupten und vielfältige Herausforderungen, die durch die natürlichen und gesellschaftlichen Existenzbedingungen entstehen, anzunehmen. Nicht nur als Einzelne, sondern auch und vielleicht eher als Angehörige einer Stammesgesellschaft waren die altarabischen Dichter unmittelbar von Gewalt betroffen und mit Krieg, Raub, Mord, Hunger und Vertreibung konfrontiert. Solche Erfahrungen dürften zur Entwicklung von zwei unzertrennlichen, sich aber gegenseitig widersprechenden Haltungen des Einzelnen gegenüber der Gemeinschaft geführt haben. Zum einen ist der Einzelne in einem solchen, von Nöten geprägten Zustand stark auf Verbündete angewiesen, die ihm das Rückgrad stärken können. Zum anderen erschüttern Erfahrungen der Zerbrechlichkeit menschlicher Existenz das Vertrauen auf Menschenhilfe und lassen Betroffene hinreichend erkennen, dass man sich eigentlich auf niemanden verlassen kann. Eine solche gesellschaftliche Erfahrung ist also mit der natürlichen Erfahrung der Vergänglichkeit, die als Wirkung der Zeit angesehen wird, eng verbunden. Der christliche Dichter ʿAdī b. Zaid äußert sich folgendermaßen:[29]

„Die Zeit (*dahr*) greift gewiss an; sei vorsichtig davor! Schlaf' niemals, wobei du denkst, du seiest sicher vor den Zeiten (*duhūr*).

Der junge Mann könnte sich gesund in den Schlaf begeben und im Schlafe sterben, obwohl er sich (vorher) sicher fühlte und fröhlich war.

Die Zeit (*dahr*) ist glatt und sie stößt mit den Hörnern um; sie zerreibt die Knochen und zerschmettert sie.

---

29 *Diwan*, 9, 10–14, 16, 22, 24, 27:

إنَّ للدهرِ صَولةً فاحذرَنْها   لا تبيتَنَّ قد أمِنتَ الدُّهورا
قد ينامُ الفتى صحيحًا فيردى   ولقد بات آمِناً مسرورا
إنَّما الدهرُ ليِّنٌ ونَطوحٌ   يتركُ العَظمَ واهِيًا مَكسورا
فاسألِ الناسَ أين آلُ قُبَيسٍ؟   طَحطحَ الدهرُ قبلَهُم سابورا
خَطَفَتهُ مَنِيَّةٌ فَتَرَدّى   وهوَ في المُلكِ يَأمُلُ التَعميرا
وبَنو الأصفَرِ الكرامُ مُلو   كُ الرومِ لم يبقَ مِنهُمُ مَذكورا
لا أرى المَوتَ يُسبقُ المَوتَ شيئًا   نغَّصَ المَوتُ ذا الغِنى وَالفقيرا
أينَ أينَ الفرارُ ممَّا سيأتي؟   لا أرى طائرًا نجا أن يطيرا
أينَ آباؤنا؟ ونحن نُرَجِّي   بعد آبائنا الخلودَ غرورا!

Zwei ähnliche Verse von ʿAdī sind in E. Wagner, *Die altarabische Dichtung*, 128.

> Frag' doch die Menschen: Wo sind die Leute von Qubais[30]? Die Zeit (*dahr*) vernichtete schon vor ihnen Sābūr[31];
>
> Der Tod schnappte ihn, so starb er, während er noch König war und darauf hoffte, lange zu leben.
>
> Und auch die edlen Griechen (*banū l-aṣfar*), die byzantinischen Könige; von ihnen blieb niemand mehr in der Erinnerung übrig.
>
> Ich sehe, dass der Tod niemanden den Tod überholen lässt; der Tod ereilt die Reichen und die Armen.
>
> Wohin? Wohin kann man fliehen vor dem, was kommen wird? Ich habe keinen Vogel gesehen, der sich des Fliegens entziehen konnte!
>
> Wo sind unsere Väter? Und wir hegen nach unseren Vätern die eitle Hoffnung, ewig zu bleiben!"

Die Verse reflektieren die kollektive Erfahrung der Vergänglichkeit, von der außer den verstorbenen leiblichen Vorfahren Mächtige der Weltgeschichte betroffen sind. Im Angesicht des Todes fallen die sozialen Unterschiede weg. Wie alle übrigen Menschen gehört der Dichter einem einzigen großen Kollektivum an, dessen Identität durch die allgemeine Gefährdung durch die Zeit gestiftet wird. Vor dem Hintergrund einer solchen Auffassung der Zeitlichkeit sieht sich der Einzelne stets auf Hilfe angewiesen, welche sich wiederum durch die ernsthaft gefährdete Zeitlichkeit als eitel erweist. Darum bedeutet die poetische Betonung der Individualität eine behelfsmäßige Entscheidung des Dichters angesichts der letztendlichen Nichtigkeit menschlichen Daseins, ohne dass damit eine ausgereifte Konzeption einer schärfer konturierten Individualität beabsichtigt würde.[32]

---

30 Ich konnte unter dem Namen „Āl Qubais" keine besonders wichtige Gemeinschaft finden, die sich für das Beispiel eignen würde. Der Name ist vermutlich der Denominativ von Qābūs, der bei den Arabern der Name des legendären altpersischen Königs Kay Kā'ūs war. S. Art. „Ḳābūs-Name" in *EI*[2] sowie Cl. Huart, „Kay Kā'ūs", in: *EI*[2], IV, 813.

31 Gemeint ist Schāhpūr, der Name von verschiedenen Königen der Sassaniden: C. E. Bosworth, „Shāpūr", in: *EI*[2], IX, 309.

32 E. Wagner, *ibid.*, 36, stellt treffend fest, dass der scheinbare Widerspruch zwischen der Subjektivität des Dichters und seiner Stammesbindung sich dadurch löst, dass „sich der Dichter zwar in den Mittelpunkt seiner Poesie stellte, subjektiv also ich-bezogen dichtete, daß sein Selbst aber so sehr von den Idealen und dem Leben der sozialen Klasse, in der er dichtete, bestimmt war, daß für den Außenstehenden seine Individualität objektiv kaum feststellbar ist. Die starke Bindung des Dichters an die poetische Konvention verstärkt diesen Eindruck noch. Gerade die mangelnde Individualität des Dichters ermöglichte es dem Publikum, sich mit ihm zu identifizieren."

Aus einem ganz anderen Blickwinkel betrachtet scheint die poetische Betonung der Individualität der Stammeszugehörigkeit nicht zu widersprechen. Ein Stamm ist dem amerikanischen Anthropologen M. D. Sahlins zufolge „eine segmentäre Organisation [...] eine Ansammlung von gleichen Blöcken von Verwandtschafts-gruppen."[33] Der Einzelne muss „sich sogar dann besonders intensiv auf seinen Stamm beziehen [...], wenn er sich seiner Individualität zu vergewissern trachtet".[34] Die Stammeszugehörigkeit bedeutet nicht nur, Mitglied einer auf einem klar definierten Territorium unter denselben sozialen und politischen Umständen lebenden Gemeinschaft zu sein.[35] Ebenso wichtig in diesem Zusammenhang ist auch die lineare Zugehörigkeit zu einer bestimmten Genealogie (*nasab*), die sich über mehrere Generationen bis zum Gründervater des Stammes erstreckt und den Stammesangehörigen edlen Ursprung zu garantieren beansprucht.[36] Al-Farazdaq bringt diese Ansicht deutlich zum Ausdruck, wenn er seinen poetischen Gegner herausfordert:[37]

---

33 M. D. Sahlins, „Die segmentäre Lineage: zur Organisation räuberischer Expansion" in: K. Eder (Hg.), *Seminar: Die Entstehung von Klassengesellschaften*, Frankfurt am Main (1973): 114–152, hier 119f.

34 Müller, *Ich bin Labīd*, 11. Vgl. M. D. Sahlins, *Tribesmen*, Englewood Cliffs (1968): 20ff., 49ff., 75ff. Zum Thema allgemein: Max Freiherr v. Oppenheim, *Die Beduinen*. Bd. III, Wiesbaden (1952).

35 Über die Schwierigkeit, charakteristische Züge der arabischen Stammesgesellschaft vor dem Islam festzumachen, handelt Ella Landau-Tasseron, „Tribes and Clans", in: *EQ*, V, 363–368, mit weiterführenden Literaturangaben.

36 Die Genealogie-Bücher bilden ein wichtiges Genre der arabischen Literatur. Wichtige Quellen: Ferdinand Wüstenfeld, *Genealogische Tabellen der arabischen Stämme und Familien*, Göttingen (1853–4); W. Caskel, *Ǧamharat an-nasab. Das genealogische Werk des Hišām Ibn al-Kalbī*, Leiden (1966). Vgl. zum Thema: F. Rosenthal, *A History of Muslim Historiography*, 2. Aufl., Leiden (1968): 95–100; Ders. „Nasab", in: *EI*², VII, 967f. Die Bemühung der Araber um die Rekonstruierung ihrer genealogischen Identität über Generationen dürfte keine Neuheit im Islam gewesen sein. Sie entspricht vielmehr der gesellschaftlichen Stammesstruktur. Vgl. Goldziher, *Muhammedanische Studien*, I, 177ff.

37 Neben al-Aḫṭal (gest. vermutlich vor 710) und Ǧarīr (gest. ca. 728–9) gehört al-Farazdaq (gest. 728 oder 730) zu den bedeutenden Dichtern der umayyadischen Epoche der arabischen Literatur. Die drei Poeten beteiligten sich an einem heftigen über Jahrzehnte andauernden Disput mit Gedichten (*naqāʾiḍ*) voller Selbstlob und gegenseitiger Satire. S. *Kitāb an-Naqāʾiḍ: The Naḳāʾiḍ of Jarir and al-Farazdaḳ*, hrsg. v. Anthony A. Bevan, 3 Bde., Leiden (1905–1912). Ferner: J. Hell, *Einleitung über das Leben des Farazdaḳ*, Leipzig 1902; ʿAbdullāh Ismāʿīl Ṣāwī, *Šarḥ dīwān al-Farazdaq*, Kairo 1354 H./1936. Der Vers in *Naqāʾid*, Nr. 66,8, Bd. II, S. 699, lautet:

أولائك آبائي فجئني بمثلهم إذا جمعتْنا يا جريرُ المجامعُ

„Jene sind meine Väter; bringe mir [von deinen Vorfahren] Leute wie sie, O Ǧarīr, wenn wir in Versammlungen zusammenkommen."

Der zitierte Dichter greift auf seine Vorfahren zurück, um seine gesellschaftliche Stellung zu untermauern und mithin die Konturen seiner Individualität im Streit mit dem Gegner schärfer ziehen zu können. Im Hinblick auf die Zeitlichkeit führt dies jedoch nicht zur Entschärfung seiner Situation. Denn der Einzelne versteht sich zwar als Teil eines sozialen Gefüges, dessen Zusammenhalt dem von Ibn Ḫaldūn *ʿaṣabīya* genannten Gemeinsinn verdankt.[38] Auf einer tieferen Bewusstseinsebene wird der Einzelne jedoch mit der allgemeinen Erfahrung der destruktiven Zeit konfrontiert, angesichts derer er sich auf sich selbst verwiesen sieht, was zur Betonung des Ich als einer natürlichen Reaktion auf die empfundene Bedrohung durch die Zeit führt. Die Bedrohung durch die Zeit, der das Ich und die Gemeinschaft gleichermaßen ausgesetzt sind, hebt die Unterscheidung zwischen dem Ich und dem Wir auf. Eine gewisse Gewichtsverschiebung erfährt die Konstellation bei der Gruppe der herumirrenden Dichtern, der *ṣaʿālīk*, in deren Dichtung eine von Stammesverbindungen befreite Individualität festgestellt werden kann. Zumal sie aufgrund ihrer Herkunft oder ihres Verhaltens von ihren Stämmen ausgestoßen waren, hatten sie ihnen gegenüber keine Verpflichtung. Obgleich sie unterschiedlicher Stammesherkunft waren, bildeten sie anstelle einer Stammeszugehörigkeit eine Art Gesinnungsgemeinschaft, der sie sich verpflichtet fühlten. In ihren Gedichten kommt das Ich häufiger als das Wir vor, das dann aber nicht auf den Stamm, sondern auf die Gemeinschaft der Gleichgesinnten bezogen wird.[39]

Besonders in altarabischen Selbstdarstellungen von Helden in Kriegsszenen tritt das Ich deutlich ans Licht. Von unmittelbaren Motiven

---

Vgl. Labīds Vers in Müller, *Ich bin Labīd*, 16:
„Das ist meine Familie. Jetzt suche du ihnen vergleichbare Personen zusammen! Aber in deinen beiden Stämmen ist nichts, was ihnen ähnlich wäre."

38 Ibn Ḫaldūn, *al-Muqaddima*, Beirut o.J., 140ff. / Ibn Khaldûn, *The Muqaddimah*. An Introduction to History. Translated from the Arabic by Franz Rosenthal in three volumes, Bd. I, New York (1958): 265ff.

39 Aš-Šanfarā gilt als wichtiger Vertreter dieser Gruppe. Vgl. dazu: Georg Jacob, *Schanfarà-Studien*. 1. Teil: *Der Wortschatz der Lâmîja nebst Übersetzung und beigefügtem Text*, München (1914). 2. Teil: *Parallelen und Kommentar zur Lâmîja, Schanfarà-Bibliographie*, München (1915); Yūsuf Ḫulaif, *aš-Šuʿarāʾ aṣ-ṣaʿālīk fī l-ʿaṣr al-ǧāhilī*, Kairo (1959); Muḥammad Amīn aḍ-Ḍinnāwī, *aṣ-Ṣaʿālīk fī l-ǧāhilīya: luṣūṣ am rūwād ṯaura iǧtimāʿīya*, Beirut (1997); Wagner, *Die altarabische Dichtung*, 37, 135ff.

angetrieben, begeben sich Kämpfer rücksichtslos in gefahrvolle Situationen hinein, ohne den ohnehin unvermeidbaren Tod zu fürchten. Ein solcher heroischer Umgang mit den Gefahren stellt sich jedoch im Grunde genommen als die Kehrseite des Bewusstseins der Ohnmacht und des Zustands der Schutzlosigkeit im Angesicht des unweigerlich mit dem Tod endenden Fortschreitens der Zeit dar, die dann nichts anderes als Vergänglichkeit zu bedeuten hat. Dennoch merken wir, dass die beispielsweise in archaischer griechischer Dichtung dargestellte, am Geschehen aufgezeigte Einheit von Held und Schicksal in altarabischen Heldengedichten völlig fehlt.[40] Hier kämpft der Held allein im Angesicht des *dahr*, der die schicksalhafte Zeit ist. Der heldenhafte Kampf wird zwar unmittelbar gegen einen sichtbaren Feind geführt, er wird jedoch zugleich zum verdeckten Kampf gegen die Zeit stilisiert. Er ist sogar auch buchstäblich in einem gewissen Sinn ein Kampf gegen die Zeit, weil der Sieg errungen werden muss, bevor er vom Feind errungen wird oder spätestens vor dem Sonnenuntergang, mit dem die Kampfhandlungen beendet werden müssen.[41]

Weitere Beobachtungen lassen sich an das Gesagte anschließen. Das auf sich selbst Verwiesensein angesichts der Zeit, die als „die Atmosphäre in der man lebt, wie Wind und Regen, von denen in der Wüste Mangel und Wohlstand abhängt," empfunden wird, löst eine „lebensbejahende Wirkung" aus, die es ermöglicht, dass der Tod selber in das Leben einbezogen wird, „als der Kern des ‚Wechselspiels der Zeit'."[42] Die Bejahung dieses zeitlichen Lebens drückt sich vornehmlich in einer Hervorhebung der Individualität aus, der jedoch die Begrenzung durch positive Werte fehlt. Ein besonderes Merkmal einer solchen Individualitätsauffassung besteht deshalb in der Negation des Nichtunterlassens, wie dem folgenden Vers Ṭarafas entnommen werden kann:[43]

> „Fragen die Leute, wer ist der Mann? So glaub ich, daß
>
> Gemeint sei ich, dieweil ich nicht furchtsam bin noch laß."

Der Dichter, dessen Verhältnis zu seinem Stamm, wie es erzählt wird, dadurch gestört war, dass ihm durch Verwandte Unrecht widerfuhr und sich seine Angehörigen aufgrund seiner ausschweifenden Lebensweise

---

40 Ähnlich bei Misch, *Geschichte der Autobiographie*, 271f.

41 Vgl. die Darstellung von *aiyām al-ʿarab* im ersten Kapitel.

42 Misch, *Geschichte der Autobiographie*, 272.

43 *Muʿallaqa*, V. 42 (Übersetzung: Wolff, *Muallakat*, S. 24):

إذا القومُ قالوا من فتىً خِلتُ أنني   عُنيتُ فلم أكسلْ ولم أتبلَّدِ

von ihm distanzierten, hebt seine Mannhaftigkeit hervor, um seine Individualität gegen die Widersacher zur Geltung zu bringen. Er tut es allerdings nicht mittels positiver Attribute, sondern durch eine zweifache Mittelbarkeit: Er schiebt erstens Anderen die Frage nach dem Mann in den Mund, um zweitens mit der Äußerung darauf zu reagieren, bei der Frage könnte er und kein anderer gemeint sein. Also haben wir es hier mit einer bloß vermeintlichen Erklärung der Identität als Antwort auf eine mögliche Herausforderung zu tun. Die Antwort kommt jedoch nicht in affirmativ zur Sprache, sondern indem der Dichter den passiven Zustand des Nicht-Tuns von sich abweist. Dasein bedeutet damit Nicht-Untätigsein. Aus einer solchen negativen Bestimmung geht eine vage Identität als Ergebnis greifbaren Aktionismus hervor, der als vornehmer Ausdruck der Zeitlichkeit behauptet wird. Aber wie wird der Raum charakterisiert, in dem sich die vorislamisch-arabische Zeitlichkeit vollzieht?

IV. Bevorzugter Raum der Zeitlichkeit

Ein wichtiges Moment in dem zur literarischen Konvention gewordenen *nasīb*-Anfang der altarabischen *qaṣīda* ist die Klage an den Resten der verlassenen Lagerplätze der Geliebten. Die räumliche Lage des verwüsteten Ortes wird dabei gewöhnlich genau bestimmt.[44] Als ehemalige

44 Dieses Muster kann in allen längeren Gedichten beobachtet werden. Al-Ḥāriṯ b. Ḥilliza beginnt beispielsweise seine *mu'allaqa* mit den folgenden Versen:

آذَنَتنا بِبَينِها أسماءُ   رُبَّ ثاوٍ يُمَلُّ مِنهُ الثَواءُ
بَعدَ عَهدٍ لَها بِبُرقَةِ شَمّا   ءَ فَأدنى ديارِها الخَلصاءُ
فَمَحيّاةٌ فَالصِفاحُ فَأعلى   ذي فِتاقٍ فَعاذِبٌ فَالوَفاءُ
فَرياضُ القَطا فَأودِيَةُ الشُر   بُبِ فَالشُعبَتانِ فَالأبلاءُ

„Asmā' hat uns angekündigt, dass sie scheiden werde; manches Menschen Verweilen wird freilich langweilig;
Nachdem sie mit uns zusammen gewesen war im scheckigen Lande von Šammā';
da war das nächste Stück ihres Gebiets Ḫalṣā',
Ferner Muḥaiya, Ṣifāḥ, die Vorsprünge von Fitāq, Ġāḏib, Wafā',
Die Qaṭā-Auen, die Wādīs von Šurbub, Šu'batān und Ablā'".
Von mir leicht modifizierte Übersetzung von Th. Nöldeke, *Fünf Mo'allaqāt*, I, Wien (1899): 59. Vgl. auch beispielsweise die ersten zwei Verse der *mu'allaqa* von Imru' al-Qais.
Die Namen von identifizierbaren Orten dient dazu, den Erfahrungen der Dichter einen stärkeren Realitätsbezug zu verleihen. Vgl. dazu: M.C. Lyons, *Identification and Identity in Classical Arabic Poetry*, Warminster (1999): 4ff. Ferner: Ulrich Thilo, *Die Ortsnamen in der altarabischen Poesie*, Wiesbaden 1958.

Wohnstätte von Geliebten übt der Raum auf den Dichter starke Anziehung aus. An jener Stelle stehend spricht er Worte der Erinnerung, die wie Zeichen der Ohnmacht vor der Trennung durch Unannehmlichkeiten der Zeit wirken. Ihm stellen sich Raum und Zeit in einem gewissen Sinn auch als flüchtige Erscheinungen dar, die sich nicht beherrschen lassen. Dem kann er nicht anders begegnen als mit Klagen.[45] Damit kommt eine Wechselwirkung zwischen Raum und Zeit zustande. Die Zeit wird zum Urheber der Verwüstung; ihre zerstörerische Wirkung manifestiert sich besonders deutlich am Raum. Der verödete Raum gestaltet wiederum die Zeitlichkeit,[46] wenn er als Gemeinplatz einer schönen Vergangenheit und einer traurigen Gegenwart wahrgenommen wird, an dem der zyklische Charakter der natürlichen Zeit und der lineare Verlauf des menschlichen Lebens kontrastiert werden.[47]

Des Weiteren können wir beobachten, dass sich an den zerstörten Lagerresten ein verhängnisvoller Zusammenhang von Raum und Zeit zeigt, der über den Bereich des Natürlichen hinaus auch die soziale Realität umfasst. Durch die räumliche Entfernung der Geliebten musste die Liebesbeziehung abgebrochen werden. Mit dem Wandel der Zeit ging jede Möglichkeit ihrer Wiederherstellung für immer verloren. Die Lagerreste veranschaulichen damit, dass es im menschlichen Leben keine Stabilität gibt und verweisen damit auch auf die Ohnmacht des Menschen. In entsprechender Weise steht die Gegenwart des Dichters für die Nichtigkeit des Vertrauens in die Stabilität, wie es auch die Spuren unmissverständlich verraten.[48] Sie lassen die erinnerte Vergangenheit die Gedanken des Dichters völlig dominieren. Die in diesem Raum rekonstruierte Zeit stellt sich jedoch als ebensowenig greifbar dar wie die trügerische Erscheinung der Geliebten im Traum.[49]

---

45 Vgl. Wagner, *Die altarabische Dichtung*, 92.

46 Vgl. George Kulber, *The Shape of Time*, New Haven and London (1962).

47 So auch Hamori, *On the Art*, 17. Vgl. die Darstellung der Rahmenmotive des *nasīb* in Wagner, *Die altarabische Dichtung*, 87–96, besonders 94ff. Ferner: Tayib, „Pre-Islamic Poetry“, 43–52; Yumna el-Id, „The Aesthetics of Space and the Longing for the Lost City“, in: Angelika Neuwirth, Birgit Embalo, Sebastian Günther und Maher Jarrar (Hg.), *Myths, Historical Archetypes and Symbolic Figures in Arabic Literature*, Beirut (1999): 71–84, besonders 72ff.

48 Zuhair, *muʿallaqa*, V. 2. Übersetzung: Nöldeke, *Fünf Moʿallaqāt*, III, Wien (1901): 14:

وَدارٌ لها بِالرَقمَتَين كَأَنَّها   مَراجِعُ وَشمٍ في نَواشِرِ مِعصَمِ

„Eine Stelle, wo sie (einst) verweilte in Raqmatān, die aussieht wie die Kreuz- und Querstriche von Tätowierung über den Schlagadern an der Handwurzel.“

49 Vgl. Lichtenstädter, „Altarabische Literatur“, 151; Müller, *Ich bin Labīd*, 34ff.

Die Klage am *ṭalal* bedeutet auch die Klage an der Zeit, die sich hier in besonderer Weise dort als bedrückende Macht darstellt, wie der folgende Vers deutlich macht:[50]

> „Die Gemeinschaft war zusammen, die lange Zeit nahm ihr den Platz; die Zeit (*dahr*) pflegt zu entfernen und vertreiben."

Demgegenüber kann der Versuch des Dichters, die zerstörten Orte deskriptiv zu bestimmen, als Versuch gelesen werden, die Herausforderung der Zeit anzunehmen. Eine intensivere Form dieser Tätigkeit tritt auf, wenn der *ṭalal* in der poetischen Wahrnehmung eine menschliche Gestalt annimmt:[51]

> „Guten Morgen, verfallene Ruinen (*aṭ-ṭalalu l-bālī*)! Kann aber einen guten Morgen genießen, was schon zu vergangener Zeit (*al-ʿaṣr*) gehört?"

Durch die Begrüßung wird mit Mitteln der Poesie versucht, die Ruinen und damit die starre, vom Verfall gezeichnete Zeitlichkeit zu beleben. Die Personifizierung der verfallenen Ruinen ist eine Reaktion auf die verheerende Wirkung der Zeit. Der Dichter täuscht sich jedoch über die Vergeblichkeit seines Unternehmens nicht: Er weiß, dass die Lebendigkeit der Ruinen mittlerweile unwiederbringliche Vergangenheit ist.[52] Trotzdem, ja vielleicht auch gerade deshalb, büßt seine verbale Tat ihren Wert an der Realität nicht ein. Dieser besteht vornehmlich in dem Widerspruch, dass die Begrüßung das Ergebnis empfundener Notwendigkeit zu sein scheint, die Zerstörungsmacht der Zeit zu überwinden, obwohl es von vorneherein klar ist, dass ein solches Unternehmen nutzlos ist.

---

50 ʿAbīd, *Diwan*, S. 92, V. 2:

والشملُ مجتمعٌ فاعْتاقه قِدَمٌ والدهر منه على التحييف والفُرُطِ

51 Imru' al-Qais', *Diwan*, S. 58, V. 1:

ألا عِم صباحًا أيها الطللُ البالي وهل يعِمَنْ من كان في العصر الخالي؟

Ebenfalls Zuhair, *muʿallaqa*, V. 6 (Übers. Wolff, *Muallakat*, S. 35), begrüßt die ehemalige Wohnstätte Umm Aufās nach zwanzig Jahren:

فلمَّا عرفْتُ الدارَ قلتُ لربْعِها ألا أنعِمْ صباحًا أيُّها الرَّبْعُ واسلمِ

„Und ich sprach beim Erkennen der Stätte: Möge Dir, / O teure Stätt, bald brechen des heiles Tag herfür!"

Zur vorislamischen Begrüßungsformel „*ʿim*" bzw. „*anʿim ṣabāḥan*" vgl. Goldziher, *Muhammedanische Studien*, I, 264.

52 Abū Tammām, *Ḥamāsa*, 259/242,1:

فمَن يكُ أمسى في البلادِ مقامُهُ يسائلُ أطلالاً لها لا تجاوبُ

„Wer verlaßne Siedlungen je besucht' am Abend, und die Trümmer dort befragte, die nicht Antwort gaben". (R.)

Ein weiterer Widerspruch, der in der wirkungsmächtigen Natur der Zeit gründet, offenbart sich an den zerstörten Lagerplätzen: Die Zeit vernichtet und lässt zugleich bestehen. Der Lagerplatz ist zerstört, es existieren jedoch noch Teile von ihm, Zeugnisse fortwährender Existenz.[53] Der Widerspruch löst sich allerdings auf, wenn berücksichtigt wird, dass das hier sichtbare „image of permanence and eternal existence"[54] lediglich eine provisorische Realität ist, die keinen dauerhaften Bestand haben kann. Im Gegensatz zu K. Abu-Deeb bin ich der Auffassung, dass es sich hierbei lediglich um eine stumme Existenz handelt, die keine Lebenskraft enthält, sondern stark verzerrt Zeichen der Zerstörung in der Zeit setzt. Die fundamentale Widersprüchlichkeit, die sich an den Lagerresten zeigt und im Allgemeinen die altarabische Auffassung der Zeitlichkeit kennzeichnet, ist eine andere. Sie besteht im Drang, sich den Wirkungen der Zeit zu widersetzen, der unzertrennlich von der deutlichen Erkenntnis um die Nichtigkeit eines solchen Vorhabens begleitet ist. Der Raum ist in diesem Konzept nicht nur das Medium, an dem sich die dargestellte Widersprüchlichkeit zeigt; sein zerstörter Zustand suggeriert sie vielmehr.

Es ist schließlich auch bemerkenswert, dass der altarabische Dichter nicht beschreibt, wie er zu den Ruinen gelangt. Der Weg dorthin ist in diesem Zusammenhang irrelevant, denn der Dichter ist offensichtlich nicht daran interessiert, einen Prozess in Raum und Zeit darzustellen. Auch die Reise, die konventionell im zweiten Teil des Gedichts beschrieben wird, ist ziellos.[55] Die Absicht des Dichters ist es, eine punktuelle Räumlichkeit festzuhalten, die sich aus der Zeitwirkung als Zustand allgemeiner Vergänglichkeit ergibt. In dieser Eigenschaft entspricht sie der punktuellen Erinnerung, die oben dargestellt wurde. Dass er seine Aufmerksamkeit ausschließlich einem Raum widmet, der wie aus dem Zusammenhang gerissen erscheint, korrespondiert des Weiteren mit der Tatsache, dass in dieser Szene der Dichter selbst das wichtigste Handlungssubjekt ist und dass er in der ersten Person spricht. Er steht zwar nicht allein dort, sondern immer mit Begleitern: entweder mit Reisegefährten oder zumindest mit dem Reittier, das vermutlich sogar personifiziert und angesprochen wird.[56] Die Mitgefährten versuchen, den klagenden Dichter zu trösten. Sie vertreten dabei den Stamm und die mit ihm

53 Abu-Deeb, „Towards a Structural Analysis", 160.

54 Abu-Deeb, *ibid.*, 162.

55 Hamori, *On the Art*, 16.

56 Der Dual *qifā* im ersten Vers der *muʿallaqa* von Imruʾ al-Qais wird von den Kommentatoren entweder auf zwei Gefährten oder auf den Dichter und sein Reittier bezogen.

verbundenen Werte. Sie ermahnen den schwach gewordenen Dichter, zur Vernunft zurückzukehren und seine Aufgaben als Stammesmitglied wiederaufzunehmen.[57] Der Leser bekommt den Eindruck, dass der Dichter mit seinen Überlegungen versucht, im vorhandenen räumlichen Kontext ein Zusammensein herzustellen, das das bereits zerstörte gemeinsame Dasein ersetzen soll. Es ist jedoch nur der Dichter, der das Leiden an der Zeit artikuliert. So notwendig die Wiederherstellung eines gemeinsamen Daseins erscheint, vermag doch die Anwesenheit von Gefährten die tiefgründige Einsamkeit des Dichters nicht aufzuheben, da sie aus der Zerstörung menschlicher Beziehungen durch die Zeit entstanden ist. ʿAbīd beschreibt seine Situation mit dem Vers:[58]

> „Ich bin ein Mann, der keinen Bruder hat unter den Menschen, mit ihm Freud und Leid zu teilen."

Das aus der räumlichen Instabilität resultierende Gefühl der Einsamkeit trägt sicherlich zur Konstituierung der melancholischen Stimmung bei, die sich auch in derjenigen Dichtung bemerkbar macht, die fröhliche Motive enthält.[59] Unter solchen Bedingungen eignet sich die Vergangenheit besonders als beliebter Zufluchtsort für die poetische Lebensanschauung.

V. Rückwärtsgewandte Zeitlichkeit

Die Wahrnehmung der Zeitlichkeit in der vorislamischen Dichtung ist von der Erfahrung der ständigen Wiederkehr gleicher Naturereignisse geprägt. Besonders in der Wüste kann beobachtet werden, wie die Sonne tagtäglich auf- und untergeht, der Mond wechselnd ab- und zunimmt, Tag und Nacht in ewigem Wechsel aufeinander folgen und der Zyklus

57 In Ṭarafas *muʿallaqa*, V. 2, ermutigen ihn die Gefährten mit den Worten: *„lā tahlik asan wa-taǧalladi"*, „stirb nicht vor Trauer und sei standhaft!" Ähnlich lautet eine tröstliche Äußerung in der *muʿallaqa* des Imruʾ al-Qais, V. 5.

58 ʿAbīd, Diwan, S. 32, V. 6:

إنّي امرؤٌ في النّاس ليس له أخٌ إمّا يُسَرُّ به وإمّا يُغضَبُ

Übersetzung aus: Misch, *Geschichte der Autobiographie*, 272.

59 In Abū Tammām, *Ḥamāsa*, 735/719, 4, gibt der sich selbst rühmende Dichter in einem resignierten Ton zu erkennen:

غلبنا بني حوّاء مجدًا وسؤددًا ولكننا لم نستطع غلبَ الدهرِ

„Wir haben die Söhne von Ḥauwāʾ an Ruhm und Ehre übertroffen, *dahr* konnten wir aber nicht überwinden."

Ḥauwāʾ könnte auch Eva bedeuten. Dann würde der Vergleich die Menschheit schlechthin umfassen.

der Jahreszeiten Jahr für Jahr aufrechterhalten bleibt. In diesem Sinn nimmt Labīd den Anblick des sternenklaren Himmels zum Anlass, die Vergänglichkeit des Menschengeschlechts zu beklagen:[60]

> „Wir sind wegen hohen Alters schäbig geworden, die aufgehenden Sterne aber nicht; die Berge und die Paläste [die von Menschen errichtete Gebäude] werden uns überleben."

Die Zeit wird als die unendliche Summe der Tage wahrgenommen, die im gleichen Rhythmus mit den Naturzyklen ununterbrochen oszillieren. Im krassen Kontrast dazu steht für den Dichter die Vergänglichkeit der Menschen:[61]

> „Ist die Zeit (*dahr*) etwas anderes als das Heute, das Gestern oder das Morgen? Auf diese Weise geht die Zeit (*zamān*) zwischen uns hin und her.
>
> Sie bringt uns die Nacht nach ihrem Tage wieder; wir gehören nicht zu dem, was [ewig] bleibt, die Zeit (*dahr*) vergeht aber nicht."

An dieser Stelle begegnen uns beide Begriffe der unendlichen Zeit, *dahr* und *zamān*, die zwar Synonyme sind, dennoch unterschiedliche Funktionen haben. Ersteres bedeutet die Gesamtheit der Zeit, die nicht als ein Abstraktum, sondern als die Summe der im steten Rhythmus einander folgenden Perioden zu denken ist. Mit *zamān* verbindet sich die Idee der unendlichen Zeit, die aus oszillierenden Einheiten besteht. Könnten diese Einheiten gezählt werden, was wie eine Art Erfassung der Zeit scheint, wird an der Stelle hervorgehoben, dass die Zeit unvergänglich ist. Mit dem Gedanken, dass die Zeit nichts anderes als die unaufhörlich wiederkehrenden Tage ist, kann weiter assoziiert werden, dass sie nichts Neues bringt: Was jetzt ist, gleicht dem, was schon gewesen ist; und das, was wird, wird sich davon nicht unterscheiden.[62] Verstärkt wird diese Empfindung freilich auch durch die Eintönigkeit der Wüste, die kaum Abwechslung bietet. Unter diesen Bedingungen wird langes Leben ein Grund zum Überdruss:[63]

---

60 *Diwan*, 30, 1:

بلينا وما تبلى النجومُ الطوالعُ   وتبقى الجبالُ بعدنا والمصانعُ

61 Ḥātim, *Diwan*, S. 34, V. 1f.:

هل الدهرُ إلا اليومُ أو أمس أو غدُ   كذاك الزمانُ بيننا يتردَّدُ

يرُدُّ علينا ليلةً بعدَ يومها   فلا نحن ما نبقى ولا الدهرُ ينفدُ

Vgl. Abū D̲u'aib, *Diwan*, 5, 1.

62 Vgl. Prediger 1:2–10.

63 Zuhair, *muʿallaqa*, V. 46/Nöldeke, *Fünf Muʿallaqāt*, III, V. 47:

سئمتُ تكاليفَ الحياة ومن يعش   ثمانين حولاً لا أبا لك يسأمِ

„Ich bin der Bürden des Lebens überdrüssig, denn wer achtzig Jahre gelebt hat, der wird wahrhaftig überdrüssig.“

Die Gleichförmigkeit der Perioden, verbunden mit der deterministischen Auffassung, dass das Leben in festen, von einer höheren Macht bestimmten Bahnen verhaftet bleibt, lässt zwischen Gegenwärtigem und Vergangenem eine gewisse Identität bestehen. Sie begünstigt einen rückwärtsgewandten Blick, der die Gegenwart vornehmlich im Lichte der Vergangenheit betrachtet. Dies wird besonders am Beispiel intensiver Erinnerungsmotive ersichtlich, die neben den typischen Liebeserinnerungen auch Jagd- und Kampfszenen umfassen. Vor allem in dem traditionell am Anfang des Gedichts stehenden *nasīb* erinnert sich der Dichter wehmütig an die Geliebte und an vergangenes Glück. Die hier zum Ausdruck gebrachte Erinnerung ist multifunktional. Sie dient der Bewältigung der trüben Gegenwart des Dichters und stellt in der Krise sein Selbstgefühl wieder her, indem ihm seine Erfolge in glücklicheren Zeiten vergegenwärtigt werden. Die Erinnerung wird damit zur Selbstbestätigung, die durch den starken Zeitbezug zustande kommt.

Zusätzlich zu den erinnerten Erlebnissen des Dichters oder seines Stammes enthält die altarabische Dichtung auch historisch orientiertes Erzählgut, das sich aus mythischen Überlieferungen Arabiens,[64] Fabeln[65] und biblischen Geschichten[66] zusammengesetzt. Fast alle uns bekannten

64 Belege im ersten Kapitel, Anm. 19 und 28. Nichtsdestotrotz wäre es übertrieben, zu behaupten, dass die Araber vor dem Islam historisches Denken hatten: I. Alon, „Did Islam Introduce a New Perception of Time?“, 36. Vgl. für weitere Informationen M.C. Lyons, *Identification and Identity in Classical Arabic Poetry*, Warminster, E.J.W. Gibb Memorial Trust (1999): 1ff.

65 Vgl. dazu: C. Brockelmann, „Fabel und Tiermärchen in der älteren arabischen Literatur“, in: *Islamica*, 2 (1926): 96–128; Wagner, *Die altarabische Dichtung*, 162ff.

66 Biblische Erzählungen kommen vor allem bei Umaiya b. Abī ṣ-Ṣalt und ʿAdī b. Zaid vor. Ersterer wird für einen *ḥanīf*, d.h. einen Monotheisten, der weder Jude noch Christ war, gehalten. ʿAdī war Christ. Vgl. zu Umaiya: F. Schulthess, „Umajja b. Abi ṣ-Ṣalt“, 71–89; *Umajja b. Abi ṣ-Ṣalt.* Die unter seinem Namen überlieferten Gedichtfragmente ges. und übers. v. F. Schultheß, Leipzig (1911); Th. Nöldeke, „Umaija b. AbiṣṢalt“, in: *ZA*, 27 (1912): 159–172; Tilman Seidensticker, „The Authenticity of the Poems ascribed to Umayya Ibn Abī al-Ṣalt“, in: J.R. Smart (Hg.), *Tradition and Modernity in Arabic Language and Literature*, Richmond (1996): 87–101; Gert Borg, „The Divine in the works of Umayya b. Abî al-Ṣalt“, in: Ders. and Ed de Moor (Hg.), *Representations of the Divine in Arabic Poetry*, Amsterdam (2001): 9–23. Vgl. zu ʿAdī: ʿAdī b. Zaid, *Diwan*, hrsg. von M. Ǧ. al-Muʿaibid, Bagdad (1965); Naḏīr al-ʿAẓma, *ʿAdī b. Zaid al-ʿIbādī. Šaḫṣīyatuhu wa-šiʿruhu*, Beirut (1960); Muḥammad ʿAlī al-Hāšimī, *ʿAdī b. Zaid*

Erzählungen über historische und legendäre Personen und Völker in den Gedichten haben miteinander gemeinsam, dass sie die zerstörerische Wirkung der Zeit zeigen.[67] Bemerkenswert ist dabei der knappe Erzählduktus, der darauf hindeutet, dass die Dichter bei den Zuhörern die Kenntnis der Erzählungen voraussetzen. Ihr Interesse dabei richtet sich in erster Linie darauf, aus den Anspielungen ermahnende Lektionen für die Gegenwart zu ziehen. Die Zeit liefert dabei die besten Ermahnungen:[68]

> „Die Menschen können den nicht ermahnen, den *dahr* nicht ermahnte; einem solchen Menschen hilft auch nicht das Beherzigen."

Die damit zum Ausdruck gebrachte Haltung kann dahingehend interpretiert werden, dass sie den Inhalt der Geschichten über vergangene Ereignisse deshalb für geeignet hält, auf die Gegenwart appliziert zu werden, weil sich die menschliche Zeitlichkeit als eine einheitliche Größe darstellt, deren Vergangenheit sich von der Gegenwart kaum unterscheidet. Besonders unter den schweren Schicksalsschlägen sehen alle Ausprägungen unterschiedlicher Epochen und Menschenleben gleichförmig aus. Unter diesem Gesichtspunkt bekommt die rückwärtsgewandte Daseinsbetrachtung eine scheinbar positive Dimension. Die Vergegenwärtigung vergangener Schicksale wird damit zu einem solidarischen Unternehmen, das Zeugen der Zeitwirkung aufführt, um die Schwere der Gegenwart zu lindern.

Ein anderer Aspekt der vorherrschenden Orientierung der Araber am Vergangenen besteht in der Bedeutung der bereits erwähnten Genealogie. Durch die Bestimmung von Herkunft und Verwandtschaft wurde angestrebt, die soziale Stellung von Einzelnen und Gruppen festzulegen, was u.a. auch im Hinblick auf das Austragen von Stammeskonflikten und Racheakten wichtig war. Die Kenntnis der Blutverwandtschaft zwischen den verschiedenen Stämmen spielte ebenfalls eine entscheidende Rolle in der Gestaltung des politischen Lebens. Denn mit der Herstellung von vergangenheitsorientierten, vertikalen Bezugslinien zu den Ahnen wurde versucht, gegenwärtige Positionen zu verfestigen und Einfluss auf die Realität zu nehmen.[69]

---

al-ʿIbādī, Aleppo (1967). Ansonsten auch Georg Jacob, *Altarabische Parallelen zum Alten Testament*, Berlin (1897).

67 Vgl. Buḥturī, *Ḥamāsa*, 383–398. Vgl. dazu die Erörterungen in Lyons, *Identification and Identity*, 1ff.

68 Ein Vers von ʿAbīd, *Diwan*, S. 26, V. 5, lautet:
لا يعظ الناسُ من لم يعظِ ال   دهرُ ولا ينفعُ التلبيبُ

69 Tarif Khalidi, *Arabic Historical Thought in the Classical Period*, Cambridge (1994): 1–16.

VI. Zeitfeindschaft vs. Hedonismus

Wir haben bereits gesehen, dass die vorislamisch-arabischen Dichter die Zeit, vornehmlich *dahr*, personifizieren. Eine mit den Eigenschaften eines Lebewesens ausgestattete Zeit passt in das Bild eines einseitigen, stummen Herrschaftsverhältnisses hinein, das den Menschen in der Weise an die Zeit bindet, dass er dabei lediglich die Wechselfälle der Zeit passiv über sich ergehen lassen muss. Die Bestimmungen der Zeit scheinen unerforschbar und unergründlich zu sein; sie fallen dem Menschen jederzeit plötzlich zu. Er kann sie im Voraus nicht wissen, sondern sie aufgrund bereits gemachter Erfahrungen nur ahnen. Geahnt wird vorwiegend Schlimmes, deshalb wird die Ahnung grundsätzlich von der Furcht begleitet. Im Unterschied zu den Göttern, deren Zorn der Mensch zu vermeiden und deren Gunst er zu erwerben versuchen kann, ist *dahr*, der Inbegriff herrschender Zeit, für menschliche Wünsche und Ängste nicht empfänglich. In seinem in der altarabischen Dichtung abgezeichneten Bild fehlen die Sinnesorgane, mit denen er die Menschen sehen und hören könnte. Ihm werden nur die Organe zugeschrieben, mit denen er verletzen kann. Er wird eher wie ein Tyrann vorgestellt, der sich den Untertanen völlig verschließt und sich ihnen nur mit unvermeidbaren Schlägen zuwendet. Der Höhepunkt seiner vernichtenden Wirkung ist der Tod, der das eigentliche Telos der altarabischen Zeitlichkeit ist.[70] Dieser Zusammenhang lässt sich an der engen Verknüpfung von Zeit und Tod im arabischen Wort *aǧal* (Pl. *'āǧāl*) deutlich zeigen, das sowohl „festgelegte Zeit" als auch „Todestermin" bedeutet.[71] Ebenso wie die Zeitlichkeit des Menschen ein irreversibler Prozess ist, der unaufhörlich auf den Moment des Todes hinausläuft, wird die Zeit weder als der schöpferische „Vater aller Dinge"[72], noch als eine Gabe, mit der man kreativ umgehen kann, sondern als Tod bringender Verlauf betrachtet. So sagt ʿAbīd:[73]

70 Vgl. die philosophisch-anthropologischen Ausführungen von H. Plessner „Über die Beziehung der Zeit zum Tode", in: O. Fröbe-Kapteyn (Hg.), *Mensch und Zeit*. Eranos – Jahrbuch 1951, Zürich (1952): 349–386. Sie decken sich teilweise mit den oben angeführten Beobachtungen in Bezug auf die vorislamisch-arabische Dichtung.

71 *Lisān*, s.v.; Izutsu, *God and Man*, 127–129.

72 Pindar, *Olympische* II, 17. Verwendete Ausgabe: *Pindar*. Ed. and trans. by William Race (Loeb Classical Library), Cambridge, MA (1997).

73 ʿAbīd, *Diwan*, S. 72, V. 2:

يا حارِ ما طلعت شمسٌ ولا غربت إلاّ تقرَّب آجالٌ لميعادِ

> „O Ḥāriṯ! Die Sonne geht niemals auf und niemals unter, ohne dass der Termin der festgelegten Zeit näher rückte."

In der altarabischen Dichtung herrscht deshalb ein tiefgreifender Antagonismus zwischen Mensch und Zeit. Die Zeit wird quasi als Feind des Menschen empfunden. Aus dem Gefühl der Feindschaft mit der Zeit heraus entwickelt sich beim Menschen der Drang, etwas gegen die Zeit zu unternehmen. In ihrer innigsten Form ergibt sich die bereits dargestellte aktionistische Haltung verbunden mit der Gleichgültigkeit vor der Gefahr bei den vorislamischen Arabern aus dem Bewusstsein, man sei ohnehin der Macht der Zeit ausgeliefert, deren schmerzlichster Stachel der Tod sei, der das Leben jedes Menschen zu einem festgesetzten Zeitpunkt beenden werde. ʿAmr b. Qamīʾa sagt in Lyalls Übersetzung:[74]

> „You two comrades of mine, be not in such haste to be gone, but gather you some provision for the way, join yet in pleasant converse with me, and put off the parting till tomorrow:
>
> Staying here for a day longer will not cause us to miss any coming gain, nor will my hurrying away a day earlier help me to outstrip Death."

Das Leben scheint gemäß dieser Vorstellung nach einem festgelegten Zeitplan zu verlaufen. Man vermag den Zeitlauf des Lebens oder den Zeitpunkt des Todes durch nichts zu beeinflussen. Der Mensch untersteht absoluter Determination:[75]

> „Einst wird uns ja doch das Todesgeschick erreichen, das uns bestimmte, die ihm bestimmten."

Eine solche fatalistische Erkenntnis schlägt in eine folgenreiche Haltung gegenüber dem Dasein um, die sich folgendermaßen formulieren lässt: Da es unmöglich ist, festzulegen, *wann* man stirbt, ist es nunmehr wichtig zu bestimmen, *wie* man stirbt. Unter solchen Bedingungen richtet sich das Interesse vorwiegend auf die Qualität des Sterbens. Ein ehrenvoller Tod ist besser als ein schändlicher. Als Held zu sterben, gewährt dem Toten ein ruhmreiches Gedächtnis bei den kommenden Generationen und gleicht einer ideellen Überwindung des Todes durch seine Lobpreisung.[76]

---

74 *Diwan*, S. 11, V. 1f., Übersetzung in Lyall, *The Poems of ʿAmr Son of Qamīʾah*, 13:
خليليَّ لا تستعجلا أن تزوَّدا   وأن تجمعا شملي وتنتظرا غدا
فما لَبَثٌ يومًا بسابق مغنمٍ   ولا سرعتي يومًا بسابقةِ الردى

75 ʿAmr b. Kulṯūm, *muʿallaqa*, V. 8. Übersetzung: Nöldeke, *Fünf Moʿallaqāt*, I, Wien (1899): 24:
وإنّا سوف تدركنا المنايا   مقدَّرةً لنا ومقدَّرينا

76 In al-Ǧāḥiẓ, *al-Ḥayawān*, Bd. III, S. 475 wird die Aussage von al-Ḥādira aḏ-Du-

Besonders im Krieg bietet sich eine Gelegenheit, heldenhaft zu sterben. Darum wird er nicht gescheut, sondern als eine Chance gesehen, der Ohnmacht gegenüber dem Tod Grenzen zu setzen.[77] Denn derjenige, der freiwillig in den Krieg zieht, wartet nicht tatenlos auf seinen Todestermin, sondern beansprucht, mit seiner tapferen Tat das Nahen seines Todes und seine Umstände mitzubestimmen. Mit den folgenden Worten ermahnt ʿUrwa b. al-Ward seine Frau, die ihn davon abhalten wollte, in einen Raubzug zu gehen:[78]

> „Lass mich mit meiner Seele allein, o Umm Ḥassān; denn ehe mir das Erwerben (durch den Tod) unmöglich wird, erkaufe ich damit
>
> Berichte (über mich), welche dauern, während der Mensch nicht ewig ist, wenn er ein Totenvogel auf einem Grabstein geworden ist."

Ein weiteres mit dieser Auffassung eng zusammenhängendes Merkmal altarabischer Zeitlichkeit besteht darin, dass das Bewusstsein vom unberechenbar einbrechenden Tod, ohne dass Hoffnung auf Unsterblichkeit der Seele bestehen würde, in puren Hedonismus umschlägt. Die folgenden Verse von Ṭarafa bringen diese Haltung deutlich zum Ausdruck:[79]

---

byānī referiert: „*inna ṯ-ṯanāʾa huwa l-ḫuldu*", „Lob ist Unsterblichkeit". Vgl. Arazi, *La réalité et la fiction*, 86f.

77 Vgl. *Mufaḍḍalīyāt*, 10, 33:

ولا تقعدوا وبكم مُنَّةٌ　　كفى بالحوادثِ للمرء غولا

„Bleibt nicht sitzen [Zögert nicht, in den Krieg zu ziehen], solange ihr Kraft habet; die Wechselfälle [Unfälle] bringen dem Menschen genug Unheil."
Eine ähnliche Darstellung befindet sich in Hamori, *On the Art*, 10.

78 *Die Gedichte des ʿUrwa ibn Alward*, herausgegeben, übersetzt und erläutert von Theodor Nöldeke, Göttingen (1863): 3, 2f.:

ذريني ونفسي، أمَّ حسانَ، إنني　　بها قبل ألا أملكَ البيعَ مشتري
أحاديثَ تبقى والفتى غيرُ خالدٍ　　إذا هو أمسى هامةً فوق صيِّرِ

Leicht modifizierte Übersetzung Nöldekes.
In der altarabischen Mythologie wird geglaubt, dass aus Blut und Körperteilen des Ermordeten ein Vogel (*ṣadā* oder *hāma*) hervorging, der bis zum Vollzug der Rache auf seinem Grabe weilte und laut danach verlangte, Blut zu trinken. Vgl. aš-Šahrastānī, *Al-Milal wa-n-niḥal*, 577; T. Fahd, „Ṣadā", in: *EI*², VIII, 706.

79 Ṭarafa, *muʿallaqa*, V. 54–59:

ألا أيُّهَذا اللائِمي أحضُرَ الوَغى　　وَأن أشهَدَ اللّذّاتِ هَل أنتَ مُخلِدي
فَإن كُنتَ لا تَسطيعُ دَفعَ مَنيَّتي　　فَدَعني أبادِرها بِما مَلَكَت يَدي
وَلَولا ثَلاثٌ هُنَّ مِن عيشَةِ الفَتى　　وَجَدِّكَ لَم أحفِل مَتى قامَ عُوَّدي
فَمِنهُنَّ سَبقي العاذِلاتِ بِشَربَةٍ　　كُمَيتٍ مَتى ما تُعلَ بِالماءِ تُزبِدِ
وَكَرّي إذا نادى المُضافُ مُحَنَّباً　　كَسيدِ الغَضا نَبَّهتَهُ المُتَوَرِّدِ
وَتَقصيرُ يَومَ الدَجنِ وَالدَجنُ مُعجِبٌ　　بِبَهكَنَةٍ تَحتَ الطِرافِ المُعَمَّدِ

„Du tadelst mich, dass ich dem Krieg beiwohne und die Lüste erfahre; gewährst du mir die Ewigkeit?

Wenn du meinen Tod aber nicht abwenden kannst, lass' mich ihm doch begegnen mit dem, was in meiner Hand ist.

Wenn es nicht drei Dinge gäbe, die ein Mann sich wünscht – bei deinem Glück! –, dann kümmerte es mich nicht, wann meine Krankenbesucher gehen [d.h. wann sie mich aus Hoffnungslosigkeit im Hinblick auf mein weiteres Leben verlassen].[80]

Dazu gehört, dass ich den Tadlerinnen mit einem Trank roten Weines zuvorkomme; wenn man Wasser dazugießt, schäumt er.

Und dass ich, wenn der Flüchtende um Hilfe ruft, ein Pferd mit geschwungenen Schenkeln zum Angriff wende, wie der Wolf des Dickichts, den man auf dem Weg zur Tränke aufscheucht.

Und dass ich den Regentag verkürze, wenn der Regen heftig fällt, mit einer jugendlichen Schönen in dem mit Pfeilern gestützten Zelt."

Davon überzeugt, dass der Tod unabwendbar ist und zu jeder Zeit eintreffen kann, konzentriert sich die Sorge des Dichters darauf, dass er mit dem Tod auf Genuß und Lust verzichten muss, da die Hoffnung auf eine mögliche Ewigkeit fehlt.[81] Wenn die Ewigkeit ins Spiel gebracht wird, dann nur auf eine rhetorische Weise mit dem Zweck, durch die Hervorhebung ihres Nicht-Gegebenseins den Wert der erlebbaren Zeit zu erhöhen. Die Herausforderung, die der Dichter an seinen – vielleicht fiktiven – Gesprächspartner richtet, ob er ihm die Ewigkeit gewähren würde, dient nur zur Bekräftigung der Behauptung, dass das Leben genossen werden muss, weil es früher oder später unvermeidlich mit dem Tod endet. Nach Ṭarafas Meinung verliert die Ewigkeit ihr Duell mit dem Leben in der konkreten Welt. Die Unsterblichkeit spielt in seiner Konzeption die Rolle eines Schattens, vor dessen Hintergrund die Zeitlichkeit an Helligkeit gewinnen soll. Ihr wichtigstes Zeichen, die Selbst-

---

Die Übersetzung der letzten vier Verse stammt von Jacobi, *Studien*, 70. Vgl. dazu: Bernhard Geiger, „Die Muʿallaqa des Ṭarafa", in: *WZKM*, 20 (1906): 37–80.

80 Jacobi a.a.O. übersetzt untreffend den Nebensatz „*matā qāma ʿūwadī*" mit „wann meine Krankenbesucher erscheinen". Die oben angeführte Übersetzung entspricht übrigens auch der von den Kommentatoren angegeben Erklärung der Stelle. Vgl. al-Anbārī, *Šarḥ al-Qaṣāʾid as-sabʿ*, 194; az-Zauzanī, *Šarḥ al-muʿallaqāt as-sabʿ*, 82f.

81 Das Urteil in Alon, „Did Islam Introduce a New Perception of Time?", 36, dass die arabischen Heiden „must have had at least a notion of eternity" klingt deshalb verwunderlich. Zumindest ihre Poesie liefert keinen Anhaltspunkt dafür. Alon scheint sich selbst zu widersprechen, wenn er wenig später Muhammads Einführung des Jenseits-Gedanken als eine seiner wichtigsten Leistungen beschreibt.

hingabe an die Lust aufgrund der Todesgewissheit, wird umso deutlicher sichtbar. Hier werden wir mit einem typischen Bild hedonistischer Dialektik konfrontiert. Aus Angst vor dem Tod stürzt man sich in die Lust, die man wiederum mit dem Tode zu verlieren fürchtet und sich ihr deshalb immer intensiver widmet. Die Spirale des Hedonismus steigert sich damit unvermindert weiter. Da die Lebenserfüllung in der physischen Lustbefriedigung gesucht wird, konzentriert sich das aus dem Erleben der Ohnmacht im Hinblick auf die Zeit entstandene, auf sich selbst verwiesene Ich in erster Linie auf das Vergnügen. Mit Wein, Weib und Tapferkeit will der junge Dichter seine Zeitlichkeit als erfüllte Zeit erleben. Einem anderen betagten Dichter bietet das Leben keine weiteren Möglichkeiten als die Befriedigung seiner Lüste an.[82]

Wir sehen hier eine auf innerweltliche Vergnügungen gerichtete Lebensanschauung hingeführt, die aš-Šahrastānī (gest. 1153) in seinem enzyklopädischen Werk über die religiösen und weltanschaulichen Gruppen zu den Überzeugungen der vorislamischen Araber rechnet. Nach seinem Bericht haben einige von ihnen die Existenz eines Schöpfers, die Auferstehung, die Wiederkehr und die Prophetien verleugnet. Deshalb heißen sie *„muʿaṭṭila"*, d.h. Verleugner. Indem aš-Šahrastānī auf Sure 45:24 hinweist, beschreibt er die Überzeugungen dieser Gruppe folgendermaßen:

---

82 Abū Tammām, *Ḥamāsa*, 258/241, 1–4:

إنْ أمس ما شيخًا كبيرًا فطالما عمِرْتُ ولكن لا أرى العُمرَ ينفعُ
مضت مائةٌ من مولِدي فنضوتُها وخمسٌ تِباعٌ بعد ذاك وأربعُ
وخيلٍ كأسراب القَطا قد وزعتُها لها سَبَلٌ فيه المنيَّةُ تكرَعُ
شهدتُ وغُنمٍ قد حويتُ ولذَّةٍ أتيتُ وماذا العيشُ إلا التمتُّعُ

„Und sei ich hochbejahrt ein Greis, und lang die Frist zumal / des Lebens mir, doch find' ich den Ertrag des Lebens schmal.
Geburtstag' hundert gingen, die ich auszog wie ein Kleid, / und fünfe nacheinander noch, darauf noch vier an Zahl.
Manch Reiterheer, von mir geführt, dem Kranichzuge gleich, / und gleich der Regenwolke Guss, worin des Todes Strahl;
Ich war dabei, und manche Beut' errafft' ich, manche Lust / genoss ich; was ist Leben sonst als Vergnügen?"
Rückerts Übersetzung des letzten Verses wurde von mir dem arabischen Original angepasst. Vgl. auch *Ḥamāsa*, 491/479.
Vgl. zum Hedonismus der Araber vor dem Islam Goldziher, *Muhammedanische Studien*, I, 22f.
Recht einfühlsam interpretiert Ph. Kennedy die Weinlieder des Abū Nuwās und der vorhergehenden poetischen Tradition als Antwort auf die existentielle Bedrückung, die von *dahr* verursacht wird: Philip Kennedy, *The Wine Song in Classical Arabic Poetry. Abū Nuwās and the Literary Tradition*, Oxford (1997): 86–148.

„Sie vertreten die Ansicht, dass die Natur Leben schaffe und die Zeit (*dahr*) vernichte. […] Sie sind diejenigen, von denen der Koran sagt: „Und sie sagen: ‚Es gibt nur unser diesseitiges Leben. Wir sterben und leben'; dies ist ein Hinweis auf die sinnlich wahrnehmbaren Naturstoffe in der niederen Welt und eine Beschränkung des Lebens und des Todes auf ihre Zusammensetzung und Auflösung, so dass das Vereinigende die Natur, das Vernichtende *dahr* sei".[83]

An einer früheren Stelle in seinem Werk hatte aš-Šahrastānī diese Gruppe als die der „an *dahr* glaubenden Naturalisten" (*aṭ-ṭabīʿīyūn ad-dahrīyūn*) bezeichnet, die an Außerweltliches nicht glauben, sondern sich an das sinnlich Wahrnehmbare halten und keine andere Welt als die anerkennen, in der sie Gaumengenuss und Augenweide haben. Sie nähmen nichts Intellegibles an.[84] Es handelt sich gemäß der Beschreibung also um hedonistische Materialisten, die das Leben genießen wollen, bevor sie von *dahr* vernichtet werden. Für sie gibt es kein anderes Leben als dieses irdische, das sich unter der Herrschaft der Zeit befindet und deshalb in vollen Zügen genossen werden muss, bevor es mit dem Tod endgültig vergeht. Die Anhänger dieser materialistisch-hedonistischen Gesinnung können quasi als „Zeitvergötterer" bezeichnet werden,[85] wobei eine solche Vergötterung der Zeit nicht auf einer positiven Wertung, sondern auf einem Gefühl des Schreckens vor dem Unfassbaren beruht.[86]

Aš-Šahrastānī ist vorgeworfen worden, spätere philosophische Probleme auf die vorislamische Zeit übertragen und den Fatalismus der vorislamischen Araber lediglich zur Sache einer Sekte gemacht zu haben.[87] In der Tat handelt es sich bei dem Begriff *muʿaṭṭila* im Sinne von „Verleugner" um eine späte, im Islam entwickelte Bezeichnung derjenigen Theologen, die Gott jegliches Attribut abgesprochen haben und ihn mit keinem anderen Wesen vergleichen wollten.[88] Der Begriff mag also von aš-Šahrastānī irrtümlich auf die vorislamischen Araber angewandt wor-

83 Aš-Šahrastānī, *al-Milal wa-n-niḥal*, hrsg. v. ʿAbd al-Laṭīf M. al-ʿĪd, Kairo (1977): 576. Vgl. Q 6:29.

84 Aš-Šahrastānī, *ibid.*, 278. Vgl. Schrameier, *Ueber den Fatalismus*, 12f.

85 Der Ausdruck stammt von Heinrich Leberecht Fleischer und wird in Schrameier, *ibid.*, 19, zitiert.

86 Vgl. Schrameier, *ibid.*, 13.

87 Schrameier, *ibid.*, 44f.

88 Vgl. Josef van Ess, *Theologie und Gesellschaft im 2. und 3. Jahrhundert Hidschra: eine Geschichte des religiösen Denkens im frühen Islam*, Bd. IV, Berlin 1996: 430f.

den sein. Dennoch scheint mir sein Ziel nicht eine bestimmte Sekte vorzustellen, sondern eher eine Weltanschauung zu beschreiben, die bei den Arabern vor dem Islam verbreitet war, die hauptsächlich in der Anerkennung der absoluten Macht des *dahr* über Leben und Tod besteht, wie deren Widerlegung im Koran unmissverständlich zeigt.[89] Dass eine solche Anschauung bereits vor dem Islam existierte, könnte genau der Grund gewesen sein, weshalb Formen des Atheismus im frühen Islam mit dem Begriff *dahr* in Verbindung gebracht wurden.[90]

VII. Leben in Agonie

Aufgrund der bereits erläuterten Anschauung, die Zeit sei dem Menschen ein Feind, dem durch aktionistisch-hedonistische Lebensführung Widerstand geleistet werden könne, wird das Leben im Ganzen vorwiegend als menschlicher Wettkampf gegen die Zeit betrachtet:[91]

> „Wenn du das Ziel erreicht hast, worum du gerungen hast, ist es so, als ob du von der Zeit (*dahr*) niemals überholt worden wärst."

Die unausbleibliche Vergänglichkeit des Menschen bestätigt ihm, dass er zweifelsohne den Wettkampf gegen die Zeit verlieren wird – spätestens dann, wenn er stirbt. Nichtsdestotrotz ist der Kampf gegen die Zeit das Medium, in dem sich der Mensch überhaupt zu einem Handlungssubjekt konstituiert. Dies geschieht nicht etwa im Zusammenwirken von Mensch und Zeit, sondern durch menschliches Handeln, das sich eher als Erwiderung auf die Herausforderung der Zeit charakterisieren lässt. Man handelt nicht *mit* der Zeit, sondern *gegen* sie.[92] Der Mensch kann sich dabei auf nichts anderes als seinen eigenen Mut verlas-

89 Vgl. die Kritik an Schrameiers Untersuchung in Caskel, *Das Schicksal*, 7. Auch in R. C. Zaehner, *Zurvan. A Zoroastrian Dilemma*, Oxford (1955): 23, 267, werden die Anhänger einer zoroastrisch-materialistischen Auffassung als „Daharīs" bezeichnet. Sie verleugneten die Existenz von geistlichen Werten, Sanktionen, Himmel und Hölle. Vgl. Mansour Shaki, „Dahrī I (In Middle Persian Literature)", in: *Encyclopedia Iranica*, VI, 587b. S. unten S. 108ff.

90 Vgl. I. Goldziher und A. M. Goichon, „Dahriyya", in: *EI*^{2}, II, 95ff.; Hans Daiber, „Rebellion gegen Gott. Formen atheistischen Denkens im frühen Islam", in: Friedrich Niewöhner und Olaf Pluta (Hg.), *Atheismus im Mittelalter und in der Renaissance*, Wiesbaden (1999): 23–44.

91 Abū Tammām, *Ḥamāsa*, 50/46, 5:

كأنك لم تُسبَق من الدهر ليلة إذا أنت أدركت الذي كنت تطلبُ

92 S. die Kampfszene in Versen von ʿAmr b. Qamīʾa im ersten Kapitel, Anm. 177.

sen.[93] Der Tapfere, der sich dadurch auszeichnet, dass er sich in Bedrängnissen heroisch verhält, wird auf eine höchst interessante Weise als *qarīʿ ad-dahr* bezeichnet. Das Attribut *qarīʿ* stammt aus dem Verb *qaraʿa*, das sowohl „kämpfen gegen“ wie auch „erwählen“ bedeutet. Dementsprechend bedeutet *qarīʿ* „der Erwählte, der Herr, der Sieger und der Besiegte“. Mit dem Ausdruck *qarīʿ ad-dahr* wird also ein Mann beschrieben, der als der Erwählte seiner Zeit gilt, weil er sich in schwierigen Situationen bewährt hat. Beide Konnotationen hängen insofern zusammen, als die herausragende Stellung des Menschen, der diese Bezeichnung verdient, Ergebnis seiner Selbstbewährung im Kampf gegen *dahr* ist.[94] In diesem Sinn sagt Ta'abbaṭa Šarran über sich in einem Gedicht, in dem er sich daran erinnert, wie er sich vor seinen Feinden, die ihn umzingelten, retten konnte, indem er auf der anderen Seite des Felsen stürzte:[95]

> „Der ist der erwählte Kämpfer gegen *dahr* (*qarīʿu d-dahri*), der, solange er lebt, die Dinge ändern kann; dem, wo man ihm ein Naseloch verstopft, auch das andre schnaubt.“

Die Vorstellung, dass der Mensch sein Leben lang im Griff der Zeit festgehalten wird, führt weiterhin dazu, dass Erfolgserlebnisse bloß als Gelegenheiten dargestellt werden, die man dem *dahr* in Momenten der Unachtsamkeit entreißen kann. Gelingen wird als Lockerung der Zeitherrschaft gedeutet. Aus dem *dahr* geht eigentlich wenig Gutes unmittelbar hervor. Sein unberechenbares Schwanken lässt Glück und Unglück entstehen. Die altarabischen Poeten sind jedoch vorwiegend der Ansicht, dass *dahr* dem Menschen kein Glück schenkt, sondern ihm lediglich die harten Herrschaftsbedingungen erleichtert, unter denen er lebt. Menschliches Unglück scheint dagegen die gewöhnliche Wirkung des *dahr* zu sein, wodurch er sein wahres Gesicht zeigt.[96]

---

93 Abū Tammām, *Ḥamāsa*, 110/103, 2: „*fa-ḥālafnā s-suyūfa ʿalā d-dahri*“, „im Kampf gegen *dahr* haben wir uns mit den Schwertern verbündet.“

94 S. *Lisān*, s. v. *qaraʿa.*

95 *Diwan*, 15, 3/Abū Tammām, *Ḥamāsa*, 11/10, 3:

فذاك قريعُ الدهرِ ما عاش حوَّلٌ إذا سُدَّ منه مَنْخِرٌ جاش منخرُ

96 Suwaid b. Abī Kāhil al-Yaškurī in *Mufaḍḍalīyāt*, 40, 92, leitet die Darstellung seines tapferen Kampfes, der zum Sieg führte, mit dem folgenden Vers ein:

وعدوٍّ جاهدٍ ناضلتُهُ في تراخي الدهر عنكم والجُمَعْ

„Wie viele kämpfende Feinde habe ich bekämpft, als es die Zeit (*dahr*) und die Menschen für euch gelockert haben [euch günstige Stunden boten].“

Vgl. al-Ḥāriṯ b. Ḥilliza, *Diwan*, hrsg. v. Ṭalāl Ḥarb, Beirut (1996): S. 59, V. 3:

Verursacht die Auffassung, dass die Macht der Zeit uneingeschränkt ist und dass sie das Menschengeschick willkürlich bestimmt, eine agonistische Lebensanschauung, die besonders von Pessimismus, Verzweiflung und Resignation gekennzeichnet ist, wie sie vornehmlich in Trauerdichtung beschrieben wird, können wir auch bei anderen Anlässen als Trauerfällen durchaus beobachten, dass sogar die Ausübung der Tugend sich als die praktische Seite einer Zeitauffassung erweist, deren Kern das Bewusstsein von der Sinnlosigkeit menschlichen Lebens ist. Ṭarafas Begeisterung für Tapferkeit und freudiges Leben ergibt sich wie bereits erwähnt aus der Erwartung des sicheren Todes. Und so kann auch die Großzügigkeit als eine Reaktion auf die Sterblichkeit aufgefasst werden, weil sie durch gutes Andenken Verewigung verspricht:[97]

> „Da kommt Mayy früh zu mir, um mich zu schelten, und sagt: Du hast die doch zugrundegerichtet, die du ernähren solltest!
>
> Lass' mich [Weib]! Denn der Geiz verewigt den Mann nicht, und Milde richtet nicht denjenigen zugrunde, der sie tut."

Des Weiteren wächst vor dem Hintergrund einer von den unheilbringenden Wechselfällen der Zeit geprägten Zeitlichkeit die Bedeutung von bestimmten Charaktereigenschaften. Geduld (*ṣabr*) ist eine ihrer wichtigsten. Sie ist für die vorislamischen Araber das beste Mittel, die Schwere der Zeit zu ertragen.[98] Geduld wird zur Tugend edler Menschen schlechthin erhoben, die sie dazu bringt, sich über glückliche Ereignisse nicht übermäßig zu freuen noch über Unglücksfälle zu trauern, sondern

---

„*man ḥākimun bainī wa-baina d-dahri*", „wer richtet zwischen mir und dem *dahr*".
Bei al-Ḫansā' kommt das Bild vor, der Tod ihrer Brüder sei ein vom *dahr* verursachter „Stolperfall": *Diwan*, S. 61, V. 4:

وفوارسًا منا هنالك قُتّلوا   في عثرةٍ كانت من الدهرِ

„[und erinnert euch an] Ritter von uns, die dort in einem Stolperfall getötet wurden, der vom *dahr* verursacht wurde."

97 Vgl. Abū Tammām, *Ḥamāsa*, 777/762:

ألا بكَرَتْ ميٌّ عليَّ تلومُني   تقول ألا أهلكتَ مَن أنتَ عائلُه
ذريني فإنَّ البخلَ لا يُخلدُ الفتى   ولا يُهلك المعروفُ مَن هو فاعلُه

Ähnlich in Ḥātim, *Diwan*, S. 6–8.

98 Abū Tammām, *Ḥamāsa*, 677/664, 3: „*ṣabarnā limā ya'tī bihi d-dahru 'āmidan*", „So wollten wir dulden, was der Zeitlauf in seinem Drang gebracht hat"; 744/729, 2:

ألم تعلمي أني إذا الدهرُ مسَّني   بنائبة زلَّتْ ولم أتترترِ

„Wohl weißt du, wann den Angriff einmal auf mich gewagt / die Zeit, so wich sie wieder, und ließ mich unverzagt." (R.)

stoisch den verschiedenen Stimmungen im Leben in nüchterner Leidenschaftslosigkeit zu begegnen:[99]

> „Die Heimsuchungen dieser Zeit (*dahr*) zerstören mich nicht; Geduld ist die Tugend, mit der ich dem begegne, was mich heimsucht.
>
> Doch der Edle ist immer geduldig, wenn die Angst anbricht, wie auch immer die Unglücksfälle ihm anheim fallen."

Ein weiteres, damit verbundenes Kennzeichen des Lebens in Agonie ist die Vorsicht. Guten Zeiten ist dementsprechend nicht zu vertrauen, denn sie werden bald vergehen:[100]

> „Mich erfreut das Ungewöhnliche nicht, noch fürchte ich mich vor dem, was die Zeit (*dahr*) an Wechselfällen hervorbringt."

Altarabische Dichter empfehlen den Menschen ferner, das Auf und Ab der Zeit mit Standhaftigkeit zu erwidern.[101] Diese Empfehlung ist nicht durch die Hoffnung motiviert, man könnte an der Einwirkung der Zeit etwas ändern oder sie umgehen. Im Gegenteil. Eine solche Haltung bedeutet eine gleichgültige Selbstanpassung an die veränderten Stimmungen der Zeit:[102]

---

99 Buḥturī, *Ḥamāsa*, 643:

لا النائباتُ لهذا الدهر تقطعني　　　والصبرُ مني على ما نابني خلقُ
إن الكريم صبورٌ كيفما انصرفت　　　به الصروفُ إذا ما أفلقَ الفرَقُ

100 Labīd, *Diwan*, 30, 4:

فلا أنا يأتيني طريفٌ بفرحةٍ　　　ولا أنا مما أحدث الدهرُ جازعُ

Vgl. die beiden Verse aus der *mu*ʿ*allaqa* des al-Ḥāriṯ in Ringgren, *Studies*, 53.

101 *Mufaḍḍalīyāt*, 75, 9:

بزُّ امرئٍ مستبسلٍ حاذِرٍ　　　للدهر، جلدٍ غيرِ مجزاعِ

„Es [das Schwert] ist die Waffe eines tapferen, dem *dahr* nicht trauenden, geduldigen, sich nicht fürchtenden Menschen."

In Versen, die ʿAmr b. Qamīʾa, *Diwan*, Fragment 3, S. 64/Buḥturī, *Ḥamāsa*, 610, zugeschrieben sind, wird nach Erwähnung vergangener Könige ermahnt:

لا تحسبَنَّ الدهرَ مخلِدُكم　　　أو دائمًا لكمُ ولم يدمِ

„Think not that Time (*dahr*) will give perpetuity to you, or stay his march for you, when he stopped not for them".

Lyall, der daran zweifelt, dass die Verse tatsächlich von ʿAmr b. Qamīʾa stammen könnten, bestätigt hingegen die Häufigkeit des Gedankens bei den altarabischen Dichtern: *Ibid.*, 64.

102 Abū Tammām, *Ḥamāsa*, 412/403, 5f.:

مِن لذة العيش والفتى　　　للدهر والدهرُ ذو فنون
والعسرُ كاليسر والغنى　　　كالعُدْمِ والحيُّ للمنون

Rückerts Übersetzung, von mir modifiziert.

„Das ist des Lebens Lust; der Mensch gehört der Zeit (*dahr*), und die Zeit (*dahr*) schwankt.

Reich ist wie arm, und Wohlergehen wie Not, und alles Lebende gehört dem Tod."

Die Menschen sind Eigentum der Zeit, deren Verlauf sie ohne Ausnahme zum Tode hinführt. Im Hinblick auf die von der Zeit verursachte Vergänglichkeit verlieren Unterschiede ihre Bedeutung und alle Menschen sind darin gleich, dass sie früher oder später vergehen. Allerdings entwickelt sich vor dem Hintergrund der Erfahrung vom Schwanken der Zeit die Überzeugung, dass diese den Menschen sowohl Gutes als auch Schlechtes gleichermaßen schenkt:[103]

„Wir waren eine Weile arm, eine Weile reich; so ist nämlich die Zeit (*dahr*), ihre Tage enthalten Bedrängnis und Wohlstand.

Wir bedeckten die Wechselfälle der Zeit (*dahr*) mal auf milde, mal auf schroffe Weise; die Zeit (*dahr*) gab uns beide, je im eigenen Glas, zu trinken."

Im Lichte dieser Einstellung scheinen menschliche Handlungen etwas anderes zu bedeuten, als unmittelbar angenommen wird. Das betrifft beispielsweise die lustvollen Erlebnisse von Imru' al-Qais und die ruhmreichen Taten ʿAntaras oder Ṭarafas genauso gut wie die beispielhaft gewordene Großzügigkeit Ḥātim aṭ-Ṭā'īs. Solche Handlungen dürften einer von der Unberechenbarkeit des *dahr* und der Vergänglichkeit des Lebens geprägten Gesinnung entsprungen sein.[104] Angenehme Momente und Ereignisse stellen sich lediglich als kurze Intervalle im Trauerspiel der Zeit dar. Da die Menschen sich die Wechselfälle des *dahr* nicht erklären können, versetzt sie seine Wirkung zunächst in Staunen und Verwunderung:[105]

„Wohl verwunderlich ist die Zeit (*dahr*)! Wann ist sie etwa wohlgeordnet gestaltet worden? Wie viele lachen und machen sich lustig darüber!"

---

103 Ḥātim, *Diwan*, S. 51, V. 6f.:

عُنينا زمانًا بالتصعلكِ والغنى كما الدهرُ، في أيامه العسر واليسرُ

كسينا صروفَ الدهر لينًا وغِلظة وكلاًّ سقانا بكأسيهما الدهرُ

104 Vgl. zu der in der vorislamisch-arabischen Dichtung zum Ausdruck gebrachten Haltung der Menschen gegenüber dem Schicksal die Ausführungen in Ringgren, *Studies*, 49ff.

105 Al-Aʿšā, *Diwan*, S. 96, V. 1:

يا عجبَ الدهرِ متى سوِّيا؟ كم ضاحكٍ مِن ذا وساخر

Al-Ḫansā', *Diwan*, S. 112, V. 1: „*wa-fī d-dahri muḏhilu*", „in der Zeit ist Verblüffendes."

Die menschliche Reaktion auf Zufügungen des *dahr* steigert sich bei leidenden Menschen, die aus ihrer Empörung keinen Hehl machen.[106] In vielen Fällen wird *dahr* sogar beschimpft und verflucht:[107]

> „Verflucht sei dieser *dahr*! Ich sehe, dass er alles weiß, was Adams Nachkommen verletzt und dass er es auch sehr gern tut."

Die Verfluchung der Zeit (*sabb ad-dahr*) manifestiert sich als verbale Äußerung eines verfestigten Bewusstseins der ständigen Niederlage und der Resignation vor dem Unabänderbaren, ein Bewusstsein, das aus der Erfahrung erwächst, dass jede Bestrebung, den Bestimmungen des *dahr* zu entfliehen, stets zum Scheitern verurteilt ist.[108]

In der Poesie der vorislamischen Araber schlägt sich die vorherrschende Erfahrung von der Sinnlosigkeit jedweden Widerstands gegen *dahr* nieder. Belege dafür finden sich häufig unabhängig davon, ob die Dichter ein Nomadenleben führten oder Kontakt zu benachbarten Zivilisationen hatten. Auch wenn der Kontext unterschiedlich ist und dementsprechend auch die Intensität des Ausdrucks variiert, geht aus der Mannigfaltigkeit der Vorstellungen dennoch ein einheitliches Bild hervor, dessen Spitze die Koinzidenz von *dahr* und Tod ist. Zu diesem Bild gehört auch die Vorstellung, dass Wendungen der Zeit, die Erleichterung mit sich bringen könnten, lediglich als kurze Phasen der Entspannung scheinen, die zweifelsohne von erheblich längeren Phasen der Bedrängnis umrahmt sind. Die Hoffnung auf bessere Zeiten erweist sich als trügerisch, denn:[109]

> „Der Mensch, solange er lebt, lebt in Lüge; langes Leben ist ihm eine Qual."

---

106 *Mufaḍḍalīyāt*, 58, 18:

كم مِن أخي ثروةٍ رأيتُه   حلَّ على مالِهِ دهرٌ غشومُ

„Wie viele Vermögende habe ich gesehen, deren Vermögen vom brutalen *dahr* beschlagnahmt wurde!"

107 Labīd, *Diwan*, 31, 10:

لحا الله هذا الدهر إني رأيته   بصيرًا بما ساء ابنَ آدمَ مولَعا

Al-Ḫansāʾ, *Diwan*, S. 119, V. 6: „*qad rāʿanī d-dahru fa-buʾsan lahu*", „*Dahr* versetzte mich in Schrecken. Wie elend er ist [verflucht sei er]!"

108 Buḥturī, *Ḥamāsa*, 398, 2; Labīd, *Diwan*, 5b, 12:

فبرى عظامي بعد لحمي فقدُهم   والدهرُ إنْ عاتبتُ ليس بمعتِبِ

„Ihr Verlust zermalmte mein Fleisch und dann meine Knochen; auch wenn ich den *dahr* tadeln würde, würde er mir keine Gunst zeigen."

109 ʿAbīd b. al-Abraṣ, *Diwan*, S. 26, V. 10:

والمرءُ، ما عاشَ، في تكذيبٍ   طولُ الحياة له تعذيبُ

Für ʿAbīd besteht die Lebenslüge offensichtlich darin, dass man lebenslang die falsche Hoffnung hegt, das Leiden am Leben würde zu irgendeinem Zeitpunkt nachlassen.[110]

Fühlt man sich dem unumkehrbaren Prozess der unendlichen Zeit ausgeliefert, lassen die in zyklischer Bewegung stets aufeinander folgenden Zeitabschnitte eine gewisse Hoffnung auf Neues entstehen, wie al-Misǧāḥ aḍ-Ḍabbīs Verse in Rückerts schöner Übersetzung mitteilen:[111]

> „Umhergeschweift bin ich durch Länder, bis ich
> verwittert, und nun Zeit ist's zu vergehn.
> Hinschwinden machte mich, was selbst nie schwindet,
> der Tag, die Nacht, die kehren wie sie gehn;
> Der Monat, der sich nach dem Monat lichtet,
> das Jahr, nach welchem neue Jahr' erstehn;
> Verluste schwer verlorener, betroffen
> vom Tod, und neugeborne Hoffnungen."

Als Hochbetagter scheint der Dichter umfangreiche Lebenserfahrungen gesammelt zu haben. Kaum vergehen die Tage und die Nächte, kehren sie wieder zurück. Ebenso verhält es sich mit den Monaten und den Jahren. Im Zeichen des Zeitenwechsels befindet sich der Mensch in der Spannung zwischen der Trauer über Verlorenes, nie Wiederkehrendes, und der Hoffnung auf Neues. Die optimistische Tonlage dieses kurzen Gedichts täuscht jedoch. Die hier festgestellte Spannung besitzt nicht die Kraft, die Erfahrung des Vergehens in der Zeit zu überwinden. Die zum Ausdruck gebrachte Hoffnung ist kurzlebig und chimärenhaft. Denn der Dichter macht seine Beobachtungen im vollen Bewusstsein seines immer näher rückenden eigenen Vergehens, wie er selbst im ersten Vers sagt. Er blickt auf das Leben, während er auf den Tod wartet. Dieser ist das Schicksal von allem, was in der Zeit existiert.[112] Diese Überzeugung bildet den zentralen Gedanken in dem Gedicht, dem folgende Ausfüh-

---

110 Eine andere Lesart des Verses ergibt sich, wenn *ṭūl* akkusativisch gelesen und als Adverb aufgefasst wird. Der zweite Teil des Verses lautet dann übersetzt: „lebenslang hat er [der Mensch] zu leiden."

111 Abū Tammām, *Ḥamāsa*, 353/341:

لقد طوّفتُ في الآفاق حتّى   بليتُ وقد أنَى لِيَ لو أبيدُ
وأفناني ولا يفنى نهارٌ   وليلٌ كلّما يمضي يعودُ
وشهرٌ مستَهَلٌّ بعدَ شهرٍ   وحولٌ بعده حولٌ جديدُ
ومفقودٌ عزيزُ الفقدِ تأتي   منيَّتُه ومأمولٌ وليدُ

112 Vgl. Abu-Deeb, „Towards a Structural Analysis", 183f.; Arazi, *La réalité et la fiction*, 103.

rungen angesichts seiner Bedeutung für unser Thema gewidmet werden sollen.

VII.1 Eine Ode an den *dahr*

In der bereits erwähnten Elegie von Abū D̲u'aib al-Hud̲alī auf den Tod seiner fünf Söhne wird die Verknüpfung von *dahr* und Tod sowie ihre umfassende Wirkung in einer für die vorislamische Zeitauffassung charakteristischen Weise dargestellt. Das Gedicht dürfte zwar gegen Ende des zweiten Jahrzehnts nach der Hiğra entstanden sein,[113] es gilt jedoch aufgrund der darin enthaltenen Gedanken und Bilder noch als Meisterstück vorislamischer Poesie.[114] Zum Abschluss dieses Teils eignet sich das Gedicht durchaus, um als Höhepunkt der Auffassung über den *dahr* bei den vorislamischen Arabern betrachtet zu werden. Zugleich enthalten die Verse einen gedanklichen Übergang von der vorislamischen in die islamische Vorstellungswelt. Die elegische Natur des Gedichts vermindert diesen Wert insofern nicht, als darin ausschließlich bereits bekannte Ideen und Motive aufgegriffen und mit gesteigerter Emotionalität bearbeitet werden.[115]

Das Trauergedicht besteht aus vier parallel aufgebauten Teilen, die formell durch die „innertextliche Wiederholung"[116] der Formel „*wa-*

---

113 Vgl. Lyall, *The Mufaḍḍalīyāt*, Vol. II. Translation and Notes, Oxford, (1918): 355f.; Jones, *Early Arabic Poetry*, II, 203.

114 Jacobi, „Die Anfänge", 221, die nur die Liebesdichtung Abū D̲u'aibs vor Auge hat, bescheinigt ihm unter den *muḫaḍramūn* „die größte Sensibilität für den Wandel der Zeit" besessen zu haben. Die oben behandelte Elegie bleibt wegen ihrer Thematik und der verwendeten Gleichnisse von diesem Urteil ausgespart. Das Gedicht soll wegen seiner Berühmtheit neben den *mu'allaqāt* in eine vom Kalifen 'Abd al-Malik b. Marwān (reg. 685–705) zusammengestellte Anthologie bester altarabischer Gedichte aufgenommen worden sein: Kister, „The Seven Odes", 35.

115 Ich folge dem Text in der Edition von Joseph Hell, *Neue Hud̲ailiten-Diwane*, 1. *Dīwān des Abū D̲u'aib*, Hannover (1926): Nr. 1 mit einer deutschen Übersetzung. Das Gedicht ist leicht verändert in *Mufaḍḍalīyāt*, 126, überliefert. Vgl. Bräunlich, „Abū D̲u'aib-Studien", 5–7. Englische Übersetzung und Kommentar in Lyall, a.a.O. und Jones, *Early Arabic Poetry*, II, 206–234. Eine Auswahlübersetzung des Gedichts befindet sich in Wagner, *Die altarabische Dichtung*, 125ff. Vgl. ferner die Interpretation in Misch, *Geschichte der Autobiographie*, S. 263–268.

116 Bauer, *Altarabische Dichtkunst*, I, 205.

d-dahru lā yabqā ʿalā ḥadaṯānihi", „und nicht bleibt verschont von den Wechselfällen des *dahr*", gleichzeitig voneinander abgegrenzt und aneinander geknüpft werden.[117] Durch diese in der überlieferten vorislamischen Dichtung m.E. einzigartig gebliebene Konstruktion wird die thematische Einheit des Gedichts hergestellt. Es wird damit zu einer Ode an den *dahr*, dessen umfassendes Vernichtungswerk der Dichter an ausgewählten Beispielen darzustellen beabsichtigt.[118]

Das Gedicht beginnt mit einem interrogativen Selbstgespräch, in dem der Dichter über das Todesgeschick und seinen Wandel (*al-manūni wa-raibihi*) reflektiert und rasch zu dem praktisch orientierten Urteil gelangt, dass *dahr* nicht willfährig gegenüber dem Trauernden ist.[119] Der unüberhörbar protestierende Ton, mit dem im ersten Teil des Verses gut rhetorisch nach dem Grund der Klage gefragt wird, wird durch die Feststellung zum Verstummen gebracht, dass die Klage gegen die Macht des *dahr* ohnehin nutzlos ist. Nach dem Eingangsvers wird das Gepräch um eine Gesprächspartnerin, Umaima, erweitert, die sichtlich verwundert fragt, warum Abū Ḏu'aibs Körper trotz Reichtum mager geworden ist und warum er keine Ruhe mehr findet (V. 2f.). Darauf antwortet er mit einer Bestandsaufnahme, in der er seine Situation darstellt, ohne auf das traurige Ereignis unmittelbar einzugehen, sondern durch die Verflechtung der Selbstanschauung mit der Reflexion über den Tod seine traurige Lage präsentiert (V. 4–13).[120] Er weist auf den Tod seiner Söhne hin, der

117 Abū Ḏu'aib, *Diwan*, Nr. 1, V. 15, 36, 49/*Mufaḍḍalīyāt*, Nr. 126, V. 16, 37, 51. Die Formel kommt auch in weiteren Elegien huḏailitischer Dichter vor. Vgl. Bauer, *Altarabische Dichtkunst*, II, 282, 308.

118 Vgl. E. Bräunlich, „Versuch einer literargeschichtlichen Betrachtungsweise altarabischer Poesien", in: *Isl*, 24 (1937): 201–269, hier 240f. Der Koran kennt die Wiederholung von refrainartigen Formulierungen: Vgl. Sure 55, in der die Formel „*fa-bi'aiyi 'ālā'i rabbikumā tukaḏḏibāni*" (welche von den Wohltaten eures Herrn wollt ihr denn leugnen) 31 mal wiederholt wird.

119 V. 1:

أمِنَ المَنونِ وَرَيبِها تَتَوجَّعُ والدهرُ ليسَ بمُعتِبٍ من يجزَعُ

„Willst du über das Todesgeschick und seinen Wandel dich beklagen? Das Schicksal ist doch auch dem Ungeduldigen nicht willfährig."

120 In Hells Übersetzung:

„Da antwortete ich ihr: Was meinem Körper fehlt – siehe, meine Söhne sind dahingegangen aus den Landen und haben Abschied genommen.

Dahingegangen sind meine Söhne und haben mir hinterlassen ein Seufzen nach dem Schlummer und eine Träne, die nicht versiegt.

Wohl sehe ich ein, dass das Weinen eine Torheit, und doch wird zum Weinen getrieben werden, wer (so) vom Unglück betroffen wird.

ihn mit tiefer Trauer und stechendem Schmerz erfüllt, so dass sein ganzes Leben derart schwer geworden ist, dass er nun sogar seinen eigenen Tod bald kommen sieht. Er macht dadurch die Unabhaltbarkeit des Todes, gegen den nichts weiter hilft, deutlich auch nicht Maßnahmen transzendenten Charakters wie ein Amulett. Die Selbstdarstellung vermittelt ein Bild von der erlebten Wirkung des schrecklichen Schicksals. Der antagonistische Zustand, in dem sich der Mensch gegenüber dem *dahr* befindet, kommt auch in der selbstbehauptenden Äußerung des Dichters zum Ausdruck, um der Schadenfrohen willen wolle er besonders zeigen, dass er sich dem harten Schicksal nicht beuge. Seine Erklärung, wie ihm dies überhaupt gelingen könnte, fällt jedoch wie ein abschließendes Dokument menschlicher Kapitulation vor der Vernichtungsmacht des *dahr* aus:[121]

> „Denn die Seele ist begehrlich, wenn du sie begehrlich machst; und wenn sie auf Weniges zurückgebracht wird, begnügt sie sich."

Der zweite und wohl längste Teil des Gedichts (V. 15–35) enthält die Episode eines Wildesels, der nach Ende einer idyllisch dargestellten Frühjahrsweide mit seinen vier Stuten neues Wasser sucht. Während die Onager trinken, nehmen sie das Geräusch eines Jägers wahr und versuchen zu fliehen. Dieser trifft zuerst eine Stute und dann den Hengst. Er be-

---

Sie sind meinem heißen Verlangen (vor ihnen zu sterben) zuvorgekommen und ihrem Begehren nachgerannt. So sind sie dahingerafft worden; denn für jede Seite (d.h. Jugend und Alter) gibt es eine Stelle, wo man zu Fall kommt.
Nun bin ich übrig geblieben nach ihnen mit einem mühseligen Leben und ich bilde mir ein, dass ich sie einhole, nachgeholt werde.
Und ich habe wahrlich darnach gestrebt, sie zu verteidigen; doch wenn das Todesgeschick kommt, ist es unabhaltbar.
Und wenn das Todesgeschick seine Krallen einschlägt, findest du, dass kein Amulett (mehr) nützt.
Deshalb ist das Auge nach ihnen, als ob seine Pupille mit einem Dorn gestochen wurde, so dass es erblindet ist und tränt.
Ja, es ist, als wäre ich für Unglücksfälle ein Stein am Fels des Betplatzes, der jeden Tag geschlagen wird.
Und dass ich in Geduld ausharre, geschieht um der Schadenfrohen willen: ich werde ihnen zeigen, dass ich mich dem Schicksal nicht beuge."

121 V. 14:

والنفسُ راغبةٌ إذا رغَّبتَها　　　وإذا تُرَدُّ إلى قليلٍ تقنعُ

In der *Mufaḍḍalīyāt*-Edition von Šākir und Hārūn (1964) werden infolge einer Wiener Hs. nach diesem Vers zwei weitere Verse eingefügt, deren Zuschreibung zu Abū Ḏu'aib angezweifelt wird. Vgl. Lyalls Edition, S. 858, n. m.

gnügt sich jedoch damit nicht, sondern tötet alle Onager, deren Tod der Dichter im Zusammenhang mit dem Tode all seiner Söhne sieht.[122] Der dritte Teil (V. 36–48) präsentiert einen Wildstier, der nach einem heftigen Kampf mit Jagdhunden von deren Herrn erschossen wird. In der letzten Episode (V. 49–63) wird ein junger bewaffneter Ritter mit seiner Ausrüstung beschrieben, der in den Kampf mit einem anderen Ritter gerät. Beide Männer edler Herkunft und guter Ausrüstung fallen dem Tode zum Opfer. Das Gedicht klingt im letzten Halbvers mit einem unvollendeten Bedingungssatz aus, der bedeutungsvoll abgebrochen wird. Diese letzte Aussage lautet, dass nichts gegen das Schicksal nützt (*lawa-nna šai'an yanfa'u*).[123]

Die angeführten Episoden beginnen jeweils konsequent mit der drohenden Botschaft, „nicht bleibt verschont von den Wechselfällen des *dahr*". Das Subjekt des negierten Verbs „*yabqā*", d.h. verschont bleiben, ist in allen Fällen das Opfer, dessen verhängnisvolles Schicksal in den folgenden Versen beschrieben wird. Der Dichter beansprucht, mehr als eine „bloße Vorgangsschilderung"[124] von bekannten Szenen zu präsentieren. Indem er Leidensgenossen unterschiedlicher Naturen vorführt, versucht er eine Art von Trost geltend zu machen, der nicht auf einer jenseitsorientierten Glaubensgewissheit, sondern auf der Vergegenwärtigung der universellen Realität des unentrinnbaren Todes als Wirkung des *dahr* beruht. Gleich zu Beginn des Gedichts werden Tod (*manūn*) und *dahr* in einem Wirkungszusammenhang gesehen. Dieser wird durch die anknüpfende Selbstbeschreibung und die drei folgenden Gleichnisse so intensiv dargestellt, dass seine Grausamkeit von verschiedenen Seiten überdeutlich wird. Die sinnlich wahrnehmbare Welt des Dichters wird hiermit

---

122 Die Onagerepisode wird ebenso von drei weiteren Huḏailīten Dichtern im Zusammenhang der Verarbeitung von Todeserfahrungen eingesetzt: Ṣaḫr al-Ġayy, Abū Ḫirāš und Usāma b. al-Ḥāriṯ. S. Huḏailīyīn: Bauer, *Arabische Dichtkunst*, II, 282–302, 308–319 mit Text, Übersetzung und Interpretation.

123 Jones, *Early Arabic Poetry*, II, 234, urteilt darüber: „There is a dreadful finality about the unfulfilled condition that stops dead without a main sentence. The verse marks not only the end of three unremitting tragedies. It is the epitaph of the Jāhiliyya." Ich teile Jones' Ansicht, dass der in Lyalls Edition letzte Vers anachronistisch ist. Er lautet:

فعفَت ذيولُ الريح بعدُ عليهما والدهرُ يحصدُ ريبُه ما يزرعُ

Lyall übersetzt:
„But the winds thereafter with sweeping skirts blot out their graves;
Time's sickle reaps in its prime the greatness himself he sown."

124 Wie von Gustav v. Grünebaum, *Die Wirklichkeitsweite in der früharabischen Dichtung*, Wien (1937): 157, behauptet wird.

zum Schauplatz der Katastrophen des *dahr* und zur Bühne, auf der die Macht des unüberwindbaren Todes ihr Spiel treibt. Das unabänderbare Walten des alles vernichtenden *dahr* offenbart sich vornehmlich im Tode. Aus den verschiedenen Einzelheiten der vier Teile des Gedichts bildet sich eine geschlossene Einheit, in deren Mittelpunkt der resignierte Gedanke der wiederholten Formel steht: Nichts bleibt verschont von den Wechselfällen des *dahr*.[125]

Dieser Gedanke, der im Gedicht nachdrücklich artikuliert wird, ist signifikant für die gesamte altarabische Dichtung. Der Glaube an die umfassende Vernichtungsmacht des *dahr* gilt als Siegel der vorislamisch-arabischen Ideenwelt. Das allgemein herrschende Elend in der Zeit wird an den verschiedenen Kreaturen, die als im Unglück Verbündete betrachtet werden, demonstriert. Der Mensch wird in der vorislamischen Anschauung der Zeit nicht aus dem leidenden Naturzusammenhang herausgerissen. Jede Spur menschlicher Emanzipation wird hier vergeblich gesucht. Stattdessen dominiert eine fatalistische Haltung gegenüber dem Dasein, die auch wenn sie sich in energischer Rücksichtslosigkeit verausgabt, wie sie besonders in der aktionistischen Lebensführung und der Vorliebe für den Krieg beobachtet werden kann, letztendlich in nichts anderes als Resignation vor den Bestimmungen der Zeit endet. Die damit verbundene Furchtlosigkeit vor dem Tode ist die sichtbare Schale des tiefen Bewusstseins, dass der Tod in das Leben als der Kern der Wirksamkeit der Zeit mit einbezogen ist. Tod und Leben werden somit Aspekte einer ganzheitlichen Wirklichkeit, die der altarabische Dichter empfunden und sprachlich zu gestalten versucht hat. Dem modernen Leser, der gewohnt ist, den Phänomenen unterschiedliche Ursachen beizufügen, mag eine solche ganzheitliche Lebenserfahrung fremd erscheinen. Trotz der Verschiedenheit der Stimmungen, mit denen der Dichter – und dabei fungiert er durchaus als Sprachrohr seiner Umwelt – den verschiedenen Implikationen seiner Zeitlichkeit begegnet, behält seine Haltung ein hohes Maß an resignierter Nüchternheit. Auf der Grundlage der negativen Anschauung der Zeit bildet sich eine unheilvolle Konstellation, die in Form einer naturalistisch begründeten und deshalb unfreiwilligen Hingabe an die Zeit erlebt wird.

---

125 Etwa anders lautet das Urteil Gustav von Grünebaums, *ibid.*, 83f., der Abū D̲u'aib das Verdienst zuschreibt, ein „Denkmal einer bei aller Gebrochenheit positiven Einstellung zum Schicksal" geschaffen zu haben. Indem sich die oben angeführte Analyse Grünebaums Gesamturteil, Abū D̲u'aib „den großen Vollender zu nennen", anschließt, unterscheidet sie sich deutlich von seiner weniger differenzierten Ansicht, Abū D̲u'aib fasse das Schicksal auf positive Weise auf. Vgl. die Analyse des Gedichts in Abu-Deeb, „Towards a structural Analysis", 174ff.

Zweiter Teil

Arabischer Hellenismus

Drittes Kapitel

Dahr: Arabischer *aion*

Aus der ausführlichen Besprechung der vorislamisch-arabischen Zeitvorstellungen ergibt sich, dass *dahr*, der wichtigste Begriff der Zeit in der vorislamisch-arabischen Dichtung, zwei zusammengehörige Bedeutungen aufweist: Er bedeutet sowohl die unendliche Zeit als auch das Schicksal. Jede der beiden Bedeutungen weist weiterhin verschiedene Nuancen auf, die *dahr* zu einem vieldeutigen Abstraktum werden lassen. So wird er als unbestimmt lange Zeit gedacht, die ausgedehnt wird, um das ganze Lebensalter eines Einzelnen, eine Generation oder sogar das Weltalter schlechthin zu bedeuten. Als eine tätige Entität wird *dahr* personifiziert und zum unentrinnbaren Schicksal erhoben; ihm wird weitreichende Macht über das Leben zugeschrieben.

Dass ein und dasselbe Wort zum einen die unterschiedlich ausgedehnte Zeit und zum anderen auch agierendes Schicksal bedeutet, ist an sich ungewöhnlich und verdient genauer betrachtet zu werden. Man neigt zunächst zu der Frage, welche der beiden Bedeutungen die ursprüngliche ist und wie es zu der Entwicklung gekommen ist, die dem Begriff der unendlichen Zeit auch noch die Bedeutung des Schicksals beigab – eine Frage, die vielleicht mit philologischen Methoden beantwortet werden kann. Außerdem wundert man sich darüber, wie ein derart abstrakter Begriff – ja wohl neben seinem viel weniger gebrauchten Synonym *zamān*, soweit ich sehen kann, der einzige – in der vorislamisch-arabischen Poesie überhaupt existieren kann. In der geistigen Landschaft, der diese Poesie entsprungen ist, mangelt es bekanntlich drastisch an weitreichender Abstraktion – eine Erkenntnis, die nicht nur das Studium der Poesie, sondern auch gleichermaßen die Lektüre des Korans lehren.

Die Mehrdeutigkeit und die Abstraktheit des Begriffs *dahr* deuten auf eine vielschichtige Bedeutungserweiterung des Begriffs hin. Abstrakta werden gewöhnlich aus konkreten Bedeutungen heraus entwickelt. Sie werden später personifiziert, damit dem Begriff eine fassbare Lebendigkeit verliehen wird, die es dem menschlichen Imaginationsvermögen erleichtern soll, mit dem Begriff umzugehen. *Dahr* dürfte einen solchen Entwicklungsprozess durchgemacht haben, der zum einen seine ursprünglich begrenzte Dauer ins Unendliche ausgedehnt und zum anderen die Zeit zu einer unbegrenzt tätigen Größe schicksalhaften Charakters verwandelt und personifiziert hat. Wie diese Erweiterung zustande gekommen und verlaufen ist, kann nicht mehr verfolgt werden, da schriftliche Zeugnisse fehlen, die in chronologisch geordnetem Zustand Aufschluss darüber geben könnten. Denn die ältesten bisher bekannten arabischen Inschriften bezeugen das Wort nicht.[1] In der vorislamisch-arabischen Dichtung existieren die unterschiedlichen Bedeutungen des *dahr* auf gleicher Ebene nebeneinander, so dass sich der vermutete Entwicklungsprozess nicht mehr rekonstruieren lässt.

Die Suche nach Antworten auf die erhobenen Fragen führt mangels vorislamisch-arabischer Textgrundlage dazu, den Blick auf verwandte Wörter aus demselben semitischen Umfeld zu richten, deren Stand besser als der des *dahr* belegt und erforscht ist. Nächst liegend im Hinblick auf Etymologie und Inhalt ist das hebräische Wort *dōr* (דּוֹר), das in der Bibel meistens im Sinne von „Generation“ gebraucht wird – eine Bedeutung, die es mit *dahr* teilt. Für die Bedeutungserklärung dieses Begriffs wird jedoch in einem zweiten Schritt eine weitreichende Perspektive erschlossen, die seine Verbindung zum griechischen Begriff *aion* aufdeckt. Dieser hatte zur Entstehungszeit der altarabischen Gedichte schon eine reichhaltige und gut belegte Entwicklungsgeschichte hinter sich, die sicher bis zum homerischen Epos hin zurückreicht. Im Unterschied zu *dōr* wird *aion* ebenso wie *dahr* als unendliche Zeit personifiziert und als Schicksalsmacht beschrieben. Wie diese Zeitausdrücke getrennt und im Verhältnis zueinander bezeichnet werden, soll dieses Kapitel aufzeigen.

I. *Dahr*, *dōr* und die kreisende Zeit

Um einen besseren Standpunkt zu erreichen, von dem aus die Frage beantwortet werden kann, ob die Bedeutung der Zeit oder die des Schicksals im Begriff *dahr* grundlegend ist, richten wir zunächst das Augen-

1 Das ergibt die Überprüfung der folgenden Inschriftensammlungen: *Corpus Inscriptionum Arabicarum*, gegründet von Max van Berchem, Kairo (1894); *Matériaux pour un Corpus Inscriptionum Arabicarum*, Institut Français d'Archéologie Orientale, Kairo (1954-); Enno Littmann, *Semitic Inscriptions*, Leiden (1914–1949); Moshe Sharon, *Corpus Inscriptionum Arabicarum Palaestinae*, Leiden (1997–2004).

merk auf das hebräische Wort *dōr.* Dessen etymologische Verwandtschaft mit dem arabischen Wort *dahr* ist philologisch gesichert.[2] Die Philologie ist sich auch darüber im Klaren, dass die mittleren Laute der beiden Wurzeln DHR und DWR austauschbar sind.[3] Einem wichtigen Hinweis Theodor Nöldekes folgend könnte man sogar vermuten, dass mit großer Wahrscheinlichkeit die Wurzel DWR die ältere der beiden ist.[4]

Das hebräische Wort *dōr* wird hauptsächlich auf eine Menschengemeinschaft bezogen und bedeutet im Alten Testament vorwiegend „Geschlecht" und „Generation".[5] Seine griechische Übersetzung in der Septuaginta ist *génus.* Mit *dōr* sind die Zeitgenossen und ihre Zeit gemeint. Beide Momente gehören eng zusammen; sie werden jedoch je nach Kontext unterschiedlich betont.[6] Die mit *dōr* bezeichnete Zeit-

2 Wilhelm Gesenius, *Hebräisches und Aramäisches Handwörterbuch über das Alte Testament*, 18. Auflage, Hg. Herbert Donner, Bd. II, Berlin etc., (1995): 246; Carl Brockelmann, *Lexicon syriacum*, 147a.

3 Vgl. dazu Gesenius und Brockelmann a.a.O. Theodor Nöldeke verweist in seiner Besprechung von Delitzsch's *Prolegomena eines neuen hebräisch-aramäischen Wörterbuchs zum Alten Testament*, in: *ZDMG*, 40 (1886): 741, nachdrücklich auf „den engen Zusammenhang" von „DHR" und „DWR". Weitere Beispiele aus dem Arabischen für die Vertauschbarkeit von II W und II H in den beiden Wurzeln sind die jeweils verwandten Wortpaare „*ḏāba*", „sich lösen, schmelzen" und „*ḏahaba*", „gehen, verschwinden" oder „*ʿār*", „Schande", und „*ʿahr*", „Hurerei". Am Beispiel vom Verb „*ʿāda*", das „zurückkehren, etwas wiederholen" bedeutet und in das Nomen „*ʿahd*", „Vertrag, Bund", übergeht, können wir sehen, wie die regelmäßige Wiederholung zur Fortdauer wird. Ob dabei eine Verwandtschaft mit der altarabischen Gottheit *ʿauḍ* vorliegt (s. oben S. 52f.), scheint unsicher zu sein: Conrad Orelli, *Die hebräischen Synonyma der Zeit und Ewigkeit genetisch und sprachvergleichend dargestellt*, Leipzig (1871): 31, n. 2. Ich danke Prof. W. Fischer (Erlangen) und Prof. S. Hopkins (Jerusalem) für nützliche Hinweise.

4 Nöldeke, *ibid.*, 741, verweist auf den Zusammenhang von „biblischem מול und nachbiblischem מהל ‚beschneiden'".

5 Die oben angeführten Überlegungen stützen sich auf: Botterweck und Freedman-Lundbom, „דוֹר *dōr*", in: G. Johannes Botterweck und Hellmer Ringgren (Hg.), *Theologisches Wörterbuch zum Alten Testament*, Bd. II, Stuttgart (1984): 182–194; Köhler und Baumgartner (Hg.), *Hebräisches und Aramäisches Lexicon zum Alten Testament*, I, 209; G. Gerleman, „דוֹר *dōr* Generation", in: Ernst Jenni und Claus Westermann (Hg.), *Theologisches Handwörterbuch zum Alten Testament*, 4. durchgesehene Aufl., Bd. I, München (1984): 443–445.

6 Es wird in diesem Rahmen darauf verzichtet, die zeitbezogenen theologischen Bedeutungen von *dōr* im Alten Testament darzustellen. Vgl. die Erörterung dieses Sachverhalts im *Theologischen Wörterbuch des Alten Testaments* sowie in Gershon Brin, *The Concept of Time in the Bible and the Dead Sea Scrolls*, Leiden etc. (2001): 58ff. mit weiterführender Literatur.

spanne ist „als Dauer der in ihr lebenden Menschen faßbar." Dementsprechend wird die Vergangenheit genauso wie die Zukunft als eine Abfolge vieler, aneinandergereihter Generationen beschrieben.[7] Das Wort deutet also nicht nur auf den engen Zusammenhang von Leben und Zeit hin, sondern auch auf den periodischen Charakter der aus einander folgenden Generationen bestehenden Zeitdauer.

Die Verabsolutierung der Zeitdauer wird mit der superlativischen Form *dōr wa-dōr*[8] oder *dōr dōrim*[9] zum Ausdruck gebracht, die alle Generationen schlechthin bedeutet und manchmal parallel zum Wort *ʿolām* (עולם) vorkommt, das die Ewigkeit als die grenzenlose Zeit bedeutet, deren Ende verborgen ist.[10] Ein zeitliches Kontinuum wird damit bezeichnet, dessen Ablauf nach menschlichem Vorstellungsvermögen unabsehbar ist. Im Unterschied zu der mit *ʿolām* gemeinten Ewigkeit kann die unendliche Zeit, die mit den superlativischen Formen von *dōr* zum Ausdruck gebracht wird, mit Recht als in „pieces" oder „slices" ins Unendliche ausgedehnte Dauer bezeichnet werden.[11] Während die im Alten Testament mit *ʿolām* bezeichnete Zeitunendlichkeit unveränderlich, konstant und fließend ist,[12] besitzt die mit der superlativischen Form von *dōr* gemeinte Unendlichkeit die qualitative Konnotation der Unendlichkeit wiederkehrender Generationen und Perioden und ist mithin zyklischer Natur. Sie besteht in der Akkumulation von langen Zeitabschnitten, die mit den sich perpetuierend abwechselnden Generationen identisch sind. Auf diese Weise bezeichnet *dōr* „den kreisförmig sich abschließenden Zeitverlauf, in welchem ein Menschengeschlecht seine Entwicklung vollendet"[13] und der von einem anderen, ähnlich strukturierten Zeitverlauf nahtlos gefolgt wird. Mit *dōr* verbindet sich keine eschatologische Bedeutung. Es sei schließlich das hervorgehoben, was

---

7 Gerleman, *ibid.*, 444.

8 Z.B. Ex 3:15; Ps 10:6; Jes 60:15; Joël 2:2.

9 Jes 51:8.

10 S. z.B. Joël 4:20.

11 Vgl. Brin, *The Concept of Time*, 59. Zu den verschiedenen Bedeutungen von *dōr* und *ʿolām*: *Ibid.*, 58ff., 150ff.

12 S. besonders die erhellende Untersuchung: Ernst Jenni, „Das Wort ‚*ʿolām*' im Alten Testament", in: *ZATW*, 64 (1952): 197–248 und 65 (1953): 1–35.

13 Orelli, *Die hebräischen Synonyma*, 34. Er weist auf S. 35 auf das arabische bedeutungsgleiche *ǧīl*, Generation, Zeitgenossenschaft, hin, das mit dem arabischen Nomen *ǧaul*, „*circumivit*", und dem hebräischen Verb *ǧāl*, sich im Kreise drehen, verwandt ist. Für weitere arabisch-biblischhebräische Parallelen s. L. Kopf, „Arabische Etymologien und Parallelen zum Bibelwörterbuch", in: *VT*, 8 (1958): 161–215.

für unseren Zusammenhang relevant ist, nämlich dass dem Wort *dōr* die Idee des Schicksals nicht anhaftet.[14]

Wie die Etymologie von *dōr* tatsächlich zeigt, gehört zum Bedeutungsfeld der gemeinsemitischen Wurzel DWR mit großer Wahrscheinlichkeit auch die Bedeutung „Kreis".[15] Wie bereits gezeigt werden konnte, betrifft diese Verwandtschaft ebenso das arabische Wort *dahr*.[16] Daraus kann abgeleitet werden, dass zu dem Bedeutungsfeld der Wurzel auch die verwandten Wortgruppen gehören, die im Folgenden aufgeführt werden: 1) *dāra*, „sich drehen, kreisen, sich im Kreis bewegen",[17] daher *daur*, „Kreis, Periode, Phase, Epoche, eine Folge in einer Reihe" und das Feminin *daura*, „Rotation, Drehung, Umdrehung, Zyklus", *madār*, „Laufbahn der Gestirne", sowie das weibliche Partizipaktiv *dā'ira*, „Kreis, Zyklus" und 2) *dār*, „Haus, Wohnstätte, Familienangehörige, Familie".[18]

Was bringt uns dieser Exkurs in die Semantik des hebräischen Wortes *dōr* an neuen Erkenntnissen, die unser Verständnis des arabischen Begriffs *dahr* fördern können? Der hebräische Ausdruck enthält nicht die Bedeutung des Schicksals, sondern bedeutet eine lange Zeitdauer, die gesamte Zeit einer Generation, die sich kreisförmig abschließt und nahtlos in eine andere, gleichgeartete übergeht. Wiederholt sich dieser Vorgang so oft, dass der Zeitverlauf unendlich wird, setzt sich seine Unendlichkeit mit der Unendlichkeit der Wiederholung gleich. Die Idee des Kreisens ist für eine solche Zeitauffassung zentral. Wenden wir uns nun *dahr* erneut zu, sehen wir, dass auch ihm tatsächlich die Idee des Kreisens innewohnt. Er bedeutet die Zeit, die in Zyklen vor sich hin geht.[19] *Dahr* dreht sich

---

14 Vgl. Joseph Wochenmark, *Die Schicksalsidee im Judentum*, Stuttgart (1933). An der späteren Stelle Jes 53:8 könnte *dōr* das zugeteilte Schicksal bedeuten.

15 So Gesenius und Köhler und Baumgartner. Weniger überzeugend argumentiert dagegen Gerleman, a.a.O. Vgl. zum assyrischen „*dār*" in der Bedeutung „ever, contiuously": *The Assyrian Dictionary*, The Oriental Institute of the University of Chicago, Chicago (1959): 107f. Im Artikel wird eine Beziehung des Wortes zum Kreis sowie die Verbindung von Zyklus und Generation abgelehnt.

16 Orelli, *Die hebräischen Synonyma*, 36f.

17 In Verbindung mit der Präposition „*ʿalā*" bedeutet das Verb „*dāra*" „sich wenden, sich wandeln und anders werden". Vgl. *Lisān* und *Lane*, s. v.

18 Vgl. *Lisān* und *Lane*, s. v.

19 *Lisān*, s.v. Orelli, *Die hebräischen Synonyma*, 36f. mit einem späteren Vers als Beispiel für den Ausdruck „*ad-dahr dauwār*". Einem anregenden Hinweis in August Dillmann, *Lexicon linguae aethiopicae cum indice latino*, Leipzig (1865): 1123, zufolge könnte man auch die Rotation des fliegenden Vogels in den Befund miteinbeziehen, die mit dem Verb „*ṭāra*" assoziiert wird.

und dreht alles mit sich. Er wird von den Lexikographen als *dauwār* bezeichnet – eine auf die Intensität der vornehmlich Menschen betreffenden Verwandlung hinweisende Form des Attributs.[20] In späteren persischen Gedichten, in denen das arabische Wort *dahr* verwendet wird, zeichnet es sich anderen Zeitbegriffen wie *zamān* gegenüber sogar allein durch die Eigenschaft des Drehens aus.[21] Dieses scheint sein Kennzeichen zu sein. Sind solche poetischen und die lexikalischen Zeugnisse auch erst später als die vorislamisch-arabischen Gedichte, die hier Gegenstand der Untersuchung sind, entstanden, können sie nur bestätigen, was bereits im ersten Kapitel angedeutet wurde. *Dahr* bedeutet die kreisende Zeit, die als unentrinnbare Seinsmacht ein starkes Moment des Schicksals enthält, das im Begriff nicht ursprünglich ist, wie die philologische Analyse des verwandten hebräischen Ausdrucks *dōr* nahelegt, sondern sich aus abstrahierender Wahrnehmung der Ereignisse entwickelt hat. Könnten sich für diesen Gedanken noch weitere Beispiele in der vorislamisch-arabischen Poesie finden, die zur weiteren Begründung dieses Sachverhalts beitragen?

II. Der sich drehende *dahr*

Wie die hauptsächlich im ersten Kapitel unternommene Analyse gezeigt hat, werden die Wirkungen des *dahr* als äußerst wechselhaft beschrieben, eine Eigenschaft, die auf seine drehende Natur hinweist. Weitere Verse, die im Folgenden analysiert werden, bestätigen den mit *dahr* verbundenen Charakter kreisender Zeit im Zusammenhang mit den wechselnden Naturperioden und Lebensverhältnissen. Beide können in der Wahrnehmung vorislamisch-arabischer Dichtung voneinander insofern nicht getrennt werden, als die Lebensumstände nach dem Muster der stets wechselnden natürlichen Zyklen zu wechseln scheinen.

In einem Vers ʿAdī b. Zaids heißt es, *dahr* sei einmal dunkel, einmal leuchte er. Dies sei ein Grund für die Seele, schwere Unglücksfälle gedul-

20 Orelli, *Die hebräischen Synonyma*, 39f. Ein weiteres Beispiel für die zyklische Natur des Zeitverlaufs nach arabischer Vorstellung ist das Wort *tāra*, das eine Weile, eine Periode, ein Mal, bedeutet und sprachlich mit dem Verb *dāra*, drehen, und seinen Ableitungen verwandt ist. Orelli, *ibid.*, 37. Hier, Anm. 2, wird parallel darauf hingewiesen, dass das deutsche Wort „Weile" und das englische „while" mit dem englischen „wheel", Rad, (althochdeutsch: *huila*) verwandt sind.

21 Helmer Ringgren, *Fatalism in Persian Epics*, Uppsala und Wiesbaden (1952): 15.

dig zu ertragen.[22] Die Aussage vermittelt die Auffassung, dass die Wirkungen der schicksalhaften Zeit gegensätzlich sind: Einmal bringt sie Unglück, ein anderes Mal beglückt sie die Menschen. *Dahr* ist also nicht nur Quelle der Übel; aus ihm rührt auch Gutes in der Welt her. Die wechselnde Natur des *dahr* wird metaphorisch durch das Bild der sich abwechselnden Licht und Dunkelheit beschrieben. Die zur Geduld ermutigende Reihenfolge von zuerst dunklen und danach hellen Zeiten entspricht übrigens der Vorrangstellung der Nacht im semitischen Tageskalender. An der Stelle bedeutet das Adverb „*ḥīnan*" eine Zeitspanne, die die Ereignisse des *dahr* trägt. Sie bricht nicht eigenständig wie der griechische *kairos* in das Leben des Menschen ein. Sie ist sogar überhaupt nicht aktiv, sondern fügt sich völlig dem Walten des *dahr*, der uneingeschränkt, aber rotierend agiert. Dem Betroffenen wird empfohlen, der Erlösung zu harren. Er ist den Wechselfällen der drehenden Zeit ausgeliefert; er kann nicht mehr tun, als in passiver Haltung die zu einem noch unbekannten Zeitpunkt von *dahr* bewirkte Veränderung des dunklen Zustands geduldig zu erwarten. Die versprochene Erlösung ist jedoch nicht endgültig; wie das wiederholte Adverb *ḥīnan* suggeriert, ist auch sie vorübergehend. Eine anthropologische Situation wird damit nach dem Abbild eines natürlichen Phänomens abgezeichnet. Der zyklischen Abfolge der Nächte und der Tage entsprechen in ihrer Gegensätzlichkeit und ihrem beständigen Abwechseln die schicksalhaften Wirkungen des *dahr*. Wiederum scheint dem poetischen Betrachter der natürliche Vorgang, der die Gesamtheit der unendlichen Zeit konstituiert, ein sichtbares Symbol für die Veränderung von Lebenszuständen zu liefern, die der absoluten Macht des *dahr* unterstehen. Schließlich sei darauf hinzuweisen, dass das Motiv der sich im Wechselspiel befindenden Licht und Dunkelheit auf die Berührung des Christen ʿAdī mit gnostisch-manichäischen Ideen hinweisen könnte.

Dahr wird in einem anderen Vers als vielschichtig (*aṭbāquhu*) vorgestellt; dessen Wechselfälle (*ṣurūf*) wirken im steten Auf und Ab (*fīhā (i)rtifāʿun wa-(i)nḥidāru*).[23] Er dreht nach oben und nach unten und

22 ʿAdī b. Zaid, *Diwan*, 16, 34:

فاصبرِ النّفسَ للخطوبِ فإنَّ　　　الدهرَ يدجو حينًا وحينًا يُنيرُ

„Sei geduldig über die Unglücksfälle, denn die Zeit (*dahr*) ist eine Weile finster, eine Weile ist sie hell."

23 Al-Afwah al-Audī, in: *al-Mausūʿa š-šiʿrīya* (Enzyklopädie der arabischen Poesie), CD-ROM Edition, Cultural Foundation Abu Dhabi (2003): G. 13, V. 3:

فصروفُ الدَهرِ في أطباقِهِ　　　خِلعَةٌ فيها اِرتِفاعٌ وَاِنحِدارُ

Ḏū l-Iṣbaʿ al-ʿAdwānī, *Diwan*, 21, 2, vertritt die ähnliche Ansicht, dass *dahr* bald grob bald weich ist: „*wa-d-dahru ḏū ġilaẓin ḥīnan wa-ḏū līni.*"

seine gegensätzlichen Ereignisse verändern sich immer wieder. Die Konsequenz daraus für das Leben ist freilich wie bereits erwähnt, *dahr* nicht zu vertrauen. Im Gegensatz zum vorigen Vers folgt hier die negative Wirkung des *dahr* der positiven. Mit dem Niedergang nach dem Aufstieg endet die Aussage über die Wechselfälle des vielfältigen *dahr*. Die ultimative Äußerung darüber ist also nicht erfreulich.

Ein konkretes Bild aus dem wohl bekannten Tierreich wird an der folgenden Stelle verwendet, um die verschiedenen Übel des *dahr* zu beschreiben:[24]

> „Wenn *dahr* [wie ein Kamel] seine schwere Brust über Menschen hinüberzieht, fügt er anderen Gutes zu [wörtlich: steigt mit anderen herab];
>
> Sage also denjenigen, die sich über unser Unglück freuen: ‚Wachet auf! Den Schadenfreudigen wird genau das widerfahren, was uns widerfahren ist.'
>
> So ist *dahr*! Sein Wandel ist wechselvoll; seine Wechselfälle machen kehrt und greifen immer wieder an."

Imru' al-Qais vergleicht an einer bereits zitierten Stelle die bedrückende Nacht mit einem Kamel, das auf ihm schwer lastet. Auch D̲ū l-Iṣbaʿ vergleicht *dahr* mit einem Kamel. Das Kamel befindet sich jedoch hier im Zustand der Bewegung. Zwei seiner Bewegungen werden vorgestellt: Die erste ist horizontal; das Kamel zieht seine schwere Brust über Menschen und macht sie damit dem Boden gleich. Die zweite Bewegung ist senkrecht; das Kamel steigt mit anderen Opfern aus der Höhe herab. Die dargestellten Bewegungen gehen also in mehrere Richtungen. Der Dichter will, dass sie als deutlicher Hinweis auf die Vielfältigkeit der verheerenden Wirkungen des wechselhaften *dahr* verstanden werden. Vielleicht ist es deshalb kein Zufall, dass er für den Vergleich ein allzu bekanntes Tier als Veranschaulichungsfigur nimmt. Die an die Schadenfreudigen gerichtete Ermahnung stützt sich auf nichts Anderes als auf die pessimistische Botschaft, *dahr* lasse niemanden vor seinen negativen Wirkungen verschont bleiben: Das eine Mal sind diese Menschen, ein anderes Mal sind jene von ihm betroffen.

Im letzten Vers wird die Wirkung des *dahr* mit dem Nominalsatz *daulatuhu siǧālun*, „sein Wandel ist wechselvoll", beschrieben. Der Ausdruck verdient in mehrerer Hinsicht Beachtung. Zunächst sei bemerkt,

---

24 D̲ū l-Iṣbaʿ al-ʿAdwānī, *Diwan*, 20, 1,2,4:

إذا ما الدهرُ جرَّ على أناسٍ كلاكله أناخَ بآخَرينا
فقُل للشّامِتين بنا أفِيقوا سيلقى الشامتون كما لقِينا
كذاك الدهرُ دولتُهُ سِجالٌ تكرُّ صُروفُهُ حِينًا فحِينا

dass das Wort *daula* aus der Wurzel DWL stammt, die mit der Wurzel DWR aufgrund des hier leicht vorstellbaren Konsonantenwechsels eng verwandt ist. Für die Klärung des Sachverhalts müssen wir ein wenig ausholen. Das Verb *dāla* wird auf Zeit und Schicksal bezogen und bedeutet „wechseln, periodisch wechseln, sich ändern, abgelöst werden". Der Satz *dālat lahu d-daula* bedeutet beispielsweise soviel wie „das Schicksal hat sich zu seinen Gunsten gewandt". Das Gegenteil wird gemeint, wenn die präpositionale Konstruktion *lahu* durch die präpositionale Konstruktion *ʿalaihi* ersetzt wird. Das Verbalsubstantiv *daula* bedeutet ursprünglich „Wechsel, Ablösung, Umschwung der Zeit und des Geschicks, wechselnder Zeitabschnitt, wechselndes Geschick" oder vielleicht besser im Englischen „turn" wie im Ausdruck „it is now your turn", im Sinne von „du bis jetzt dran". In den Bereich des Politischen übertragen bedeutet *daula* „Staat, Reich, Herrschaft, Dynastie". Im Gegensatz zu „Staat" oder „state" deutet das arabische Wort nicht auf Bestand hin, sondern auf kontinuierlichen Wandel der Machtverhältnisse. Gemäß der damit verbundenen Vorstellung ist die politische Herrschaft von Natur aus nicht dauerhaft, sondern sie wird irgendwann von einer anderen abgelöst. Der angedeutete „turnungsgemäße" Wechsel wird sehr stark auf die Wirkung der Zeit und des Schicksals zurückgeführt, wie die ursprüngliche Bedeutung des Wortes deutlich macht.[25] Das Wort *daula* in dem bereits zitierten Vers bedeutet also die abwechselnde Zuwendung und Abwendung des *dahr* gegenüber den Menschen mit Glück und Unglück. Dieser Gedanke erhält weitere Steigerung, wenn mit dem zusätzlichen Prädikat *siǧāl* das Hin und Her der Wechselfälle betont wird. Sie werden im zweiten Halbvers mit dem Satz *takurru ḥīnan faḥīnā* als Ritter vorgestellt, die immer von neuem zum Angriff rollen. Die Zeiten, in denen *dahr* Menschen in Ruhe zu lassen scheint, sind nach dieser Auffassung nicht mehr als Ruhephasen vor dem Sturm. Zusammengenommen ergibt sich aus den Bildern im ersten und dritten Vers schließlich die Vorstellung, dass *dahr*s Wirkungen in allen Richtungen herumwirbeln.

An die Idee vom wechselvollen *dahr*, der den Menschen in willkürlicher Weise Gutes und Schlechtes zuteilt, knüpft sich die Idee an, dass *dahr* fließt, d.h. nicht bei einem Zustand bleibt, sondern sich und jeden Zustand mit sich ändert. Der alte Gedanke Heraklits, dass alles fließt,

---

25 Auch Orelli, *Die hebräischen Synonyma*, 36f., hebt die mit *daula* zum Ausdruck gebrachte „kreisartige Wandlung des menschlichen Schicksals" hervor. Vgl. *Lane*, s.v.

findet hier spezifische Entsprechung. So sieht ʿAlqama l-Faḥl, dass die Wechselfälle des *dahr* fließen und den Todestermin mit sich führen.[26] Mittels eines Vergleichs beschreibt Taʾabbaṭa Šarran eindrucksvoll die Schicksalhaftigkeit der Zeit im Krieg, indem er den *dahr* wie ein Bach zwischen den kämpfenden Männern fließen lässt. Das Bild suggeriert, dass die fließende Zeit die Entscheidung über Sieg und Verlust herbeiführt.[27]

Dahr fließt und dreht sich, ja man könnte sagen, dass er geradezu im Drehen fließt. Die Zeitauffassung, die sich mit dieser Vorstellung verbinden lässt, ist wie bereits erwähnt eine linear-zyklische. Die Zeit fließt in Zyklen vor sich hin; diese sind die immer neu anfangenden Perioden wie die Tage und die Nächte, die Jahreszeiten und die Jahre. Sie rollen kontinuierlich nacheinander wie Perlen an einer Schnur. Verse von ʿAmr b. Qamīʾa veranschaulichen, wie in einem solchen Konzept die Unendlichkeit des *dahr* und die Unendlichkeit der Wiederkehr der Perioden gleichgesetzt werden:[28]

> „Ich vergehe, kann aber von der Zeit (*dahr*) keine einzige Nacht vernichten; das, was ich vernichtet habe, hat keine Perlenschnur bereichert [d.h. es hat keinen Wert];
>
> Die Erwartung der Tage und der Nächte hat mich zugrunde gerichtet, ebenso wie die Erwartung der Jahre, eines nach dem anderen."

In den Versen wird das Menschenleben als eine begrenzte Dauer dargestellt, die in der Erwartung neuer Perioden vergeht. Es weist keinen anderen Sinn auf, als dass es eine linear ausgerichtete Bewegung zum Tode ist, der sich innerhalb der festgelegten Zeitstruktur vollzieht und mit den immer wieder kommenden Perioden näher rückt.

Wie eng die Beobachtung der sich zyklisch ereignenden Naturphänomene mit der vorislamisch-arabischen Vorstellung der unendlichen Zeit und ihrer Wirkungen verschränkt sind, zeigen die folgenden Verse. Sie erblicken am alternierenden Zunehmen und Abnehmen des Mon-

26 In Ahlwardt, *The Divans*, 195, 10: „*wa-ṣurūfu d-dahri taǧrī bi-l-aǧal*", „und die Wechselfälle des *dahr* fließen mit dem Todestermin her (bringen ihn näher)."

27 *Al-Mausūʿa š-šiʿrīya*, CD-ROM Edition, Taʾabbaṭa Šarran, G. 43, V. 2:

حَيثُ التَقَت فَهمٌ وبَكرٌ كُلُّها والدهرُ يَجري بَينَهُم كالجَدوَلِ

„Da, wo sich Fahm und Bakr allesamt sich [im Krieg] begegneten, während die Zeit (*dahr*) zwischen ihnen wie ein Bach floss."

28 *Diwan*, hrsg. v. Ḫalīl Ibrāhīm al-ʿAṭīya, Bagdad (1972): 3, 14f.:

وأفنى وما أُفني منَ الدهرِ ليلةً ولم يُغنِ ما أفنَيتُ سِلكَ نِظامِ

وأهلكني تأميلُ يومٍ وليلةٍ وتأميلُ عامٍ بعدَ ذاكَ وعامِ

des die Perspektive, dass Unglücksfälle des *dahr*, so groß sie sein mögen, sich allmählich reduzieren und dann verschwinden, um erneut zu erscheinen:[29]

> „So groß die Unberechenbarkeit der Zeit (*dahr*) wäre, da sehe ich den Nachtmond, der mit dem Jüngling seine Qualen teilt,
>
> Wie er klein als Neumond erscheint und nachher sein Licht und seine Gestalt größer werden, bis er sich vollendet,
>
> Fast verschwinden sein Licht und sein Schein; er verblasst, bis er kaum sichtbar wird,
>
> Ebenso verhält es sich mit den Dingen; sie nehmen zu, gleich danach nehmen sie ab, und sie wiederholen sich infolgedessen, nachdem sie vergangen waren."

Die Hoffnung darauf, dass unangenehme Ereignisse wie der sichtlich abnehmende Mond bald verschwinden, wird durch die entgegengesetzte Beobachtung eingeschränkt, dass sie genauso wie die Stadien des Mondes sicher bald wieder kommen. Die damit assoziierte Zeitvorstellung besteht in der Spannung zwischen zwei Polen, welche die positiven und negativen Lebenserfahrungen widerspiegeln. Die Zeit ist von ständiger Wechselhaftigkeit gekennzeichnet. Es lässt sich beobachten, dass der an der Stelle gezogene Vergleich dem Mond nur symbolhaften Charakter zuweist. An dessen Veränderung wird lediglich die Möglichkeit von Veränderungen im Leben demonstriert, ohne dass dem Mond zugeschrieben wird, dass er sie in irgendeiner Weise verursachen oder gar beeinflussen würde. Die folgenden Verse des Dichters D̠ū l-Iṣbaʿ al-ʿAdwānī präsentieren jedoch die weitere Auffassung, dass die Bewegung der Himmelssphären nicht nur die Zeitperioden bestimmt, sondern auch unmittelbar das Leben beeinflusst. Dem nach Augenschein größten und hellsten

29 Die Verse seien in diesem Zusammenhang angebracht, obwohl ich wegen ihres leichteren Duktus den Verdacht habe, dass sie nicht vorislamisch sein könnten. Sie drücken jedoch eine allgemein geltende Lebenserfahrung aus, deren Begründung sich auf natürliche Phänomene stützt, die dem arabischen Betrachter in alten Zeiten mit Sicherheit geläufig waren. Die Verse werden dem vorislamischen Dichter Ḥanẓala aṭ-Ṭāʾī zugeschrieben, in *al-Mausūʿa š-šiʿrīya*, CD-ROM Edition, G. 1, V. 1–4:

ومهما يَكُن مِن رَيبِ دَهرٍ فَإِنَّني   أرى قَمَرَ اللَيلِ المُعَذَّب كَالفَتى
يُهِلُّ صَغيراً ثُمَّ يَعظُمُ ضَوءُهُ   وصورَتُهُ حتّى إذا ما هو استوى
وقَرَّبَ يخبو ضوءُهُ وشعاعُهُ   ويمصحُ حتّى يَستَسِرَّ فما يُرى
كَذَلِكَ زَيدُ الأمرِ ثمَّ انتقاصُهُ   وتَكرارُهُ في إثرِهِ بعدَ ما مضى

Himmelskörper wird dabei eine besondere Rolle zugeschrieben. Es ist die Sonne, die in der Welt Glück und Unglück zustande bringt:[30]

> „Nacht und Tag, gemeinsam, bringen uns den Tod; die Zeit (*dahr*) rennt unbeirrt und immer neu,
>
> Und die Sonne steht am Höhepunkt ihrer Laufbahn; es trägt sie im Himmel hoch das, was hoch ist,
>
> Das Unglück läuft ihr voran, von ihr bestimmt; ebenso ist Glück das, was [durch sie] aufgeht;
>
> Derjenige, der mit Glück umhüllt ist, schläft glücklich; der Mutige hingegen, der Furcht erregt, stößt auf Unglück [d.h. trotz seines Mutes ist das Glück nicht auf seiner Seite],
>
> Es passiert nichts, was sie [die Sonne] nicht beeinflussen würde; die Dinge verschwinden; das, was an Verborgenem verhängt wird, das ereignet sich!
>
> Die Dinge haften am Himmel an [Sie vermischen sich mit der äußeren Schicht des Himmels], sie sind vermischt; während die Menschen auf Erden [darüber] in Gruppen geteilt sind."

Die Verse verdienen genaue Betrachtung. Zunächst widmen wir uns dem Bild des *dahr* in der zweiten Hälfte des ersten Verses. Er wird personifiziert und als unbeirrt rennend und sich dabei stets verjüngend beschrieben. Der Jüngling *dahr* läuft immer dieselbe Bahn in ununterbrochener Linearität. Das ist die eine Seite der Zeit. Die andere Seite ist schon Gegenstand der ersten Hälfte desselben Verses: Die Zeit verläuft in stets wiederholten Perioden – an der Stelle vertreten durch die Nächte und die Tage (*al-lailu wa-n-nahāru*) in der üblich semitischen Reihenfolge erwähnt – und wie vorhin erwähnt führen die sich immer von neuem ereignenden Zeitzyklen die Menschen auf eine irreversible Weise zum Tod. Wird hier gesagt, dass die Zeit rennt (*ya*ʿ*dū*), stellen sich die perpetuierend aufeinander folgenden Perioden metaphorisch als ihre Schritte dar. Der Dichter kontrastiert die Vergänglichkeit der Menschen mit dem unendlichen Naturvorgang und führt sie unmittelbar darauf zurück.

---

30 D̲ū l-Iṣbaʿ al-ʿAdwānī, *Diwan*, 9, 1–6:

أهلكَنا الليلُ وَالنهارُ معا   والدهرُ يعدو مُصَمِّماً جَذَعا
والشمسُ في رأس فَلكِها انتصَبَت   يرفعُها في السماء ما ارتفعا
والنحسُ يجري أمامَها صُعُدًا   وسَعدُها أيٌّ ذاكَ ما طَلَعا
فيَسعَدُ النائِمُ المُدَثَّرُ بالس   سعد ويلقى الشقاءَ من سَبَعا
ما إن بها والأمورُ مِن تَلفٍ   ما حُمَّ من أمرِ غيبَةٍ وقَعا
أمرٌ بليطِ السماءِ مُلتَبكٌ   والناسُ في الأرض فُرِّقوا شِيَعا

Die Verse enthalten ferner die Idee, dass menschliches Glück und Unglück gleichermaßen von der Sonne bestimmt sind. Ihre Position hoch im Himmel wird als Herrschaftsstellung über der Welt gedeutet. Zwischen Sonne und *dahr* besteht enger Zusammenhang. Die Auffassung, dass das Geschick im irreversiblen Zeitverlauf unabwendbar von der Sonne bestimmt wird, bedeutet puren Fatalismus. Demnach würden weder Qualifikation noch angebrachte Mühe die willkürliche Schicksalsbestimmung beeinflussen. Alles sei schon im verborgenen Bereich der himmlischen Sphären festgelegt. Die Erkenntnis der vorherbestimmten himmlischen Ordnungen bleibt damit den Menschen entzogen. Deshalb vertreten sie unterschiedliche Meinungen über ihre Deutung.

Dass *dahr* in Perioden läuft, wird in einem späteren Vers aus demselben Gedicht noch einmal angedeutet und der Beständigkeit des Charakters des Dichters gegenübergestellt. Sich selbst lobend erwähnt er seine guten Eigenschaften, die ihn von früheren Zeiten an begleiten. Summierend sagt er schließlich:[31]

> „Dies war in einer früheren, vergangenen Epoche; die Zeit (*dahr*) fließt (*yaǧrī ʿalā*) an dem Jüngling flatternd in wechselnden Abschnitten (*lumaʿā*).“

Der Fluss der Zeit wird hier in unmittelbare Beziehung zu dem menschlichen Lebenslauf und der Persönlichkeitsentwicklung gesetzt. Nicht nur am Ablauf der Naturzyklen, sondern auch an den einander folgenden Lebensepochen des Einzelnen zeigt sich der Verlauf der Zeit. Auch diese stellen sich als sichtbare Merkmale der ansonsten unsichtbar fortschreitenden Zeit dar. Der Dichter, der die Beständigkeit seines guten Charakters betonen will, hebt besonders die vergangene Epoche hervor, um zu zeigen, dass er genauso wie früher unverändert geblieben ist.

Die Beobachtung der fließenden Zeit, deren verschiedene Perioden genauso wie die Naturzyklen einander sehr ähnlich erscheinen, lässt den Gedanken entstehen, dass frühere Epochen und frühere Menschen von den späteren nicht wirklich zu unterscheiden sind.[32] Eng daran knüpft

---

31 D̲ū l-Iṣbaʿ, *ibid.*, 9, 23:

وذاك في حقبةٍ خَلَت ومَضَت والدهرُ يجري على الفتى لُمَعا

Das Wort *lumaʿ* wie das dazugehörige Verb *lamaʿa* ist mehrdeutig: Vgl. *WKAS*, s.v.

32 Vgl. spätere Verse in Franz Rosenthal, „*Sweeter than Hope*“: *Complaint and Hope in Medieval Islam*, Leiden (1983): 44.

sich der in diesem Kontext geläufige Gedanke an, dass es nichts wirklich Neues im unendlichen Verlauf der Zeit gibt.[33]

Wie bereits erläutert, ist die vorislamisch-arabische Zeitauffassung weitgehend von der Erfahrung der an den verlassenen Wohnstätten manifesten Zerstörung geprägt. Der Wechsel der Zeiten und der Wechsel der Siedlungen werden im engen Zusammenhang betrachtet. Imru' al-Qais, der in die Geschichte der arabischen Literatur als der erste Dichter eingegangen ist, der an Lagerresten stand und weinte, sagt:[34]

> „Šaṭab ist von seinen Bewohnern leer geworden, dann Ġurūr, dann Marbūla; wahrlich die Wohnstätten wechseln (wörtlich: drehen: *tadūru*).“

Der Vers vermittelt die Vorstellung, dass sich nicht nur Zeiten, sondern auch Räume drehen. Dennoch lässt sich ein Unterschied zwischen zeitlichem und räumlichem Wechsel feststellen. Während die Zeiten sich eigenständig ändern, wechseln mit ihnen die von einem Ort zum anderen auf der Suche nach Wasser und Weide wandernden Nomaden ihre Wohnstätten. Es entsteht ein Zyklus von Migrationen,[35] der dazu führt,

---

33 Das Wort *duhūr*, Pl. von *dahr*, wird in der vorislamisch-arabischen Dichtung kaum belegt. Die Suche in der CD-ROM Edition der Enzyklopädie der arabischen Poesie gab nur zwei Ergebnisse in Versen der beiden jüdischen Dichter as-Samau'al und Sammāk. Die Verwendung des Plurals ähnelt hier dem Gebrauch des hebräischen Plurals *dōrim* im Alten Testament.
Es fällt jedoch auf, dass bei Sammāk *ad-duhur* genauso wie *dahr* in Verbindung mit *ṣarf*, Widerwärtigkeit, vorkommt. Der Vers lautet:
فعلَّ الليالي وصَرفَ الدُهُور   تُديلُ من العادِلِ المُنصِفِ
„Vielleicht ändern die Nächte und der Wechsel der Zeiten wohl die Situation des Gerechten!“
Eine ähnliche Kombination wie *ṣarf ad-duhūr* ist natürlich dem Alten Testament völlig fremd. Weder *dōr* noch *dōrim* haben dort eine negative Wirkung. In der vorislamisch-arabischen Dichtung ist hingegen der zusammengesetzte Ausdruck *ṣurūf ad-dahr*, in dem *ṣurūf* im Plural und *ad-dahr* im Singular stehen, sehr wohl geläufig. Bei der vorliegenden Genitivverbindung zwischen dem arabisch-alttestamentlichen Wort *duhūr* und dem Wort *ṣarf* handelt es sich vermutlich um einen speziellen jüdisch-arabischen Sprachgebrauch.

34 Ahlwardt, *The Divans*, 133, 2:
عفا شطبٌ من أهلِه فغُرورُ   فمربولةٌ، إنَّ الديارَ تدورُ
Die Bezeichnung Imru' al-Qais' als *„auwal man waqaf wa-(i)stauqaf, wa-bakā wa-(i)stabkā“*, d.h. „der erste, der stand und weinte und andere mit sich stehen und weinen ließ“, geht auf den berühmten Anfang seiner *mu'allaqa* zurück. S. oben zweites Kapitel, Anm. 5.

35 Werner Caskel, „The Bedounization of Arabia“, in: F.E. Peters (Hg.), *The Arabs and Arabia on the Eve of Islam*, Aldershot (1999): 34–44, hier 34.

dass verlassene Plätze einer nach dem anderen veröden. Ihre Verödung wird in der poetischen Wahrnehmung bekanntlich auf die Einwirkung der wechselnden Perioden zurückgeführt. Wenn der Dichter den Wechsel von Wohnstätten als Drehung bezeichnet (*inna d-diyāra tadūru*), beschreibt er eine Bewegung, die von Verlassenheit und Leere gekennzeichnet ist, deren Ursache eigentlich in der Drehung der Zeit gesucht wird. In diesem Zusammenhang verbindet sich wesentlich mit dem Verb *tadūr* (Imp. *dāra*, wechseln, drehen), das auch für den Zeitlauf verwendet wird, die Idee der Destruktion. Die Bezeichnung des Wechsels ist hier negativ beladen, weil er keine Erneuerung mit sich bringt.

Schließlich sei darauf hinzuweisen, dass der Dichter Zuhair mit demselben Verb *tadūr* die Tage der Unglücksfälle bezeichnet, da sie sich möglicherweise von besseren Tagen ablösen würden.[36] Die zum Ausdruck gebrachte Hoffnung auf Veränderung des negativen Zustands ist verhalten. Die Aussage enthält jedoch einen klaren Hinweis auf die drehende Natur der Zeit, die mit ihrer Drehung den Wechsel der Lebensumstände herbeiführt.[37]

Aus den erörterten Beispielen geht hervor, dass *dahr* im Unterschied zum etymologisch und inhaltlich verwandten hebräischen Wort *dōr* die unendliche Zeit ist, deren Unendlichkeit mit der Unendlichkeit der Welt zusammenhängt und in der sichtlich unendlichen Wiederkehr der Perioden besteht. Als unendliche Zeit gleicht *dahr* *ʿolām*, das zugleich Welt und Zeit bedeutet und den ontologischen Zusammenhang beider Begriffe deutlich zum Ausdruck bringt.[38] Aber auch im Unterschied zu *ʿolām* ist *dahr* nicht die konstante, ruhige Ewigkeit, sondern wird in der vorislamisch-arabischen Dichtung einzigartig als eine aktive Entität vorgestellt. Ein weiteres Kennzeichen von *dahr* ist, dass seine Tätigkeit nicht nur auf selbstbezogenes Kreisen beschränkt ist, sondern Menschen und Geschehen betrifft. *Dahr* greift ins Menschengeschick ein. Darin unter-

---

36 Ahlwardt, *The Divans*, 190, 7: „*wa-aiyāmu n-nawāʾibi qad tadūru*“.

37 Diese Betrachtung entspricht der geläufigen Beobachtung der drehenden Sonne. ʿAntara sagt in Ahlwardt, *The Divans*, Anhang, 112, 19:

إذا أبصرتِني أعرضْتِ عنّي　　كأنّ الشمسَ مِن قِبَلي تدورُ

„Wenn sie mich sieht, wendet sie sich von mir ab, als ob sich die Sonne in meine Richtung drehen würde [d.h. damit sie nicht geblendet wird].“

38 In seiner arabischen Übersetzung des Buch Hiob überträgt Saʿadia Gaon den hebräischen Ausdruck *ōraḥ ʿōlām* mit dem Ausdruck *maḏāhib ad-dahrīyīn*: Goldziher/Goichon, „Dahriyya“, in: *EI*², II, 95ff.

scheidet sich *dahr* nicht nur von *dōr* und *ʿolām*, sondern auch von seinen weiteren semitischen Äquivalenten deutlich. Sie bedeuten die Zeit als passiven Rahmen von Ereignissen, die nicht von ihnen verursacht werden – eine Beobachtung, die mit der Feststellung übereinstimmt, dass die älteren semitischen Kulturen insgesamt ein Konzept der Zeit als einer tätigen Entität vermissen.[39] In der vorislamisch-arabischen Dichtung hingegen wird *dahr* personifiziert und mit weitreichender Macht über menschliche und außermenschliche Geschicke ausgestattet. Lässt sich das an *dahr* manifeste Phänomen erklären? Wie könnte der arabische Begriff *dahr* sich zur mächtigen, schicksalhaft in das Weltgeschehen eingreifenden Zeit entwickelt haben?

Die Suche nach einer Erklärung für das geschilderte Phänomen in der vorislamisch-arabischen Poesie muss aus dem arabischen Kulturkontext hinausführen. Zwei traditionsreiche Kulturkreise, der persische und der griechisch-römische, grenzten in der Spätantike an die nördliche Hälfte der Arabischen Halbinsel und waren den Arabern wohl vertraut. Beide Kulturkreise haben sich bekanntlich schon lange zuvor gegenseitig beeinflusst. Elemente aus beiden bildeten zu jener Zeit schon integrierte Bestandteile der komplexen Kulturlandschaft des griechisch-römischen Hellenismus. Diesem war ohnehin eigen, für Gedanken und Motive empfänglich zu sein, die ursprünglich in unterschiedlichen Kultursphären entstanden waren, sich jedoch auf seinem Boden vermischt und neue Mischkonzepte hervorgebracht haben.[40] Die Perser kannten Zurvan als eine personifizierte Gottheit unendlicher Zeit. *Aion* galt den Griechen als Personifikation absoluter, inkommensurabler Zeit. Wie stellt sich also die Beziehung von *dahr* zu beiden Begriffen dar?

III. *Dahr* und Zurvan

Haben die vorislamisch-arabischen Dichter ihre Vorstellung von *dahr* als personifizierter, in das Menschenleben schicksalhaft eingreifender Zeit unter dem Einfluss des persischen Zurvans entwickelt? Die Arabische Halbinsel war bekanntlich ein von den Sassaniden und Byzantinern um-

39 Dies ist die Kernthese von Sacha Stern, *Time and Progress in Ancient Judaism*, Oxford (2003) besonders S. 103–123.

40 S. beispielsweise dazu: F. M. Clover und R. S. Humphreys (Hg.), *Tradition and Innovation in Late Antiquity*, Madison (1989); Glen Bowersock, *Hellenism in Late Antiquity*, Ann Arbor (1990).

kämpftes Einflussgebiet.[41] Die Perser hatten Kolonien im Osten Arabiens, in Naǧd und im Jemen. Ihre Einflusssphäre erstreckte sich von der syrischen Wüste bis zur westlichen Seite Zentralarabiens. Unter ihrem Schutz gelang es zu Beginn des sechsten Jahrhunderts dem ḥimyarītischen König D̲ū Nuwās Yūsuf dort ein Reich zu gründen. Er nahm den jüdischen Glauben an und verfolgte die Christen, bis er von den Abessiniern unterworfen wurde, die 572/575 von den Sassaniden besiegt werden konnten, die bis zur Verbreitung des Islam das Gebiet eroberten.[42] Den Einfluss persischer Ideen auf die Araber vor dem Islam anzunehmen, erscheint unter diesen Umständen durchaus plausibel.[43] Wenden wir uns also im Folgenden der persischen Gottheit der Zeit zu, um zu untersuchen, inwieweit *dahr* zu ihr im Verhältnis steht.

Zurvan, auch *Zurwan* oder auch *Zamān*, genannt, erscheint in der Avesta als Name der Zeit.[44] Er ist der zentrale Begriff einer vermutlich auch mit einem Kult verbundenen geistigen Strömung in der zoroastrischen Religion, wo er für die absolute Zeit und die Quelle des Seins gehalten wird, die vor der Welt existiert und sie transzendiert. Zurvan scheint jenseits von Gut und Böse zu sein. Einige Texte erwähnen, dass er zwei Wesen, *Zurvan Akarana*, d.h. „der unendliche Zurvan", und *Zurvan Dareghō-khvadhāta*, d.h. „Zurvan der langen Dauer" geboren hat.[45]

---

41 Kamāl Sulaimān aṣ-Ṣalībī, „al-Iṭār al-ḫāriǧī li-ǧāhilīyat al-ʿarab", in: *Pre-Islamic Arabia*, hrsg. v. Abdelgadir M. Abdalla a. o., Riad (1404 H./1984), Arabic Section, S. 313–329, hier 326.

42 Vgl. Theodor Nöldeke, *Geschichte der Perser und Araber zur Zeit der Sasaniden.* Aus der arabischen Chronik des Tabari übersetzt und mit ausführlichen Erläuterungen und Ergänzungen versehn, Leyden (1879).

43 In moderner Forschung scheint die Annahme iranischer Einflüsse auf die vorislamisch-arabische Ideenwelt verbreitet zu sein. S. z.B. Caskel, *Das Schicksal*, 52; J. Horovitz in seiner Besprechung von Caskels Buch in: *Isl*, 18 (1929): 251; Ringgren, *Studies*, 42ff., 199ff.

44 Gherardo Gnoli, „Zurvanism", in: *ER*, XV, 595f.

45 Ausführlich dazu: Isidor Scheftelowitz, *Die Zeit als Schicksalsgottheit in der indischen und iranischen Religion*, Stuttgart (1929); Zaehner, *Zurvan*; Ders., *The Dawn and Twilight of Zoroastrianism*, London, (1961); Geo Widengren, *Die Religionen Irans,* Stuttgart (1965); Mary Boyce, *A History of Zoroastrianism*, 3 Bde.: Leiden etc., Bd. I, (1975), Bd. II, (1982), Bd. III, in Kooperation mit Franz Grenet, mit einem Beitrag von Roger Beck (1991).
Zaehners Thesen von einer zurvanischen Religion stießen auf vehemente Kritik. Vgl. besonders im Hinblick auf unseren Zusammenhang M. Reisners, „The Life of the Text and the Fate of Tradition. III: Interpretation of pre-Islamic Calendar Festivals in Classical Persian Poetry of the 10th–12th Centuries (By the Example of *Nawrūz*)", in: *Manuscripta Orientalia*, 10 (2004): 34–42. Darin wird vom

Diese dualistische Personifikation der Zeit entspricht übrigens auch der in der zoroastrischen Religion bekannten Vorstellung zweier Götter, eines guten Ahrimazda und eines bösen Ahriman. Sich auf Damaskios stützend berichtet der Aristoteles-Schüler Eudemus von Rhodos, dass die Perser den „Raum“ (τὸπος) oder die „Zeit“ (χρόνος) für ein intellegibles Ganzes gehalten haben, von dem ein „guter Gott“ und ein „böser Dämon“ heraus unterschieden wurden. Diese beiden Wesen seien Ohrmazd (Oromasdes) und Ahriman (Areimanios).[46] In der Tat scheinen beide dualistischen Konzepte über weite Strecken miteinander identisch zu sein. Genauso wie Ahriman ist auch „Zurvan der langen Dauer“ später als sein Bruder entstanden. Dessen Dauer beschränkt sich auf zwölftausend Jahre. Während die unendliche Zeit als Prinzip des Guten bezeichnet wird, tritt die lange, aber nicht unendliche Zeit als Herrscher der Erfahrungswelt auf und wird als Zerstörungsmacht universeller Wirkung besonders in Verbindung mit dem Tod betrachtet.[47] Er könnte auch im Mithraskult mit Ahriman identifiziert worden sein.[48] Man müsste jedoch in diesem Zusammenhang auch bedenken, dass die Tendenz, die Zeit mit der destruktiven Macht der höchsten Gottheit gleichzusetzen, schon älteres hinduistisches Gedankengut ist.[49]

Wie steht es also mit der Beziehung zwischen Zurvan und *dahr*? Die persischen Texte, die für einen konkreten Vergleich von Zurvan und *dahr* herangezogen werden könnten, stammen meistens aus dem 9. Jahrhundert.[50] Sie eignen sich deshalb zum Zweck des Vergleichs nicht. Das

---

Fortleben optimistischer Zeitvorstellungen aus der vorislamischen Phase der persischen Kultur in Gedichten der Sufis berichtet. Gegen eine Zurvan-Mythologie äußert sich Shaul Shaked, *Dualism in Transformation*, London (1994): 53; Ders., „Cosmic Origins and Human Origins in the Iranian Cultural Milieu“, in: Ders. (Hg.), *Genesis and Regeneration*, Jerusalem (2005): 210–222, besonders S. 215f. Schon H. Schaeder spricht in seinem Aufsatz „Der iranische Zeitgott“, vom „Zrvanmythos“. Siehe beispielsweise S. 281.

46 Zitiert bei Damaskios (*Dubitationes et solutions de Principiis*) nach Zaehner, *Zurvan*, 447. Vgl. Ders., *Dawn and Twilight*, 182; Brandon, *History, Time and Deity*, 38; Stern, *Time and Process*, 117.

47 Zu der bereits erwähnten Literatur s. auch Samuel George F. Brandon, *History, time, and deity. A historical and comparative study of the conception of time in religious thought and practice*, New York (1965): 39ff.

48 Brandon, *ibid.*, 45, Anm. 1; Ders., *Man and Destiny*, 258–300.

49 Brandon, *ibid.*, 31f.

50 Ringgren, *Studies*, 43, 199; Mansour Shaki, „Dahrī I (In Middle Persian Literature)“, in: *Encyclopedia Iranica*, VI, 587b. Die einschlägigen Texte sind in Zaehners materialreichem Buch *Zurvan* erfasst.

Argument, diese Texte reflektieren viel ältere Vorstellungen, die im Umlauf waren und die vorislamisch-arabischen Zeitvorstellungen beeinflusst haben könnten, könnte theoretisch zutreffen, wenn nicht schwerwiegende inhaltliche Gründe es mir sehr zweifelhaft erscheinen lassen, ob die *dahr*-Vorstellung in der vorislamisch-arabischen Dichtung im Kern auf den iranischen Zurvan zurückzuführen ist. Sie sprechen aus meiner Sicht eher dagegen, wie es im Folgenden erläutert werden soll:

1. Zurvan steht in zoroastrischen Quellen als Schöpfer und absolutes Seinsprinzip jenseits von Gut und Böse.[51] Auch wenn er in synkretistischen Traditionen in Relation zur Welt gesetzt wird, ist sein Bild als Geber des Guten ausschließlich mit positiven Zügen belegt.[52] Darin unterscheidet er sich von *dahr*, der in der vorislamisch-arabischen Dichtung nicht als Urheber des Seins betrachtet noch außerhalb des innerweltlichen Geschehens jenseits von Gut und Böse gestellt wird. *Dahr* wirkt auf die menschliche Welt ein – allerdings nicht nur als Spender von Gütern, sondern auch als Ursache negativer Ereignisse. Ein weiterer Unterschied auf dieser fundamentalen Ebene besteht darin, dass *dahr* nicht wie Zurvan für das Naturgesetz oder gar die Natur selbst gehalten wird.[53]
2. Mit Zurvan und *dahr* gleichermaßen verbindet sich die Idee der sich drehenden Zeit. Allerdings handelt es sich offensichtlich um zwei unterschiedliche Arten der Drehung. Es scheint, dass Zurvan als ein einziger großer Kreis gedacht wurde, der endet, wo er begonnen hat und deshalb unendlich ist.[54] Diese Art von Drehung kann als zirkulär bezeichnet werden. Die mit *dahr* bezeichnete Dauer ist hingegen

---

51 Zaehner, *Zurvan*, 222, 231ff., 260ff., 267, 392, 410, 447.

52 Theodor von Mopsuestia beschreibt „Zourouam“ (eine korrumpierte Lesart für Zurvan) als den Urheber aller seienden Dinge und identifiziert ihn mit *Tyche*: Text in Zaehner, *Zurvan*, 447, Übersetzung auch in Boyce, *A History of Zoroastrianism*, III, S. 307. Dem Bericht Ezniks von Kolb zufolge wurde *Zurvan* mit dem Schicksal (*baxt*, *Tyche*) identifiziert und als „*Agathos Daimōn*“ betrachtet: Heinrich F. Junker, „Über iranische Quellen der hellenistischen Aion-Vorstellung“, in: *Vorträge der Bibliothek Warburg* hrsg. von Fritz Saxl, Vorträge 1921–1922. Reprint: Nendeln/Lichtenstein Leipzig (1967): 125–178, hier 146; Henry Corbin, „Cyclical Time in Mazdaism and Ismailism“, in: *Man and Time*. Papers from the Eranos Yearbooks, New York (1957): 115–172, besonders 129, 137, 139ff. Zu dem Bericht Ezniks führt Zaehner, *Zurvan*, 438ff., auch einen ähnlichen Bericht des Syrers Mar Barhad Besabba an. Zu dem Sachverhalt s. Boyce, *A History of Zoroastrianism*, II, 231ff.

53 Zaehner, *Zurvan*, 266.

54 *Ibid.*, 106ff., 390f.

linear-zyklisch, insofern sie wie bereits mehrfach erwähnt in kontinuierlich einander folgenden Perioden besteht.

3. Würde infolgedessen der Verdacht entstehen, dass aufgrund des vorwiegend negativen Charakters seiner Wirkungen *dahr* leichter mit „Zurvan der langen Dauer" identifiziert werden könnte, ließe sich mit guten Gründen dagegen argumentieren, dass das vorislamisch-arabische *dahr*-Konzept in diesem Fall Merkmale des bekannten persischen Dualismus tragen müsste. Dem persischen Konzept zufolge ist die jetzige, vom Bösen beherrschte Zeit, zwar eine lange, aber endliche Dauer, die nach deren Ende von der unendlichen „guten" Zeit abgelöst wird.[55] Die vorislamisch-arabischen Gedichte vermissen jede Spur eines solchen Dualismus ebenso wie die „eschatologische" Idee einer endgültigen Ablösung schlechter Zeit durch eine gute.[56] *Dahr* wird nicht als Teil eines solchen zweifachen Gespanns von Zeitperioden betrachtet. Ganz im Gegenteil: Er wird als anfang- und endlose Zeit gedacht, die nicht ausschließlich Böses hervorbringt, sondern wechselvoll die Laufbahn des Lebens beeinflusst. Er zeigt außerdem keine Beziehung zu dem in der Religion Zarathustras in moralisierter Fassung vertretenen Dualismus von Gut und Böse „in Gedanken, Wort und Tat."[57] Daraus ergibt sich, dass *dahr* mit Sicherheit weder mit dem absoluten Zurvan noch mit einem der beiden entgegengesetzten Wesen, die sich nach persischer dualistischer Weltanschauung aus ihm generieren, identifiziert werden kann.[58]
4. Schließlich vermute ich, dass das arabische Pendant für Zurvan nicht *dahr*, sondern *zamān* heißen sollte – ein Begriff, der auch im Persischen existiert und normalerweise inhaltlich auf Zurvan bezogen wird, wie es die Texte in Zaehners Studie eindeutig zeigen.[59] Das Wort *zamān* korrespondiert im Arabischen mit dem griechischen Wort *chronos*, das in griechischen Texten ohnehin mit Zurvan identi-

55 Vgl. dazu die erhellenden Ausführungen in Brandon, *History, Time and Deity*, 39ff.

56 In der mazdeischen Lehre ist der „aeon", als Zeitkreis von langer Dauer gedacht, ein Siegesinstrument des unendlichen Ohrmazd. Vgl. Corbin, „Cyclical Time", 119, 124, 130f.

57 Junker, „Über iranische Quellen", 144.

58 Vgl. Brandon, *History, Time and Deity*, 63f.

59 Siehe auch dazu: Junker, „Über iranische Quellen", 141ff.; Schaeder, „Der iranische Zeitgott", 269, 280. Vgl. beispielsweise den Buchtitel: Ugo Bianchi, *Zaman i Ohrmazd: Lo zoroastrismo nelle sue origini e nella sua essenza*, Turin (1958).

fiziert wird.[60] Hier tut sich eine interessante Beobachtung auf, nämlich dass im Vergleich zum Wort *dahr* das Wort *zamān* in der vorislamisch-arabischen Dichtung auffallend selten benutzt wird. Nicht *zamān*, sondern *dahr* ist dort das in sehr hohem Maße verwendete Wort für unendliche Zeit.[61] Die häufige Verwendung von *dahr* im Vergleich zu *zamān* regt sogar zur Frage an, ob die auffälligerweise relativ spärliche Verwendung des Wortes nicht etwa beabsichtigt und eher auf die Aversion der vorislamisch-arabischen Dichter gegen ein persisches Wort zurückzuführen wäre. Könnten die arabischen Poeten bewusst aus politischen Gründen das Wort *zamān* vermieden haben, weil es auch in der Sprache der Besetzer existiert und sehr wohl an sie erinnert hat? Diese Frage kann freilich nicht entschieden beantwortet werden, obwohl spätere Berichte von antipersischen Gefühlen im vorislamischen Arabien erzählen.[62] Sollten vorislamisch-arabische Poeten jedoch das Wort *zamān* aus Abneigung gegen die Perser vermieden haben, hätten christliche Dichter wohl eine weitere Motivation dazu gehabt. Ihre ḥimyarītischen Verfolger sind bekanntlich enge Verbündete der Perser gewesen.[63]

---

60 Zaehner, *Zurvan*, 447–450. Ähnlich äußert sich Arthur Darby Nock, „A Vision of Mandulis Aion“, in: *The Harvard Theological Review*, 27 (1934): 53–104, hier 82, n. 96. Stern, *Time and Progress*, S. 119, Anm. 100, schließt nicht aus, dass die Wörter *chronos* und *zurvan* in der Lesart *zruuan* etymologisch verwandt sein könnten. Vgl. ferner *ibid.*, 93, Anm. 18. Orelli, *Die hebräischen Synonyma*, 41, äußert dieselbe Vermutung. Ich halte diese Idee für reine Spekulation, die sich nur auf äußerliche Ähnlichkeit der beiden Vokabeln stützen kann.

61 Die Suche in der CD-ROM Edition der Enzyklopädie der arabischen Poesie ergibt für die vorislamische Periode folgende Statistik: Das adverbial und substantivisch benutzte Wort *dahr* wird 31 Mal von 20 Dichtern verwendet, das determinierte Substantiv *ad-dahr* kommt sogar 220 Mal bei 91 Dichtern vor. Demgegenüber wird das determinierte *az-zamān* 52 Mal von 22 Dichtern verwendet; mit 13 Verwendungen bei 9 Dichtern tritt das Wort *zamān* noch viel seltener auf.

62 Patricia Crone, *Meccan Trade and the Rise of Islam*, Princeton (1987): 249. In diesem Fall hätten wir eine frühere, sozusagen authentische Form der klassischen *šuʿūbīya*, d. i. der ethnische und kulturelle Konflikt zwischen Arabern und Persern im Islam.

63 Dieser Zusammenhang wird durch die neulich erschienene arabische Fassung des Berichts über das Martyrium des al-Ḥāriṯ b. Kaʿb und seiner Gefährten um 524 n. Chr. in der christlichen Stadt Naǧrān stärker beleuchtet: Ḥāriṯ Ibrāhīm (Hg.), *ar-Riwāya l-ʿarabīya li-(i)stišhād al-qiddīs Ḥāriṯ bin Kaʿb wa-rufaqāʾihi fī madīnat Naǧrān*, Balamand 2007. Vgl. Irfan Shahîd, *The Martyrs of Najrān: New Documents*, Brussels 1971; A.F.L. Beeston, „Himyarite Monotheism“, in: *Pre-Islamic Arabia*, English Section, S. 149–154.

Aus den genannten Gründen dürfte es schwer annehmbar sein, dass die *dahr*-Vorstellung in der vorislamisch-arabischen Poesie unmittelbar vom persischen Zurvan beeinflusst ist.[64] Die Struktur beider Begriffe ist für die Annahme eines solchen Einflusses zu divergierend. Damit soll jedoch nicht ausgeschlossen werden, dass zurvanische Elemente in die vorislamisch-arabische *dahr*-Vorstellung hinein geflossen sein könnten – allerdings auf dem Wege des griechischen *aion*-Begriffs. Ein ähnlicher Vermittlungsweg iranischer religiöser Ideen ist schon festgestellt worden.[65] Altiranische Einflüsse auf den personifizierten *aion* sind auch vermutet worden; diese Frage bleibt in der Forschung jedoch kontrovers.[66] Persisch-griechischer Synkretismus ist in der griechisch-römischen Welt im Allgemeinen nicht unbekannt.[67] Auch in der synkretistischen Weltanschauung der Gnosis könnten Elemente, die für Zurvan charakteristisch

64 Auch Ringgren, *Studies*, 200, muss trotz seiner übertriebenen Betonung der iranischen Einflüsse auf den vorislamisch-arabischen Fatalismus zugeben, dass im Unterschied zum vorislamisch-arabischen der iranische Fatalismus in seinen späteren Formen von der Astrologie durchdrungen ist. Er erkennt dort hellenistische Einflüsse nur teilweise an. Zum Abschluss seines Buches zitiert er auf S. 203 zwei Verse des Abbasiden Ibn al-Muʿtazz, um zu zeigen, dass heidnische und religiöse Motive nebeneinander existieren können. Im ersten dieser Verse wird die Zeit (*dahr*) als ein schlechter Vater beschrieben, der seine eigenen Kinder verschlingt. Erinnert dieses Bild nicht an die mythologische Figur Kronos, der in der griechischen Literatur häufig mit Chronos identifiziert wird?

65 Kurt Rudolph, „Die Anfänge Moḥammeds im Lichte der Religionsgeschichte", in: Ders., R. Heller et al. (Hg.), *Festschrift Walter Baetke*, Weimar (1966): 298–326, besonders 314.

66 Junker, „Über iranische Quellen", 125–178, hat für altiranische Einflüsse auf das hellenistische Aion-Konzept plädiert. Spätere Forschungen hingegen bestreiten, dass *aion* durch Zurvan beeinflusst werden konnte: Nock, „A Vision of Mandulis *aion*", 79–82; Zaehner, *Zurvan*, 106f.; P. M. Fraser, *Ptolemaic Alexandria*, Vol. II, Oxford (1972): 336–338. Andernorts wird angenommen, dass der zoroastrische Zurvan teilweise die griechische Auffassung von Chronos als unendlicher Zeit beeinflusst haben könnte: Martin L. West, *Early Greek Philosophy and the Orient*, Oxford (1971): 30–33.

67 Wie z.B. in der Inschrift von Antiochus I. in Kommagene, die den Ausdruck „eis ton apeiron aiōna" enthält, der deutliche Affinität zum persischen Konzept „zurvan akarana" zeigt: Boyce, *A History of Zoroastrianism*, III, 332f. Antiochus bekennt sich zu seiner persisch-griechischen Identität. Wie weit seine Haltung die zeitgenössische Kulturlandschaft repräsentiert, wird in Boyce, *ibid*., 321–337; Shaked, „The Myth of Zurvan: Cosmogony and Eschatology", in: I. Grunewald, S. Shaked, and G. G. Stroumsa (Hg.), *Messiah and Christos: Studies in the Jewish Origins of Christianity Presented to David Flusser*, Tübingen (1992): 219–240, unterschiedlich bewertet.

sind, den komplexen *aion*-Begriff mitgestaltet haben.[68] Es ist also durchaus möglich, dass iranische Vorstellungen von Zurvan bzw. Ahriman in den hellenistischen *aion*-Begriff bereits integriert waren, der im Rezeptionsprozess hellenistischer Konzeptionen in der vorislamisch-arabischen Dichtung aufgenommen wurde.

Damit zeigen sich dem Blick des neugierigen Betrachters weitere Horizonte der enorm komplexen geistigen Landschaft des griechisch-römischen Mittleren Ostens. Sie können innerhalb des abgesteckten Rahmens der vorliegenden Untersuchung selbstverständlich nur angerissen werden. Der Fokus der Untersuchung muss deshalb auf ein bestimmtes Feld gerichtet bleiben, das sich allerdings als fruchtbar erweist und für unser Thema ertragreiche Ergebnisse verspricht. Widmen wir uns also dem griechischen Begriff *aion*.

IV. *Dahr* und *aion*

Im sechsten Jahrhundert, der Entstehungszeit der auf ihre Zeitvorstellungen hin befragten altarabischen Gedichte, verfasste Johannes von Gaza eine *Ekphrasis* zu einem mythologischen Gemälde in einem Winterbad in jener Stadt, die damals noch als wichtiges Zentrum für griechische Kultur und Knotenpunkt für den Handel galt.[69] Auch Araber verkehrten dort zu Handelszwecken.[70] Der gazanische Dichter widmet *aion* eine relativ ausführliche Beschreibung, wobei er sich vornehmlich auf einen seiner bedeutenden Vorgänger, Nonnos von Panopolis, stützt und vermutlich auch christliche Elemente aufnimmt. Beide griechischen Dichter bringen wichtige Merkmale und Eigenschaften von *aion* als unendliche, in der Erfahrungswelt agierende Zeit zum Ausdruck.

---

68 Brandon, *History, time, and deity*, 46ff.; Corbin, „Cyclical Time", 130; Doro Levi, „Aion", in: *Hesperia*, 13 (1944): 269–314, hier 291, Anm. 52. Die Gnostik kannte die personifizierte Vorstellung der Zeit als „Fürst dieser Welt", der mit „Zurvan der langen Dauer" identifiziert wurde. Die Suche nach dem Ursprung dieser Idee könnte wiederum bis nach Mesopotamien führen: Brandon, *ibid.*, 52. Boyce, *A History of Zorostrianism*, II, 152, vermutet einen phönizischen Ursprung des Glaubens an einen Zeit-Gott.

69 Dazu mit weiterführender Literatur: G. Downey, „Gaza", in: *Reallexikon für Antike und Christentum*, hrsg. von Carsten Colpe u.a., Bd. VIII, Stuttgart (1972): 1123–1134.

70 Crone, *Meccan Trade*, 97, 109ff., 118f.

Die Lektüre der erwähnten Werke zeigt deutlich begriffliche Gemeinsamkeiten zwischen dem *aion* der spätantiken Dichtung und dem *dahr* der vorislamisch-arabischen Poesie. Um diese Gemeinsamkeiten herauszustellen, möchte ich die Auffassung von *aion* bei beiden eben erwähnten griechischen Dichtern darlegen. Die poetische Natur ihrer Beschreibung begünstigt den Vergleich mit der Beschreibung von *dahr* in der zeitlich nahen vorislamisch-arabischen Poesie. Da aber Nonnos und Johannes bei ihrer Darstellung *aion*s auf die lange und reichhaltige Entwicklungsgeschichte dieses mit Recht als „schillernd"[71] bezeichneten Begriffs zurückgreifen, soll zunächst dessen Begriffsgeschichte skizziert werden. Dabei wird kein Anspruch auf Vollständigkeit erhoben, sondern nur versucht, konzentriert herausragende Merkmale der Begriffsentwicklung aufzugreifen, die noch konstant in seiner spätantiken Auffassung aufrechterhalten geblieben sind. Die zu behandelnden Texte gehören unterschiedlichen Gattungen an. Danach werden Darstellungen des *aion* in Mosaiken und Statuen berücksichtigt, um ein möglichst umfassendes Bild von seinem spätantiken Image im östlichen Mittelmeerraum zu entwerfen.[72]

IV.1 *Aion*: Eine kurze Geschichte einer langen Entwicklung

IV.1.1 Von Homer zu Nonnos

Aion ist ein vieldeutiger Begriff.[73] Die ältesten Belege des Wortes αἰών finden sich bei Homer. Hier bedeutet es „Knochenmark", „Lebenskraft", „Leben" und „Lebenszeit".[74] In einem Fragment aus dem pseu-

---

71 M. P. Nilsson, *Geschichte der griechischen Religion*, Bd. II, Zweite Aufl., München (1961): 499.

72 Es wird weitgehend davon abgesehen, weitere griechische Zeitausdrücke wie *chronos* oder *kairos* in die folgende Darstellung einzubeziehen, damit der abgesteckte Rahmen nicht unnötig gesprengt wird.

73 Zu den verschiedenen Bedeutungen des Begriffs in dem klassischen Griechischen, der Bibel und bei den Kirchenvätern: E. C. E. Owen, „αἰών and αἰώνιος", in: *JTS*, 37 (1936): 265–283 und 390–404.

74 Günter Zuntz, *Aion, Gott des Römerreichs* (= Abhandlungen der Heidelberger Akademie der Wissenschaften, Phil.-hist. Kl., Jg. 1989, 2. Abh.), Heidelberg (1989): 13ff.; Helena Maria Keizer, *Life Time Eternity. A Study of AIΩN in Greek Literature and Philosophy, the Septuagint and Philo*. Dissertation, Amsterdam (1999): 17–21. Die etymologischen Lexika verweisen auf das altindische „āyu", „Lebenskraft", als Ursprung des Wortes: Zuntz, *ibid.*, 14.

do-hesiodischen Gedicht *Melampodie* wird das Wort vielleicht zum ersten Mal im temporalen Sinn aber in enger Verbindung mit dem Leben verwendet.[75] War anfangs eher die erste der Komponenten „Leben" und „Zeit" betont, geschah allmählich eine Gewichtsverschiebung, so dass der temporale Aspekt immer stärker betont wurde, jedoch ohne im Begriff die Zeit von dem Leben abzukoppeln.[76] Eine zweifache Entwicklung lässt sich danach am Begriff feststellen: Die Dauer des *aion* wird von der begrenzten Lebenszeit des Einzelnen aus auf die gesamte Welt bezogen und damit ins Unendliche ausgedehnt. Der Ansatz einer weiteren Linie der Entwicklung zeigt sich, wenn *aion* – allerdings neben Chronos – besonders in der archaischen Lyrik zur Personifikation der tätigen Zeit wird. Mit diesem verglichen scheint *aion* jedoch nicht bloß die Zeit zu bedeuten, sondern auch das Leben als wesentliches Moment einzuschließen. Eine bestimmte Entwicklungslinie des Begriffs wird damit sichtbar: Als unendliche Lebenszeit, d.h. unendliche Zeit, die vom Leben nicht zu trennen ist, wird *aion* leicht als tätig und schicksalhaft wahrgenommen.[77]

Pindar gebraucht das Wort häufig mit einer Fülle von Bedeutungen, die sich von der Grundbedeutung „Lebenszeit" ableiten lassen. Bei diesem Dichter zeigt sich *aion* „als in sich gegensätzliche" Zeitform, welche sich „ausgespannt zwischen positiven und negativen Polen" besonders eignet, die „Zeitenwende" zu beschreiben.[78] Auf den Einzelnen bezogen bedeutet Pindars *aion* die „Lebenszeit als Entfaltung der dem Leben innewohnenden Kraft".[79] Als Lebenszeit der Welt beweist *aion* seine Kraft sowohl als die sich immer von neuem im Periodenwechsel erneuernde

---

75 Zuntz, *Aion, Gott des Römerreichs*, 15f.; Keizer, *Life Time Eternity*, 23.

76 Der ursprüngliche Zusammenhang von Leben und Zeit in *aion* dürfte ein weiterer Unterschied zwischen ihm und Zurvan sein, der in seinen frühesten Verwendungen eine solche Verbindung nicht aufweist: Ringgren, *Fatalism in Persian Epics*, 34.

77 Dies kann die Entwicklungsgeschichte des Begriffs deutlich belegen. S. dazu ausführlich die mit Abstrichen noch lesenswerte Abhandlung von Conrad Lackeit, *Aion. Zeit und Ewigkeit in Sprache und Religion der Griechen*, Königsberg (1916). H. Keizer hat mit ihrer bereits erwähnten materialreichen Studie daran angeknüpft. Neben seiner schon genannten Studie widmet Günther Zuntz *aions* begrifflicher Entwicklung eine weitere einschlägige Studie: *AIΩN in der Literatur der Kaiserzeit*, (= Wiener Studien. Beiheft 17), Wien (1992). Ferner: Enzo Degani, *AIΩN*, Bologna (2001). Diese Abhandlung ist eine Erweiterung der früheren Studie *AIΩN da Omero ad Aristotele*, Padova (1961).

78 Michael Theunissen, *Pindar: Menschenlos und Wende der Zeit*, München (2000): 17.

79 *Ibid.*, 30.

Unendlichkeit als auch als gewaltige Macht der Veränderung innerweltlicher Zustände. Daraus entsteht ein naturgegebenes Gefühl der Unentrinnbarkeit der Zeit, die sich als negativ besetzte Macht, selbständig und zumeist feindlich agierend, äußert. Pindar bringt *aion* daher in Verbindung mit dem Schicksal.[80] An einer Stelle wird *aion* als der Tod spezifiziert.[81] Der Wechsel der Tage und das wechselnde Geschick werden nun in einem engen Zusammenhang stehend gesehen.[82] So lautet es: „tückisch hängt *aion* auf den Menschen, windend den Pfad ihres Lebens".[83] Pindar bringt mit seinem poetischen Bilde einen doppelten Gedanken zum Ausdruck. Zum einen wird gesagt, dass *aion*s Herrschaft über den Menschen lastet und dass er unberechenbar ist. *Aion*s „Tücke besteht in der Ungewissheit über alles Kommende."[84] Mit dem zweiten Gedanken verbindet sich die Vorstellung vom Leben, das von *aion* in gegensätzliche Richtungen vorangetrieben wird. Die Windungen bedeuten Glück und Unglück. So existiert laut Pindar neben dem todbringenden *aion*[85] ein „lieblicher" *aion*, der mit dem von Gott gegebenen Glanz zusammenhängt.[86] Der sichere, „unwandelbar" feste *aion* wird den Menschen jedoch nicht stets gewährt.[87] Ihr Glück ist diskontinuierlich; der „tränenlose" *aion* wird unter solchen Bedingungen eschatologisch gedeutet.[88]

Pindars *aion* beansprucht an keiner Stelle die Bedeutung von Ewigkeit.[89] Er bedeutet grundsätzlich die Lebenszeit, als Teil oder Ganzes, als Medium der Entfaltung der Lebenskraft. Als tätige Zeit übt *aion* umfassende Herrschaft über das Menschenleben aus, und zwar in der wechselvollen Bestimmung des Geschicks, das zusammen mit den Tagen zu wechseln scheint.[90] Pindars *aion* ist schicksalhafte, „fatale

80 *Olympische Oden* 2:10.
81 *Isthmische Oden* 7:42.
82 *Isthmische Oden* 3:18; *Nemeische* 2:8; 3:75.
83 *Isthmische Oden* 8:14. Übersetzung der Stelle und Ausführungen dazu in: Theunissen, *Pindar*, 101ff.
84 Theunissen, *ibid.*, 102.
85 *Olympische Oden* 9:60.
86 *Pythische Oden* 8:96f. Vgl. Theunissen, *Pindar*, 217ff.
87 *Pythische Oden* 3:86ff. Vgl. Theunissen, *ibid.*, 221.
88 Theunissen, *ibid.*, 740ff.
89 Zum selben Ergebnis kommt auch Theunissen, *ibid.*, 764.
90 *Isthmische Oden* 3:19. Vgl. *Isthmische Oden* 4:33; *Olympische Oden* 2:39. Dazu: Theunissen, *ibid.*, 449ff., 620f. Enzo Degani, *AIΩN da Omero ad Aristotele*, 50f., schreibt dem pendarischen Aion mystische und religiöse Eigenschaften zu. Laut Zuntz, *Aion, Gott des Römerreichs*, 18f., wohnt Pindars *aion* „etwas ‚daimonisches'" inne.

Zeit".[91] Wie die weitere Entwicklung des Begriffs zeigt, ist es nicht nur pindarischer Gedanke geblieben, die aktive Macht des personifizierten *aion* als Ursache für das Hin und Her im Leben zu sehen. So beschreibt ein von Hippolyt zitierter Satz Heraklits *aion* als einen Knaben, der spielt und die Brettsteine hin und her setzt.[92] Der Dichter verleiht dem Bild von *aion* noch weitere Dimensionen, die ihn von nun an begleiten werden. So können wir sehen, dass *aion* an einer Stelle mit einem geflügelten, überallhin sich fortwälzenden Rad in Verbindung gebracht wird[93] – eine noch bei Pindar vage Assoziation, die in späteren Darstellungen dieser personifizierten Zeit nicht nur weitgehend Aufnahme findet, sondern auch kristallisiert wird. Es ist schließlich vermutet worden, dass Pindars Entwurf hinter Platons wirkungsmächtiger Erhebung des *aion* zur göttlichen Zeit steht.[94]

Dass sich die Darstellung länger bei Pindar aufgehalten hat, lässt sich dadurch rechtfertigen, dass sein poetisches *aion*-Konzept Elemente enthält, die in spätantiker Auffassung der Zeit aufrechterhalten geblieben sind. Sie finden sich außerdem in der Charakterisierung *dahr*s in der vorislamisch-arabischen Poesie wieder, wenn wir uns seine in vorherigen Kapiteln herausgearbeiteten Merkmale in Erinnerung rufen. Begeben wir uns in den Bereich der griechischen Tragödie, können wir beobachten, dass dort das Bedeutungsfeld des *aion*-Begriffs erweitert und seine verschiedenen Schattierungen verwendet werden. Für frühere Werke gilt es generell, dass *aion* nur in Bezug auf ein lebendes Wesen existiert. Dieses mag auch die Welt sein.[95] Bemerkenswert ist, dass im Zusammenhang mit *aion* für „Leben" das Wort *βίος* verwendet wird, das im Gegenteil zu *ζωή* auch auf Leben-Bedingendes und Leben-Erhaltendes hindeutet. Die in früherer

91 Degani, *ΑΙΩΝ*, 21ff.

92 Heraklit Frag. B 52 DK (*Die Fragmente der Vorsokratiker.* Griechisch und Deutsch. Von Hermann Diels. Sechste verbesserte Auflage hrsg. von Walther Kranz, Berlin [1951]). Vgl. die weitere von Hippolyt zitierte Stelle Heraklits, Frag. 50, an der *aion* auf eine enigmatische Weise erwähnt wird. Laut Clemens hat Heraklit *aion* mit Zeus identifiziert: West, *Early Greek Philosophy*, 159. Vgl. zu Heraklits Lehre von der Zeit jetzt die phänomenologische Darstellung in: Peter Manchester, *The Syntax of Time. The Phenomenology of Time in Greek Physics and Speculative Logic from Iamblichus to Anaximander*, Leiden etc. (2005): 141–149.

93 *Pythische Oden* 2: 22f.

94 Theunissen, *Pindar*, 18. In Fragment 131 ist die Rede vom „Abbild des Aion": Zuntz, *Aion, Gott des Römerreichs*, 16.

95 Vgl. Zuntz, *Aion, Gott des Römerreichs*, 17. Für die Darstellung der Begriffsentwicklung in der Tragödie vgl. *ibid.*, 17–24; Keizer, *Life*, 26–36.

Phase der Begriffsentwicklung mit *aion* gemeinte Bedeutung der lebenslangen Zeit wird nun ausgedehnt und mit der Ewigkeit gleichgesetzt. *Aion* bedeutet damit nicht mehr ein bestimmtes Leben, sondern wird generalisiert und von der Beziehung auf ein bestimmtes Lebendes losgelöst, um die aufs Ganze bezogene Zeit zu bedeuten.[96] In Bezug auf Gott oder die Welt ist *aion* die unbegrenzte und unendliche Zeit. Dessen ursprüngliche Leben-Komponente geht in seiner aktiven Wirkung in der Welt auf. Sie bleibt ihm durch die Stadien seiner Entwicklung hindurch erhalten und zeichnet *aion chronos* gegenüber aus, der von Anfang an die Zeit bedeutet.

Platon trifft die philosophische Unterscheidung zwischen *aion* und *chronos* und bestimmt damit maßgebend die Auffassung beider in den nachfolgenden Generationen. Er erhebt *aion* zur ideellen, inkommensurablen Zeit, dessen Abbild in der geschaffenen Welt *chronos* ist.[97] Aristoteles, der Platons Ideenwelt ablehnt und die Begriffe in die Erfahrungswelt einholt, definiert *chronos* als Maß der Bewegungen und *aion* als die immer währende Dauer des Seienden, die unsterblich und göttlich ist.[98] Die aristotelische Lehre, dass die Welt (*κόσμος*) einzig, ewig und unendlich ist, erlaubt es nun, die noch in der Philosophie Platons vorhandene Kluft zwischen *aion* und der Welt zu ebnen und beide in einem engen Zusammenhang zu sehen. *Aion* wird zur unendlichen Zeit der unendlichen Welt. *Aion* ganz nüchtern als die Seinszeit zu deuten, findet sich in einem Fragment des Stoikers Chrysippus.[99]

96 Vgl. Zuntz, *ibid.*, 22 und die Kritik an seiner Interpretation in Keizer, *ibid.*, 36.

97 Die entscheidende Passage ist *Timaios*, 37C-38E. Für weitere zusammenhängende Stellen in Platons Schriften: Keizer, *ibid.*, 62–81.

98 Aristoteles, *De caelo*, I, 279a 25–28. Der Stagirit meint, dass αἰών sich ursprünglich aus ἀεὶ und ὄν zusammensetzt. Vgl. die Kritik an dieser These in Zuntz, *Aion, Gott des Römerreichs*, 12.
Aristoteles, *Physik*, IV, 221a 30 – 221b 3 und 222b 16–25, bezeichnet Aristoteles die Zeit (*χρόνος*) als destruktive Kraft, die alle Dinge, die sie umfasst, vergehen lässt. Zeit zerstört mehr, als sie produziert und kann deshalb nicht als schön betrachtet werden. Wenig später, 222b 25f., relativiert Aristoteles sein Urteil, indem er sagt, dass es eigentlich nicht die Zeit selber ist, die die Dinge zerstört, sondern die Veränderungen, die sich in der Zeit ereignen, zerstören sie.

99 Chrysipp SVF 163, Z. 28–30 (Hans von Arnim, *Stoicorum veterum fragmenta*, Vol. II, Stuttgart [1964]). *Aion* kommt in der Sammlung nur einmal an dieser Stelle vor. *Chronos* wird hingegen häufig belegt. Zum Verständnis des Begriffs in epikureischen und stoischen Reflexionen über die Zeitenthebung des Weisen vgl. Wolfgang Schmid, „Ein Tag und der Aion. Betrachtungen zu Ciceros Doxologie der Philosophia", in: *Wort und Text.* Festschrift für Fritz Schalk, hrsg. von Harri Meier und Hans Sckommodau, Frankfurt (1963): 14–33.

Diverse Vorstellungen von der personifizierten Ewigkeitszeit *aion* begegnen uns in der späteren griechischen Literatur und Philosophie sowie im orphischen Kult. Die in der Lyrik insbesondere bei Pindar personifizierte und von Aristoteles als göttlich bezeichnete Zeitunendlichkeit wird im religiösen Bereich selbst zu einem Gott erhoben. In einer eleusinischen Inschrift wird *aion* als der Unveränderliche, „der Anfang, Mitte und Ende nicht hat“, beschrieben.[100] Ein *aion*-Kult findet sich vermutlich noch im spätantiken Alexandria.[101] Die unterschiedlichen Bezeichnungen *aions*, die verschiedenen Kontexten entstammen, betonen jeweils

100 Otto Weinrich, „Aion in Eleusis“, in: *AR*, 19 (1918): 174–190. Übersetzung in M. Nilsson, *Geschichte der griechischen Religion*, II, 348.

101 Laut Epiphanius, *Panarion*, 51, 22, 9–11, wurde in Alexandria jedes Jahr in der Nacht vom 5.–6. Januar die Geburt des Gottes Aion von der Jungfrau Koré gefeiert. Damaskios, *The Philosophical History*, text with translation and notes by Polymnia Athanassiadi, Athen (1999): 41, 4–6, spricht von Mysterien, die in Alexandria dem Gott Aion gewidmet werden und fügt hinzu, dass er die Identität dieses Gottes offenbaren könnte, dies jedoch bei der Gelegenheit nicht tun würde. In 76, 6f. bezeichnet er die Statue Aions als „unaussprechlich“. Für einen eleusinisch geprägten Kult Aions in Alexandria spricht sich ausführlich Andreas Alföldi, „Redeunt Saturna regna“, in: *Chiron*, 9 (1979): 553–606. Dagegen spricht sich Günther Zuntz, „Aion Plutonios“, in: *Hermes*, 116 (1988): 291–303, vehement aus. Er interpretiert das Wort αἰών an der umstrittenen Stelle als Attribut für θεός und vertritt die Ansicht, dass die dort mit „Aion Plutonios“ bezeichnete Gottheit keine andere als Sarapis ist und dass das Wort αἰών in Ägypten als Äquivalent für θεός verwendet wurde, dessen Namen auf mysteriöse Weise unaussprechlich war. Die Anerkennung eines Kultes des „Aion Plutonios“ hat schon U. v. Wilamowitz-Moellendorff, *Hellenistische Dichtung*, 2. verbesserte Auflage, Berlin (1962): 152, Anm. 2, als befremdlich bezeichnet. Nock, „A Vision of Mandulis Aion“, 96f., vertritt ebenfalls die Ansicht, dass ein solcher Kult spätere Erneuerung ist. Auf ihn beruft sich H. J. W. Drijvers, „AION αἰών“, in: K. van der Toorn und B. Becking und P. W. van der Horst (Hg.), *Dictionary of Deities and Demons in the Bible*, Leiden (1995): 22f. Raffaele Pettazzoni, „Aion-(Kronos)Chronos in Egypt“, in: Ders., *Essays on the History of Religions*, Leiden (1954): 171–179, argumentiert auf undeutliche Weise, dass die griechische Personifikation der Zeit in Ägypten mit Annubis identifiziert wurde. Hingegen vertritt Bowersock, *Hellenism*, 27, die Ansicht, dass Aion dort als Verkörperung des Osiris betrachtet wurde. Vgl. seine Beschreibung des Aion-Festes in Alexandria, *ibid.*, 22ff. Von der Identifikation *aions* mit Osiris ist auch L. Kákosy, „Osiris-Aion“, in: *Oriens Antiquus*, 3 (1964): 15–25, überzeugt. Ferner zu diesem komplizierten Sachverhalt Brandon, *History, Time and Deity*, 57ff. Es sei weiterhin bemerkt, dass auf einer alexandrinischen Münze aus 138–139 n. Chr. Phönix vom Wort AIΩN umrahmt wird: Levi, „Aion“, 294f. Für ein theologisches Konzept Aions s. Max Zepf, „Der Gott Αἰών in der hellenistischen Theologie“, in: *AR*, 25 (1927): 225–244.

diverse Aspekte eines vieldeutigen Begriffs, der infolgedessen schwer fassbar wird.[102]

In der Septuaginta wird mit dem Nomen *aion* oder dem Adjektiv *aiónios* fast immer das hebräische Wort *ʿolām* aber auch das Nomen *ʿad* und verwandte Termini im Text der Massora übersetzt. *ʿOlām* bedeutet die lange, vergangene oder zukünftige, Zeit und wird sogar ausgedehnt, um die ganze, mit der Schöpfung gegebene Zeit zu umfassen, deren Anfang und Ende verborgen sind.[103] Das Wort kommt im Alten Testament weder als Subjekt oder Objekt vor noch besitzt es aktive Eigenschaften, sondern es bedeutet die zeitliche Dauer, deren Grenzen mit menschlichem Vorstellungsvermögen nicht erreicht werden können.[104] Dementsprechend wird das biblische Wort *aion* anders als in der griechischen Literatur nicht personifiziert oder mit aktiven Funktionen versehen, sondern es ist schlicht der temporale Horizont menschlicher Existenz, dessen Weite vom Menschen nicht erfasst werden kann.[105] Mindestens an einer Stelle in der Septuaginta bedeutet *aion* das gegenwärtige Leben.[106] Vermutlich unter hebräischem Einfluss kommt *aion* im biblischen Gebrauch im Plural viel häufiger vor als in der zeitgenössischen nicht-biblischen griechischen Literatur.[107] In dem vermutlich in Alexandria auf

102 Vgl. Levi, „Aion“, 278ff.

103 E. Jenni, „עוֹלָם *ʿolām* Ewigkeit“, in: Botterweck und Ringgren (Hg.), *Theologisches Wörterbuch zum Alten Testament*, 228–243. Keizer, *Life Time Eternity*, 121–150. Keizer, *ibid.*, 151, zählt nur 17 Fälle, in denen *ʿolām*, das im massoratischen Text 447 Mal vorkommt, nicht mit *aion* übersetzt ist. In der phönizischen Geschichte des Philon von Byblos tritt *aion* als Äquivalent für das phönizische *ʿLM* auf: Albert I. Baumgarten, *The Phoenician History of Philo of Byblos. A Commentary*, Leiden (1981): 13 (Text), 141 (Übersetzung). Vgl. Sergio Ribichini, „Quelques Remarques sur le ‚Temps‘ Phénicien“ in: F. Briquel-Chatonnet und H. Lozachmeur (Hg.), *Proche-Orient Ancien Temps Vécu, Temps Pensé*, Paris (1998): 99–119. Stern, *Time and Process*, 114f. und 122f., für ähnliche Zeugnisse aus zweisprachigen palmyrisch-griechischen Inschriften.

104 Vgl. Thorleif Boman, *Das hebräische Denken im Vergleich mit dem griechischen*, Göttingen (1954): 131ff. *Dōr* wird mit *genus* übersetzt. Im Sinne der unendlichen Zeit sind *ʿolām* und *dōr wa-dōr* bzw. *dōr dōrim* inhaltlich fast identisch, dementsprechend auch *aion* und *genea* in der Septuaginta.

105 Vgl. Keizer, *Life Time Eternity*, 204.

106 Ps 89 (90): 8.

107 Vgl. Keizer, *Life Time Eternity*, 200, 250.
S. Stern, *Time and Progress*, 74, 109ff., besteht darauf, *ʿolām* als „event-related idea of permanence“ zu interpretieren. Er möchte offensichtlich vermeiden, dass *ʿolām* wie *aion* oder *chronos* als aktive Entität verstanden wird. Der biblische Gebrauch erlaubt es jedoch nicht, die zeitliche Bedeutung des Wortes aus-

Griechisch verfassten Buch der Weisheit weist *aion* deutlich griechische Einflüsse auf und wird substantiviert im ganzheitlichen Sinne der Welt verwendet.[108] Diese Bedeutung wird im Neuen Testament und der darauf folgenden christlichen Literatur aufgenommen.[109] Ebenfalls wie das hebräische *ʿolām* nimmt *aion* räumlichen Sinn an. Dem *aion* dieser Welt wird ein kommender *aion* gegenüberstellt.[110] Besonders in der heterogenen Welt der Gnosis wird die Auffassung von mehreren *aionen* vertreten.[111]

Bei dem skizzierten Gebrauch von *aion* zeichnet sich vorwiegend die Bedeutung der Zeit der Welt ab, mit der die Zeit gleichermaßen existiert und vergeht. Dass *aion* jedoch nicht personifiziert oder als eine tätige Entität vorgestellt wird, kongruiert völlig mit der Natur der biblischen Anschauung, die die geschaffene Zeit unter die Macht Gottes stellt. Daran knüpft der jüdische Philosoph Philon von Alexandria an, der *aion* in den meisten Fällen als die Ganzheit der Zeit betrachtet und auf die Schöpfung bezieht, allerdings ohne ihm Tätigkeit zuzuschreiben.[112]

Ganz anders wird *aion* von den Neoplatonikern behandelt, die ihm besondere Bedeutung verleihen, indem sie die philosophische Spekulation um ihn auf die Spitze treiben. Mit Hilfe aristotelischer Gedanken erweitert Plotin die im *Timaios* entfaltete Auffassung von *aion*. Er schildert ihn als ein Ganzes, dem nichts fehlt. *Aion* verhält sich zu *chronos* wie *nous* zu *psyche*. Während *chronos* sich im Flusse befindet, ist *aion* bestän-

---

schließlich von einem Ereignis abhängig zu machen. Wie schon von E. Jenni und anderen Forschern festgestellt worden ist, bedeutet *ʿolām* „Ewigkeit". Stern verfehlt den Punkt, wenn er die Unendlichkeit der Zeit mit deren Hypostasierung verwechselt und darum ersteres ablehnt, damit das zweite nicht angenommen wird. Die Bedeutung von *ʿolām* als offene, unendliche Zeit verbunden mit der Existenz darf nicht zugunsten der Idee einer quasi zeitlosen Permanenz unterdrückt werden. Wenig hilfreich und eher verwirrend ist auch Sterns künstlicher Versuch auf S. 112, die Idee der Permanenz und die Idee des Zeitkontinuums auseinanderzuhalten. Auch falsch ist die Feststellung, dass „a concept of time *per se*" in späteren hellenistischen Quellen aus dem Nahen Osten deutlich fehlt.

108 Z.B. Weish 4:2; 13:9; 14:6; 18:4. Vgl. dazu: E. Jenni, „Das Wort ‚*ʿolām*' im Alten Testament", (1953): 32; Keizer, *Life Time Eternity*, 188ff.

109 Vgl. die ausführliche Besprechung in James Barr, *Biblical Words for Time*. Revised Edition. London (1969).

110 S. z.B. Gal 1:4. Die zahlreichen Belegstellen sind nachzulesen in: H. Sasse, „αἰών", in: *Theologisches Wörterbuch zum Neuen Testament*, hrsg. von Gerhard Kittel u.a., Stuttgart (1949): 205f. Vgl. Oscar Cullmann, *Christus und die Zeit*, Zürich (1948): 38ff.

111 Henri-Charles Puech, „Gnosis and Time", 38–84.

112 Keizer, *Life Time Eternity*, 208ff., 243ff.

dig und verharrend. Der alexandrinische Philosoph beschreibt *aion* als das Leben dessen, was ewig existiert. Als ruhiges und beständiges Leben gehört *aion* zur ideellen Welt und kann mit Recht als Gott bezeichnet werden.[113] Proklos stellt den hypostasierten *aion* in die zweite Triade seines ontologischen Systems. Er beschreibt ihn als absolute Ewigkeit, die vor der Zeit (*chronos*) existierte, welche nur von der Zahl abhängig existieren kann. Seine berühmte Formulierung der Beziehung beider lautet: *aion* ist der Vater des *chronos*.[114] Johannes Philoponus, der Proklos' Lehre von der Ewigkeit der Welt verwirft, teilt mit ihm die Ansicht von *aions* Erhabenheit, der sich im Gegenteil zu *chronos* nicht in kleinere Zeitabschnitte zerteilen lässt.[115] Kurzum: Der Begriff *aion* erfährt durch die Neoplatoniker von Iamblichos an eine markante Entwicklung, die vermutlich auf ihre synkretistischen Bemühungen zurückgeht, philosophische Ideen und theologische Entitäten in einem einheitlichen System zusammenzubringen.[116] Sie multiplizieren *aion* – eine Vervielfältigung,

---

113 *Über Ewigkeit und Zeit*. Plotin, *Enneade III, 7*. Übers., eingeleitet und kommentiert von Werner Beierwaltes, Frankfurt (1967). Zu diesem thematischen Zusammenhang und seiner Weiterführung bei Augustinus s. die einleuchtende Darstellung in John F. Callahan, *Four Views of Time in Ancient Philosophy, Cambridge*, MA (1948). Die aristotelische Etymologie des Wortes αἰών wird häufig von Neoplatonikern zitiert: Hans Lewy, *Chaldean Oracles and Theurgy*, Paris (1978): 17.

114 Zitiert nach Lackeit, *Aion*, 73. Proklos' substantivierter und vergöttlichter Aion wird in der Forschung auf eine hellenistische Form des persischen Gottes Zurvan zurückgeführt, die in der gnostischen und hermetischen Spekulation sowie in den magischen Papyri große Beachtung findet: Proclus, *The Elements of Theology*. A revised Text with Translation, Introduction and Commentary by E. R. Dodds. 2nd Ed., Oxford (1963): 228. Auch dort, S. 50, Z. 15, wird das Ewige (αἰώνιόν) gemäß der aristotelischen Etymologie des Wortes αἰών als das, „was immer ist" (ἀεὶ ὄν) definiert. Vgl. zu Aion als oberstem Gott: E. R. Dodds, *Pagan and Christian in an Age of Anxiety*, Cambridge (1965): 57. In den hermetischen Schriften ist Aion an zweiter Stelle nach dem ihn schaffenden transzendenten Gott. Er wiederum schafft Kronos und dieser verleiht Chronos Existenz. Auch die chaldäischen Orakel definieren Aion als zweitrangigen Gott. M. Nilsson, *Geschichte der griechischen Religion*, II, 501, 536. In anderen Kontexten wird er als Kraft Gottes eingestuft: Lewy, *Chaldean Oracles*, 401–409 (allgemein zu Aion im chaldäischen System), 102ff. (genauer zum Aion-Begriff bei Proklos).

115 Lackeit, *Aion*, 75.

116 Der Ausdruck „*Aion Aionon*" kommt in Proklos' *Stoicheiosis Theologike* vor: *Elements of Theology* (wie oben Anm. 116), S. 52, Z. 6. Levi, „Aion", 279f. Vgl. zum Thema: *The Concept of Time in Late Neoplatonism*. Texts with Translation, Introduction and Notes by S. Sambursky and S. Pines, Jerusalem (1971).

die vermutlich erst mit der Septuaginta in die griechische Welt kommt. *Aion* im Plural ist dann nicht nur die Zeit als Ganzes, sondern kann auch „Epoche“ und „Generation“ bedeuten.[117]

Besonders die Bedeutung von *aion* als unbegrenzte oder zumindest sehr lange Zeit lässt sich in der nichtchristlichen Prosa der Zeit vom ersten bis zum dritten Jahrhundert n. Chr. feststellen. Häufig wird hier der unendliche *aion* mit dem kurzen Menschenleben kontrastiert.[118] Wir können jedoch auch beobachten, dass *aion* in diesen Zeugnissen eine aktive Komponente aufweist, wie beispielsweise eine erhaltene Rede Neros an die Athener aus dem Jahre 67 n. Chr. zeigt. Der von den Griechen gehasste Kaiser versucht sich dadurch zu rechtfertigen, dass er *aion* dafür tadelt, seine guten Taten zunichte gemacht zu haben.[119] Der letzte Stoiker, Kaiser Mark Aurel, bringt die stoische Auffassung von *aion* deutlich zum Ausdruck, wenn er ihn wie eine Folie der Ewigkeit entfaltet, vor deren Hintergrund alles Irdische vernichtet wird. Er bezeichnet *aion* als einen gewaltigen Strom, der alles, Gegenwärtiges und Künftiges, mit sich reißt.[120] Auch die Zukunft bringt keine Dauer; der Strom des *aion* ist nach vorne und nach hinten unendlich.[121] Die stete Erneuerung von *aion* durch den Wandel der Zeit kann kein Mensch durchdringen.[122] Der mächtige *aion* verschlingt alles und verhüllt alles.[123] Selbst viele große Männer wie Chrysippus, Sokrates und Epiktet habe *aion* verschlungen.[124] Der letztgenannte Philosoph hat übrigens schon gesagt, dass er gar nicht *aion*, sondern bloß ein Mensch sei.[125] Durch den Vergleich mit dem Ewigen wollte er die Machtlosigkeit und Vergänglichkeit des Menschen zeigen. Die mit diesem Spruch vorgestellte Personifikation *aions*,

117 Keizer, *Life Time Eternity*, 250.

118 Zuntz, *AIΩN in der Literatur der Kaiserzeit*, 34–42.

119 *IG* VII, 2713, Z. 19f.: „διὸ καὶ μέμφομαι τὸν αἰώνα προδαπανήσαντά μου τὸ μέγεθος τῆς χάριτος“. An einer späteren Stelle in der Rede, Z. 49, kommt das Wort noch einmal im Ausdruck „εἰς αἰῶνα“ im Sinne der unendlichen Zeit vor. Vgl. dazu: Christopher Jones, „Nero Speaking“, in: *HSCP*, 100 (2000): 453–461.

120 *Meditationen*, IV, 43. Vgl. *ibid.*, IX, 28. Verwendete Edition: *The Meditations of the Emperor Marcus Antoninus*. Edited with Translation and Commeentary by A. S. L. Farquharson, Oxford (1944).

121 *Ibid.*, IV, 50.

122 *Ibid.*, VI, 15.

123 *Ibid.*, VI, 59.

124 *Ibid.*, VII, 19. Vgl. ferner *ibid.*, XII, 32

125 Zuntz, *AIΩN in der Literatur der Kaiserzeit*, 38. Ähnliches von Sextus Empiricus wird dort zitiert. Zu *aion* bei den Römern: R. Chevallier (Hg.), *Aiôn. Le temps chez les Romains*, Paris (1976).

um die Beschränktheit des Menschenlebens durch den Kontrast mit der Ewigkeit hervorzuheben, bedeutet im gleichen Zug die Negation jeder Ähnlichkeit zwischen *aion* und dem Menschen. Wir werden später sehen, dass das, was Epiktet im Hinblick auf *aion* für sich nicht in Anspruch nimmt, im Islam in einem prophetischen Spruch im Hinblick auf *dahr* für Gott in Anspruch genommen wird.[126]

Die poetischen Zeugnisse über *aion* aus der Kaiserzeit fallen mager aus. Dennoch tauchen in zwei Fällen Motive auf, die für unseren Zusammenhang wichtig sind. So wird *aion* in einem Gedicht des im dritten Jahrhundert v. Chr. in Alexandria lebenden Sotades sowie in einem Hymnus der Dichterin Melinno (1. oder 2. Jh. n. Chr.) auf Rom personifiziert und als „alles bewirkende Weltkraft" bezeichnet. Ihm werden der „Widersinn und die Ungereimtheit" zugeschrieben, die in der Menschenwelt herrschen. Er „mache alles Bestehende zuschanden und verkehre die Welt allerwege".[127] Diese Äußerungen spiegeln wider, dass die Haltung der Zeit gegenüber in der Spätantike im Allgemeinen von Melancholie und Sorge geprägt ist. Sie vermitteln schließlich auch ein Bild davon, wie angesichts der starren Abfolge und der unveränderlichen Wiederholung gleicher Perioden beim Betrachter das Gefühl der Machtlosigkeit erwächst.

IV.1.2 Nonnos von Panopolis

Die wichtigste Beschreibung *aion*s in spätantiker Dichtung bringt Nonnos von Panopolis hervor. Seine Stadt, das heutige Aḫmīm in Oberägypten, war ein bedeutendes Zentrum griechischer Kultur in frühbyzantinischer Zeit. Er wirkte in der ersten Hälfte oder Mitte des 5. Jahrhunderts und hinterließ zwei Werke, ein mythologisches Epos hauptsächlich über die Geburt und Taten des Dionysus sowie eine poetische Paraphrasierung des Johannesevangeliums.[128] Sie zeigen seine umfangreiche Kenntnis des hellenistischen Kulturerbes auf.

126 In einem hermetischen Text fordert Nous Hermes auf, sich der Zeit abzulegen und Aion zu werden: Dodds, *Pagan and Christian*, 82.

127 Zuntz, *AIΩN in der Literatur der Kaiserzeit*, 57.

128 Zweifel an Nonnos' Autorschaft des letzt erwähnten Werkes werden erhoben. Dagegen argumentiert u.a. David Frendo, „Wine for immortality and immortality for wine: reflections on the *Dionysiaka* of Nonnos of Panopolis", in: Elizabeth Jeffreys (Ed.), *Byzantine Style, Religion and Civilization.* In Honor of Sir Steven Runciman, Cambridge (2006): 275–289, besonders 275–278. Für den Zweck meiner Untersuchung ist diese Frage ziemlich irrelevant. Deshalb wird

Das Epos *Dionysiaca* ist mit seinen 48 Büchern das längste erhalten gebliebene Werk antiker Poesie.[129] Es enthält stilistische Charakteristika und viele inhaltliche Motive, die sich im spätantiken Kontext im Umlauf befanden.[130] Sich auf eine lange, griechische und lokale Tradition stützend, fasst Nonnos in seinem Werk *aion* auf, wie er ihn in jener Zeit auffassen konnte. Er stellt ihn als Personifikation des höchsten Zeitbegriffs und der unbegrenzten Zeit dar, verleiht ihm die Züge einer Schicksalsmacht und macht ihn zu einem Gott mit einer besonderen Rolle unter den Göttern. Seine eindrucksvolle Charakterisierung von *aion* kann exemplarisch für die poetische Auffassung dieses Begriffs und die damit verbundenen Vorstellungen in der griechischen Spätantike gelten.

Gegen Ende des sechsten Buches stellt Nonnos *aion* als allernährend vor; er sei in der Lage, das Weltgefüge zu zerstören und die Menschheit aufzulösen.[131] Zu Beginn des folgenden Buches wird eine Szene aufgeführt, die eingehende Beachtung verdient: *aion*, der gleich alt (σύντροφος) wie Zeus ist (7:10), beobachtet, wie leidvoll und elend das

die *Paraphrase* im Zuge der Behandlung des *aion*-Bildes bei Nonnos berücksichtigt, ohne daraus ein Urteil über ihren Verfasser abzuleiten. Vgl. zur Kontroverse Glen Bowersock, „Dionysus as Epic Hero", in: Neil Hopkinson (Hg.), *Studies in the* Dionysiaca *of Nonnus*, (= Cambridge Philological Society. Supplementary Vol. no. 17), Cambridge (1994): 156–166, hier 158. Zum Werk: Joseph Golega, *Studien über die Evangeliendichtung des Nonnos von Panopolis. Ein Beitrag zur Geschichte der Bibeldichtung im Altertum*, Breslau (1930).

129 *Nonni Panopolitani Dionysiaca*. Recognovit Rudolfus Keydell. Zwei Bde., Berlin (1959). Für die Interpretation wurden auch folgende Werke herangezogen: *Die Dionysiaka des Nonnos*. Deutsch von Thassilo von Scheffer, 2 Bde., München (1929); Nonnos, *Dionysiaca*. With an English translation by H. J. Rose and notes on text criticism by L. R. Lind, 3 Vols., Cambridge MA (1940); *Lexikon zu den Dionysiaka des Nonnos*, hrsg. von einer Arbeitsgruppe des Instituts für Klassische Philologie an der Martin-Luther-Universität Halle-Wittenberg unter Leitung von Werner Peek. Erste Lieferung (Α–Δ), Hildesheim (1968).

130 Vgl. dazu die erhellenden Studien in dem bereits erwähnten, von Hopkinson herausgegebenen Sammelband sowie Ders., *Greek Poetry of the Imperial Period*, Cambridge (1994): 121ff.; Robert Shorrock, *The Challange of Epic. Allusive Engagement in the* Dionysiaca *on Nonnos*, Leiden etc. (2001).

131 *Dionysiaca*, 6:372. In der Kosmologie des Philon von Byblos (ca. 64–141 n. Chr.) sind Aion und Protogonos die ersten Sterblichen. Aion entdeckt die Ernährung durch Baumfrüchte: Baumgarten, *The Phoenician History,* 146ff. Im Kommentar wird argumentiert, dass das bei Philon dargestellte Konzept Aions als Teil der Menschheitsgeschichte nicht ursprünglich, sondern vielmehr eine traditionelle Figur phönizischer Kosmogonie ist, wie weitere semitische Parallelen und eine bei Damaskios erhaltene Stelle von Mochos zeigen.

Menschenleben ist.[132] Er tritt vor den Vater der Götter, breitet sein weißes Haar auf Zeus' Knien aus, schildert ihm die Freudlosigkeit der Menschen und bittet ihn um die Veränderung ihres miserablen Zustands.[133] Diese Haltung zeigt nicht nur *aion*s besondere Nähe zu Zeus, sondern entspricht auch der inneren Logik des Gedichts: Zeus ist verantwortlich für die Sintflut, die gemäß *aion*s Beschreibung der Weltlage kurz zuvor geschah und das Leben auf Erden vernichtete.[134] *Aion*s Auftritt findet also am Anfang einer neuen Weltära statt. Er ist schon damals zwar sehr alt,[135] aber er verändert sich stets (ποικιλόμορφος). Er hält den Schlüssel des Werdens in seinen Händen (7:23), seine Hand ist grenzenlos (ἀτέρμονα) (7:27) und er ist der Hüter des nie versiegenden Lebens (7:28). *Aion* hebt in seiner Rede die rasche Vergänglichkeit der Menschen hervor (7:35) und äußert sein Mitleid mit ihnen durch bildhafte Drohungen: Sollte den Menschen nicht geholfen werden, würde er nicht mehr das himmlische Steuerrad ihrer Geschicke lenken (7:36) noch das Schiffstau des Weltalls halten (7:37); ein anderer Gott möge nun das Ruder des stets erneuerten Lebens übernehmen (7:38) und die Bahn seiner Jahre durchlaufen (7:39). Besonders schmerzhaft tritt unter den Leiden der Menschheit der Tod junger Männer hervor, kontrastiert mit dem Bild einer Hochzeit (7:45–54). Nach langem grübelndem Schweigen spricht Zeus. Er nennt *aion* – vermutlich angesichts seines hohen Alters – „Vater" (πάτερ), Selbstschöpfer und Hirt ewig fließender Jahre (ἀενάων ἐτέων αὐτόσπορε ποιμήν) (7:73). Zeus besänftigt *aion*s Zorn und schenkt den Menschen den Wein, um ihre Leiden zu lindern (7:74–78). Er kündigt die Geburt des Dionysus als Retter der Menschheit vor Trauer an (7:79–97). Am Ende der Szene eilt *aion* zu Harmonias Haus und Zeus zu Heras Palast (7:108f.).

Der bilderreichen Beschreibung von *aion* im siebten Buch der *Dionysiaca* können wichtige Elemente seines Begriffs entnommen werden,

---

132 Auf dem Ehrendenkmal des Zoilos in Aphrodisias wird *aion* als ein alter, bärtiger Gott dargestellt, der seine rechte Hand auf die rechte Wange legt und in Gedanken versunken ehrwürdig sitzt: *Lexicon Iconographicum Mythologiae Classicae* (*LIMC*), Zürich und München (1981): I/1 und 2, Nr. 7, S. 401 und 312. Beschreibung und Interpretation mit ausgezeichneten Bildern in: Andreas Alföldi, *Aion in Mérida und Aphrodisias*, Mainz (1979); R. R. R. Smith, *The Monument of C. Julius Zoilos*, Mainz (1993). Laut Smith starb Zoilos in den dreißiger Jahren des 1. Jahrhunderts v. Chr.

133 *Dionysiaca*, 7:10–66.

134 *Ibid.*, 7:32–34.

135 *Aion* als Greis auch in *ibid.*, 7:22,28,67; 38:90; 41:178.

die im Folgenden durch weitere Merkmale aus anderen Stellen von Nonnos ergänzt und erfasst werden:

1. *Aion* ist die ewige Zeit, die gleich lang wie Zeus oder die Erde (Gaia) existiert.[136] Er ist die Zeit des Kosmos, in spätantiker Vorstellung so unbegrenzt wie dieser.[137] Seine Nähe zur Physis verweist in Nonnos' Konzeption auf seine Verbindung mit der Natur, deren Vorgänge gesetzmäßig ablaufen.[138] An seiner Unbegrenztheit werden innerweltliche Geschehnisse gemessen, um zu prüfen, ob sie einmalig sind.[139] An einer Stelle bedeutet *aion* die tiefe Vergangenheit, die über die Grenzen der Erinnerung hinausgeht.[140] Seiner ewigen Dauer entsprechend kann *aion* im Gegenteil zu *chronos* nicht gemessen oder kalkuliert werden.[141] Letzterer besitzt in Nonnos' Konzeption der Zeit die Passivität der Uhr.[142]
2. Nonnos denkt *aion*s Ewigkeit nicht als passive Zeitausdehnung, sondern personifiziert sie und lässt sie aktiv vortreten. So gibt er auch in der *Paraphrase* die typische Formel „in die Ewigkeit" (εἷς τόν αἰῶνα) mit Ausdrücken wie „solange der *aion* sich immer bewegt" (3:79), „solange der *aion* zum unendlichen Ziel schreitet" (6:146), „solange der *aion* weiße Haare hat" (6:178), „solange der *aion* besteht" (8:156; 10:101), „solange der *aion* erscheint" (11:87), „solange der *aion* dahinschleicht" (13:37) und „solange der *aion* alles gedeihen lässt" (9:154) wieder.[143] *Aion*s Ewigkeit ist keine stille, ruhende. Er ist in ständiger Bewegung.[144] Er ist in Eile.[145] Die Jahre werden als seine Pferde bezeichnet.[146] Er ist „uneinholbar" (ἀκίχητος).[147]

---

136 S. auch *ibid.*, 41:83.

137 In *Dionysiaca*, 40:431 ist *aion* ewig wie der Kosmos. In *ibid.*, 41:144 wird Beroë (Beirut) Schwester des *aion* genannt und als „alt wie das Weltall" beschrieben.

138 Golega, *Studien,* 85; Nilsson, *Geschichte der griechischen Religion*, II, 501.

139 In diesem Sinn wird die Einmaligkeit eines Kampfes damit beschrieben, dass *aion* Gleiches nicht sah (*Dionysiaca*, 25:23) und von einem Wunder wird gesagt, dass „der greise *aion*" nie ein ähnliches heraufführte (*Dionysiaca*, 38:90).

140 *Dionysiaca*, 13:498.

141 *Ibid.*, 38:236,251; 40:372; 7:16; 11:486; 12:15–19,65,96.

142 Zu demselben Ergebnis kommt auch Francis Vian, *L'épopée posthomérque*. Recueil d'études, édité par Domenico Accorinti, Alessandria (2005): 491.

143 Vgl. dazu mit dem griechischen Wortlaut der Stellen Lackeit, *Aion*, 88.

144 *Dionysiaca*, 24:267.

145 *Ibid.*, 7:39; *Paraphrase*, 3:77; 8:94.

146 *Paraphrase*, 8:93.

147 *Ibid.*, 8:94.

Er stürmt „in immer fließendem Wirbel" dahin.[148] Er bedarf keiner treibenden Kraft, vielmehr kreist er in „selbständigen Windungen" dahin.[149] Seine Kreisbewegungen sind dieselben der Naturperioden. So heißt es in einer Metapher, dass Helios, *aion*s Sohn, das zwölfmonatige Jahr dahinwälzt und einen Kreis nach dem anderen zieht[150] – ein Hinweis darauf, dass der ununterbrochene Verlauf der Zeit an den ständig perpetuierenden Naturzyklen festgemacht werden kann.

3. *Aion*s kreisende Bewegung bezieht sich auf andere Objekte. So dreht er in einem wichtigen Bild das vierfache Rad der Jahreszeiten und bringt den Wagen des Jahres in Umlauf.[151] Diese Beschreibung von *aion* findet in Proklos' Äußerung, *aion* drehe immer und unermüdlich ein Rad und weile in ihm, philosophische Entsprechung.[152] *Aion*s aktiver Charakter ist also nicht selbstbezogen, sondern betrifft andere Figuren und wird in Verbindung mit historischen Tatsachen gesetzt. So sehen wir, wie er mit seinen runzligen Händen die gerade geborene Beroë, d. i. die mythologische Figur Beiruts, mit Gewändern der Dyke umhüllt – eine Anspielung auf die Bedeutung der Stadt für die römische Gesetzgebung in der Spätantike.[153] *Aion* ist auch universeller Wirkung. Er ist „allernährend" und „lässt alles gedeihen".[154] Zusätzlich zu diesen Attributen, mit denen die Zeit zur Quelle menschlicher Nahrung erklärt wird, konfrontiert uns Nonnos mit dem Bilde eines *aion*, der die Schlüssel des Werdens in seinen Händen hält.[155] Die Zeit tritt hier als Verfügungsmacht über das Le-

148 *Ibid.*, 12:98. Vgl. Lackeit, *Aion*, 89.

149 *Ibid.*, 10:102. Vgl. Lackeit, *ibid.*

150 *Dionysiaca*, 40:370–373. Im System der chaldäischen Theurgie werden *aion* und Helios miteinander identifiziert: Lewy, *Chaldean Oracles*, 152ff. Vgl. die Verknüpfung von *dahr* und Sonne in den bereits zitierten Versen D̲ū l-Iṣbaʿ al-ʿAdwānīs.

151 *Dionysiaca*, 36:422f.

152 Levi, „Aion", 291.

153 *Dionysiaca*, 41:178. Vgl. die erhellenden Studien in: Pierre Chuvin, *Mythologie et géographie Dionysiaques. Recherches sur l'œuvre de Nonnos de Panopolis*, Clermont-Ferrand: Adosa (1991); Linda Jones Hall, *Roman Berytus. Beirut in Late Antiquity*, London (2004).

154 Zu der bereits angeführten Stelle s. auch *Paraphrase*, 9:154.

155 In Synesios von Kyrene, *Hymnen*, eingeleitet, übersetzt und kommentiert von Joachim Gruber und Hans Strohm, Heidelberg (1991): 1. Hymnus, S. 251ff., erzeugt Christus die Zeit und ist selbst in dauerndem Werden.

ben auf.[156] *Aion* wird als dessen Hüter betrachtet. Er ist die Zeit des Lebens.[157]

4. Das Bild des Greises steht für *aion*s lange Dauer.[158] In der kreisenden Bewegung verjüngt er sich jedoch stets.[159] Wie eine Schlange, die die Schichten schlechter Schuppen abstößt, wechselt er die Bürde des Alters und verjüngt sich badend in den Fluten des gesetzmäßigen Werdens.[160] Die ständige Selbsterneuerung der Zeit ist mit dem periodischen Wechsel der Naturphänomene gleichzusetzen, der für den Betrachter den Fortgang der Zeit auszumachen scheint. Der Dichter kontrastiert mit dem Zeitvorgang die Situation der Menschheit: Während sich *aion* im unaufhörlichen Wandel der Perioden erneuert, vernichtet das Verderben die Menschen, deren Generationen einander folgen.[161] Die Gegenüberstellung von den sich abwechselnden Zeiten und den einander ersetzenden Generationen führt mit sich herbei, dass in einem gewissen Sinn die zyklisch wechselnde Dauer des *aion* und die Summe der sukzessiven Menschengenerationen gleichgesetzt werden. Zu beiden steht im krassen Widerspruch die vergleichsweise kurze Lebensdauer des Menschen. Man könnte hier noch an eine weitere, generell geläufige Parallele denken, nämlich die zwischen den Jahreszeiten und den Altersphasen des Einzelnen. Sie wird in der hier behandelten arabischen und griechischen Dichtung jedoch nicht thematisiert.
5. *Aion* ist mächtig.[162] Darauf deutet nicht nur die Metapher seiner unbegrenzten Hand hin, die seine uneingeschränkte Handlungsfähigkeit symbolisiert, sondern auch in einem noch höheren Maße seine

156 Ein frühes Image von *aion*, der den Kurs des Lebens registriert, befindet sich schon bei Pindar, *Isthmische* 8, 14f.

157 Vian, *L'épopée posthomérque*, 492, übertreibt, wenn er *aion* als „le principe vital qui régit le cosmos; [...] l'Âme du monde, la Vie qui anime la nature“ bezeichnet. *Aion* ist in Nonnos' Auffassung zwar die Lebenszeit der Welt, nicht aber deren Lebensprinzip.

158 Vgl. *Paraphrase*, 6:146,178; 13:37. Altersgrau tritt *aion* auch in Syncsios von Kyrene, *Hymnen*, 1:248.

159 Vgl. Synesios, *Hymnen*, 8:67ff.: *aion* altert nicht; der Urzeit entstammend, ist er zugleich Jüngling und Greis.

160 *Dionysiaca*, 41:180ff. Siehe auch *ibid*., 7:23; *Paraphrase*, 9:54. Die in Form eines Kreises abgebildete Schlange, die ihren Schwanz im Mund hat, symbolisiert in der phönizischen Mythologie die sich stets erneuernde Welt: Nilsson, *Geschichte der griechischen Religion*, II, 502 und Tafel 6,3.

161 *Dionysiaca*, 3:255f. Ähnlich 40:374.

162 *Paraphrase*, 6:179.

Kompetenz, selbst den Göttern jeweils Vorrecht zu gewähren.[163] Zumal sie in der Zeit auftreten, verfügt *aion* unter ihnen über eine Vormachtstellung. Das Menschenleben hat er auch völlig im Griff. Er bestimmt das Werden neuer Generationen, führt die hilflosen Menschen in die Welt[164] und wird als „Wagenlenker des Lebens" bezeichnet.[165] Er bewirkt die Veränderung menschlicher Lebenszustände. Völlig konsequent mit der inneren Entwicklung des Epos tritt er dafür vor Zeus ein; gleich in demselben Zusammenhang wird seine Macht über die Menschen kundgetan: Er lenkt das Steuerrad ihrer Geschicke und hält das Ruder des Lebens in seiner Hand. In seinem zyklischen Verlauf bestimmt *aion* das Schicksal der Menschen; er wird quasi zum Schicksal alles Seienden, wie die poetischen Bilder vermitteln.

6. *Aion* ist in den *Dionysiaca* mit Harmonia vermählt und lässt sich in ihrem Hause nieder. Nonnos fasst ihn also als ein harmonisches Prinzip im Kosmos auf und schreibt ihm explizit nur positive Wirkungen im Kosmos zu. So empfindet *aion* Mitleid mit den Menschen und erreicht bei Zeus, dass Menschenleiden gelindert werden, indem ein Erlöser von der Trauer in die Welt geschickt wird. Ein solches Bild *aion*s korrespondiert mit der bereits festgestellten Identifizierung Christus' mit Dionysus.[166] Dem Gesamtkonzept des Nonnos entsprechend muss die Zeit, deren Personifikation *aion* ist, nach Erlösung verlangen und sie herbeiführen. Darum können *aion* nur wohlwollende Eigenschaften beigemessen werden. Seine destruktive Macht hingegen wird lediglich durch verdeckte Hinweise auf potentielle Wirkungen angedeutet, die *aion* vollbringen könnte. So wird erwähnt, *aion* könnte die kosmische Ordnung durcheinander bringen und das Menschenleben auslöschen.[167] Er könnte ferner seine harmonisierende Funktion im Kosmos einstellen. Seine damit angedeuteten Fähigkeiten sind freilich Teil seiner uneingeschränkten Macht über das Weltall, dessen Schiffstau er hält, und über die Menschen, deren Werden und Vergehen sowie deren ganzes Elend

---

163 *Dionysiaca*, 12:25.

164 *Paraphrase*, 9:8.

165 *Dionysiaca*, 24:267; *Paraphrase*, 9:9.

166 Bowersock, „Dionysus as Epic Hero", 162ff. Gegen die Identifizierung von Christus und Nonnos' Dionysus spricht sich D. Frendo, „Wine for immortality", 276.

167 *Dionysiaca*, 6:371f.

er beaufsichtigt.[168] Seine Fähigkeit, die Zukunft zu erblicken,[169] deutet weiterhin auf seine umfassende Kontrolle über menschliches Leben hin, das mit seinen fröhlichen und traurigen Momenten, Glücks- und Unglücksfällen schon gelebt wurde oder noch ansteht. All diese Fähigkeiten werden jedoch nicht explizit aufgeführt, weil Nonnos' *aion* im Sinne des Verlangens nach Erlösung schön aussehen muss. Darum werden in der Beschreibung seine negativen Seiten ausgeblendet. Dass er sie hat, gehört selbstverständlich zu seiner wechselnden Natur und umfangreichen Macht. Die negativen Seiten werden nicht dargestellt, damit sie das poetische Gemälde nicht verzerren. Sie schwingen allerdings immer mit. So werden die Übel in der Welt von *aion* selbst beschrieben, vermutlich als Hinweis darauf, dass unter den Göttern er sie am besten kennt. Er mischt sich effektiv in das Schicksal der Menschheit ein. Er dreht das Rad des Lebens, zu dem gewöhnlich auch Übel gehören. Sie ihm ausdrücklich zur Last zu legen, würde dem Sinn einer poetischen Darstellung des göttlich Schönen widersprechen, deren zentrales Anliegen es ist, den Menschen die Erlösung als real Gewordenes zu verkünden.[170]

Das Konzept von *aion* in Nonnos' Dichtung kann folgendermaßen zusammengefasst werden. Er ist die Ewigkeit, deren Dauer dieselbe der Welt ist. Daher ist er ohne Anfang und ohne Ende; seine Unendlichkeit besteht in der ewigen Selbsterneuerung durch die perpetuierende Wiederkehr natürlicher Phänomene.[171] Er verläuft in ständig wechselnden Zyklen, die mit den Naturperioden identisch sind. Sich stets drehend, erneuert er sich und dreht zugleich unendlich die Umstände menschlichen Lebens mit.[172] Darüber verfügt er ohnehin als Hüter und Lenker. Er ist

168 *Ibid.*, 7:10; 24:266; 25:23; 38:80.

169 *Ibid.*, 41:180.

170 Der „buntgestaltige" *aion* gehört in der *Dionysiaca* zu den fatalen Ordnungsmächten, die die Welt erhalten und wird mit der die zyklischen Umläufe verkörpernden kosmischen Schlange in Verbindung gebracht: Wolfgang Fauth, *Eidos poikilon. Zur Thematik der Metamorphose und zum Prinzip der Wandlung aus dem Gegensatz in der* Dionysiaka *des Nonnos von Panopolis*, (Hypomnemata, 66), Göttingen (1981): 180ff.

171 Damaskios, *Philosophical History*, 76,6–8, identifiziert *aion* gleichermaßen mit Osiris und Adonis, die jeweils den Tod und die Wiedergeburt symbolisieren. Vgl. Bowersock, *Hellenism*, 26.

172 Vgl. Brandon, *History, Time and Deity*, 55f.

die Lebenszeit.[173] In seiner geordneten Laufbahn wirkt er im Kosmos harmonisierend.[174] Dementsprechend werden ihm die den Menschen anheim fallenden Übel nicht in Rechnung getragen. Ein anderer Grund dafür ist, wie erwähnt, dass die Zeit der *Dionysiaca* auf die Erlösung hin läuft, ein Faktor, der es verhindern würde, *aion expressis verbis* als Schicksalsmacht darzustellen. Eine starke Konnotation des alles bestimmenden Schicksals haftet Nonnos' *aion* jedoch fest an. Darauf deutet stark hin, dass seine Drehungen mit negativen Veränderungen in der Welt und im Leben der Einzelnen in enger Verknüpfung gebracht werden.[175]

IV.1.3 Johannes von Gaza

Wenden wir uns nun Johannes von Gaza zu, der vermutlich Mitte des 6. Jahrhunderts eine *Ekphrasis* zur Beschreibung eines mythologischen Gemäldes verfasste, das im Winterbad zu Gaza existierte. Unter vielen anderen Gestalten beschreibt er auch *aion* (V. 137–179).[176] Dabei lehnt er sich völlig an Nonnos an. Kurz nach Beginn der Beschreibung gibt er deutlich zu erkennen, dass *aion*s Darstellung im Bild „viel symbolisch Bedeutsames aufweist" (V. 145).[177]

Wie bezeichnet Johannes den personifizierten *aion*? Er nennt ihn „Urvater" (πατροπάτωρ) (V. 139). Er ist „der Selbsterzeuger der viel

173 In *Dionysiaca*, 40:113 wird das Wort *aion* in Anlehnung an Homer, *Ilias*, 24:725, im engeren Sinn des Lebens verwendet. Zu Nonnos' Verhältnis zu seinem poetischen Vorbild vgl. Neil Hopkinson, „Nonnos and Homer", in: Ders. (Hg.), *Studies in the* Dionysiaca *of Nonnus*, 9–42.

174 Dieser Gedanke steht übrigens im Einklang mit der platonischen und neoplatonischen Auffassung der Zeit. Vgl. die bereits erwähnten Studien von Callahan, Pines und Manchester.

175 Das Wort *aion* fehlt in der syrischen Fassung der Nonnos zugeschriebenen mythologischen Scholien zu vier Homilien von Gregor von Nazianz in: Sebastian Brock, *The Syriac Version of the Pseudo-Nonnos Mythological Scholia*, Cambridge (1971). An einer dunklen Stelle in dem Scholion zur Homilie zur „Epiphanie", § 22, *ibid.*, S. 69, 171, wird erwähnt, dass die ägyptische Gottheit Apis in einer Periode „über die Zeit" (ὑπερ χρόνον) geboren und von den Ägyptern gefeiert wird.

176 Johannes von Gaza und Paulus Silentiarius, *Kunstbeschreibungen justinianischer Zeit*. Erläutert von Paul Friedländer, Leipzig und Berlin (1912): 141–143 (griechischer Text), 177 (deutsche Übersetzung).

177 Vgl. Lackeit, *Aion*, 94f.

kreisenden Jahre“ (V. 137), der „in unablässigen Bahnen umherkreist“ (V. 139) und „im Wirbel (νοερός) das Leben unaufhörlich erzeugt“ (V. 140), der den „zwölfmonatigen Lichtgang“, d.h. das Jahr, „weidet und ihn mit sich fortzieht“ (V. 142), der eine Zeit (χρόνον), d. i. das Jahr, „in die andere übergehen lässt“ (V. 143) und „geräuschlos dahin schleicht“ (V. 143), d.h. unbemerkt vergeht.[178] Ganz im Anschluss an Nonnos aber viel deutlicher sagt Johannes, dass *aion* „das hin und her wirbelnde (παλινδίνητος) Steuer der Harmonie“ führt (V. 141). Er ist „der Herrscher“ (ἄναξ) (V. 148) und „Zepterträger“ (σκηπτοῦχος) (V. 168). Wie es nun bekanntlich dem sich stets verjüngenden *aion* gebührt, wird er in „blühender Herrlichkeit“ (ἀμφιθαλής) dargestellt.[179] Seine „hochragende Gestalt hat er geschmückt“ (V. 144); er sitzt im Olymp glänzend (V. 146). Seinen himmlischen Charakter sieht Johannes darin symbolisiert, dass er „Kopf, Brust und Leib entblößt“ (V. 150) – für den Dichter ein Zeichen dafür, dass „das Geschlecht der Himmlischen sich weder um die Hülle des Gewandes bekümmert noch das Irdische begehrt“ (V. 151–153). Johannes vergleicht an der Stelle die himmlische Natur mit der menschlichen, um zu urteilen, dass diese anfällig (ὀλισθηρής) ist (V. 154). Weil die menschliche Natur notwendigerweise „als eine irdische des schützenden Gewandes (χιτών) bedarf“ (V. 155), verhüllt *aion* den Unterkörper (V. 156). An seiner Gestalt zeigen sich gleichermaßen göttliche und menschliche Eigenschaften. Seine feste Verbindung mit Helios wird hervorgehoben (V. 156f.). *Aions* Hände werden als Symbol seiner Macht und Hinwendung zu den Menschen interpretiert. Sie nehmen in der Beschreibung eine zentrale Stellung ein (V. 157–168). So wird die rechte Hand, die im Bild auf dem verhüllten Schenkel liegt, als helfende Hand gedeutet, die die Hilfe symbolisiert, welche die Götter dem Menschengeschlecht zu gewähren pflegen. Die linke Hand, erhoben und „mit gebogenen Fingern in die Luft“ emporgestreckt, wird als Zeichen dafür interpretiert, dass *aion* „den anderen an Kraft weit überlegen“ ist. Dem Prinzip folgend, an *aion* Göttliches und Menschliches zur Symbiose zu bringen, erklärt Johannes gleich danach, dass *aion* gegenüber der Welt einen „erbarmenden Sinn“ zeigt (V. 169): Er „festigt die ganze irrende Natur durch den alles an sich raffenden Rhythmus, bewahrt in

178 Vgl. die kritischen Bemerkungen zu Friedländers Übersetzung in Lackeit, *ibid.*, 95ff.

179 V. 139. Vgl. ebenso V. 149. Lackeits Kritik an Johannes, *ibid.*, S. 96, verkennt die Pointe, dass es zu *aions* Eigenschaften gehört, gleichzeitig jung und alt zu sein, wie es aus Nonnos’ Beschreibung desselben deutlich hervorgeht.

weisem Zusammenhalt alles Existierende und stärkt und behütet das Weltenrund“ (V. 170–173). *Aions* kosmische Funktionen stehen also in enger Beziehung zu seiner erbarmenden Haltung der Welt gegenüber. Diesen Zusammenhang betont Johannes gegen Ende der Beschreibung erneut, wenn er *aions* gezeigten Mantel als Symbol dafür deutet, dass „der Weg des Lebens rauh und mühselig ansteigt und der Stachel des Leids widrig und beißend ins Herz dringt“ (V. 174–176). *Aion* wird zum Schluss als „gnadenreicher Gott“ (V. 177) bezeichnet, den die Menschen hoffnungsvoll in ihr Herz ziehen sollen, „damit sie den Zwang der Schmerzen abstreifend an den Pfaden des bitteren Lebens vorüber fahren“ (V. 177–179).

Was kann aus dem bisher Dargestellten für unsere Fragestellung gewonnen werden? Wie bei Nonnos ist auch hier *aion* die tätige Ewigkeit, unablässig kreisend und dabei periodisches Erscheinen und Verschwinden der Zeitabschnitte bewirkend. Er läuft immer nach vorne in linearer Ausrichtung; die einander in Zyklen abwechselnden Jahre sind sozusagen seine Schritte. Er ist die Quelle des Lebens. Seine im Weltall harmonisierend wirkende Macht wird hier deutlicher als bei Nonnos dargestellt: Er führt das Steuer der Harmonie, bewahrt den Rhythmus der Natur sowie den Zusammenhalt aller seienden Dinge und behütet das Weltenrund. Es ist allerdings bemerkenswert, dass *aion* bei Johannes eine außerordentlich prominente Stellung einnimmt. Er ist in der *Ekphrasis* die einzige Figur, die majestätisch sitzt. Er wird „Urvater“ genannt; seine Überlegenheit an Kraft den anderen Göttern gegenüber wird ausdrücklich erwähnt. Johannes geht über Nonnos hinaus, wenn er *aion* als einen im Olymp sitzenden Herrscher mit einem Purpurgewand und als „Zepterträger“ beschreibt. Er scheint in diesem kosmischen Bild den fehlenden Zeus zu ersetzen.

Im Hinblick auf die Beziehung zu den Menschen ist *aion* die einzige mythologische Figur im Gedicht, die auf bemerkenswerte Weise in Verhältnis zu dem menschlichen Elend gebracht wird. Seine umfangreiche Macht wird unmittelbar darauf bezogen und mit der menschlichen Zerbrechlichkeit kontrastiert, deren Hilfsbedürftigkeit dadurch nur krasser erscheinen kann. Genauso wie bei Nonnos darf auch *aion* in Johannes’ Poesie nur gute Eigenschaften aufweisen, ja er ist sogar in größerem Maße dazu verpflichtet, denn er ist stärker als sein Vorgänger mit christlichen Zügen ausgestattet. Nicht etwa Dionysus, sondern er wird – wenn auch nur teilweise – hier mit Christus identifiziert. Dies darf nicht allzu sehr verwundern, denn Johannes, der seine *Ekphrasis* etwa ein Jahrhundert oder wenig mehr nach Nonnos' *Dionysiaca* schrieb, war stärker als sein Vorgänger Einflüssen des Christentums ausgesetzt. In Johannes' Bild von *aion* werden daher mythologische und christliche Motive stark miteinander vermischt.[180] So wird die Personifikation der ewigen Lebenszeit nunmehr nicht wie bei Nonnos durch einen Akt der Vermittlung, sondern dem christologischen Muster entsprechend unmittelbar in Beziehung zu der von Bedrängnis und Mühsal gezeichneten Menschennatur gesetzt. *Aion* selber ist freilich vom Leiden nicht betroffen. Sein Gewand symbolisiert seine Schutzmacht, die er den Menschen gewährt. Das in der poetischen Interpretation dargestellte Bild eines gnadenreichen Gottes, der sich nur zum Teil mit einem Gewand verhüllt, das auf die rettungsbedürftige Menschennatur hinweist, erinnert stark an das Bild Christi in der christlichen Theologie. Christus hat gemäß christlich-orthodoxer Auffassung durch die Inkarnation die menschliche Natur angenommen, um sie von der Sünde und dem darauf folgenden Tod zu retten. Gnostischen und häretischen Ansichten zufolge vereinigt Christus jedoch die göttliche und die menschliche Natur nicht in sich, sondern er zieht die menschliche Natur lediglich wie ein „Gewand" (χιτὲν) an, das er jederzeit ablegen kann.[181]

Johannes von Gaza ist sowohl räumlich als auch zeitlich den vorislamisch-arabischen Dichtern näher gelegen als Nonnos. An seinem *aion* lassen sich säkulare Wesensbestimmungen feststellen, die auch für *dahr* charakteristisch sind. So sind beide die unendliche Zeit, die in den nacheinander folgenden Naturzyklen voranzuschreiten scheint und schicksalhaft über die Menschen waltet.[182] *Aion*s göttliche Eigenschaften können ohnehin nicht Gegenstand seines Vergleichs mit *dahr* sein, da wir mit großer Wahrscheinlichkeit nicht mehr erfahren können, ob dieser sie in vorislamischer Zeit überhaupt besaß. *Dahr* gehörte nicht zum vorislamisch-arabischen Panthéon.[183] Eines ist jedoch sicher: Verse, die *dahr*

180 Verschiedene Aspekte der Begegnung von heidnischen und christlichen Ideen werden in: Polymnia Athanassiadi and Michael Frede (Hg.), *Pagan Monotheism in Late Antiquity*, Oxford (1999) behandelt.

181 Nemesius setzt sich mit einer solchen Auffassung auseinander: H. A. Wolfson, *The Philosophy of the Church Fathers*. Third edition revised, Cambridge, MA (1970): 373, 400f. Eine ähnliche Ansicht wird auch Sabelius und Apollinaris zugeschrieben: Vgl. *ibid.*, 494ff., 599f. Ferner: Johannes von Damaskus über die Ebioniten in: Saint John of Damaskus, *Writings*. Translated by Frederic H. Chase, Jr., New York (1958): 119.

182 Vgl. dazu Puech, „Gnosis and Time", 40ff.

183 Toufic Fahd, *Le Panthéon de l'Arabie centrale*, Paris 1968.

göttlich-schöne Attribute zuschreiben würden, hätten im Islam überhaupt keine Chance, zu überleben. Er bezeichnet eine Autorität, die dem monotheistischen Gottesglauben stark widerspricht. Sein übler Charakter läßt sich dagegen in einem solchen Rahmen gut integrieren.

Nach der Erörterung der in literarischen Werken vermittelten Auffassung von *aion* wenden wir uns nun kurz seiner Darstellung auf spätantiken Mosaiken und in der mithraischen Religion zu. In beiden Bereichen hellenistischer Kultur sind von ihm wichtige Merkzeichen enthalten, die herausgearbeitet werden sollen, um sein Bild in der griechisch-römischen Spätantike weitgehend zu vervollständigen, damit sein Verhältnis zu *dahr* genauer bestimmt werden kann.

IV.1.4 Aion mit dem Rad auf spätantiken Mosaiken

Das Bild von *aion* mit dem Rad der Zeit ist in mehreren spätantiken Mosaiken aus dem Nahen Osten festgehalten.[184] Auf einem figurenreichen Mosaik aus Philippopolis (Šahbā in Südsyrien) ragt *aion* in Gestalt eines großen, kräftigen und fast nackten Mannes hervor. Mit seiner rechten Hand hält er einen breiten Kreis. Die Darstellung wird auf die Mitte des 3. Jahrhunderts datiert.[185] Auf diesem Mosaik wird *aion* als ewige Dauer der kontinuierlichen Abfolge kosmischer Zyklen interpretiert und in Ver-

---

184 Gute Bilder und präzise Beschreibungen zahlreicher Mosaiken, Münzen und Statuen, die *aion* darstellen, befinden sich in Marcel le Glay, „Aion", in: *LIMC*, I/1, 399–411 (Beschreibungen), I/2, 310–319 (Abbildungen). Besonders zu *aion*-Darstellungen auf nordafrikanischen Mosaiken: David Parrish, „Annus-Aion in roman mosaics" und Henri Lavagne, „Remarques sur l'Aion de la mosaïque de Sentinum", in: Yvette Duval (Hg.), *Mosaique Romaine Tardive*, Paris (1982): 11–40. Auf einem kosmischen Mosaik in Mérida ist es nach Andreas Alföldis Ansicht der junge *aion*, der im Zodiakus steht, umgeben von den Brustbildern der vier Jahreszeiten: *Aion in Mérida und Aphrodisias*, Mainz am Rein (1979). Dagegen argumentiert Günther Zuntz, *AIΩN im Römerreich* (= Abhandlungen der Heidelberger Akademie der Wissenschaften. Phil.-hist. Kl., Jg. 1991, 3. Abh.), Heidelberg (1991): 17f., mit Hinweis auf die Kritik von F. Brommer an Alföldis Interpretation.

185 *LIMC*, I/1 und 2, Nr. 3, S. 400 und 311. Jean Charbonneaux identifizierte *aion* auf dem Mosaik als Repräsentation Philip des Arabers, was von Marie-Henriette Quet, „La Mosaïque dite d'Aiôn de Shahba-Philippopolis, Philippe l'Arabe, et la Conception Hellène de l'Ordre du Monde, en Arabie, à l'aube du Christianisme", in: *CCGG*, 10 (1999): 269–330. Auch dagegen Zuntz, *AIΩN im Römerreich*, 26.

bindung mit der davon abhängigen Agrikultur in Arabien betrachtet.[186] Etwa der gleichen Zeit entstammt ein Mosaik aus Antiochia am Orontes mit *aion*, der einen breiten Kreis hält und zusammen mit den drei Zeiten, der Zukunft, der Gegenwart und der Vergangenheit am Tisch sitzt.[187]

Besonders ein Mosaik, das vor nicht langer Zeit in Edessa (Urfa im Osten der Türkei) entdeckt worden ist, präsentiert ein Bild von *aion*, das für unseren Zusammenhang relevant ist. Das vermutlich im 3. Jahrhundert n. Chr. entstandene Mosaik zeigt Prometheus' Erschaffung des Menschen. *Aion*, als reifer kräftiger Mann dargestellt, steht hier mit seinem Rad in der Mitte einer oberen Reihe, die Zeus und Hera links von *aion*, Prometheus und Athena rechts von ihm umfasst. Sie beobachten, wie im unteren Teil des Bildes Hermes Psyche zu drei leblosen Tonfiguren führt, in deren Nähe Eros steht. Die Namen der Figuren sind in Syrisch geschrieben. *Aion*s Rad ist nicht der komplizierte Zodiak-Kreis, sondern dasjenige, das die Zeit mit den vier Jahreszeiten symbolisiert.[188] Wie Zeus ist *aion* hier genauso wie in Johannes' *Ekphrasis* mit nacktem Oberkörper dargestellt.

Die zentrale Position von *aion* in der oberen Riege zwischen den göttlichen Gestalten könnte auf seinen Einfluss auf die Menschen seit ihrer Erschaffung hindeuten. Darin erweist sich seine Darstellung auf dem Mosaik aus Edessa einzigartig im Vergleich mit anderen spätantiken Darstellungen derselben Figur, die in verschiedenen Orten des römischen Reichs gefunden worden sind.[189] Seine umfassende Wirkung auf menschliches Leben, welches unter seiner Aufsicht beginnt und sich von

186 Quet, „La Mosaïque dite d'Aiôn", 321

187 *LIMC*, I/1 und 2, Nr. 2, S. 400 und 311. Eine ausführliche Beschreibung mit geistesgeschichtlicher Interpretation ist in dem bereits genannten Aufsatz von Doro Levi, „Aion" enthalten. Auch in Paphos wurde ein Mosaik mit dem Namen *aions* entdeckt, dessen Gestalt dort jedoch zerstört ist. Vgl. die Besprechung in Zuntz, *AIΩN im Römerreich*, 28–33.

188 S. dazu: Janine Balty und Françoise Briquel Chatonnet, „Nouvelles mosaïques inscrites d'Osrhoène", in: *Monuments et Mémoires*. Fondation Eugène Piot, 79, Paris (2000): 31–72; Glen W. Bowersock, „Notes on the New Edessene Mosaic of Prometheus", in: *Hyperboreus*, 7 (2001): 411–415. Das schöne Mosaik ist auf dem Schutzumschlag von Bowersocks Buch *Mosaics as History. The Near East from Late Antiquity to Islam*, Cambridge MA, London (2006) abgebildet.

189 Durch den Vergleich von spätantiken Mosaik-Darstellungen *aions* kommt David Parrish, „The Mosaic of Aion and the seasons from Haïdra (Tunisia): An Interpretation of its Meaning and Importance", in: *AT*, 3 (1995): 167–191, zum Ergebnis, dass der junge Annus-Aion immer zusammen mit den vier Jahreszeiten präsentiert wird.

Beginn an den Drehungen seines Rades entsprechend vollzieht, dürfte damit deutlich zum Ausdruck kommen. Macht ein derart vorgestellter *aion* damit vielleicht sogar die Präsenz der auf dem Bild ohnehin fehlenden Tyche überflüssig? Vielleicht. Jedenfalls dürfte die Tatsache, dass die Figur des *aion* die einzige im Mosaik ist, die nicht beschriftet ist, auf seine Bekanntheit hindeuten. Mit dem Rad in der Hand ist er unter den Göttern unverwechselbar.

IV.1.5 Der mithraische Gott der Zeit

In einigen der im ersten Kapitel analysierten Verse wird *dahr* die Gestalt eines wilden Raubtieres verliehen, das scharfe Zähne und Klauen hat.[190] Eine solche Darstellung der personifizierten Zeit kann in der griechischen Literatur für *aion* nicht nachgewiesen werden. Auch Mosaiken, die *aion*s Namen tragen und daher definitiv ihm gelten, zeigen gar keine tierischen Körperteile. Die Frage nach der Herkunft der metaphorischen Beschreibung *dahr*s als eines Raubtieres könnte freilich die simple Antwort haben, dass das Bild des tierischen *dahr* bloß Produkt poetischer Phantasie ist, die die Heimsuchungen der Zeit mit den verletzenden Angriffen von Raubtieren vergleicht, die dem konkreten Umfeld der Dichter alles andere als fremd waren.

Einfache Antworten sind jedoch nicht immer befriedigend – besonders wenn die Suche nach Antworten, die den Durst nach Erkenntnis stillen könnten, weitere, vorher unsichtbare Perspektiven erschließen. Eine tierische Gestalt, die Ähnlichkeit mit der vorhin erwähnten Beschreibung *dahr*s aufweist, ist häufig in den Mithräen, den unterirdischen Kulträumen der Mysterienreligion Mithras entdeckt worden.[191] Wegen des hybriden Charakters seiner religiösen Ideen gilt dieser Kult als wichtiges Bindeglied zwischen Orient und Okzident in der Spätantike. Vornehmlich als Religion der römischen Soldaten konnte sie sich in dem gesamten römischen Reich verbreiten. Deren zunächst von F. Cumont angenommener persischer Ursprung wird in späterer Forschung

---

190 Siehe die Darstellung von *dahr* in tierischer Gestalt oben S. 67f.

191 S. die reichhaltige Sammlung M. J. Vermaseren, *Corpus Inscriptionum et Monumentorum Religionis Mithriacae*, 12 Bde., Hague (1956–1960), die das epochenmachende Werk F. Cumonts *Textes et monuments figurés relatifs aux mystères de Mithra*, Vol. II, Brüssel (1896), Vol. I, Brüssel (1899) in vieler Hinsicht abgelöst hat.

bestritten.[192] Laut R. Merkelbach wurde im Hellenismus die ursprünglich persische Religion „in Anlehnung an griechische philosophische Vorstellungen, genauer gesagt, an platonische Lehren" zu einem neuen System organisiert. Eine neue Religion ist dadurch entstanden, „die mit der Religion der alten Perser nicht viel mehr gemein hatte als den Namen des Gottes und einige mythische Episoden."[193]

Die Figur, die in diesem Zusammenhang erwähnenswert ist, zeigt einen Gott mit Löwenkopf, scharfen Zähnen und Krallen. Er hat Flügel und ist von einer oder mehreren Schlangen umwunden. Er steht auf einer Weltkugel oder deren Hälfte, häufig jedoch auch auf dem Boden. In seinen Händen trägt er Symbole seiner Macht: Schlüssel und Zepter, gelegentlich auch ein Ruder. Auf der Brust wird in der Regel ein Blitz abgebildet und nicht selten auch auf dem Körper die vier Tierkreiszeichen.[194]

Solche Statuen sind auch im östlichen Mittelmeerraum gefunden worden. So lesen wir über eine Statue aus Syrien, deren völlig nackter Körper mit einem Löwenkopf vier Flügel am Rücken hat. Unter dem weit geöffneten Mund zeigt sich der Kopf einer Schlange, in den Händen sind zwei Schlüssel, auf der hinteren Seite des Kopfes ist ein Loch.[195] Eine Figur aus Ägypten zeigt vier Flügel und einen halbtierischen, halb-

192 Die bahnbrechenden Arbeiten Franz Cumonts beherrschten über Jahrzehnte die Forschung des Mithrasismus. Zu seinem bereits erwähnten Werk s. auch von ihm *The Mysteries of Mithra*, trans. T. J. McCormack, London (1903) Repr. New York (1956); Ders., *Les mystères de Mithra*, Brüssel (1913). Cumonts Thesen wurden in der folgenden Forschung intensiv erörtert und zum Teil abgelehnt. Vgl. beispielsweise: Maarten J. Vermaseren, *Mithras. Geschichte eines Kultes.* Stuttgart (1965); Roger Beck, „Mithraism since Franz Cumont", in: H. Temporini und W. Haase (Hg.), *Aufstieg und Niedergang der römischen Welt*, II.17.4, Berlin etc. (1984): 2002–2115, mit einer ausführlichen Bibliographie. Jetzt auch: R. Beck, *The Religion of the Mithras Cult in the Roman Empire*, Oxford (2006).

193 Reinhold Merkelbach, *Mithras. Ein persisch-römischer Mysterienkult*, Wiesbaden (1998): 76.

194 Junker, „Über iranische Quellen", 147, hält fälschlicherweise die manichäische Beschreibung des Satans bei Ibn an-Nadīm für die oben diskutierte mithraische Gottesdarstellung. Er zitiert nach Konrad Kessler, *Mani*, Berlin (1889): 387f.: „Sein Kopf war wie der Kopf eines Löwen, sein Rumpf wie der eines Drachen, seine Flügel wie die Flügel eines Vogels, sein Schwanz wie der eines großen Fisches und seine vier Füße wie die Füße der kriechenden Tiere." Ibn an-Nadīm, *Al-Fihrist*, Kairo (1348 H.): Teil 9, Kap. 1, S. 459. Englische Übersetzung: *The Fihrist of al-Nadīm. A Tenth-Century Survey of Muslim Culture*. Ed. and Trans. Bayard Dodge, Vol. II, New York (1970): 778.

195 M. J. Vermaseren, *Corpus Inscriptionum et Monumentorum Religionis Mithriacae*, I, Hague (1956): n. 78, S. 74f. (fig. 29).

menschlichen Körper. Ein Nimbus umrundet hier den Löwenkopf, der eine strahlende Krone trägt. Die untere Köperhälfte ist mit dicken Haaren bedeckt. Der Gott trägt eine Fackel, in jeder Hand hält er einen Schlüssel, an jeder Hand hängt eine Schlange herunter und eine dritte Schlange kommt zwischen seinen Zähnen heraus.[196]

Die meisten Forscher, die sich mit dem Thema befasst haben, vermuten in der löwenköpfigen Figur den Gott der Zeit, dessen Konzept im Mithraismus wichtig und mit vielfältigen griechischen und orientalischen Elementen äußerst komplex ist.[197] Umstritten ist jedoch die genaue Identität dieses Gottes. So wird er jeweils mit Zurvan, Ahriman, Saturn oder *aion* identifiziert; ihm wird sogar nicht selten eine Mischidentität zugeschrieben, die aus verschiedenen Elemente der genannten mythologischen Figuren konstituiert wird.[198] Als Darstellungen von *aion* identifiziert M. Vermasern in seiner eindrucksvollen Sammlung mit genauen Beschreibungen die in Syrien und Ägypten entdeckten Statuen.[199] Dagegen weist G. Zuntz darauf hin, dass „Aion, der philosophische griechisch-römische Gott, […] in menschlich-würdiger Gestalt dargestellt" wurde und dass das „Scheusal aus Mithras Heiligtümern" nicht ihn darstellt, „sondern Ahriman, den mächtigen Widersacher des Lichtgottes."[200]

Betrachten wir das Problem genauer, können wir feststellen, dass es selbstverständlich richtig ist, mit *aion*s Schönheit in poetischen und Mo-

196 *Ibid*., n. 103, S. 83 (fig. 36). Eine andere Statue aus Ägypten mit einem Löwenkopf und nacktem Oberkörper wird ebenfalls dort, n. 94, S. 82, beschrieben. Die Abbildung einer ähnlichen Figur aus Sidon ist in Raffaele Pettazzoni, „The monstrous figure of Time in Mithraism", in: Ders., *Essays on the History of Religions*, 180–192, Fig. 13 abgebildet.

197 H. Ogawa, „The Concept of Time in the Mithraic Mysteries", in: J. T. Fraser, N. Lawrence and D. Park (Hg.), *The Study of Time III*, New York etc. (1978): 658–679, hier 671, interpretiert das Monster als „Mithraic time rather than a time-god".

198 Beck diskutiert in seinem Beitrag „Mithraism since Franz Cumont", 2086–2089, die verschiedenen Interpretationen der Figur. Vgl. ferner seine heftige Kritik an Merkelbachs Interpretation: „Merkelbach's Mithras", in: *Phoenix* 47 (1987): 296–316.

199 Auch Levi, „Aion", 275f., erkennt die monströse Gestalt mit Schlüsseln und Zepter als eine Form des „vielgestaltigen" *aions* an, wie er es in Anlehnung an die uns bekannte Stelle in der *Dionysiaca*, 7:22ff. formuliert. Er führt auf S. 283, Fig. 10, die Abbildung eines Amuletts an, das *aion* als einen alten bärtigen Mann zeigt, dessen Unterkörper mit dicken Haaren bedeckt ist und der Klauen an den Füßen hat und mit der rechten Hand eine Schlange hält.

200 Zuntz, *AIΩN im Römerreich*, 13.

saik-Darstellungen zu argumentieren, um ihn von der eindeutig hässlichen Figur fernzuhalten. Allerdings sind auch Figuren des mithraischen Gottes bekannt, die vermutlich unter dem Einfluss römischer Ästhetik verschönert worden sind.[201] Das gibt Folgendes zu bedenken: Inwieweit die Merkmale einer Darstellung schön oder hässlich sind, ist nicht nur von der Bedeutung der Darstellung in der Weltanschauung abhängig, zu der sie gehört, sondern auch von dem Kontext, in dem die Darstellungen entstanden sind. Dass Darstellungen derselben Figur weitgehend divergieren, dürfte angesichts des in großem Maße betriebenen Synkretismus in der Religion Mithras erheblich sein. Ohnehin kann in komplexen religiösen Kontexten, die sich auf weite historische und geographische Räume erstrecken, mit voller Konsequenz nicht gerechnet werden.[202] Alles ist in diesem Zusammenhang viel komplizierter gestaltet, als man es heute vielleicht vermuten würde. Das gilt auch für *aion*.[203] Dessen Name war im spätantiken Mittelmeerraum viel „in der Luft" und emotional beladen; als Bezeichnung unendlicher Dauer war er sogar dazu geeignet, dass einheimische Götter mit ihm bezeichnet und identifiziert wurden.[204]

Es fällt dem Betrachter der mithraischen Figur jedenfalls auf, dass sie Symbole trägt, die in spätantiker griechischer Dichtung *aion* zugeschrieben werden. So haben wir bei Nonnos gelesen, dass *aion* den Schlüssel des Lebens trägt und das Ruder der Welt in seiner Hand hält. In Johannes' *Ekphrasis* fasst *aion* das Zepter der Herrschaft. Alle drei Symbole kosmischer Macht hat auch die mithraische Darstellung. In einem für die Mithras-Liturgie gehaltenen Text, der frühe hermetische Gedanken aus dem 1. und 2. Jahrhundert n. Chr. reflektiert, wird *aion* als Gott der Ewigkeit und Torwächter des Himmels angerufen. Zahlreiche Beinamen im Zusammenhang mit Feuer, Licht und Geist werden ihm zugeschrieben,

---

201 Vgl. Cumont, *The Mysteries of Mithra*, 223, und Vermaserens reiche Sammlung. Ein Mithraeum mit bunten Tiermalereien wurde neuerdings unterhalb der Photios-Kirche in Ḥawarte (Syrien) entdeckt: Michael Gawlikowski, „Hawarte. Excavations, 1999", in: *Polish Archeology in the Mediterranean*, 11 (1999): 261–271. In seiner neuesten Publikation berücksichtigt Beck diesen archäologischen Fund leider nicht.

202 Laut Schaeder, „Der iranische Zeitgott", 274, wurde in römischer Zeit im Mithraskult Zurvan als Kronos und *aion* verehrt.

203 Sowohl Doro Levis gelehrter Aufsatz als auch Nilssons Darstellung machen deutlich, wie heterogen und zum Teil auch widersprüchlich die Vorstellungen *aions* in den verschiedenen philosophischen und religiösen Kontexten der Antike waren.

204 Nock, „A Vision of Mandulis Aion", 86ff., 97; Bowersock, *Hellenism*, 26ff.

was sich wiederum mit den Symbolen, welche die Statue trägt, deckt.[205] Ob diese Übereinstimmungen aus zufälliger Überlappung resultieren oder Zeichen dafür sind, dass das Monstrum tatsächlich den mithraischen *aion* darstellt, vermag ich im Augenblick nicht zu entscheiden.[206]

Wie dem auch sei; es ist möglich – und wäre für unseren Zusammenhang nicht ohne Bedeutung –, in der auffälligen Übereinstimmung von Eigenschaften, die von den vorislamisch-arabischen Dichtern *dahr* zugeschrieben werden und mithraischen Merkmalen des Gottes der Zeit einen Hinweis darauf zu sehen, dass die Vorstellungswelt dieser Dichter mithraische Elemente umfasst haben könnte. Zumindest einige der vorislamisch-arabischen Dichter könnten mit mithraischen Ideen und Darstellungen entweder durch persönliche Beobachtung oder durch Erzählungen dritter in Berührung gekommen sein. Ein wichtiger Vermittlungsweg mithraischer Vorstellungen bis in das Zentrum der Arabischen Halbinsel hinein könnte über die römischen Soldaten und arabischen Söldner geführt haben, die in Arabien und Palästina stationiert waren. Inschriftenbefunde deuten stark darauf hin, dass Stationen der römischen Armee tief in al-Ḥiǧāz auf der Arabischen Halbinsel existierten, um die profitablen Handelswege zu kontrollieren.[207] Unter ost-römischem Schutz konnte der arabische Prophet genauso wie seine Stammesgefährten Handelsreisen von Mekka nach Syrien unternehmen.[208]

205 Vgl. Hans Dieter Betz, *The „Mithras Liturgy“*. Text, Translation, and Commentary, Tübingen (2003): S. 40, Z. 520f., S. 42f., Z. 590–602.

206 Vgl. Brandon, *History, time, and deity*, 39ff.

207 Glen Bowersock, „A Report on Arabia Provincia“, in: *JRS*, 61 (1971): 219–242; Michael P. Speidel, „Exercitus Arabicus“, in: *Latomus*, 33 (1974): 934–939. Ferner zum Thema: G. Bowersock, *Roman Arabia*, Cambridge, MA (1983); Maurice Sartre, *The Middle East under Rome*, Cambridge, MA (2005). Es sei in diesem Zusammenhang besonders auf das umfangreiche Werk Irfan Shahîds zu den vielfältigen Beziehungen zwischen Byzanz und den Arabern in mehreren Bänden nach Jahrhunderten (4.–6. Jh.) gegliedert verwiesen. Auch jetzt die Sammlung älterer Aufsätze: Irfan Shahîd, *Byzantium and the Arabs. Late Antiquity*, 2 Bde., Bruxelles (2006).

208 Michael P. Speidel, „The Roman Army in Arabia“, in: H. Temporini und W. Haase (Hg.), *Aufstieg und Niedergang der römischen Welt*, II.8, Berlin etc. (1977): 687–730, hier 728. Wie P. Crone, *Meccan Trade*, 114ff., überzeugend darstellt, war Syrien für die Araber der wichtigste Handelspartner außerhalb Arabiens. Vgl. ferner: Daniel T. Potts, „Trans-Arabian Routes of the Pre-Islamic Period“, in: F.E. Peters (Hg.), *The Arabs and Arabia on the Eve of Islam*, Aldershot (1999): 45–80.

IV.2 *Dahr*: Arabischer *aion*

Die Reise in die spätantike Literaturlandschaft hat uns vielfältige Vorstellungen und Bilder von *aion* nahe gebracht. Dessen Symbolik scheint in Griechenland von der philosophischen Idee der unendlichen Zeit über die lyrische Metaphorik und die epische Personifikation bis zur mysteriösen Anbetung im Kult zu fließen. Die kosmogonische Gottheit in Phönizien wird in der Spekulation zu einer anthropomorphen Figur, die in Ägypten jung und alt dargestellt und mit Zeichen der Macht im Himmel und auf Erden ausgestattet wird. Während *aion* in magischen Kontexten als allmächtiger Gott angerufen wird, tritt er im Kontext der schönen Künste mit seinem ewig drehenden Rad der Zeit auf. Der *aion* des 4. Jahrhunderts hat nichts zu tun mit dem ideologisch instrumentalisierten *aion* der frühen römischen Kaiserzeit.[209] Im Zusammenhang mit kosmologischen Vorstellungen, die im römischen Arabien auf die Agrikultur bezogen existierten, wird er als ewige Dauer der Zyklen der Welt interpretiert.[210] Angesichts der Fülle seiner Bedeutungen kann der spätantike *aion* in Ost und West mit Recht als „fluid conception“ bezeichnet werden.[211]

Wurden bei der Skizze der Begriffsentwicklung weitere historische Räume und kulturelle Epochen berücksichtigt, um ein möglichst umfassendes Bild von *aion* in der Antike zu konstruieren, konzentrierte sich die Erörterung im zweiten Schritt auf Zeugnisse, die spätantike Auffassungen von *aion* im östlichen Mittelmeerraum enthalten. Nonnos' und Johannes' poetische Beschreibungen, die Mosaiken – besonders das Edessanische – und auch die mithraischen Figuren, die nur mit Vorsicht für Darstellungen von *aion* gehalten werden können, bringen verschiedene Aspekte zum Ausdruck, die sich zu einem komplexen Bild von *aion* zusammenfügen lassen. Er wird dementsprechend als die unendliche, agierende Zeit aufgefasst, die den Weltlauf wie das Leben der Menschen

209 Vgl. zur Verbindung des Kaisers mit *aion* die bereits erwähnte Studie von Zuntz, *Aion, Gott des Römerreichs* sowie Andreas Alföldi, „From the *Aion Plutonios* of the Ptolemies to the *Saeculum Frugiferum* of the Roman Emperors“, in: K. H. Kinzl (Hg.), *Greece and the Eastern Mediterranean in Ancient History and Prehistory.* Studies Presented to Fritz Schachermeyr on the Occasion of his Eightieth Birthday, Berlin (1977): 1–30. Weitere Belege in Mustafa Sayar, Peter Siewert, Hans Taeubner, *Inschriften aus Hierapolis-Kastabala* (= Sitzungsberichte der Österreichischen Akademie der Wissenschaften, Phil.-hist. Kl., 547. Bd.), Wien (1989): 21.

210 Quet, „La Mosaïque dite d'Aiôn de Shahba-Philippopolis“, 305f., 324.

211 Levi, „Aion“, 307.

bestimmt und daher auch als Schicksal wahrgenommen wird. Er ist die stets kreisende Zeit, mit der sich eigentlich nicht nur die Perioden, sondern ebenfalls die Lebensumstände wechseln. *Aion* bedeutet die Zeit des Lebens, die mit diesem beginnt und endet, sei es das Leben von Einzelnen oder der Welt. Die mit *aion* identifizierte Ewigkeit ist mit der Ewigkeit der Welt gleichzusetzen; die Bedeutung des unendlichen Zeitalters der Welt ist vermutlich „durch philosophische Spekulation über die Welt" von der ursprünglichen Bedeutung „Lebenszeit" heraus entwickelt worden.[212] Ich kann mir deshalb vorstellen, dass es die von Anfang an vorhandene enge Verbindung von Leben und Zeit in *aion* ist, die ihn schon früh in die Lage versetzt hat, sich Wirkungseigenschaften und Schicksalszüge anzueignen. Schon in älteren Zeugnissen wird er mit dem Schicksal assoziiert.[213] *Aion* haftet Tragisches, Schicksalhaftes fest an. Während das Wort in Pindars Dichtung und den Tragödien der klassischen Zeit häufig vorkommt, wird es in der Komödie kaum verwendet.[214]

Die bildliche Vorstellung eines die Zeiten drehenden *aion* zirkulierte in der hellenistischen Kulturlandschaft wahrscheinlich intensiv und war einflussreich, wie ein rabbinischer Spruch demonstriert. Darin wird *ʿolām* als ein Rad (גלגל) bezeichnet.[215] Da es überhaupt nicht biblisch ist, *ʿolām* als drehend oder gar als tätige Entität zu beschreiben, vermute ich, dass diese Bezeichnung entstehen konnte, indem auf *ʿolām* die markanteste Eigenschaft von *aion* übertragen wurde, nämlich dass er dreht. Der Rabbi sagt *ʿolām*, meint jedoch den griechischen *aion*; er spricht Hebräisch, denkt aber Griechisch.[216]

---

212 Nilsson, *Geschichte der griechischen Religion*, II, 499, Anm. 5, der sich dabei auf Festugière beruft.

213 Levi, „Aion", 276; Keizer, *Life Time Eternity*, 33f. Vgl. Platon, *Protagoras*, 345c, wo αἰών im Sinne des Lebens mit dem geteilten Schicksal in Verbindung gebracht wird. Dazu Keizer, *ibid.*, 24, 43. Wird *aion* an der erwähnten Stelle zwar nicht als tätige Entität, sondern als Gegenstand von Fremdbestimmung bezeichnet, so ist der Übergang von da aus zur Vorstellung der aktiven Zeit, die deutliche Schicksalszüge trägt, als Teil der skizzierten Entwicklung doch selbstverständlich.

214 Keizer, *ibid.*, 35. Unverständlich ist Keizers Erklärung des Phänomens damit, dass das Wort „to a ‚higher' register of language" gehöre.

215 *Midrash Genesis Rabbah*, 53: 14; *Babylonischer Talmud*, Shabbat, 151b. Vgl. Ps 83:14; Jes 17:13, wo *ǧalǧal* im Sinne von Wirbel gebraucht wird.

216 Einen eindringlichen Einblick in die Beziehung der rabbinischen Literatur zur griechisch-römischen Kultur der Spätantike bieten die Beiträge des dreibändigen Werkes Peter Schäfer (Hg.), *The Talmud Yerushalmi and Graeco-Roman Culture*, Tübingen (1998–2002).

Dem Spruch können wir für unseren Zusammenhang nicht nur entnehmen, dass *aion* dem sonst passiven *ʿolām* kreisenden Charakter verliehen hat. Eine ähnliche inhaltliche Übertragung könnte mit guten Gründen auch für *dahr* vermutet werden. Darüber hinaus lässt der Spruch erkennen, dass in der Spätantike der drehende *aion* nicht immer als griechische Gottheit aufgefasst wurde. Ansonsten würde der gläubige Rabbi ihn nicht adoptieren können. Zeus etwa ließe sich schwerlich durch einen Gläubigen mit einem biblischen Gewand umhüllen – eine Fähigkeit, die sich auf einen säkularisierten *aion* leicht applizieren lässt.[217]

Der arabische *dahr* weist frappierende Ähnlichkeiten mit dem griechischen *aion* auf; er ist sein arabisches Pendant. Ebenso wie *aion* ist *dahr* die Lebenszeit eines Einzelnen, einer Generation oder der ganzen Welt, d.h. die gesamte Zeit eines Existenten. In diesem Sinn ist seine Dauer wie die Welt grenzenlos. Seine Unendlichkeit manifestiert sich in der ewigen Wiederkehr der Perioden.[218] *Dahr* ist wie *aion* der Inbegriff kreisender Zeit. Wie bereits erwähnt verbindet der komplexe Begriff *dahr* im Sinne der Zeitdauer die Bedeutung der zwei hebräischen Begriffe *dōr* und *ʿolām*. Mit *dōr* teilt *dahr* die Bedeutung von Generation und Periode sowie den kreisenden Charakter der Zeit. Wie *ʿolām* bedeutet *dahr* auch die „fernste Zeit", die sowohl in die Vergangenheit wie in die Zukunft hin unbegrenzt offen ist. Im Unterschied zu *ʿolām*, wie es fast immer im Alten Testament gebraucht wird, wird der Begriff jedoch substantiviert und als tätige Entität vorgestellt. Verglichen mit den beiden hebräischen Begriffen lässt sich an *dahr* also eine zweifache Bedeutungserweiterung feststellen: *Dahr*, als unendliche Zeit, geht einerseits über das etymologisch verwandte *dōr* hinaus; sowohl *dōr* wie dem inhaltlich verwandten *ʿolām* gegenüber zeichnet er sich andererseits als substantivierte agierende Zeit aus.

---

217 Auf *dahr* bezogen lautet ein ähnliches Sprichwort auf Arabisch: „*ad-dahr dūlāb*", „der *dahr* ist ein Rad". In einem auf Syrisch überlieferten Disput zwischen den Monaten spricht April – völlig neuplatonisch – von dem „tönenden Rad der Sonne" und dem damit länger werdenden Tag: Sebastian Brock, „A Dispute of the Months and some Related Syriac Texts", in: Ders., *From Ephrem to Romanos. Interactions between Syriac and Greek in Late Antiquity*, Chapter VIII, Aldershot (1999): 193.

218 Es sei angemerkt, dass frühe arabische Philologen *dahr* als den „Ablauf von Nacht und Tag" (*ad-dahr muḍīy al-lail wa-n-nahār*) (Sībawaih) definieren und seine Dauer als die Dauer der Welt, bis sie vergeht (*ad-dahr muddat baqāʾ ad-dunyā ilā (i)nqiḍāʾihā*) bestimmen (Ibn Saiyidih): Karīm Zakī Ḥusām ad-Dīn, *az-Zamān ad-dalālī*, Kairo (1991): 115.

Die erwähnte Bedeutungserweiterung konnte *dahr* in der vorislamisch-arabischen Poesie m. E. nur unter dem Einfluss des hellenistischen Begriffs *aion* erfahren. Die Auffassung der Zeit als einer tätigen Entität scheint ein griechischer, in spätantiker Weltanschauung aufrechterhalten gebliebener Gedanke zu sein. Altiranische Einflüsse könnten ursprünglich bei der Herausbildung diesen Gedankens eine Rolle gespielt haben. Die *aion*-Vorstellungen, mit denen die arabischen Poeten vor dem Islam in Berührung kamen, waren jedoch wohl hellenistisch-griechischer Prägung. Solche Vorstellungen können ursprünglich für hebräische oder syrische Schriften nicht behauptet werden. Aus demselben Grund dürfte er ursprünglich auch in der arabischen Vorstellungswelt nicht vorhanden gewesen sein. Wenn ein solcher Gedanke in diesen Traditionen auftritt, ist er höchst wahrscheinlich der griechischen Literatur entnommen.[219]

Hier stellt sich die Frage, wie die dargelegte *aion*-Auffassung zu den vorislamisch-arabischen Dichtern gelangen konnte. Mehrere Vermittlungswege können in diesem Zusammenhang erwähnt werden. Zunächst sei daran erinnert, dass die unterschiedlichen Zeugnisse spätantiker Poesie und Mosaiken bestätigen, dass diese Auffassung gar nicht lokal beschränkt war, sondern vielmehr in der Luft lag und sich auf weite Räume des hellenistischen Mittelmeerraums erstreckte. Die arabischen Poeten waren von der breiten kulturellen Umgebung ihrer Region nicht isoliert. So können wir beispielsweise in der *muʿallaqa* von ʿAmr b. Kulṯūm lesen, dass er mehrere Städte der römischen Provinz Syrien bereiste:[220]

> „Manchen Becher hab' ich schon in Ba'lbek getrunken, manchen in Damaskus und in Qāṣirīn."

Dass solche Reisen ihn in Berührung mit der dort blühenden hellenistischen Kultur brachten und dass er dabei mit Sicherheit kein Einzelfall war, bedarf keine weiteren Erklärung. So unsicher die späteren Berichte darüber sind, besagen sie nicht selten, dass zumindest einige Dichter nicht nur am Hofe der ġassānidischen und laḫmidischen Könige verkehrten, sondern auch am persischen und ganz besonders byzantinischen Königspalast.[221] Ob es sich dabei um Wahrheiten oder Legenden handelt,

219 Vgl. Stern, *Time and Progress*, 91, 101ff., 116ff.

220 ʿAmr b. Kulṯūm, *muʿallaqa*, V. 7/Übersetzung: Nöldeke, *Fünf Moʿallaqāt*, I, 27:
وكأسٍ قد شربتُ ببعلبكٍّ وأخرى في دمشقَ وقاصرينا

221 Dies wird z.B. von Imru' al-Qais, an-Nābiġa aḏ-Ḏubyānī und ʿAdī b. Zaid berichtet. Vgl. S. Boustany, „Imru' al-Ḳays b. Ḥudjr", in: *EI*[2], III, 1176bff.; A. Arazi, „An-Nābigha al-Dhubyānī", in: *EI*[2], VII, 840bff.; F. Gabrieli, „ʿAdī b.

die den Wert bestimmter Personen erhöhen sollten, ist sekundär. Reflektiert wird darin in jedem Fall die kulturelle Tatsache, dass die vorislamisch-arabischen Poeten Kontakt zu den Hochkulturen jenes Zeitalters pflegten. Im Hinblick auf die große Bedeutung der Dichtung in der altarabischen Öffentlichkeit ist dies verständlich. Darüber hinaus gab es weitere Wege der Vermittlung von Ideen und Vorstellungen bis in die Heimat der altarabischen Dichter hinein durch Händler, Soldaten, Söldner und Missionare.[222] Arabien ist auch von hellenistischen Religionsformen nicht unberührt gewesen.[223] So konnte festgestellt werden, dass in verschiedenen Teilen der Gegend die Gottheit al-Lāt mit Athene identifiziert wurde und dass ihr auch manchmal Attribute von Nemesis zugeschrieben wurden. Auch die Übernahme von Kulthandlungen von außen ist in diesem Zusammenhang vermutet worden. Die Beziehungen Zentralarabiens zu den hellenistischen Kulturzentren im Süden, Norden und Osten sowie der über weite Strecken betriebene Handel stellen sich dabei als zuverlässige Vermittlungswege hellenistischen Gedankenguts dar.[224]

Mit *aion* teilt *dahr* die Idee der personifizierten unendlichen Zeit, die wegen ihres periodischen Charakters die Gestalt eines jungen und alten, mit aktiven Eigenschaften ausgestatteten Mannes annimmt. Beide werden in Verbindung mit der Sonne gesetzt, deren Umlauf in vormoderner Kosmologie mit dem Zeitlauf identifiziert wird. Der mit *aion* und *dahr* bezeichnete unendliche Zeitlauf, der sich in der unendlichen Sequenz der Perioden unveränderlich zeigt, lässt die Lebenszeit des Menschen als einen einzigen, irreversiblen Prozess zum Tode hin erscheinen. Der Wahrnehmung der Zeit liegt in beiden Fällen die Empfindung zugrunde, in der Zeit zu sein und sich in ihre Struktur einzufügen, sei das unentrinnbare Schicksal alles Existierenden. Wenn die Poeten von *aion* oder *dahr* sprechen, meinen sie die Zeit, in der sie leben und die ihr Leben bestimmt, ohne dass sie in der Lage wären, das Ende der Zeit vorauszu-

---

Zayd", in: *EI*², I, 196a. Al-Aʿšā soll ein viel gereister Händler gewesen sein: Vgl. W. Caskel, „Al-Aʿshā. Maymūn b. Ḳays", in: *EI*², I, 689bf. Verschiedene Dichter erwähnen Orte in Syrien, Palästina und Irak, die sie besucht haben. Sogar Kabul kommt vor. S. Lyons, *Identification and Identity*, 5f.

222 Vgl. Patricia Crone, „How did the quranic pagans make a living?", in: *BSOAS*, 68 (2005): 387–399, besonders 395ff., wo der interessante Versuch unternommen wird, dem Koran Hinweise auf Reisen und Handel der *mušrikūn* zu entnehmen. Vgl. ferner die oben in Anm. 207 und 208 angegebenen Titel.

223 K. Rudolph, „Die Anfänge Moḥammeds", 307.

224 S. hierzu Krone, *Die altarabische Gottheit*, 38f., 65ff., 69f., 102, 128ff., 281ff., 306ff. passim.

schauen. Dies mag erklären, wie der Begriff der unendlichen Zeit ein starkes Moment des Schicksals beinhalten kann.

Dem Betrachter des griechischen *aion* und des arabischen *dahr* fällt es jedoch auf, dass trotz aller Gemeinsamkeiten zwischen den beiden *dahr* weitgehend düstere Züge aufweist, die ihn grausamer als *aion* erscheinen lassen. Allgemein betracht wird letzterer beispielsweise von Nonnos und Johannes mit der kosmischen Harmonie in Verbindung gebracht; *dahr* wird hingegen in den meisten Fällen von den arabischen Poeten als eine destruktive Macht universeller Wirkung dargestellt. Dieser Unterschied lässt sich meiner Ansicht nach durch die kulturelle Kontextualisierung beider Begriffe erklären.

Wie bereits erläutert, werden die negativen Wirkungen von *aion* zwar nicht ausdrücklich thematisiert, sie sind jedoch in seinem Bild implizit enthalten. Er wird als Lenker des Lebens vorgestellt; ihm werden weitreichende Verfügungsgewalten über das Menschenschicksal zugeschrieben, die den Eindruck vermitteln, er wäre zum Bösen genauso fähig wie zum Guten. Wird nur die eine, Gutes erwirkende Seite präsentiert, so ist die andere der bösen Wirkung doch auch mitzudenken, da sie ohnehin potentiell in ihm existiert. Die behandelten Zeugnisse zu *aion* blenden jedoch diese seine Schattenseite aus. Sowohl der mythologische Kontext der Beschreibung als auch der christliche Einfluss dürften zur Gestaltung seines schönen Bildes beigetragen haben. Anderslautende Zeugnisse gibt es jedoch auch, wie Neros Vorwurf, *aion* habe seine guten Taten vernichtet, Mark Aurels Bezeichnung von *aion* als destruktiver Macht und auch schon früher Aristoteles' und Pindars Äußerungen deutlich machen.

Im Gegenteil zu *aion* fehlt *dahr* der reichhaltige mythologische Kontext, innerhalb dessen das schöne Bild seines griechischen Pendants auf Mosaiken sowie bei Nonnos und Johannes von Gaza entwickelt werden konnte. Dahr wird von den arabischen Poeten nicht im Rahmen einer Göttergemeinschaft dargestellt; diese hat die muslimische Überlieferung der vorislamisch-arabischen Gedichte ohnehin wahrscheinlich weitgehend eliminiert.[225] Sein Bild dort steht vorwiegend unter dem Einfluss

225 Ibn al-Kalbī, *Kitāb al-aṣnām* (*Das Götzenbuch*), führt zu den verschiedenen Götzen Verse an, in denen meistens gegen die Götzen polemisiert und als Gegensatz zu ihnen Gottes Größe proklamiert wird. Siehe z.B. Ḥassāns Vers, S. 11. Der Autor weist zugleich auf die Mangelhaftigkeit der mündlichen Überlieferung hin, wenn er berichtet, dass die Araber „von ihren Gedichten nur solche aus der Zeit kurz vor dem Islam aufbewahrt" haben. Bei einigen Götzen sagt er sogar, dass er keine Gedichte über sie oder Namen von ihnen gehört hat, was je-

der individuellen Wahrnehmung der Zeit als eines unaufhaltsamen Prozesses zum Tode hin – ein Motiv, das selbstverständlich vor allem in Trauergedichten weitere Intensität gewinnt und dazu führt, dass *dahr* schlechthin als Quelle aller Übel deklariert wird. Dass der destruktive Aspekt von *dahr* seine Wahrnehmung bei den arabischen Dichtern dominiert, ist psychologisch verständlich, da die Betroffenheit von Zerstörung und Tod unvermeidlich persönliche Signifikanz besitzt. Wie könnte der in einem mythologisch armen Umfeld existierende *dahr* eine ähnlich schöne Form wie diejenige des *aion* annehmen, an deren ästhetischer Gestaltung übrigens auch schon lange neben Literatur und Philosophie auch religiöse Anschauungen mitgewirkt haben, während die Vorstellung von *dahr* in der vorislamisch-arabischen Dichtung solche kulturellen Voraussetzungen vermisst?[226]

V. Arabischer Hellenismus

Der Begriff *dahr* ist das vorislamisch-arabische Pendant des griechischen Begriffs *aion*. Eine solche Identität erlaubt ihm, spezifische Merkmale zu behalten, die mit seinem arabischen Kontext zusammenhängen. Dadurch wird er selbstverständlich zu einem eigenständigen Begriff, der deutliche Gemeinsamkeiten mit dem griechisch-hellenistischen Begriff aufweist, ohne eine völlig identische Kopie von ihm zu sein.[227] Einen Begriff *dahr*

---

doch nicht besagt, dass solche gar nicht existierten: S. 7f. des arabischen Textes, S. 35 der Übersetzung.

226 Zur mythologischen Dürftigkeit im vorislamischen Arabien: Crone, *Meccan Trade*, 240f.

227 Es würde den Rahmen der vorliegenden Untersuchung sprengen, die arabisch-philosophische Verwendung der Termini *dahr* und *zamān* zu berücksichtigen. Sie ist viel später und erst infolge der Übersetzung griechischer Schriften ins Arabische zustande gekommen. Darum wäre es purer Anachronismus, Zeugnisse von dort mit dem Zweck einzusetzen, für die vorislamisch-arabische Epoche erzielte Forschungsergebnisse zu unterstützen. Dessen ungeachtet müsste die Möglichkeit erwogen werden, dass die Wiedergabe von griechischen Termini durch arabische Äquivalenten nicht ohne Berücksichtigung des bereits geläufigen Gebrauchs derselben im Arabischen hätte erfolgen können. In diesem Sinn möchte ich auf die knappe, jedoch noch nützliche Diskussion der Begriffe *dahr*, *zamān* und *mudda*, d.h. „Dauer", in der Philosophie Abū Bakr ar-Rāzīs in Shlomo Pines, *Beiträge zur islamischen Atomlehre*, Berlin (1936): 49–56 hinweisen. Ar-Rāzī, der die Ansicht vertritt, dass es fünf ewige Prinzipien der Welt gibt: den Schöpfer, die Seele, die Materie, den Raum und die Zeit, unterscheidet zwi-

zu erwarten, der in allen Einzelheiten mit *aion* übereinstimmen würde, würde ohnehin die gestaltende Wirkung von spezifischen räumlichen und kulturellen Bedingungen verkennen, die die verschiedenen Kontexte voneinander unterscheiden. Die Verhältnisse im Hellenismus scheinen sich im Allgemeinen jedoch in eine ganz andere Richtung entwickelt zu haben, die diese Kulturepoche zum flexiblen Medium kultureller Ausdrucksweisen der Pluralität lokaler Traditionen entsprechend werden ließ. Mit den Worten von Glen Bowersock kann der Hellenismus folgendermaßen beschrieben werden:

> „Hellenism, which is a genuine Greek word for Greek culture (*Hellênismos*), represented language, thought, mythology, and images that constituted an extraordinarily flexible medium of both cultural and religious expression. It was a medium not necessarily antithetical to local or indigenous traditions. On the contrary, it provided a new and more eloquent way of giving voice to them."[228]

In einem derart flexiblen kulturellen Kontext konnte das vorislamisch-arabische Konzept des *dahr* erwachsen. Es verbindet das Allgemeine der griechisch-hellenistischen Zeitauffassung, wie sie *aion* demonstriert, mit dem Spezifischen des lokalen arabischen Kontexts. Dass eine solche Verbindung real existieren kann, ist in der lebendigen Existenz hellenisti-

---

schen zwei Arten der Zeit (*zamān*): 1) Die absolute Zeit (*zamān muṭlaq*) ist ewig und in ständiger Bewegung. Er nennt sie *mudda*, „Dauer", und *dahr*. 2) Die eingeschränkte Zeit (*zamān maḥṣūr*) kommt durch die Bewegungen der himmlischen Sphären sowie den Lauf der Sonne und der Planeten zustande. Die absolute Zeit ist unvergänglich und unendlich (*lā yanqaḍī wa-lā yafnā*) im Gegensatz zu den Dingen dieser Welt (*amr hāḏa l-ʿālam*), die durch den Verlauf der Zeit vergehen (*yanqaḍī bi-marri z-zamān*). Ar-Razīs Meinung, die weltlichen Dinge vergehen durch die unendliche Zeit, entspricht übrigens der diesbezüglichen Vorstellung der altarabischen Dichter. Vgl. Paul Kraus (Hg.), *Razis Opera Philosophica*, Kairo (1939): 304. Pines, *ibid.*, S. 51, erwähnt im Zusammenhang seiner Erörterung der Stelle, dass *dahr* in der Philosophie eine Übersetzung des griechischen αἰών ist. Vgl. auch dazu Corbin, „Cyclical Time", 119, 145f.; Rosenthal, „*Sweeter than Hope*", 6.

In den arabisch-griechischen Übersetzungen vom 8.–10. Jahrhundert wird *aion* auch mit *abad* übertragen, das in vorislamisch-arabischen Gedichten wie *dahr* die unendliche Zeit bedeutet, allerdings nicht personifiziert oder als tätige Entität vorgestellt wird. S. für mittelarabische Beispiele das bedeutende Nachschlagewerk: Gerhard Endress and Dimitri Gutas (Hg.), *A Greek and Arabic Lexicon*, Vol. 1, Leiden etc. (2002): 4ff.

Es sei schließlich angemerkt, dass in der arabischen Liturgie der orthodoxen Kirche von Antiochia *aion* durchgehend mit *dahr* übersetzt wird.

228 Bowersock, *Hellenism*, 7.

scher Kulturelemente von Bedeutung in vorislamischer Zeit auf der Arabischen Halbinsel begründet. Ein deutliches Beispiel dafür ist die erst vor wenigen Jahrzehnten ans Licht gebrachte Ortschaft Qaryat al-Fau.[229] Dort im Inneren der Arabischen Halbinsel wurden Zeugnisse hellenistischer Kultur ausgegraben, die neben den deutlich griechischen Motiven unverwechselbare arabische Züge aufweisen. Nicht nur die Inschriften in der südarabischen Musnad-Schrift, sondern auch die Szenen der Kameljagd, die Wandgraffiti, die Bronzefiguren sowie die Namen und die Gesichtszüge der auf Wandmalereien dargestellten Personen zeigen eindeutig arabische Besonderheiten.[230] Neben den Namen der bekannten arabischen Götter, al-Lāt, al-ʿUzzā, Manāt, Wadd, und Šams sowie Kahl, der vermutlich lokalen Gottheit der Stadt, präsentiert sich der griechisch-ägyptische Gott Harpokrates.[231]

Als arabische Fassung des spätantiken *aion* besitzt *dahr* unverkennbare Gemeinsamkeiten mit ihm und zugleich kontextbedingte Besonderheiten. An ihm ebenso wie am Beispiel von Qaryat al-Fau lässt sich eine arabisch-hellenistische Kultur demonstrieren, in der griechische und arabische Eigenschaften auf bemerkenswerte Weise zu einer genuinen Synthese zusammengefügt werden. Die altgriechische Auffassung der in Zyklen laufenden Zeit eines Lebewesens – sei es eines Einzelnen, einer Generation oder des Kosmos –, personifiziert und mit weitreichender Macht über kosmisches und innerweltliches Geschehen versehen, bekommt im arabischen Kontext eine spezifische Gestalt. *Dahr* ist nicht weniger abstrakt als *aion*. Er ist jedoch unter den harten Daseinsbedingungen der Wüste eher Grund zur Furcht als zur Freude, zum Pessimismus als zum Optimismus. Sowohl die politische Instabilität ihrer Welt, in der es vor dem Islam offensichtlich an packenden Visionen drastisch

229 A. R. al-Anṣāry, *Qaryat al-Fau: A Portrait of Pre-Islamic Civilization in Saudi Arabia*, Riad (1982).

230 *Ibid.*, 72–94.

231 *Ibid.*, 23, 105. S. dazu die Ausführungen in der mehrfach erwähnten Studie von S. Krone sowie in Bowersock, *Hellenism*, 74ff. mit einigen Abbildungen. Zur Begegnung von griechischen und nabatäischen Vorstellungen des höchsten Gottes in Petra s. *ibid.*, 8f. und zu hellenistischen Einflüssen auf das arabische Panthéon, 20f. Vgl. die auf Kunst und Architektur basierende Darstellung hellenistischer Kultureinflüsse in: Barbara Finster, „Arabien in der Spätantike. Ein Überblick über die kulturelle Situation der Halbinsel in der Zeit vor Muhammad", in: *Archäologischer Anzeiger* (1996): 287–319. Ferner: Walter Dostal, „Die Araber in vorislamischer Zeit", in: Albrecht Noth und Jürgen Paul (Hg.), *Der islamische Orient – Grundzüge seiner Geschichte*, Würzburg 1998: 25–44.

mangelte, als auch die schwierigen Lebensverhältnisse der Dichter ließen sie die Zeit vornehmlich als Quelle von Unannehmlichkeiten empfinden und ihr eine starke Konnotation des befürchteten Schicksals verleihen. Eine andere Instanz, die sie als Ursache solcher Geschehnisse ansehen konnten, kannten sie wohl nicht.[232]

Auf interessante Befunde aus Papyri, Mosaiken und Architektur gestützt formuliert Bowersock vorsichtig die These, dass „zumindest einige der Wurzeln des Islam in jenem lokalen Hellenismus eingebettet waren."[233] Barbara Finster für ihren Teil deckt gemeinsame Merkmale der Architektur und Ikonographie auf der Arabischen Halbinsel mit dem Mittelmeerraum auf. Auch ihre Untersuchungen bringen das Ergebnis hervor, dass die Arabische Halbinsel Teil der kulturellen Welt der Spätantike im 6. und 7. Jahrhundert war. Neben kultureller Eigenständigkeit zeigt der vorislamisch-arabische Kulturraum deutliche Einflüsse von Ideenaustausch.[234]

Der vorislamisch-arabische Begriff *dahr*, der im Kern mit dem griechisch-hellenistischen *aion*-Begriff identisch ist, erlaubt es nun, diese Thesen nicht nur zu bestätigen, sondern auch zu vertiefen. Schon vor dem Islam und lange vor der Übertragung griechischer Werke der Wissenschaft und Philosophie ins Arabische existierten arabische kulturelle Formen griechisch-hellenistischer Prägung, die die Rede von arabischem Hellenismus berechtigen.[235] Denn die an *dahr* festgemachte arabisch-

---

232 Vgl. Sidney Smith, „Events in Arabia in the 6th Century A.D.", in: *BSOAS*, 16 (1954): 425–468.

233 Bowersock, *Hellenism*, 81.

234 Finster, „Arabien in der Spätantike", 318f.

235 G. v. Grunebaum, *Medieval Islam: A Study in Cultural Orientation*, Chicago (1953): 313f., stellte bestimmte Spuren hellenistischer Tradition in der vorislamisch-arabischen Dichtung fest. Ebenfalls L. E. Goodmann, „The Greek Impact on Arabic Literature", in: A.F.L. Beeston et al (Hg.), *The Cambridge History of Arabic Literature. Arabic Literature to the End of the Umayyad Period*, Cambridge (1983): 460ff., weist knapp darauf hin. Vgl. ferner die Ansichten von Gustave E. v. Grunebaum, „Islam and Hellenism", in: *Scientia* 44 (1950): 21–27; Ders., „The Sources of Islamic Civilizations", in: *Der Islam* 46 (1970): 1–54. Beide Aufsätze sind zugleich Kap. I und VII in: Gustave E. v. Grunebaum, *Islam and Medieval Hellenism: Social and Cultural Perspectives*. Variorum Reprints, London 1976.
Johann Fück, „Hellenismus und Islam", in: Ders., *Arabische Kultur und Islam im Mittelalter*. Ausgewählte Schriften. Hrsg. von Manfred Fleischhammer, Weimar (1981): 272–288, spricht für seinen Teil vom arabischen Hellenismus, lässt ihn jedoch erst mit dem Umayyaden Ḫālid, Sohn des Kalifen Yazīd, beginnen.

hellenistische Zeitauffassung war in der vorislamisch-arabischen Weltanschauung zutiefst verankert. Wie kaum eine andere prägt die von den vorislamisch-arabischen Dichtern getragene *dahr*-Vorstellung Leben und Denken der Araber vor dem Islam; sie ist in der arabischen Literatur und Kultur wirkungsmächtig geblieben. *Dahr* ist das Siegel der vorislamisch-arabischen Weltanschauung. Dieses Siegel zeigt unverkennbare hellenistische Züge. Seine besondere Stellung dort wird dadurch bestätigt, dass er im Koran aufgenommen und entschieden negiert wird. Wie dies geschieht, soll auf folgenden Seiten erläutert werden.

Viertes Kapitel

Aufhebung der Zeit in Koran und Überlieferung

Der Koran ist kein Buch, das im Nu aus der Feder eines inspirierten Schriftstellers stammt. Nach der Überlieferung der islamischen Tradition ist er ein Buch, das in einzelnen Versen und unterschiedlich langen Passagen dem Propheten Muhammad über die Dauer von mehr als zwanzig Jahren geoffenbart wurde. Halten wir lediglich an diesem grundsätzlichen Glaubenssatz fest, ohne weiter zu fragen, ergibt sich die für unsere Fragestellung nicht unbedeutende Beobachtung, dass der Koran in einem zeitlichen Prozess entstanden ist. Dieser Prozess endete nicht mit dem Tode Muhammads, weil dann das Verfahren der schriftlichen Fixierung und Kanonisierung des Textes, den er seiner Gemeinde hinterließ, angesetzt hat. Mit der Verschriftlichung hatte schon Muhammad selbst begonnen, als er Männer beauftragte, die rezitierten Offenbarungen niederzuschreiben. Seine Nachfolger übernahmen die Sammlung und Anordnung der vereinzelten Schriftstücke. Der Abschluß dieses Unternehmens wird in die Regierungszeit des dritten Kalifen ʿUṯmān (644–656) gesetzt. Der koranische Text ist also Produkt seiner Zeit; selbst die Offenbarungen reflektieren Ereignisse, die sich zu ihrer Zeit vollzogen haben. Offenbarung und Geschichte durchkreuzen sich im koranischen Text, der infolgedessen Schichten der Zeitwahrnehmung birgt, deren Entfaltung die Aufgabe weiterer Forschung ist. Die Geschichte des Korantextes besteht nicht nur aus der offenbarungserhaltenden Tätigkeit Muhammads, sondern umfasst auch die empfangende Gemeinde, die die Verkündungen ihres Propheten bewahrt und an ihrer schriftlichen Fixierung und Kanonisierung aktiv mitgewirkt hat.[1] Ist das alles doch in

1 Auf die konstruktive Rolle der Gemeinde für die Etablierung des kanonischen Textes hat Angelika Neuwirth in mehreren Publikationen hingewiesen. Ihr Ansatz ist u.a. im folgenden Beitrag deutlich dargestellt: „Vom Rezitationstext über die Liturgie zum Kanon. Zu Entstehung und Wiederauflösung der Surenkomposition im Verlauf der Entwicklung eines islamischen Kultus“, in: Stefan Wild (Hg.), *The Qur'an as Text*, Leiden (1996): 69–105.

einem konkreten raum-zeitlichen Kontext passiert, wundert es nicht, wenn sich kontextuelle Veränderungen im Text widerspiegeln. Aus diesem Grund behält der Versuch, die Chronologie der koranischen Passagen zu rekontruieren, trotz dazu gehöriger Vorsicht ihre Relevanz für adäquates Verständnis des Textes.[2] Dies kann nur auf solider Grundlage erfolgen, wie derjenigen, die durch philologische Kritik, inhaltliche Analyse und historische Forschung gesichert werden kann. Letzeres Kriterium umfasst freilich die Einbettung des koranischen Ereignisses in der kulturellen und religiösen Geschichte seines Umfelds.

Die gegenwärtige Untersuchung beschränkt sich auf die Erörterung von Zeitvorstellungen und hellenistischen Gedanken der Spätantike in der vorislamisch-arabischen Dichtung und ihrer Rezeption im Koran. Der hier aufgestellte Zusammenhang von Dichtung und Koran ist nicht zufällig, sondern beruht auf einer intertextlichen Relation, die darin besteht, dass der Begriff *dahr* in beiden in derselben Bedeutung verwendet wird. Da wir seine Bedeutung in der vorislamisch-arabischen Dichtung bereits ausführlich behandelt haben, widmen wir uns im Folgenden seiner Bedeutung im Koran. Schließlich werden wir beobachten, wie dort hellenistische Zeitvorstellungen der Spätantike rezipiert werden.

I. Der *dahr* der Ungläubigen

Beginnen wir unsere Besprechung von Zeitvorstellungen im Koran, die mit ähnlichen Zeitvorstellungen in der vorislamisch-arabischen Dichtung unmittelbar zusammenhängen, mit einem Fall der Ambiguität. Die frühmekkanische Sure 103, wohl die kürzeste in der Kairiner Standard-Edition des Korans, trägt den mehrdeutigen Namen *al-ʿaṣr*, der „Nachmittag/Spätnachmittag", „Abend (vor Sonnenuntergang)" oder einen längeren Zeitabschnitt wie „Zeitalter" bedeutet.[3] Sie lautet dort:[4]

---

2 Es sei hier auf die bahnbrechenden und immer noch lesenswerten Untersuchungen hingewiesen, die Theodor Nöldekes *Geschichte des Qorāns* in der von Friedrich Schwally bearbeiteten zweiten Auflage beinhaltet: Theodor Nöldeke und Friedrich Schwally, *Geschichte des Qorāns*. Erster Teil. *Über den Ursprung des Qorāns*, Leipzig (1909) Rep. Hildesheim (2005).

3 Rudi Paret, *Kommentar und Konkordanz*, 2. Aufl., Stuttgart u.a. (1977): 521.

4 Die Übersetzung lehnt sich an Hartmut Bobzin, *Koranlesebuch*, Freiburg (2005): 187.

„1 Beim Nachmittag (*wa-l-ʿaṣri*)! 2 Siehe, der Mensch ist wahrlich in Verlorenheit, 3 nur die nicht, welche glauben und gute Taten tun, und die einander sich ermuntern zu der Wahrheit, und die einander sich ermuntern zur Geduld."

Aṭ-Ṭabarī, der Verfasser des ersten umfassenden Korankommentars, interpretiert das Wort *ʿaṣr* als einen Namen des *dahr*, der aus der Gesamtheit der Zeiten besteht.[5] Ein Zeitabschnitt steht also gemäß dieser Interpretation *pars pro toto* für die gesamte Zeit. Ebenfalls wie es im Koran auch mit anderen Zeiten geschieht, ist er hier Gegenstand des Schwurs.[6] Aṭ-Ṭabarī geht nicht weiter näher darauf ein, er liefert aber eine andere Lesart der Sure, die uns hellhörig macht. ʿAlī, Muhammads Vetter, Schwager und der vierte Kalif (656–661) sollte die Sure folgendermaßen gelesen haben:

„Beim Nachmittag (*wa-l-ʿaṣri*)! Bei den Wechselfällen der Zeit (*wa-nawāʾibi d-dahri*)! Der Mensch ist wahrlich in Verlorenheit (*inna l-insāna la-fī ḫusrin*), und er ist [in diesem Zustand] bis zum Ende der Zeit (*wa-innahu fīhi ilā ʾāḫiri d-dahri*)."[7]

Die Wechselfälle des *dahr* werden hier nicht nur im Duktus der vorislamisch-arabischen Poesie erwähnt, sondern es wird bei ihnen geschworen – ein äußerst seltsamer Fall, der sogar über die Schwurformeln hinaus geht, die die heidnischen Mantiker (*kuhhān*) Arabiens gesprochen haben sollen, sowie über diejenigen hinaus, die im Koran überliefert werden.[8] Existierte die referierte Lesart tatsächlich, stünde sie absolut im Widerspruch zur koranischen Auffassung der Zeit. Müsste sie deshalb im Zuge redaktioneller Arbeit eliminiert werden? Weder die völlig überdehnte

5 Abū Ǧaʿfar Muḥammad b. Ǧarīr aṭ-Ṭabarī, *Ǧāmiʿ al-bayān ʿan taʾwīl al-Qurʾān*, Bd. XXX, Beirut (1405 H.): 289f. *Al-ʿaṣr* kann nicht ohne weiteres mit „Destin" übersetzt werden, wie es Blachère fälschlicherweise tut. Vgl. die Kritik in Paret, *ibid.*

6 Vgl. beispielsweise Q 74:34; 89:1–2; 91:1; 93:1. Zu den Schwurformeln im Koran vgl. Angelika Neuwirth, „Zur Relevanz der einleitenden Schwurserien für die Suren der frühmekkanischen Zeit", in Udo Tworuschka (Hg.), *Gottes ist der Orient, Gottes ist der Okzident. Festschrift für Abdoljavad Falaturi zum 65. Geburtstag*, Wien 1991: 3–39; G. R. Smith, „Oath in the Qur'an", in: *Semitics*, 1 (1970): 126–156; G. R. Hawting, „Oaths", in: *EQ*, III, 561–566.

7 Eine andere auf Ibn Masʿūd zurückgehende Lesart ist in Paret, a.a.O. enthalten, in der das Wort *dahr* nicht vorkommt. Aṭ-Ṭabarī bringt noch zwei weitere ʿAlī zugeschriebene Versionen, die von der oben zitierten Version leicht abweichen. So kommt in einer Lesart der Schwur bei den Wechselfällen der Zeit (*wa-nawāʾibi d-dahri*) nicht vor, in der anderen fehlt der letzte Teil „bis zum Ende der Zeit (*ilā ʾāḫiri d-dahri*)". Vgl. Arthur Jeffery, *Materials for the History of the Text of the Qurʾān*, Leiden (1937): 111; Ringgren, *Studies*, 87.

8 Vgl. T. Fahd, „Kāhin", in: *EI*², IV, 420ff.

Länge noch der sozial-ethische Charakter des dritten Verses der kanonisierten Sure entspricht übrigens den üblichen Merkmalen der frühmekkanischen Suren, die sich mit ihrer Kürze und ihrem poetischen Stil von diesem Vers deutlich unterscheiden.[9]

Faḫr ad-Dīn ar-Rāzī, dessen theologisch gehaltvoller Korankommentar für seine philosophische Argumentation bekannt ist, liefert bei der Interpretation der Sure Erklärungen, die für unsere gegenwärtige Fragestellung relevant sind. Er erkennt offensichtlich, dass die Sure vorislamisch-heidnischen Sprengstoff enthält, der den theologischen Prinzipien der Verkündigung Muhammads völlig widerspricht. Für den Ausdruck *al-ʿaṣr* an der Stelle gibt er vier mögliche Erklärungen. Zuerst wird *al-ʿaṣr* mit *ad-dahr* gleichgesetzt. Eine zweite Bedeutung von *al-ʿaṣr* ist das Tagesende. Eine weitere ist das für diese Tageszeit bestimmte Gebet (*ṣalāt al-ʿaṣr*). Schließlich könnte damit das Zeitalter Muhammads gemeint sein.[10] Für jede dieser möglichen Bedeutungen gibt ar-Rāzī verschiedene Argumente und bespricht sie. Am ausführlichsten behandelt er die erste Erklärung, die uns hier am meisten interessiert.

Für die Interpretation des mehrdeutigen Wortes *al-ʿaṣr* im Sinne von *ad-dahr* sprechen nach ar-Rāzī sechs Argumente. Das erste Argument stützt sich auf die Autorität des offenbarungserhaltenden Muhammad, der bei dem *dahr* geschworen haben soll, sowie auf die Autorität ʿAlīs, dessen Lesart uns schon bekannt ist. Ar-Rāzī lässt dieses Argument als „gebetsverderbend" (*mufsid li-ṣ-ṣalāt*) nicht gelten. Die Lesart ʿAlīs will er nicht als Text (*qur'ān*), sondern als Interpretation (*tafsīr*) akzeptieren. Dass Gott in seiner Offenbarung *dahr* als Schwurobjekt erwähnt haben könnte, schließt ar-Rāzī aus. Gott wisse, dass die Atheisten eine Vorliebe für *dahr* und seine Verehrung hätten (*li-ʿilmihi bi-anna l-mulḥida mūlaʿun bi-ḏikrihi wa-taʿẓīmihi*). Auf die falsche Haltung der Heiden von der Natur und der Zeit (*aṭ-ṭabʿ wa-d-dahr*) habe Gott mit der Aussage in Q 76:1 reagiert. Wir werden uns unten diesen Vers genauer ansehen. Halten wir an der Stelle jedoch fest, dass die absolute Bestimmungsmacht des *dahr* in Kombination mit der Natur von ar-Rāzī als ein heidnischer Gedanke erkannt wird, gegen den im Koran Einwände erhoben werden.

9 Ebenso lautet das Urteil in Nöldeke/Schwally, *Geschichte des Qorans*, I, 97. Allgemein zu den Suren der frühmekkanischen Periode s. dort S. 74ff.; Angelika Neuwirth, *Studien zur Komposition der mekkanischen Suren*, Berlin 1981, besonders S. 35, 233.

10 Faḫr ad-Dīn Muḥammad b. ʿUmar ar-Rāzī, *at-Tafsīr al-kabīr au mafātīḥ al-ġaib*, 32 Bde., Beirut (1411 H./1990): Bd. 32, S. 277.

Ein weiteres Argument für die Deutung des Wortes *al-ʿaṣr* als *dahr* ist, dass Letzteres als unendliche Zeit alle möglichen seltsamen Dinge wie „Glück und Unglück, Gesundheit und Krankheit, Reichtum und Armut" umfasst. Das Seltsamste an der Zeit (*dahr*) sei jedoch, dass sie sich der Bestimmung durch den Intellekt entzieht, sodass der Intellekt darüber nicht urteilen könne, ob sie existiere oder nicht (*wa-huwa anna l-ʿaqla lā yaqwā ʿalā an yaḥkuma ʿalaihi bi-l-ʿadami* [...] *wa-lā yumkinuhu an yaḥkuma ʿalaihi bi-l-wuǧūdi*). Das dritte Argument für die Möglichkeit, *al-ʿaṣr* als die gesamte Zeit (*ad-dahr wa-z-zamān*) zu verstehen, beruht auf der qualitativen Bedeutung des Augenblicks der Reue im Leben des Sünders, das infolgedessen neuen Wert erhält. Die Zeit sei also als eine grundsätzliche Gabe zu verstehen. Ar-Rāzīs viertes Argument bezieht sich auf einen von ihm bereits unternommenen Vergleich zwischen Raum und Zeit, dessen Ergebnis es ist, die Zeit höher als den Raum zu bewerten, was Gottes Schwur bei ihr rechtfertige. In einem weiteren Argument antwortet ar-Rāzī auf die geläufige Auffassung, die den Menschen eigene Verlorenheit den Wechselfällen des *dahr* zuzuschreiben. Gott wolle mit dem Schwur versichern, dass die Zeit (*ad-dahr wa-l-ʿaṣr*) eine „tadellose, gegebene Gnade" sei und dass allein der Mensch an dem Verlust schuldig sei. Das letzte Argument für die Deutung des *aṣr* als *dahr* beruht auf der natürlichen Beobachtung, dass mit dem Verlauf der Zeit das Menschenleben abnimmt; dieses Abnehmen sei der an der Stelle angedeutete Verlust.[11]

Ohne mich auf eine eingehende Analyse der Interpretation ar-Rāzīs einzulassen, die den hier abgesteckten Rahmen sprengen würde, möchte ich darauf hinweisen, dass von den uns aus der vorislamisch-arabischen Dichtung bekannten Bedeutungen des *dahr* in der referierten Passage nur die Bedeutung der sehr langen Zeit samt Implikationen aufrechterhalten geblieben ist. Die Zeit entzieht sich rationalen Urteils; der menschliche Intellekt ist nicht fähig, zu beweisen, ob sie existiert oder nicht. Damit ist die Zeit vom Raum unterschieden, über den aufgrund empirischer Erfahrung rational geurteilt werden kann.[12] Für den spekulativen Kommentator bedeutet dies für die Zeit gegenüber dem Raum

---

11 Die philosophisch reflektierte Passage in ar-Rāzīs Kommentar verdient durchaus weitere Erörterung, eine Aufgabe, die hier nicht erfüllt werden kann.

12 Ar-Rāzīs Beschreibung der Zeit erinnert an die Ausführungen Augustinus' zum Thema im zehnten Buch der *Bekenntnisse*. Vgl. Kurt Flasch, *Was ist Zeit?, Augustinus von Hippo, das XI. Buch der Confessiones, historisch-philosophische Studie*: Text, Übersetzung, Kommentar, Frankfurt 1993.

eine höhere Seinsqualität, die sie qualifiziert, Gegenstand göttlichen Schwurs zu sein. Die Zeit verliert in der Deutung selbstverständlich ihren tätigen Charakter und wird lediglich zum umfassenden Gefäß aller Ereignisse in der Erfahrungswelt.

Im gleichen Sinn erwähnt ar-Rāzī eine andere koranische Stelle, die er als Reaktion auf die vorislamisch-arabische Auffassung vom *dahr* betrachtet. Es handelt sich um die zuerst entstandene der beiden Stellen im Koran, an denen das Wort *dahr* explizit vorkommt. Die mittelmekkanische Sure 76, die nun nach dem Menschen „*al-insān*" benannt ist, trägt in einigen Editionen den Namen „*ad-dahr*".[13] Der erste Vers, auf den sich ar-Rāzī bezieht, lautet:

> „Ist über den Menschen ein Zeitabschnitt (*ḥīnun mina d-dahri*) gekommen, in dem er nichts Nennenswertes (*šai'an maḏkūran*) war?"

Der mit der Fragepartikel *hal* eingeleitete Satz hat die Form einer rhetorischen Frage mit konfirmierendem Charakter. Sein Inhalt wird bestätigt: Eine solche Zeit hat es ja wohl für den Menschen gegeben.[14] Auf die Qualität dieser Zeit komme ich noch zu sprechen. Mich interessiert zunächst der hier erwähnte Begriff *dahr*. Er bedeutet an dieser Stelle nicht das in der Welt agierende Prinzip, das als ultimative Todesursache identifiziert wird, sondern die unendliche, aber nicht tätige Zeit. Er steht hier in einem Abhängigkeitsverhältnis zu dem anderen Zeitausdruck *ḥīn*, der soviel wie Zeitpunkt oder Zeitabschnitt von begrenzter Dauer bedeutet.[15] Die unendliche Zeit wird damit durch eine limitierte Periode repräsentiert. Der Ausdruck „*ḥīnun mina d-dahri*" bedeutet folglich nicht mehr als einen eingeschränkten Zeitabschnitt, dessen Länge zwar unbestimmt, jedoch nicht unbegrenzt ist.

---

13 Goldziher und Goichon, „Dahriyya", in: *EI*², II, 95.

14 Zu *hal* s. *Lane* und *Lisān* s.v. So auch wird der Vers in den Kommentaren verstanden. Die Partikel *hal* wird im Sinne der assertiven Partikel *qad* gedeutet. Vgl. die Interpretation in den Kommentaren von aṭ-Ṭabarī, ar-Rāzī und az-Zamaḫšarī.

15 Die Kommentatoren versuchen, die Länge der mit *ḥīn* gemeinten Dauer zu bestimmen. Ihre Meinungen darüber gehen weit auseinander. Aṭ-Ṭabarī identifiziert den Menschen (*al-insān*) mit Adam, der vierzig Jahre als geformtes Lehm verbracht hatte, bevor Gott in ihm den Geist einhauchte. Er räumt aber auch die Möglichkeit einer offenen Dauer ein. Ar-Rāzī tendiert eher dazu, die Aussage auf die Menschen schlechthin zu beziehen, die aus Spermien geboren werden, und lässt die Dauer unbestimmt. Az-Zamaḫšarī entscheidet sich für den Zustand der Menschen vor ihrer Geburt, ohne die Länge der mit *ḥīn* gemeinten Zeit zu thematisieren.

Der erwähnte Zeitabschnitt fungiert als Subjekt zum Verb *atā*, kommen, und wird damit in eine Bewegungskonstellation eingebettet. Die thematisierte Bewegung ist die natürliche des Zeitlaufs, die in dem Zusammenhang keine konkrete Wirkung auf den Menschen zeigt. Außerdem ist hier die Rede von der Zeit einer Vergangenheit, in der der Mensch nicht nennenswert war. Zumal das Verb *ḏakara*, dessen Partizippassiv *maḏkūr* für die Beschreibung des evozierten Zustands benutzt wird, neben „nennen" und „erwähnen" auch „sich erinnern" bedeutet, ist der negierte Zustand des Menschen ein vergangener, der nicht mehr in Erinnerung gerufen werden kann. Mit der hier präsentierten Vergangenheit verbindet sich also ein Zustand der Vergessenheit und Bedeutungslosigkeit, der vielleicht mit dem primordialen Zustand des Menschen vor der Schöpfung gleichgesetzt werden könnte. Die hier gemeinte Zeit kann daher als menschenlos bezeichnet werden. Eine solche Charakterisierung impliziert, dass, wenn der erwähnte *dahr* eine aus dem Standpunkt des Menschen heraus präexistente Zeit bedeutet, im selben Atemzug dem Menschen im Allgemeinen das Recht entzogen wird, über *dahr* zu urteilen. Der Zustand, in dem der Mensch nicht nennenswert, unerwähnt und unerinnert war, entzieht sich menschlicher Erkenntnis. Die menschlichen Aussagen darüber, wie sie im geistigen Umfeld des Korans geläufig waren, werden damit auf eine indirekte Weise entwertet und als unberechtigt zurückgewiesen. Wird *dahr* an der Stelle derart definiert, dass er eigentlich nicht mehr als einen eingeschränkten Zeitabschnitt aus einer unerinnerbaren Vergangenheit bedeutet, stellt sich dies als ein Schritt dar, die in der vorislamisch-arabischen Dichtung dominierte Zeitauffassung im Koran aufzuheben.[16]

Wie es ar-Rāzī zutreffend beobachtet hat, enthält die Stelle eine zweifache Antwort auf die vorislamisch-arabische Erhebung des *dahr* zu einer Seinsmacht: Die Zeit wird lediglich als begrenzte Dauer bestimmt, über die den Menschen kein Urteil möglich ist. Die vorislamisch-arabische Auffassung vom *dahr* wird damit indirekt negiert.

An einer anderen Stelle, die aus der spätmekkanischen Zeit stammt, in der Muhammads Konflikt mit den Gegnern seiner Botschaft in Mekka seinen Höhepunkt erreichte, findet die Auseinandersetzung mit dieser Auffassung explizit statt. In dem einschlägigen Vers Q 45:24 wird die Vorstellung vom todbringenden *dahr* wiedergegeben und widerlegt. Er lautet:

16 Vgl. Q 19:67. Ferner: 19:9; 52:35. Gerhard Böwering, „Ideas of Time in Persian Sufism", in: *Iran*, 30 (1992): 77–89, behandelt kurz auf S. 77f. den oben diskutierten Zusammenhang.

> „Und sie sagen: ‚Es gibt nur unser diesseitiges Leben (*mā hiya illā ḥayātunā d-dunyā*). Wir sterben und leben (*namūtu wa-naḥyā*), und nur der *dahr* lässt uns zugrunde gehen (*wa-mā yuhlikunā illā d-dahru*).' Sie haben doch kein Wissen darüber; sie stellen nur Mutmaßungen an."

Bevor wir die koranische Aussage detailliert betrachten, sollten wir vielleicht zunächst einen Blick auf diejenigen werfen, deren Ansicht der Koran referiert und denen er im Anschluss Ignoranz vorwirft. Über ihre Identität werden wir nicht weiter informiert. So wird an der Stelle keine bestimmte Seite wie der Stamm Quraiš oder *al-mušrikūn*, – das sind diejenigen, die Gott andere Götter beigesellen –, als Anhänger der verworfenen Auffassung von *dahr* genannt. Wie bereits erwähnt berichtet aš-Šahrastānī von einer vorislamisch-arabischen Weltanschauung, die die Existenz eines Schöpfers, die Auferstehung, die Wiederkehr der Seelen und die Prophetien verleugnet. Er nennt ihre Anhänger *„muʿaṭṭila"*, was soviel wie Verleugner bedeutet. Da sie die Ansicht vertreten, dass die Natur Leben schafft und der *dahr* es vernichtet, werden sie deshalb auch als *aṭ-ṭabīʿīyūn ad-dahrīyūn*, d.h. die an den *dahr* glaubenden Naturalisten, bezeichnet.[17]

Wir dürfen aš-Šahrastānī auf keinen Fall uneingeschränkt Glauben schenken, weil er in seinem Bericht vielleicht an die Gruppe der *Dahrīya* im Islam (die tatsächlich solche Ansichten vertrat) gedacht und deshalb unter dem Einfluss späterer philosophisch-theologischer Debatten die Auffassung der vorislamischen Araber auf die einer Sekte beschränkt haben könnte.[18] Während eine solche Sekte aufgrund fehlender Zeugnisse nicht identifiziert werden kann, kann der relativ reichlichen Verwendung des Begriffs in der vorislamisch-arabischen Dichtung jedoch entnommen werden, dass es sich bei dem dargelegten Konzept von *dahr* um eine weit verbreitete Auffassung handelt, deren Kern insofern als materialistisch-atheistisch bezeichnet werden kann, als sie kein anderes Leben als dieses

17 Aš-Šahrastānī, *al-Milal wa-n-niḥal*, 278, 576. S. o. S. 83f.

18 Siehe die Auseinandersetzung mit den Überzeugungen der *Dahrīya* in al-Māturīdī, *Kitāb at-tauḥīd*, hrsg. v. F. Ḫulaif, Beirut (1970): 141ff. Ferner in: Al-Ġazālī, *Tahāfut al-falāsifa*, hrsg. v. M. Bouyges, Beirut (1927): 19 passim; Ders, *al-Munqiḏ min aḍ-ḍalāl*, hrsg. v. F. Jabre, Beirut (1969): 19; Majid Fakhry, *A History of Islamic Philosophy*, New York (1970): 85, 319. Die oben dargelegte Vermutung wurde schon in Schrameier, *Ueber den Fatalismus*, 44f., geäußert. Vgl. J. van Ess, *Theologie und Gesellschaft*, IV, 124ff. sowie Übersetzungen in VI, 338ff.; Goldziher und Goichon, „Dahriyya", in: *EI²*, II, 95ff. Ringgren, *Fatalism in Persian Epics*, 33ff., unterscheidet die Ideen der *Dahrīya* von den zurvanistischen Ideen strikt, schließt jedoch die Möglichkeit von persischen Einflüssen darauf nicht völlig aus.

und *dahr* als ultimative Todesursache anerkennt. Es kann aufgrund dessen angenommen werden, dass der Koran sich hier mit einem Verständnis von *dahr* auseinandersetzt, das im geistigen Umfeld seiner Genese vorherrschend war.[19]

Wenden wir uns nun der Analyse des Verses zu. Er besteht aus zwei Teilen. Im ersten Teil wird die von den Heiden vertretene Auffassung referiert, im zweiten Teil wird sie dadurch abgelehnt, dass diejenigen, die sie vertreten, als nicht wissend und nur mutmaßend bezeichnet werden. Der erste Teil enthält drei zusammenhängende Aussagen:

1. Die erste Aussage wird durch die Negation mit der Ausnahmepartikel (*mā ... illā*) formuliert. Ihr Gegenstand ist exklusiv. Sie besagt, dass die Heiden ausschließlich das diesseitige Leben anerkennen. Das bedeutet, dass sie die Existenz des Lebens im Jenseits leugnen, was soviel heißt, dass sie zugleich die Auferstehung der Toten und das nach monotheistischem Konsens darauf folgende Gericht negieren. Diese Leute lehnen also Grundprinzipien der koranischen Botschaft ab, die auch vom Judentum und Christentum vertreten werden.
2. Die zweite Aussage wird den Heiden in den Mund gelegt. Sie besteht formell aus zwei Verben, *namūtu wa-naḥyā*, „wir sterben und wir leben". Die Reihenfolge ist ungewöhnlich. Man würde erwarten, dass die Heiden, die an das Leben im Jenseits ohnehin nicht glauben, naturgemäß zuerst das Leben und dann den Tod als endgültiges Ende menschlicher Existenz erwähnen. Dies geschieht jedoch nicht, sondern hier folgt auf den Tod das Leben.[20] Die Stelle bereitet den Kommentatoren große Schwierigkeiten. Was mit dem auf das Sterben folgenden Leben gemeint ist, wird von ihnen sehr unterschiedlich interpretiert. Während einige von ihnen darunter verstehen, dass verstorbene Eltern in ihren Kindern weiter leben,[21] sehen andere in der

---

19 Izutsu, *God and Man*, 90f., identifiziert mit den Menschen, deren nihilistische Ansicht der Koran referiert, die Mekkaner, die als Geschäftsleute Gott und das Jenseits für überflüssig hielten.

20 Ähnliche Stellen sind Q 6:29; 23:37; 44:35. Im letzten Vers wird die Auferstehung explizit verleugnet. Es handelt sich um mittel- bzw. spätmekkanische Stellen.

21 So in: aṭ-Ṭabarī, *Ǧāmiʿ*, 151; Abū ʿAbdillāh Muḥammad b. Aḥmad al-Anṣārī al-Qurṭubī, *al-Ǧāmiʾ li-aḥkām al-Qurʾān*, hrsg. v. Aḥmad al-Bardūnī, Bd. XVI, Kairo (1372 H.): 170; Ǧalāl ad-Dīn al-Maḥallī und Ǧalāl ad-Dīn as-Suyūṭī, *Tafsīr al-Ǧalālain*, Kairo o.J., S. 421. Eine andere Lesart lautet: „*nuḥyā*", passiv, „wir werden ins Leben gerufen; wir werden am Leben erhalten." Nach Ibn Masʿūd handelt es sich bei der Reihenfolge „*namūtu wa-naḥyā*" um eine Umkehrung der Wortfolge (*taqdīm wa-taʾḫīr*): al-Qurṭubī, *ibid.*

Stelle einen allgemeinen Hinweis darauf, dass in dieser Welt einige sterben, während andere am Leben bleiben.[22] Für weitere Interpreten bedeutet der mit dem Ausdruck „wir sterben" angedeutete Zustand vor dem Leben die im Sperma latent vorhandene Existenz des Menschen; andere hingegen deuten das Leben nach dem Tode als Hinweis auf den Glauben an die Wiedergeburt.[23]

3. Genauso wie die erste ist die dritte Aussage formell mit der auf die Exklusivität ihres Gegenstands hindeutende Konstruktion *mā ... illā* gebildet. Die Heiden halten ausschließlich *dahr* für den Grund ihres Vergehens. Wie die meisten Kommentatoren im Einklang mit der vorislamisch-arabischen Dichtung hervorheben, ist damit der an der Abfolge von Tag und Nacht sichtbare Zeitlauf gemeint, der für die Menschen das unaufhaltsam fortschreitende Alter ist, das unausweichlich mit dem Tod endet.[24] Eine auf den Gelehrten Ibn ʿUyaina (gest. 196/811) zurückgehende Interpretation schreibt den vorislamischen Arabern sogar die Auffassung zu, es sei *dahr*, der Leben spende, töte und vernichte.[25]

Betrachten wir nun die vom Koran referierte Äußerung der Heiden als ein Ganzes, stellen wir fest, dass die jeweils exklusive Anerkennung dieses Lebens und die Anerkennung des *dahr* als ultimative Todesursache in genauer Entsprechung zueinander stehen. Der schon in der vorislamisch-arabischen Dichtung bekannte enge Zusammenhang von *dahr* und dem Leben der Welt wird auch hier aufrechterhalten. Substantiviert und als tätige Entität vorgestellt, umfasst die Weltzeit gemäß dieser Auffassung das diesseitige Leben, das innerhalb ihres festen Rahmens sein Ende findet.

22 So Ismāʿīl Ibn Kaṯīr, *Tafsīr al-Qur'ān al-ʿaẓīm*, Bd. IV, Beirut (1401 H.): 151.

23 ʿAbdullāh b. ʿUmar al-Baiḍāwī, *Anwār at-tanzīl wa-asrār at-ta'wīl*, Bd. V, Beirut (1416 H./1996): 172. Der Vers bedeutet natürlich nicht, was Alon, „Did Islam Introduce a New Perception of Time?", 36, irrtümlich behauptet, dass für die Araber vor dem Islam „‚time' only referred to the period between birth and death of individuals". Vgl. Adel Theodor Khoury, *Der Koran. Arabisch-Deutsch. Übersetzung und wissenschaftlicher Kommentar.* 12 Bde. Gütersloh (1990–2001): Bd. XI, S. 325, 329.

24 Aṭ-Ṭabarī, *Ǧāmiʿ*, XXV, 152. In *Tafsīr al-Ǧalālain*, wird *dahr* als *„murūr az-zamān"*, d.h. Vorbeigehen der Zeit, interpretiert. Aṭ-Ṭabarī zitiert auch eine Lesart mit dem nicht determinierten *dahr*: *„wa-mā yuhlikunā illā dahrun yamurru"*, „nur eine vorbeigehende Zeit lässt uns zugrunde gehen."

25 Al-Qurṭubī, *al-Ǧāmiʿ*, XVI, 170. Vgl. Susan A. Spectorsky, „Sufyān b. ʿUyayna", in: *EI*[2], IX, 772.

Von diesem Standpunkt aus kann die Reihenfolge von Tod und Leben besser verstanden werden. Damit könnten m. E. die Menschengenerationen gemeint sein, die in einer Art natürlicher Dynamik aufeinander folgen und dem Leben der Gattung ununterbrochenen Bestand zu gewähren scheinen. Wie die Begriffsanalyse bereits zeigte, bedeutet *dahr* im Kern die aus der Summe der einander unendlich folgenden Perioden bestehende Zeit. Eine solche *dahr*-Auffassung würde mit einem Verständnis der Stelle kongruieren, nach dem das Leben der Gattung in der perpetuierenden Ablösung der einander folgenden Generationen besteht. Ihre Kette scheint unendlich zu sein. Menschliches Leben kann jedoch *dahr* nicht überdauern. In diesem Zusammenhang sei darauf hingewiesen, dass an dieser Stelle die Mehrzahl eine Auflösung der individuellen Persönlichkeit in der hauptsächlich auf Blutsverwandtschaft beruhenden Gemeinschaft reflektiert.[26]

Die zweifache Auffassung, dass es kein anderes Leben als dieses und keine andere universal wirkende Todesursache als *dahr* gibt, wird im Koran selbstverständlich verworfen. Eine solche Weltanschauung lässt keinen Platz für Gott übrig; sie ersetzt ihn durch eine andere Macht, die unangefochten über das Menschenleben waltet. Der Vers hat daher die Funktion eines Korrektivs.[27] Zunächst wird die Ansicht der Heiden unmittelbar dadurch zurückgewiesen, dass sie schlicht und einfach der Ignoranz bezichtigt werden. *Dahr* wird jedoch nicht unmittelbar angegriffen. Er bleibt unangetastet; vielmehr wird seine Stellung in der heidnischen Weltanschauung dokumentiert.

II. Entmachtung der Zeit

Es bleibt nicht bei der Abweisung der referierten Auffassung. Im folgenden Vers, Q 45:25, wird berichtet, dass diejenigen, die die Zeit als einzige Ursache der Vergänglichkeit anerkennen und an kein anderes Leben als dieses glauben, auf die Verkündigung der koranischen Verse mit der Forderung reagieren, man solle ihnen ihre verstorbenen Väter wieder herbeibringen, wenn man die Wahrheit verkünde. Die Unwiederbringlichkeit der Toten wird damit zur absoluten Herausforderung erhoben und in einen Zusammenhang mit dem Glauben an die Unendlichkeit der Zeit

26 Vgl. die größtenteils enttäuschende Besprechung der Stelle in Nagel, *Der Koran*, 266ff.

27 Aṭ-Ṭabarī, *al-Ǧāmiʿ*, XXV, 152.

und ihre Vernichtungsmacht gebracht. Nichts überlebt *dahr*, nichts von dem, was er vergehen lässt, kann wiederkehren. Das ist das Motto der Ungläubigen, die die Botschaft des Korans ablehnen. Für sie sind Leben und Tod willkürliche Phänomene, die in der Zeit stattfinden und enden. Ihr Argument ist solide und in sich stimmig. Sie verleugnen die Auferstehung und das Leben im Jenseits, also verlangen sie das Wunder der Auferstehung als Beweis für die Wahrheit der von ihnen nicht geglaubten Verkündung des Korans.[28]

Erwidert wird darauf mit einem wichtigen Glaubensprinzip. Der Vers 45:26 lautet in Parets Übersetzung:

> „Sag: Gott (allein) macht euch lebendig und lässt euch hierauf sterben. Und er versammelt euch hierauf zum Tag der Auferstehung, an dem nicht zu zweifeln ist. Aber die meisten Menschen wissen nicht Bescheid."

Der Prophet wird an dieser Stelle aufgefordert zu verkünden, dass kein anderer als Gott die Menschen leben und sterben lässt. Gegen die Verleugnung der Auferstehung wird der Anspruch erhoben, dass sie zweifelsohne geschehen wird: Die Toten, die im Hier und Jetzt der Verkündigung nicht wieder ins Leben gerufen werden, werden am Jüngsten Tag mit Sicherheit auferstehen. Hier können wir sehen, dass im Gegenteil zu denjenigen, die *dahr* für das absolute Vergänglichkeitsprinzip halten und deshalb nach einem Beweis innerhalb weltzeitlicher Struktur verlangen, im Koran die Auferstehung der Toten im gleichen Zug mit Gottes absoluter Macht über Leben und Tod geltend gemacht wird. Die Eschatologie ist die Lanze, die im Koran gegen die Heiden gerichtet wird. Sie kann von ihnen nicht gebrochen werden, weil sie aus ihrer Perspektive außerhalb des von ihnen anerkannten Zeitrahmens existiert. Die Idee der Auferstehung und des folgenden Gerichts am Jüngsten Tag steht zwar im Mittelpunkt der frühkoranischen Verkündigung in Mekka, sie kann jedoch nicht das Terrain sein, auf dem sich die Verkündigung mit den Heiden auseinandersetzt, weil sie für diese gar nicht existiert. Bedeutet die emphatische Betonung der Auferstehung in diesem Zusammenhang zwar eine verdeckte Drohung, kann eine Drohung mit möglichen Konsequenzen jedoch nur dann wirken, wenn ihr Gegenstand – z.B. eine Strafe – real zustande kommt oder wenn zumindest vom Bedrohten daran geglaubt wird. Im vorliegenden Fall sind beide Voraussetzungen nicht vorhanden: Die Auferstehung ereignete sich nicht, und die Heiden, denen damit gedroht wurde, glaubten sowieso nicht im Geringsten daran.

28 Vgl. Ringgren, *Studies*, 84.

Aus dem transzendenten Standpunkt der Auferstehung zum ewigen Leben heraus verliert *dahr* seine Macht. Offensichtlich behielt *dahr* jedoch seine Funktion als verhängnisvolle Schicksalsmacht der unendlichen Zeit, die die Menschen zur Ursache der Wechselfälle im Leben machen und deshalb verfluchen. Wenn die Gläubigen dieses jedoch tun, erheben sie aus der Sicht islamischer Theologie unbewusst *dahr* auf die Position Gottes. Diesem wird später in einem Muhammad zugeschriebenen Spruch, *ḥadīṯ*, folgendes in den Mund gelegt:[29]

> „Der Sohn Adams beleidigt mich, wenn er *dahr* verflucht, denn ich bin selbst *dahr*; in meiner Hand ist der Befehl, ich wende Nacht und Tag.“

In einer anderen Version der Tradition verbietet Gott den Menschen sogar, *dahr* zu schmähen:[30]

> „Der Sohn Adams beleidigt mich, indem er sagt: ‚Wehe dem *dahr*!‘ Niemand von euch soll ‚Wehe dem *dahr*!‘ sagen, denn der *dahr* bin ich selbst, ich wende seine Nächte und seine Tage und wenn ich will, halte ich sie fest.“

Die Überlieferung ist für die Entwicklung der islamischen Prädestinationslehre wichtig geworden.[31] In diesem Zusammenhang wird *dahr* ein-

---

29 Muḥammad b. Ismāʿīl al-Buḫārī, *al-Ǧāmiʿ aṣ-ṣaḥīḥ*, hrsg. v. Muṣṭafā D. al-Baġā, Beirut (1407 H./1987): 4, 1825, Nr. 4549: „*Qāla llāhu ʿazza wa-ǧalla: yuʾḏīnī bnu Ādama yasubbu d-dahra wa-anā d-dahru bi-yadī l-amru aqlibu l-laila wa-n-nahar.*“
Vgl. *ibid.* 5, 2286, Nr. 5827f. (*bāb lā tasubbū d-dahr*); 6, 2722, Nr. 7053; al-Qurṭubī, *al-Ǧāmiʿ*, 16, 171.

30 Abū l-Ḥusain Muslim b. al-Ḥaǧǧāǧ al-Qušairī n-Naisābūrī, *Ṣaḥīḥ Muslim*, hrsg. v. Muḥammad Fuʾād ʿAbd al-Bāqī, Kairo (1374 H./1955): 4, 1762f., Nr. 2246 (*bāb an-nahyi ʿan sabb ad-dahr*): „*Yuʾḏīnī bnu Ādama yaqūlu yā ḫaibata d-dahr. Fa-lā yaqūlanna aḥadukum yā ḫaibata d-dahr. Fa-innī anā d-dahru aqlibu lailahu wa-nahārahu fa-iḏā šiʾtu qabaḍtuhumā.*“
In aṭ-Ṭabarī, *Ǧāmiʿ*, steht: „*Yaqūlu llāhu istaqraḍtu ʿabdī fa-lam yuʿṭinī wa-sabbanī ʿabdī yaqūlu wā-dahrāhu wa-anā d-dahr.*“
Vgl. ferner Aḥmad b. Muḥammad b. Ḥanbal, *al-Musnad*, hrsg. v. A. M. Šākir, Kairo (1375 H./1956): 22605f.

31 Vgl. zum Thema: W. M. Watt, *Free Will and Predestination in Early Islam*, London (1948); Ringgren, *Studies*, 86–126; ders, „Islamic Fatalism“, in Helmer Ringgren (Hg.), *Fatalistic Beliefs in Religion, Folklore, and Literature*, Stockholm (1967): 52–62; Josef van Ess, *Zwischen Ḥadīṯ und Theologie. Studien zum Entstehen prädestinatianischer Überlieferung*, Berlin (1975). Zu dem Ichstil und weiteren Fassungen des Spruchs s. van Ess, *ibid.*, 76f.

seitig als Schicksal interpretiert.[32] Obwohl *dahr* tatsächlich eine starke Konnotation des Schicksals enthält, scheint mir eine solche Interpretation nicht ganz korrekt zu sein, weil *dahr* in erster Linie die unendliche Zeit bedeutet, die schicksalhaft über menschliche Existenz waltet.[33] Der *dahr*, mit dem Gott im zitierten Spruch identifiziert wird, ist derselbe *dahr*, den die vorislamisch-arabischen Poeten präsentieren: Die Zeit, die im ununterbrochenen Wechsel der Tage und der Nächte besteht, unendlich erscheint und für alles innerweltliche Geschehen verantwortlich gemacht wird. Er ist die unablässig laufende Zeit, die besonders in traurigen Zeiten als verhängnisvolle Schicksalsmacht empfunden wird. Dennoch ist *dahr* nicht immer mit dem Schicksal gleichzusetzen. Wie an den zahlreichen Beispielen aus der vorislamisch-arabischen Poesie gezeigt werden konnte, besitzt das Wort in jedem Fall temporale Bedeutung, aber nicht immer die Bedeutung des Schicksals. Für dieses Verständnis spricht auch, dass der im Spruch präsentierte *dahr* die Nächte und die Tage wendet – eine Metapher, die seinen temporalen Sinn hervorhebt. Er ist identisch mit *aion*, der die Zeiten wendet und deshalb mit dem Rad der Zeit in seiner Hand dargestellt wird.[34] Hellenistische Vorstellungen heidnischer Prägung finden von Beginn an Zugang zum Islam und leben dort unter anderer Gestalt weiter.[35]

Nun zum Inhalt der Äußerung: Der Spruch verbietet es, *dahr* zu verfluchen, weil – so lautet die implizite Begründung – mit dem Fluch eigentlich Gott getroffen wird; er ist der echte Urheber der Taten, die der

32 So beispielsweise van Ess, *Zwischen Ḥadīṯ und Theologie*, 75ff., wo auf S. 77 interessanterweise steht, dass für die Araber das Schicksal „sich gerade in dem ewigen Kreisen der Zeit bekundete".

33 Al-Ǧurǧānī, *at-Taʿrīfāt* (*Definitiones*), hrsg. v. G. Flügel, Leipzig (1845): 111, definiert *dahr* als „dauerhaftes Jetzt (*al-ʾān ad-dāʾim*), das die Ausdehnung der göttlichen Präsenz (*(i)mtidād al-ḥaḍra l-ilāhīya*) und das Innere der Zeit (*bāṭin az-zamān*) ist; dadurch wird die anfanglose und unendliche Dauer der Zeit (*al-azal wa-l-abad*) bestimmt".

34 Die Aufnahme des vorislamisch-arabischen Begriffs *dahr* im Sinne der Schicksalsmacht in die islamische Prädestinationslehre auch im Zusammenhang mit obrigkeitspolitisch relevanten Vorstellungen, die durch spätsassanidische Spekulationen um Zurvan und entsprechende Vorstellungen von *aion* im Römerreich angeregt werden könnten, wird in Josef van Ess, *Theologie und Gesellschaft im 2. und 3. Jahrhundert Hidschra: eine Geschichte des religiösen Denkens im Islam*, Bd. I, Berlin (1991): 24f., erkannt.

35 Ansonsten kommt das Wort *dahr* in den Ḥadīṯ-Sammlungen nur in der Bedeutung der ganzen Zeit vor. Siehe Arent J. Wensinck, *Concordance et indices de la tradition musulmane*, Leiden (1943–1988), s.v.

Fluchende irrtümlich *dahr* zuschreibt. Man meint *dahr*, trifft in Wirklichkeit aber Gott. Die unbeabsichtigte Verwechslung von Gott und *dahr* deutet in diesem Fall darauf hin, dass der *dahr* der vorislamisch-arabischen Dichtung, der arabische *aion* sozusagen, im Islam immer noch mit weitreichenden Befugnissen über Leben und Tod wirkungsmächtig geblieben ist. *Dahr* konnte in der Vorstellungswelt von Muslimen seine Macht soweit aufrechterhalten, dass er sogar qualifiziert war, in einem Muhammad zugeschriebenen Spruch mit Gott identifiziert zu werden.[36]

Dahr mit Gott zu identifizieren bezweckt letztendlich, *dahr* implizit jedes Wirkungsvermögen auf menschliches Leben abzuerkennen und keinem geringeren als Gott selbst seine mächtigen Funktionen zu übertragen.[37] Seine Entmachtung geschieht jedoch nicht durch einfache Negation, welche seine Machtlosigkeit deutlich manifestieren würde. Der Spruch hätte in dem Fall anders lauten können: Er hätte unmittelbar erklären können, dass *dahr* eigentlich nichts anderes als der neutrale Lauf der Zeit sei, die selbst nichts zu bewirken vermöge und dass allein Gott schaffe und vernichte. Dies wird nicht gesagt. Stattdessen wird Gott mit *dahr* identifiziert, damit die Eigenschaften von *dahr* auf Gott übertragen werden. Auf diese Weise wird der Begriff des *dahr* von allen Attributen der Macht entleert, die nun Allah gutgeschrieben werden.[38] Der Spruch stellt die bei den vorislamischen Arabern so stark verankerte Vorstellung von der Herrschaft der Zeit explizit nicht in Frage, sondern appliziert sie auf Gott.[39] Die Macht des *dahr* auf direktem Wege abzuschaffen, war offensichtlich schwierig, weil das Wort „noch in aller Munde war".[40] Deshalb durfte er verbal in Ehren stehen bleiben, er musste jedoch zu-

---

36 Vgl. die nützlichen Ausführungen in Rosenthal, „*Sweeter than Hope*", 10ff. S. dort kritische Ausführungen des traditionalistischen Theologen Ibn Taimīya in *ibid.*, 16ff.

37 In Abū Zakarīyā Yaḥyā n-Nawawī, *Šarḥ an-Nawawī ʿalā ṣaḥīḥ Muslim*, Bd. XV, Beirut (1392 H./1972): 2f., wird die schwache Variante angeführt, *dahr* nicht im Nominativ als Prädikat des Subjekts „*anā*", sondern im Akkusativ als Adverb im Sinne der ganzen Zeit zu lesen. An-Nawawī lehnt diese Variante ab und bezeichnet den Ausdruck „*anā d-dahr*" als Metapher. Vgl. Alon, „Did Islam Introduce a New Perception of Time?", 35.

38 Ähnlich wird in Synesios, *Hymnen*, 1, 251ff., Christus in dauerndem Werden dargestellt – eine Eigenschaft, die in der Antike zu *aion* gehört.

39 Ebenfalls William Thomson, „The conception of human destiny in Islam", in: *MW*, 35 (1945): 281–299, sieht das Weiterleben vorislamischer Zeitauffassungen im Islam.

40 Van Ess, *Zwischen Ḥadīṯ und Theologie*, 76.

gleich seine Macht an Gott abgeben.[41] Mit ihren althergebrachten Vorstellungen von *dahr* ausgestattet, dürften die Adressaten der Überlieferung Gottes Selbstidentifizierung mit ihm gar nicht als befremdlich empfunden haben.[42] Im Gegenteil: Zumindest einigen von ihnen dürfte es eingeleuchtet haben, dass Gott und *dahr* einiges miteinander verbindet.[43] Auch *aion* war schon vorher in einigen Kreisen als Attribut Gottes verhandelt worden.[44]

Wie wir gesehen haben, werden im Koran der beklagten Allmacht der Zeit dadurch Schranken gesetzt, dass dem von *dahr* beherrschten Leben im Diesseits unendliches Glück im Jenseits gegenübergestellt wird. Trotzdem und trotz des dem Propheten zugeschriebenen Spruchs hörten die Araber nachher nicht auf, *dahr* als Ursache aller Übel zu verfluchen. Die Vorstellung der Zeit als Vernichtungsmacht findet sich weiter in der frühislamischen Volksliteratur.[45] *Sabb ad-dahr*, die Verfluchung des

---

41 Watt, *Free Will*, 128, formuliert einen ähnlichen Gedanken: „It seems that Islam, for all its spiritual strength, could not shake itself free from the dead hand of old Arab ideas of *dahr*." Es ist mehr als fragwürdig, die vorislamisch-arabischen Vorstellungen von *dahr* in frühislamischer Zeit als tot zu bezeichnen, während sie noch wirkungsmächtig waren, wie im Laufe der vorliegenden Untersuchung deutlich geworden ist. Van Ess, *Zwischen Ḥadīṯ und Theologie*, 77: „Gott übernimmt die Funktion des Schicksals".

42 Der erste umayyadische Kalif Muʿāwiya b. Abī Sufyān (gest. 680) soll gesagt haben: „Wir sind die Zeit (*naḥnu z-zamān*). Wen wir erheben, der wird erhoben und wen wir erniedrigen, der wird erniedrigt." Es ist bemerkenswert, dass hier der politische Herrscher nicht mit *dahr* identifiziert wird, der im Gegenteil zu *zamān* die unendliche, ganze und der Einteilung nicht unterliegende Zeit bedeutet. Letzteres bezieht sich bekanntlich auf Regierungen und kann auch wie das Wort *ʿahd* ihre Zeit bedeuten. *Zamān* wird damit individualisiert und begrenzt. Abgesehen davon, ob der Spruch tatsächlich von Muʿāwiya stammt, reflektiert er die Möglichkeit, im islamischen Denken mächtige menschliche Instanzen mit der segmentierten Zeit *zamān* gleichzusetzen, insofern sie deren Verlauf weitgehend bestimmen. Der Ausdruck *dahr* bleibt hingegen vornehmlich Gott reserviert. Vgl. den Text und Bedenken darüber in Rosenthal, *„Sweeter than Hope"*, 40ff.

43 Ignaz Goldziher, *Die Ẓāhiriten. Ihr Lehrsystem und ihre Geschichte*, Leipzig (1884): 153, hat schon festgestellt, dass die theologische Schule der Ẓāhiriten die oben erwähnte Identifikation Allahs mit *dahr* nutzte, um diesen „unter die schönen Namen Gottes zu rechnen." Verharmlosend bezeichnet er diese Identifikation als poetisch und verkennt damit ihre weitreichende Bedeutung.

44 Levi, „Aion", 308.

45 Tilman Nagel, *Alexander der Große in der frühislamischen Volksliteratur*, Walldorf-Hessen (1978): 127.

dahr, ist eines der geläufigen literarischen Motive geblieben.[46] Für Muslime ist *dahr* selbstverständlich nicht mächtiger als Gott, waltet jedoch gemäß ihrer Vorstellung über innerweltliches Geschehen, ohne in seinem Walten von Gott gehindert oder gar eingeschränkt zu werden. Im Unterschied zu Gott kennt er weder Gnade noch Zorn, er entspricht keiner menschlichen Bitte und lässt sich von seiner festgelegten Bahn nicht abbringen.

Hier müsste kurz auf das Problem verwiesen werden, wie der Glaube an den einen Gott mit der Anerkennung der unabwendbaren Macht der schicksalhaften Zeit vereinbart werden kann. Dieses Problem begegnet eigentlich nicht nur im Islam, sondern in allen Religionen und Weltanschauungen, die die Realität von Unannehmlichkeiten in der Welt mit dem Glauben an einen Gott, aus dem nur Gutes rührt, zu versöhnen suchen. Die Zeit, *dahr*, auch als Schicksalsmacht empfunden, für die Unannehmlichkeiten verantwortlich zu machen, entlastet Gott beim Gläubigen, der keinen Widerspruch darin empfindet, dass Gott eine andere Macht in der Welt schalten lässt.[47] Scheint ihre Wirkung in der Erfahrungswelt wirklich unbegrenzt zu sein, versucht der Koran ihre Macht zeitlich nicht unendlich ausdehnen zu lassen. Er stellt die Zeit als linear dar: irgendwann muss sie samt ihren Übeln ein Ende haben. Was danach kommt, ist Gottes unangefochtener Herrschaft unterlegen. Der Macht der Zeit kann der Glaube also nur zeitliche Schranken denken, die zu einem unvorhergesehenen Zeitpunkt in Zukunft von Gott gesetzt werden. Der Weltzeit wird somit die eschatologische Zeit gegenüber gestellt. Die Zeit des Eschaton im Jenseits ist die einzige Idee, die aus islamischer Sicht gegen die vorherrschende Macht des *dahr* geltend gemacht werden

---

46 S. zum Beispiel die gesammelten Verse in Rosenthal, „*Sweeter than Hope*". Auch das irrtümlicherweise Abū l-Farağ al-Iṣfahānī zugeschriebene *Kitāb adab al-ġurabā'*, das vermutlich in der zweiten Hälfte des zehnten Jahrhunderts von einem bisher unbekannten Autor verfasst wurde, umfasst zahlreiche Verse, in denen die Zeit für Lebensschwierigkeiten insbesondere diejenigen, die mit der Existenz in der Fremde zusammenhängen, verantwortlich gemacht und deshalb verflucht wird. Arabische Edition mit Einleitung von Ṣalāḥ ad-Dīn al-Munağğid, Beirut (1972). Englische Übersetzung mit Einleitung und kommentierenden Anmerkungen: *The Book of Strangers. Medieval Arabic Graffiti on the Theme of Nostalgia.* Translated by Patricia Crone and Shmuel Moreh, Princeton (2000). Zur Autorschaft des Buches s. da S. 127–143.

47 S. G. F. Brandon, *Man and the Destiny in the Great Religions*, Toronto (1962): 241f., sieht die Verbindung von Zeit und Schicksal im koranischen Begriff *dahr* und vermutet persische Einflüsse auf die Entwicklung dieses Konzepts.

kann. Ihre Geltung kann jedoch nur antizipatorisch in prophetischer Predigt beansprucht werden. Und genau das tut der Koran besonders in den mekkanischen Suren mit unvergleichlichem Nachdruck.[48]

Die Entmachtung der Zeit wird im Koran auffallend konsequent durchgeführt. So können wir feststellen, dass das Wort *zamān*, Zeit, das auch persisch ist, im Koran völlig fehlt.[49] Das andere arabische Wort für unendliche Zeit, *abad*, das auch Ewigkeit bedeutet, kommt im Koran nicht als Substantiv vor. Es ist nur als Adverb, *abadan,* 28 Mal belegt. Seine adverbiale Verwendung vermittelt die Bedeutung der Zeit als unbegrenzte Dauer eines bestimmten Zustands. Das Adverb *abadan* kommt 15 Mal in negierten Sätzen im Sinne von „niemals" vor.[50] An all diesen Stellen ist es auf innerweltliche Zustände bezogen. In der positiven Bedeutung von „immer" und „dauerhaft" wird es in 13 Äußerungen verwendet, elf von ihnen stehen in eschatologischen Kontexten meistens in Verbindung mit dem aktiven Partizip *ḫālidīna*, das „ewig weilend" bedeutet, um die ewige Dauer der jenseitigen Sanktionen zu beschreiben.[51] Damit soll m.E. die Überzeugung vermittelt werden, dass die unendliche Dauer nur dem Jenseits reserviert ist. In innerweltlichen Zusammenhängen hingegen kann aus koranischer Sicht von zeitlicher Unendlichkeit nur in der Negation gesprochen werden.[52]

48 Nöldeke/Schwally, *Geschichte des Qorāns*, I, 74ff.

49 In seiner letzten Wallfahrtsansprache (*ḫuṭbat al-wadāʿ*) soll Muhammad den vorislamischen Brauch, die Kalenderordnung des Mondjahres durch einen Schaltmonat zu verschieben (*an-nasīʾ*), mit der Begründung verboten haben, dass die Zeit (*az-zamān*) seit ihrer Schöpfung rund ist (*istadār*) und dass das Jahr aus 12 Monaten besteht, vier von denen sind heilig: Ibn Hišām, *as-Sīra n-nabawīya*, hrsg. v. W. b. M. b. Salāma und Ḫ. b. M. b. ʿUṯmān, Beirut (1422 H./2001): IV, 172. In Q 9:37 wird *an-nasīʾ* als Übermaß an Unglauben bezeichnet. Vgl. A. Moberg, „Nasīʾ", in: *EI*², VII, 977, mit der wichtigsten Literatur dazu. Ansonsten wird in den *ḥadīṯ*-Sammlungen mit dem Wort *zamān* die Zeit gemeint, die kurz oder lang, gut oder schlecht sein kann, ein Ende hat oder eine bestimmte Dauer wie die Zeit des Propheten bedeutet. Siehe Wensinck, *Concordance*, s. v. *zamān*.

50 Q 2:95; 5:24; 9:83, 84, 108; 18:20, 35, 57; 24:4, 17, 21; 33:53; 48:12; 59:11; 62:7.

51 Q 4:57, 122, 169; 5:119; 9:22, 100; 33:65; 64:9; 65:11; 72:23; 98:8. In 18:3 kommt „*abadan*" in Verbindung mit dem Partizipaktiv „*mākiṯīna*", „ewig weilend", vor. Nur in Q 60:4 ist der positive Zustand innerweltlich. Er bedeutet die ewige Dichotomie von Glauben und Unglauben.

52 Vgl. Q 78:21–23. Mit dem Ausdruck „*lābiṯīna fīhā aḥqāban*", mit dem der ewige Aufenthalt der übermäßigen Frevler (*aṭ-ṭāġīn*) in der Hölle bezeichnet wird, verbindet sich eine kumulative Vorstellung der Ewigkeit, die danach aus der Summe vieler Zeiträume besteht.

Zusammenfassend kann festgestellt werden, dass die unendliche Zeit in substantivierter Form im Koran kaum vorhanden ist. Das Wort *dahr* taucht nur zweimal auf: einmal im begrenzten Sinne eines in Vergessenheit geratenen, weil tief vergangenen Zeitabschnitts und einmal in der unmittelbar zurückgewiesenen Perspektive der Ungläubigen. Die anderen zwei Substantive für Zeit, *zamān* und *abad*, fehlen.[53] Daraus können wir entnehmen, dass die substantivierte Zeit, die personifiziert und im handelnden Zustand vorgestellt werden könnte, im Koran keinen Platz hat. In der koranischen Weltanschauung kann die Zeit keine Tätigkeit aufnehmen noch Substrat von Handlungen sein. Im diametralen Gegensatz zu den vorislamisch-arabischen Zeitvorstellungen wird ihr hier jede Wirksamkeit versagt. Das Menschenleben vollzieht sich unter Gottes Vorherbestimmung. Dadurch verliert die Zeit ihre, in der vorkoranischen arabischen Poesie proklamierte Selbständigkeit endgültig und wird ausschließlich wie ein durchsichtiges Gefäß behandelt, in dem die Handlungen – vornehmlich diejenigen Gottes – vollzogen werden, ohne dass sie dabei irgendeine gestaltende Wirkung haben könnte.[54]

III. Allah, der die Zeiten dreht

Im Koran ist die Zeit segmentiert, in naturbedingte Perioden und begrenzte Abschnitte eingeteilt oder punktuell erfasst.[55] Konnten die Araber zuvor zwischen Zeit und Schicksal keinen Unterschied machen, so sind beide nun scharf getrennt. Die Zeit wird entmachtet, das Schicksal

53 A. Falaturi, „Zeit- und Geschichtserfahrung im Islam“, in: Abdoldjavad Falaturi und Walter Strolz (Hg.), *Glauben an den einen Gott. Menschliche Gotteserfahrung im Christentum und im Islam*, Freiburg (1975): 85–101, hier 92, beobachtet das Fehlen des Zeitbegriffs *zamān* im Koran, berücksichtigt jedoch bedauerlicherweise den Begriff *dahr* nicht. Die zeitliche Bedeutung der Verben im Koran wird auf klassische Weise auf der Grundlage der traditionellen Koranwissenschaften im Islam in Bakrī ʿAbdulkarīm, *az-Zaman fī l-Qurʾān al-karīm*, Kairo (1997) untersucht.

54 Dementsprechend kann in der frühislamischen Dichtung festgestellt werden, dass die vor dem Islam vertretene Zeitauffassung vor der islamischen Glaubenslehre der göttlichen Prädestination ihren Einfluss verliert. Siehe Beispiele von Abū Ṣaḫr al-Huḏalī in: Kirill Dimitriev, *Das poetische Werk des Abū Ṣaḫr al-Huḏalī*, unveröffentlichte Dissertation, Freie Universität Berlin 2005.

55 Vgl. die klare Darstellung in Gerhard Böwering, „Time“, in: *EQ*, V, 278–290.

mit Gottes Willen identifiziert. Daraus ließ sich die strenge Prädestinationslehre im Islam entwickeln. Im Gegenteil zu ihrem Bild in der vorislamisch-arabischen Dichtung agieren die Zeiten im Koran nicht selbständig, sondern sie führen strikt und ausnahmslos Gottes Willen durch. Die Zeit ist nun uneingeschränkt Gott unterlegen. Er ist das eigentliche Subjekt in Zeit und Geschichte;[56] er setzt in absoluter Freiheit Zeitabschnitte und Fristen fest und manipuliert sie nach seinem Willen.

Dass das Konzept der substantivierten und wirkenden Zeit im Koran fehlt, ist kein Einzelfall in den heiligen Schriften der monotheistischen Religionen. Es ist ebenfalls im Alten und Neuen Testament sowie in der nach-biblischen, jüdischen und christlichen Literatur nicht vorhanden.[57] Im Unterschied zur Bibel jedoch wird im Koran die Zeit in ihren segmentierten Formen explizit Gottes Macht unterworfen. Gott wirkt im Koran auf die Zeiten unmittelbar ein. Sein Einwirken wird durch konkrete, sinnlich wahrnehmbare Beschreibungen dargestellt und kann als heftig bezeichnet werden. In diesem Punkt unterscheidet sich der Koran von der Bibel diametral. Der Versuch, den wegen seiner Heftigkeit merkwürdigen Umgang Gottes mit den Zeiten im Koran zu erklären, führt zur vorislamisch-arabischen Poesie zurück, auf deren Zeitvorstellungen im Koran reagiert wird. War dort die Zeit als die wichtigste Macht im Leben empfunden worden, wird sie hier auf uneingeschränkte Weise Gegenstand göttlicher Bestimmung. Mittels sinnlich-konkreter Metaphern wird dieser Sachverhalt zum Ausdruck gebracht, die eindeutig hellenis-

56 Vgl. Franz Rosenthal, „History and the Qurʾān“, in: *EQ*, II, 428–442, mit weiterführender Bibliographie. Angelika Neuwirth, „Erzählen als Kanonischer Prozeß – Die Mose-Erzählung im Wandel der koranischen Geschichte“, in Rainer Brunner, Monika Gronke, Jens Peter Laut und Ulrich Rebstock (Hg.), *Islamstudien ohne Ende. Festschrift für Werner Ende zum 65. Geburtstag*, Würzburg (2002): 323–344, zeigt, dass an der literarischen Entwicklung von Geschichten im Koran historische Situationen reflektiert werden.

57 Johannes von Damaskus (ca. 645–750) widmet das 15. Kapitel seines Werkes *Expositio fidei* dem Begriff *aion* (*Peri aiōnos*). Er hebt hervor, dass das Wort *aion* vielfältige Bedeutungen hat. Er unterscheidet vier Grundbedeutungen: 1) Das Leben (*zoē*) jedes Menschen, 2) die Zeit (*chronos*) von Tausend Jahren, 3) das ganze gegenwärtige Leben (*bios*), das dem kommenden nach der Auferstehung gegenübergestellt wird, und 4) das, was nicht Zeit noch Teil der durch die Laufbahn der Sonne gemessenen Zeit ist, sondern das, was mit den immer währenden (*aidios*) Seienden koexistiert und sich nicht messen lässt: *Die Schriften des Johannes von Damaskus*, II, besorgt von Bonifatius Kotter, Berlin (1973): 43f.
Vgl. ferner die nützliche Darstellung des Sachverhalts im Artikel „Zeit“ in: *TRE*, XXXVI, 516ff.

tische Zeitvorstellungen reflektieren, wie es am folgenden Beispiel illustriert wird.

Nacht und Tag, *al-lail wa-n-nahār*, im Koran dem Mondkalender folgend in der Reihenfolge antithetisch vorgestellt,[58] sind die Perioden, die am deutlichsten wahrgenommen und voneinander unterschieden werden können. Ihr leicht kalkulierbarer Zyklus wird mit dem regelmäßigen, oft mit mythologischen Inhalten assoziierten Wechselspiel von Licht und Dunkelheit verbunden. In der vorislamisch-arabischen Dichtung werden sie wegen ihrer immer von neuem wiederholten Erscheinung *al-ǧadīdāni*, die beiden Neuen, und *al-fatayāni*, die beiden Jünglinge, genannt. Sie werden in aktiver Verfassung dargestellt, wobei ihre Tätigkeit nicht auf ihren eigenen Wechsel beschränkt, sondern gleichermaßen auf menschliche Lebensverhältnisse ausgedehnt wird. So heißt es in einem uns bereits bekannten Vers, dass sie für jede Situation eine Lösung haben.[59] Genauso wie der Zeit im Allgemeinen wird auch ihnen destruktives Wirken im menschlichen Dasein zugeschrieben. Sie werden in enger Verwandtschaft mit *dahr* gesehen, wie es im folgenden Vers lautet, der ihren Einfluss auf die Menschen beschreibt:[60]

> „Zwei Jünglinge der Zeit (*dahr*) kamen auf sie morgens zu und gingen von ihnen abends weg, ein Tag und eine Nacht, die vermehrt aufeinander folgen."

Auch im Koran wird die Wechselbewegung der Antonyme Nacht und Tag wahrgenommen. Sie werden darin sogar von allen anderen Zeiten ausgezeichnet, indem sie allein als *ʾāya*,[61] ein Zeichen, bzw. zwei Zeichen (*ʾāyataini*)[62] für Gottes absolute Wundermacht bezeichnet wer-

---

58 Dagegen geht im parallelen Sprachgebrauch im Koran die Sonne dem Mond voran wie z.B. in Q 41:37. Eine Ausnahme ist 71:16. Vgl. zum Thema Sebastian Günther, „Tag und Tageszeiten im Qur'ān", in: Walter Belz und Sebastian Günther (Hg.), *Erlesenes.* Sonderheft der Halleschen Beiträge zur Orientwissenschaft anläßlich des 19. Kongresses der Union Européenne d'Arabisants et Islamisants, Halle (1998): 46–67; J. Schacht und R. Ettinghausen, „Hilāl", in: *EI*², III, 379–385; D. Pingree und M. Rodinson, „al-Ḳamar", in: *EI*², IV, 517–519; T. Fahd, B. van Dalen und R. Milstein, „Shams", in: *EI*², IX, 291–295; D. M. Varisco, „Moon", in: *EQ*, III, 414–416; Paul Kunitzsch, „Sun", in: *EQ*, V, 162f.

59 S. o. erstes Kapitel, Anm. 29.

60 An-Nābiġa al-Ǧaʿdī in Quṭrub, *Kitāb al-azmina*, S. 59:

غدا فتيا دهرٍ وراحا عليهم   نهارٌ وليلٌ يُكثران التواليا

61 Q 16:12. Plural *ʾāyāt* in Q 2:164; 10:6, 67; 45:5.

62 Q 17:12.

den.[63] Freilich verlieren sie dort ihre Autonomie. Im Gegensatz zu ihrem Bild in der vorislamisch-arabischen Dichtung werden sie im Koran der Macht Gottes völlig unterstellt. Sie wechseln sich nicht eigenständig ab; dieses konstante Naturereignis erfolgt ausschließlich auf passives Erleiden von Gottes unmittelbarem Wirken.[64] Die Art und Weise, wie im Koran dieses Wirken beschrieben wird, ist höchst interessant und für unseren Zusammenhang besonders relevant.

Gott ist im Koran der Schöpfer von Nacht und Tag.[65] Er hat sie aus Barmherzigkeit den Menschen gegenüber geschaffen.[66] Er allein bestimmt ihr Maß und Ziel.[67] Er bewirkt auch ihren Wechsel. Neben dem Ausdruck *iḫtilāf*, bzw. *ḫilfa*, für ihren gegenseitigen Abwechselns[68] werden im Koran für den unmittelbar von Gott bewirkten Wechsel von Nacht und Tag fünf Verben verwendet.[69] Die mit ihnen verbundenen Tätigkeiten sind konkrete Bewegungen, die einen räumlichen, handwerklich-heftigen Charakter haben. Ihre verschiedenen Bedeutungen lassen sich wie folgt darstellen:

1. Das mit zehn Verwendungen am meisten und ausschließlich für Gottes Abwechseln von Nacht und Tag benutzte Verb im Koran ist *aulağa* (in der 2. und 3. Person Präsens), das „übergehen in, eindringen lassen" bedeutet. Es wird in allen Fällen paarweise jeweils auf eine der beiden Tageshälften bezogen. So heißt es, dass Gott die Nacht in den Tag eindringen lässt und den Tag in die Nacht.[70] Es handelt sich also um eine räumliche Bewegung, die gleichermaßen jede der beiden Zeiten trifft, die jeweils wie ein Hohlraum vorgestellt werden, in den die jeweils andere Zeit durch die unmittelbare Tätigkeit Gottes eindringt.

---

63 Zu *'āya* im Koran vgl. Josef Horovitz, *Koranische Untersuchungen*, Berlin (1926): 4; Jeffery, *Foreign Vocabulary*, 72f.; Izutsu, *God and Man*, 133ff.; Johan Bouman, *Gott und Mensch im Koran. Eine Strukturform religiöser Anthropologie anhand des Beispiels Allah und Muhammad*, 2. Aufl., Darmstadt (1989): 92ff.; Fazlur Rahman, *Major Themes of the Qur'ān*, 2. Ed., Minneapolis (1994): 68ff.; I. R. Netton, „Nature as Signs", in: *EQ*, III, 528–536.

64 Wie z.B. in Q 3:27; 13:3; 22:61; 25:62; 31:29. Ein leicht modifiziertes Bild stellt sich in 7:54 dar, wo in einer kosmologischen Szene Gott die Nacht eilends einzuholen suchen lässt.

65 Q 2:164; 3:190; 21:33.

66 Q 28:73.

67 Q 73:20.

68 Q 25:62.

69 Sie kommen fast ausschließlich an spätmekkanischen und medinensischen Stellen vor.

70 Q 3:27; 22:61; 31:29; 35:13; 57:6.

2. Mit *aġšā* (IV. Stamm von *ġašiya*) wird Gottes Wenden der Nächte und der Tage als Überdecken bezeichnet. Hier betrifft die Bewegung die Nacht; Gott lässt sie den Tag (*nahār*) überdecken, indem sie ihn eilends einzuholen sucht.[71] In beiden Fällen seiner Verwendung kommt der Ausdruck auffälligerweise im Zusammenhang mit der Erwähnung der Schöpfung vor.[72]
3. Gott wird an einer Stelle in den Mund gelegt, dass er als Zeichen (*'āya*) für die Menschen den Tag von der Nacht wegzieht, woraufhin sie sich im Dunkeln befinden. Gottes Tätigkeit wird hier mit dem Verb *salaḫa* (in der ersten Person, Pl.: *naslaḫ*) beschrieben, das ursprünglich „abhäuten" bedeutet.[73] Der helle Tag (*an-nahār*) wird im Verhältnis zur Nacht (*al-lail*) als eine Oberschicht dargestellt, die der wie ein Schlächter agierende Gott wie eine Haut von ihr entfernt.[74]
4. Auf eine der Natur der Zeit noch nähere Weise wird Gottes Einwirken auf die Nacht und den Tag damit beschrieben, dass Gott sie mehrfach umdreht (*yuqallib*), d.h. die eine Zeit auf die andere folgen lässt.[75] Es geht hier nicht um eine einmalige, sondern stets wiederholte Tätigkeit Gottes, der beide Zeiten immer von neuem zustande bringt, indem er sie kontinuierlich umdreht.
5. Gottes drehende Tätigkeit, die die Nächte und die Tage schafft, wird mit dem zweimal benutzten Verb *kauwara* beschrieben, das ursprünglich „winden" und „drehen" bedeutet. So heißt es, dass Gott die Nacht über den Tag und den Tag über die Nacht windet.[76] Das Verb *kauwara* wird vornehmlich für die Windung des Turbans (*'imāma*) gebraucht. So wird für die Veranschaulichung des schaffenden Umgangs Gottes mit den Nächten und den Tagen das Bild eines Arabers benutzt, der seinen Turban in runden Schichten um sein Haupt mehrfach herumwindet.[77]

---

71 Q 7:54.

72 S. auch Q 13:3.

73 Q 36:37.

74 Vgl. Q 7:175 für das Verb im Sinne von „sich abwenden" und 9:5, wo mit dem Verb das Ablaufen der heiligen Monate bezeichnet wird.

75 Q 24:44.

76 Q 39:5.

77 Das Verbalsubstantiv *kaur* bedeutet: Windung, Wicklung des Turbans, des Kopfschleiers, Umdrehung, Umlauf, Wendung: *WKAS*, s. v. „*kāra*" mit zahlreichen Beispielen. In der danach genannten Sure 81 „*at-takwīr*" wird im ersten Vers das Verb im Passiv (*kuwwirat*) auf die Sonne bezogen. Der Kontext ist eschatologisch.

Mit den fünf vorgestellten Verben werden fünf verschiedene Bewegungen beschrieben, die Gottes Umgang mit der Nacht und dem Tag illustrieren. Das Eindringen-Lassen, Überdecken, Wegziehen, bzw. Abhäuten, Umdrehen und Umwinden sind keine abstrakten, sondern sinnlich erfassbare Tätigkeiten, die dem einfachen Alltag der vormodernen arabischen Gesellschaft entnommen sind. Sie veranschaulichen auf eine ganz konkrete Weise, wie Gott handwerklich den perpetuierenden Wandel von Tag und Nacht bewirkt. Weil unter den Zeiten ihr Wechsel am deutlichsten wahrgenommen werden kann, stehen sie in der koranischen Konzeption für die Zeit schlechthin, die Gottes Gewalt unterliegt.

Die beiden letztgenannten Bewegungen des Umdrehens und Umwindens sind für unseren Zusammenhang besonders wichtig. Vor allem die Metapher, Gott drehe die Nächte und die Tage genauso wie der Araber den Turban windet, zog die Aufmerksamkeit von Kommentatoren auf sich. In klassischen Korankommentaren ist die ursprüngliche Bedeutung des Umwindens schon bemerkt und die Stelle dahingehend interpretiert worden, dass im Koran die kontinuierliche Folge der Nächte und der Tage mit den einander folgenden Drehungen des Turbans (*ʿimāma*) metaphorisch verglichen wird.[78] Zeitgenössische muslimische Autoren sehen in der koranischen Beschreibung der Bewegung von Nacht und Tag als Drehung sogar einen deutlichen Beweis dafür, dass der Koran schon längst vor der Naturwissenschaft erkannt hat, dass die Erde rund ist und dass sie sich um sich selbst dreht. So steht es explizit in einer jüngeren Publikation zum Begriff der Zeit im Koran.[79] Als Autorität dient der Korankommentar der angesehenen Reformisten Muḥammad ʿAbdu (1849–1905) und Rašīd Riḍā (1865–1935).[80] Die Verwendung des Verbs „*yukauwir*", umwinden, wird als wundersam (*muʿǧiz*) und damit als ein entscheidender Beweis für den göttlichen Charakter des Korans interpretiert, der seiner Zeit vorausgehende Erkenntnisse enthält.[81]

Ähnlich äußert sich der einflussreiche Gelehrte Saiyid Quṭb (1906–1966). In seinem wegen Vollstreckung der Todesstrafe gegen den

78 So zum Beispiel az-Zamaḫšrī, *al-Kaššāf ʿan ḥaqāʾiq at-tanzīl wa-ʿuyūn al-aqāwīl fī wuǧūh at-taʾwīl*, 3 Bde., Kairo (1367 H./1948): Bd. III, 387.

79 Muḥammad b. Mūsā Bābā ʿAmmī, *Mafhūm az-zaman fī l-Qurʾān al-karīm*, Beirut (2000): 116f. Das Buch bietet eine traditionelle Darstellung der Zeitausdrücke im Koran.

80 Muḥammad ʿAbdu, Rašīd Riḍā, *Tafsīr al-Qurʾān al-ḥakīm al-muštahir bi-tafsīr al-manār*, VIII, Kairo (1347 H./1928): 454.

81 Bābā ʿAmmī, *Mafhūm az-zaman*, 116. Ein weiteres Beispiel sei Muḥammad Ismāʿīl Ibrāhīm, *al-Qurʾān wa-iʿǧāzuhu l-ʿilmī*, Beirut o.J., S. 83.

fundamentalistischen Verfasser unvollendet gebliebenen Korankommentar – erklärt er, dass der Vers 39:5 einen „merkwürdigen Ausdruck“ enthält, „der die Aufmerksamkeit des Betrachters erzwingt“. Denn die Aussage weise zweifelsohne auf die Kugelgestalt der Erde hin. Der Autor achte in seinem Buch zwar sehr darauf, den Koran nicht auf die Wissenschaftstheorien zu beziehen, weil diese richtig oder falsch seien und in Zukunft ihre Geltung verlieren könnten, während der Koran unveränderlich wahr sei und den Beweis seiner Wahrheit in sich trage. Trotz dieses methodischen Prinzips sieht sich Quṭb im Falle der koranischen Aussage, Gott „windet die Nacht über den Tag und den Tag über die Nacht herum“ gezwungen, die Kugelartigkeit des Erdballs in Betracht zu ziehen. Nach Quṭb reflektiert der Ausdruck eine sichtbare, materielle Wahrheit, nämlich die Drehung der Erde gegenüber der Sonne, woraus die Nacht und der Tag stets abwechselnd einander folgen. Da der Autor aber die mit dem Verb bezeichnete Tätigkeit nicht unmittelbar auf die Tageszeiten beziehen kann, interpretiert er in den Vers hinein, dass sich die Beschreibung auf die kugelförmige Gestalt der um sich drehenden Erde bezieht. Die an der zitierten Stelle beschriebene Bewegung der Sonne und des Mondes gibt der traditionalistische Kommentator ohne weitere Interpretation wieder.[82]

Soweit zur Rezeption dieser wichtigen Stelle in der modernen islamischen Koranexegese. Darin wird ein Beweis für die Göttlichkeit des Korans gesehen, weil er den Naturwissenschaften voraus gehe in der Erkenntnis, dass die Erde kugelförmig ist und dass sie sich dreht. Wie bereits gesagt, finden sich in der Bibel keine den im Koran dargestellten Wirkungen Gottes auf den Tag und die Nacht vergleichbaren Aussagen. Dort schafft Gott einmalig gleich am Anfang Licht und Dunkelheit, nennt sie Tag und Nacht und lässt ihnen ihren Lauf.[83] Gemäß biblischer Vorstellung mischt sich Gott in den nach Gesetzmäßigkeit der Natur verlaufenden Ablauf der Tage und der Nächte nur ein, wenn er ein Wunder vollbringt.[84] Der Koran hingegen vermittelt ein ganz anderes Bild von einem stets und jederzeit agierenden Gott,[85] der jeden Zeitenwechsel unmittelbar zustande bringt, indem er sozusagen handwerklich

---

82 Saiyid Quṭb, *Fī ẓilāl al-Qur'ān*, VII, Teil 24, Beirut (1391 H./1971): 122f.

83 Gen 1:3–5. In Ps 74:16 wird lediglich gesagt, dass Tag und Nacht Gottes sind und dass er Sonne und Gestirn ihren gewissen Lauf haben lässt. Vgl. Ps 104:19 und Hiob 17:12.

84 Jos 10:12f.

85 Vgl. Q 2:255.

tätig wird. Verglichen mit der Bibel ist dieser Gedanke also spezifisch koranisch.

Die koranische Vorstellung von Gott, der durch sein unmittelbares Einwirken den Wechsel der Zeiten bewirkt, ist m.E. als Reaktion auf die vorislamisch-arabische Vorstellung der Zeit als tätig zu verstehen. Somit werden die Zeiten nicht nur entmachtet und Gottes Macht unterstellt. Ihre periodische Entstehung wird sogar als Gottes unmittelbares Werk gesehen. Den Beginn jedes Tages und jeder Nacht schafft er immer wieder erneut. Die Zeiten verlieren ihre in der Dichtung propagierte Selbständigkeit, um in ihrem natürlichen Wechsel als Zeichen göttlicher Einwirkung zu fungieren.

Gottes Tätigkeit, die jedes Mal die Zeiten schafft, als drehend zu bezeichnen, zeigt, dass nicht nur die vorislamisch-arabischen, sondern auch die koranischen Zeitvorstellungen von der Vorstellung von *aion* in der griechischen Literatur affiziert sind. Spätestens seit Pindar steht *aion* für die Wende der Zeit, weil er die Zeiten wendet. Dieser Gedanke nimmt bei Nonnos von Panopolis und Johannes von Gaza sowie auf spätantiken Mosaiken und im Neoplatonismus konkrete Gestalt an. *Aion* wird konsequent mit dem Rad der Zeit dargestellt. *Dahr* teilt mit *aion* die Wesenseigenschaft der Alles drehenden Zeit. Dieses Charakteristikum wird nun im Koran auf Gott übertragen. Er dreht dort die Tage und die Nächte und windet sie herum. In einem anderen Vers wird Gott in den Mund gelegt, dass er die Tage unter den Menschen wechseln lässt, wobei der Wechsel deutlich drehenden Charakter hat.[86]

Die diskutierten Verben reflektieren stark die Idee der zyklisch aufeinander folgenden Zeiten, um eine einheitliche Linie der Zeit zu bilden. Genauso wie in der vorislamisch-arabischen Poesie ist die Zeit im Koran linear-zyklisch. Im Unterschied zur vorislamisch-arabischen Zeitvorstellung beginnt die Zeit im Koran jedoch mit der Schöpfung und endet mit dem Jüngsten Tag. Dieser wird im Koran u.a. *al-yaum al-ʾāḫir*, der letzte Tag, genannt.[87] Die Weltzeit verliert ihre im Heidentum gedachte Unendlichkeit und wird am Anfang und Ende durch Werke begrenzt, die

---

86 Q 3:140: *„tilka l-aiyāmu nudāwilhā baina n-nās"*. Auf die Verwandtschaft zwischen der Wurzel DWR und der Wurzel DWL wurde schon verwiesen. In diesem Zusammenhang möchte ich darauf hinweisen, dass das arabische Wort *dāʾira*, Kreis, im Koran ausschließlich im Sinne der unglücklichen Schicksalswendung gebraucht wird: Q 5:52; 9:98; 48:6. Diese Bedeutung findet sich auch im außerkoranischen arabischen Sprachgebrauch.

87 Der Ausdruck kommt im Koran 26 Mal fast immer in medinensischen Suren vor. S. z.B. 2:8; 3:114; 4:136; 5:59; 9:29.

Gott vollbringt. Wie wir anhand der analysierten Verben gesehen haben, greift Gott direkt ins Naturgeschehen ein, um jedes Mal die Zyklen entstehen zu lassen. Die aus Zyklen bestehende Linie der Zeit bekommt damit senkrechte Linien, die Gottes wiederholtes unmittelbares Bewirken der Zeiten symbolisieren. Ob der gesamte Zeitlauf wie ein großer Kreis ist, der endet, indem er neu beginnt, kann man so wenig koranischen Versen wie vorislamisch-arabischen Gedichten entnehmen. Das folgende Diagram soll den eben dargelegten Gedankengang illustrieren:

Gottes unmittelbares Bewirken der Zeiten

Wie die einzelnen Zeitausdrücke im Koran vorkommen, werde ich in künftigen Studien zu zeigen versuchen. Zum Abschluss dieser Untersuchung sei Folgendes festzuhalten. Der Gedanke, ein Wesen wende die Zeiten, existiert mit *aion* in der griechischen Literatur. Im Koran übernimmt kein Geringerer als Gott diese Aufgabe. Es ist auch dasselbe Wesen, das menschliche Lebensverhältnisse wendet. Wer jenes beherrscht, beherrscht auch dieses. Denn wie bei der Erörterung der beiden Begriffe *dahr* und *aion* festgestellt worden ist, gehören Leben und Zeit unzertrennlich zueinander.[88] Der Gott des Korans ähnelt dem *aion* des spätantiken Hellenismus, vertreten durch Nonnos von Panopolis, Johannes von Gaza und das Mosaik von Edessa: Er bringt die Zeiten zustande, indem er sie dreht. Auf eine höchst interessante Weise werden im Koran Bilder und Ausdrücke wie das Einschieben, Abhäuten, Umdrehen und Winden aus dem kontextbedingten Alltagsgebrauch der Sprache eingesetzt, um ein ursprünglich griechisches Image abstrakten Charakters metaphorisch Gott anzueignen. Dies ist kulturgeschichtlich von großer Bedeutung besonders für das Verständnis der Beziehung zwischen der

88 Dieses erzielte Forschungsergebnis wird auch durch die Interpretation späterer Gedichte in Rosenthal, „*Sweeter than Hope*", 8, bestätigt. Zu einem Beispiel anderer Art über die Existenz griechisch-römischer Namen im Koran siehe die interessante Studie: Gerd-R. Puin, „Leuke Kome / Layka, die Arser / Aṣḥāb al-Rass und andere vorislamische Namen im Koran: Ein Weg aus dem ‚Dickicht'?", in: Karl-Heinz Ohlig und Gerd-R. Puin, *Die dunklen Anfänge: Neue Forschungen zur Entstehung und frühen Geschichte des Islam*, Berlin (2005): 317–340.

hellenistisch-spätantiken und der islamischen Kultur. Denn eines ist mir und hoffentlich auch dem Leser inzwischen deutlich geworden: Mit der Entstehung des Islams endet der Hellenismus nicht, sondern er nimmt eine neue Gestalt an, wie es übrigens im Hellenismus auch vor dem Islam üblich war.[89]

89 Zur Einbettung des Frühislams in der Sozial- und Kulturgeschichte der Spätantike s. Peter Brown, *The World of Late Antiquity. AD 150–750*, London 1971; Garth Fowden, *Empire to Commonwealth. Consequences of Monotheism in Late Antiquity*, Princeton 1993.

Perspektivische Abschlussbemerkungen

Welche Ergebnisse gehen aus der vorliegenden Untersuchung hervor? Die Wissensausbeute scheint nicht unbeträchtlich zu sein. Mit folgenden Thesen möchte ich sie festhalten:

1. In der vorislamisch-arabischen Dichtung wird die Zeit als unendliche Dauer dargestellt, die aus endlichen sukzessiven Einheiten besteht. Als ein Ganzes sowie in Form von Perioden ist die Zeit tätig. Unter dem Eindruck, sie verursache die Verödung verlassener Plätze und bedeute auf der Ebene individueller Wahrnehmung fortschreitendes Alter und damit den immer näher rückenden Tod, gewinnt die Zeit einen vorwiegend negativen Charakter. Besonders *dahr*, der Inbegriff drehender, unendlicher Zeit wird personifiziert und für die Quelle von guten, doch vielmehr bösen Wechselfällen gehalten. *Dahr* bedeutet die ganze Zeit eines Existenten, sei es ein Einzelner, eine Generation oder die Welt. Im Sinne der Weltzeit enthält *dahr* ein starkes Moment des Schicksals, dessen Fügungen den Menschen im Verlauf der Zeit widerfahren. Im Gegenteil zu der bisher in der Forschung vorherrschenden Meinung konnte vorliegende Untersuchung zeigen, dass *dahr* eher Zeit als Schicksal bedeutet.
2. Die vorislamisch-arabische Auffassung von *dahr* als unendliche, aktive und menschliches Leben beherrschende Macht wird im Koran dokumentiert und negiert. Der Gedanke der unendlichen tätigen Zeit wird jedoch aus dem Koran weitgehend eliminiert. Ihr aktiver Charakter wird dort in totale Passivität unter der unmittelbar wirkenden Macht Gottes umgewandelt. Gott übernimmt die Funktion von *dahr*. Er dreht die Zeiten und bestimmt alles in der Welt. So wie die vorislamisch-arabische kann die koranische Zeitauffassung als eine linear-zyklische bezeichnet werden, die allerdings mit der Schöpfung beginnt und mit dem letzten Tag des Jüngsten Gerichts endet. Die Zeiten unterliegen Gottes regelmäßigem Eingreifen. Die Auffassung, dass die Zeit in zyklischen Abläufen besteht, korrespondiert übrigens mit der zyklischen Charakterisierung der Heilsgeschichte, die im Koran aus prophetischen Perioden besteht, die aufeinander folgen. Im Mittelpunkt jeder Periode steht ein Prophet, der seinem Volk Gottes Wort verkündet.

3. Aus der Auseinandersetzung des Koran mit der vorislamisch-arabischen Zeitauffassung geht ein wichtiges Ergebnis hervor. Eine bedeutende Dimension seiner Verortung im arabischen Kontext wird damit freigelegt. Die vorislamisch-arabische Dichtung und der Koran zeigen zumindest in Bezug auf ihre Zeitauffassung einen engen Zusammenhang, der die These äußerst unplausibel macht, beide wären in unterschiedlichen Kontexten entstanden. Im Gegenteil: Durch das erzielte Ergebnis erhält im gleichen Atemzug die Existenz dieser Dichtung sowie der arabische Charakter des Korans weitere, im Kontext verankerte Bestätigung. Der Versuch, diesen Charakter zu schwächen oder gar durch andersartige Prägung völlig zu ersetzen, erscheint infolgedessen weitgehend haltlos.[1]
4. Mit *aion* wird im spätantiken Hellenismus die unendlich drehende, aktiv auf die menschliche Existenz Einfluss nehmende Zeit personifiziert. In der Dichtung des Nonnos von Panopolis und Johannes von Gaza sowie auf verschiedenen Mosaiken aus dem östlichen Mittelmeerraum wird das ohnehin viel ältere Image des drehenden *aion* reichlich belegt. Dasselbe Kennzeichen wird in der vorislamisch-arabischen Poesie *dahr* und im Koran Gott zugeordnet. Dies macht deutlich, dass der gemeinsame kulturelle Kontext der Poesie und des Korans hellenistisch geprägt war. Im Begriff *dahr* werden griechische und arabische Eigenschaften der Zeit fusioniert. Sie werden im Koran und *ḥadīṯ* auf Gott übertragen. Da im Koran die hellenistische Vorstellung der in Drehungen laufenden Zeit aufrechterhalten wird, bricht der Koran mit dem Hellenismus nicht, sondern setzt ihn auf eigene Weise fort.
5. Dem Koran angeborene hellenistische Ideen anzuerkennen, ist auf einer weiteren Ebene für die interreligiösen Beziehungen der monotheistischen Traditionen nicht unbedeutend. Mit dem auch für die Entwicklung von Judentum und Christentum äußerst relevant gewesenen Hellenismus wird ein gemeinsamer, neutraler Boden gewonnen, auf dem das Verhältnis dieser Traditionen zueinander besser beurteilt werden kann. Eine weitere Folge der Feststellung hellenistischer Ideen im Koran ist die Notwendigkeit, die zwischen den akademischen Fächern, deren wissenschaftlicher Gegenstand die Antike und Spätantike einerseits und der Islam und die arabische Kultur andererseits ist, scharf gezogene Trennlinie abzubauen.[2]

---

1 Vgl. Christoph Luxenberg, *Die syro-aramäische Lesart des Koran: ein Beitrag zur Entschlüsselung der Koransprache*, Berlin (2000).

2 Einiges in diese Richtung ist schon unternommen worden. Vgl. Hugh Kennedy,

6. Schließlich wird die kulturhistorisch relevante Tatsache deutlich, dass die Begegnung zwischen Islam und Hellenismus nicht erst mit der zu Recht zelebrierten griechisch-arabischen Übersetzungsbewegung vom 8. Jahrhundert an zustande gekommen ist.[3] Wenn der Islam in einem vom Hellenismus geprägten Kontext entstanden ist und dort seine früheste Entwicklung erfahren hat, muss er dem Hellenismus schon von Beginn an begegnet sein. Man kann von einem endogenen arabischen Hellenismus sprechen, der schon vor dem Islam existierte und in ihm fortlebte. Die muslimischen Araber hatten von Beginn ihrer kulturellen Bemühungen an deutliche Affinität zum griechischen Gedankengut. Eben diese Tatsache dürfte m.E. zur Bestimmung der Stoßrichtung der Übersetzungsbewegung beigetragen haben, die wiederum die hellenistischen Einflüsse auf die klassische Epoche der arabischen Philosophie und Wissenschaft ausgeweitet und verstärkt hat.

Zum Schluss sei noch Folgendes bemerkt. Josef van Ess, der beste zeitgenössische Kenner des religiösen Denkens im frühen Islam, stellt folgendes fest:

> „*Dahr* ist die ewige Zeit, die unaufhörliche Drehung des gestirnten Himmels, das ‚Rad der Sphäre' (*čarḫ-i falak*), wie die persischen Dichter später sagten. Von *dahr* hatten schon die altarabischen Dichter gesprochen. Aber sie hatten damit vor allem das ‚Schicksal' gemeint; das spielte in dem irakischen Milieu, in dem die islamischen Theologen mit der Dahrīya zusammenstießen, keine Rolle mehr. Bei dieser kamen vielmehr iranische und antike Gedanken zum Tragen."[4]

Diese Passage enthält einige Punkte, die ich kurz mit Ergebnissen meiner Untersuchung kontrastieren möchte. Zuerst sei die Ansicht zu erwähnen, dass die vorislamisch-arabischen Dichter mit *dahr* „vor allem" das Schicksal meinten. Ich hoffe, ich konnte deutlich machen, dass sie *dahr* vor allem als die unendliche Zeit auffassten, in deren Verlauf sich alles im Leben ereignet und deshalb schicksalhaft wirkt, dass sie aber die Zeit mit dem Schicksal nicht identifiziert haben. Dieser Punkt beunruhigt jedoch

---

„Islam", in: G. W. Bowersock, Peter Brown und Oleg Grabar (Hg.), *Late Antiquity: A Guide to the postclassical World*, Cambridge MA etc. (1999): 219–237.

3 Siehe zum Beispiel die durchdachte Darstellung in: Dimitri Gutas, *Greek thought, Arabic culture: the Graeco-Arabic translation movement in Baghdad and early ʿAbbāsid society (2nd-4th/8th-10th centuries)*, London etc. (1998).

4 Josef van Ess, *Theologie und Gesellschaft*, IV, 452. Zur persischen Vorstellung des Firmaments als Rad vgl. Zaehner, *Zurvan*, 148.

weniger als die andere Beobachtung, dass nämlich van Ess Gedanken der vorislamisch-arabischen Dichtung sowohl von antiken Einflüssen als auch von frühen Entwicklungen im religiösen Denken im Islam völlig zu isolieren scheint. Letzteres kann in diesem Zusammenhang nur kurz angeschnitten werden. Der materialistische Grundgedanke der Dahrīya scheint von der *dahr*-Auffassung der vorislamischen Araber eigentlich nicht weit entfernt zu liegen. Könnte die frühislamische Bezeichnung der Dahrīya ein Derivat der koranischen Beschreibung der vorislamisch-arabischen Weltanschauung gewesen sein, haben wir im koranischen Diktum ein sprachliches wie inhaltliches Verbindungsglied zwischen den späteren und den früheren Auffassungen. Die antiken Einflüsse in der vorislamisch-arabischen Dichtung sind hoffentlich in Folge meiner Untersuchung deutlich geworden, sodass ich sie hier nicht erneut zu zeigen brauche. *Dahr* ist das Siegel der vorislamisch-arabischen Weltanschauung. Dieses Siegel trägt unverkennbare griechische Züge, die auch im Koran festgeschrieben sind. Diese Feststellung erschließt den weiteren hermeneutischen Horizont, den Koran nicht nur im Verhältnis zu dem Alten und Neuen Testament, sondern auch in seinem spätantiken, auch heidnisch-griechische Ideen enthaltenden Kontext eingebettet zu lesen.[5]

Die damit formulierte Aufgabe knüpft an Ansichten C. H. Beckers an, der vornehmlich das Fortleben der Antike im Islam im Auge hatte, ohne dabei die vorhergehende Epoche arabischer Kultur außer Acht zu lassen. Er vergleicht in einem Vortrag, den er 1931 in Berlin gehalten hat, die Rezeption des antiken Kulturerbes in Europa und dem Orient miteinander und kommt zum Ergebnis, dass im Orient jedenfalls kein Bruch mit der spätantiken Überlieferung eintritt; „sie wird einfach weitergelebt, wohl etwas modifiziert und in eine neue Sprache übertragen."[6] Becker war davon überzeugt, dass der Hellenismus eine wichtige Grundlage für den Islam bildete. „Ohne Alexander den Großen keine islami-

5 Nach S. D. Goitein, *Studies in Islamic History and Institutions*, Leiden (1968): 63f., ist die „säkulare Kultur" der Araber vor dem Islam besonders durch „das Wunder der vorislamischen Poesie" und der hochentwickelten klassischen arabischen Sprache eine wichtige Voraussetzung für die Empfänglichkeit des Islams für das griechische Kulturerbe, das in den von den Muslimen eroberten Ländern noch lebendig war. Griechische Einflüsse in jener Dichtung konnte Goitein nicht sehen.

6 C. H. Becker, *Das Erbe der Antike im Orient und Okzident*, Leipzig (1931): 21. Vgl. Ders., „Der Islam im Rahmen einer allgemeinen Kulturgeschichte", in: Ders., *Vom Werden und Wesen der islamischen Welt. Islamstudien*, Bd. I, Leipzig (1924): 24–39, besonders 35.

sche Zivilisation!",[7] so lautet sein knapp formuliertes Urteil über die weltgeschichtliche Bedeutung des Hellenismus für die Entstehung und Entwicklung des islamischen Reiches und seiner Zivilisation. Am Beispiel des „Ubi sunt"-Motiv zeigt er darüber hinaus einen Strang der Übermittlung hellenistischer Gedanken in die arabische Ideenwelt vor dem Islam und im Koran.[8] An einer anderen Stelle vertritt er jedoch die Ansicht, dass das Charakteristische am Koran ist, „daß er in einer so durch und durch hellenisierten Zeit ganz unhellenistisch wirkt."[9] Diese These muss nun korrigiert werden. Dass im Koran Allah die Stelle von *aion* einnimmt und die Zeiten dreht, manifestiert ein zentrales Moment koranischer Weltanschauung, die wie die der vorislamisch-arabischen Poesie vom Hellenismus durchaus affiziert ist. Der Koran wirkt ebenfalls wie sein Kontext zumindest an diesem Punkt hellenistisch – übrigens in einem gewissen Sinn wie Goethe, auch wenn nicht in demselben Maße, doch aber auf seine Art.[10]

7 C. H. Becker, „Der Islam als Problem", in: Ders., *Islamstudien*, I, 1–23, hier S. 16.

8 Der Aufsatz wurde bereits erwähnt: *Ibid.*, 501–519.

9 Becker, *Das Erbe der Antike*, 12.

10 Johann Wolfgang von Goethe, „Antik und modern": „Jeder sei auf seine Art ein Grieche! Aber er sei's."; in: *Schriften zur Kunst, Goethes Werke*. Hamburger Ausgabe in 14 Bänden. Hrsg. von Erich Trunz. Bd. XII, München (1982): 176. Vgl. Becker, *Das Erbe der Antike*, 40.

Bibliographie und Abkürzungen

Abd al-Bāqī, Muḥammad Fu'ād, *al-Mu'ǧam al-mufahras li-alfāẓ al-Qur'ān al-karīm*, mit dem vollständigen Korantext, Kairo 1996.

ʿAbdu, Muḥammad und Riḍā, Rašīd, *Tafsīr al-Qur'ān al-ḥakīm al-muštahir bi-tafsīr al-manār*, 12 Bde., Kairo 1346–1353 H.

Abel, Ludwig, *Die sieben Muʿallaqāt*. Text, vollständiges Wörterverzeichnis, deutscher und arabischer Commentar. Berlin 1891.

ʿAbīd b. al-ʿAbras, *Diwan*, Beirut o.J.

Abu-Deeb, Kamal, „Towards a Structural Analysis of Pre-Islamic Poetry", in: *IJMES*, 6 (1975): 148–184.

Abū Tammām, Ḥabīb b. Aus aṭ-Ṭā'ī, *al-Ḥamāsa*, hrsg. v. ʿAbdullāh b. ʿAbd ar-Raḥīm ʿUsailān, 2 Bde., Riad 1401 H./1981.

Abū ʿUbaida, *Aiyām al-ʿarab qabla l-Islām*, hrsg. v. ʿĀdil Ǧāsim al-Baiyātī, Beirut 1407 H./1987.

ʿAdī b. Zaid, *Diwan*, hrsg. v. M. Ǧ. al-Mu'aibid, Bagdad 1965.

Adūnīs (ʿAlī Aḥmad Saʿīd), *Muqaddima li-š-šiʿr al-ʿarabī*, Beirut 1975.

al-ʿAdwānī, Ḏū al-Iṣbaʿ, *Diwan*, hrsg. v. ʿAbd al-Wahhāb M. ʿA. al-ʿAdwānī und Muḥammad N. ad-Dulaimī, al-Mūṣil 1973.

Ahlwardt, Wilhelm, *The Divans of the six ancient Arabic poets Ennābiga, 'Antara, Tharafa, Zuhair, 'Alqama and Imruulqais*, London 1870.

–, *Bemerkungen über die Aechtheit der alten Arabischen Gedichte*, Greifswald 1872.

Alföldi, Andreas, „From the *Aion Plutonios* of the Ptolemies to the *Saeculum Frugiferum* of the Roman Emperors", in: K. H. Kinzl (Hg.), *Greece and the Eastern Mediterranean in Ancient History and Prehistory.* Studies Presented to Fritz Schachermeyr on the Occasion of his Eightieth Birthday, Berlin (1977): 1–30.

–, „Redeunt Saturna regna", in: *Chiron*, 9 (1979): 553–606.

–, *Aion in Mérida und Aphrodisias*, Mainz am Rein 1979.

ʿAlī, Ǧauwād, „Tadwīn aš-šiʿr al-ǧāhilī", in: *Maǧallat al-maǧmaʿ al-ʿilmī l-ʿIrāqī*, 4 (1956): 520–563.

–, *al-Mufaṣṣal fī tārīḫ al-ʿarab qabla l-Islām*, Bd. I-X, Beirut 1969–1973.

Alon, Ilai, „Did Islam Introduce a New Perception of Time?", in: *al-ʿUṣūr al-wusṭā*, 16 (2004): 34–38.

Ambros, Arne, „Zur Entstehung der Emphase in Allāh", in: *WZKM*, 73 (1981): 23–32.

ʿAmmī, Muḥammad b. Mūsā Bābā, *Mafhūm az-zaman fī l-Qur'ān al-karīm*, Beirut 2000.

ʿĀmir b. aṭ-Ṭufail, *Diwan*, nach der Überlieferung al-Anbārīs, Beirut 1959.

ʿAmr b. Kulṯūm, *Diwan*, Beirut 1996.

ʿAmr b. Qamīʾa, *Diwan*, hrsg. v. Ḫalīl Ibrāhīm al-ʿAṭīya, Bagdad 1972.

al-Anbārī, Abū Bakr Muḥammad b. al-Qāsim, *Šarḥ al-qaṣā'id as-sabʿ aṭ-ṭiwāl al-ǧāhilīyāt*, hrsg. v. ʿAbd as-Salām Muḥammad Hārūn, Kairo 1980.

al-Anṣāry, A. R., *Qaryat al-Fau: A Portrait of Pre-Islamic Civilization in Saudi Arabia*, Riad 1982.

AR = Archiv für Religionswissenschaft

Arazi, Albert, *La réalité et la fiction dans la poésie arabe ancienne*, Paris 1989.

–, „Le Thrène d'Abū Ḏu'ayb ou la Mort Dépoetisée", in: Wolfhart Heinrichs und Gregor Schoeler (Hg.), *Festschrift Ewald Wagner zum 65. Geburtstag*, Bd. 2: *Studien zur arabischen Dichtung*, Beirut/Stuttgart (1994): 72–89.

–, und Muṣāliḥa, Salmān, *al-ʿIqd aṯ-ṯamīn fī dawāwīn aš-šuʿarā' as-sitta al-ǧāhilīyīn*, Jerusalem 1999 (= Eine neue Edition von Wilhelm Ahlwardt, *The Divans of the six ancient Arabic poets Ennābiga, 'Antara, Tharafa, Zuhair, 'Alqama and Imruulqais*, London 1870, versehen mit einer Konkordanz).

–, „al-Nābig͟ha al-D͟hubyānī", in: *EI*², VII, 840–842.

Arberry, A. J., *The Seven Odes: The first Chapter in Arabic Literature*, London 1957.

Aristoteles, *De caelo. On the Heavens*, hrsg. u. übers. v. William K. C. Guthrie, London 1960.

–, *Physik*, übersetzt, mit einer Einleitung und mit Anmerkungen hrsg. von Hans Günter Zekl, 1. Halbband, Hamburg 1987, 2. Halbband Hamburg 1988.

Arnim, Hans von (Hg.), *Stoicorum veterum fragmenta*, Bd. I-VII, Stuttgart 1903–1964.

al-Asad, Nāṣir ad-Dīn, *Maṣādir aš-šiʿr al-ǧāhilī*, Kairo 1956.

al-Aʿšā, *Gedichte von Abū Baṣīr Maimūn b. Qais al-'Aʿšā*. Nebst Sammlungen von Stücken anderer Dichter des gleichen Beinamens und von al-Musayyab b. ʿAlas, hrsg. v. Rudolf Geyer, London 1928.

–, *Diwan*, hrsg. und komm. v. Ibrāhīm Ǧizzīnī, Beirut 1388 H./1968.

al-Aṣmaʿī, *Kitāb al-wuḥūš*: Das Kitâb al-wuḥûš von al-'Aṣmaʿî mit einem Paralleltexte von Quṭrub. Hrsg. u. mit Anm. versehen von Rudolf Geyer. *SBAW*, 115, 1888.

–, *Kitāb al-ḫail*: Das Kitâb al-chail von al-'Aṣmaʿî. Hrsg. u. mit Anm. versehen von August Haffner. *SBAW*, 132, 1895.

Assmann, Aleida, *Die Legitimität der Fiktion. Ein Beitrag zur Geschichte der literarischen Kommunikation*, München 1980.

AT = *Antiquité Tardive*

The Assyrian Dictionary, The Oriental Institute of the University of Chicago, Chicago 1959.

Athanassiadi, Polymnia und Frede, Michael (Hg.), *Pagan Monotheism in Late Antiquity*, Oxford 1999.

Aus b. Ḥağar, *Diwan*, hrsg. v. Muḥammad Yūsuf Nağm, Beirut 1960.

al-ʿAẓma, Naḏīr, *ʿAdī b. Zaid al-ʿIbādī. Šaḫṣīyatuhu wa-šiʿruhu*, Beirut 1960.

Babtī, ʿAzīza Fauwāl, *Muʿğam aš-šuʿarāʾ al-ğāhilīyīn*, Beirut 1998.

–, *Muʿğam aš-šuʿarāʾ al-muḫaḍramīn wa-l-umawīyīn*, Beirut 1998.

Der Babylonische Talmud. Ins Deutsche übersetzt von Lazarus Goldschmidt. 10 Bde. Sonderausgabe. Darmstadt 2002.

al-Baġdādī, Abd al-Qādir, *Ḫizānat al-adab wa-lubb lubāb lisān al-ʿarab*, hrsg. v. ʿAbd as-Salām M. Hārūn, 13 Bde., Kairo 1967–1986.

al-Baiḍāwī, ʿAbdullāh b. ʿUmar, *Anwār at-tanzīl wa-asrār at-taʾwīl*, 4 Bde., Beirut 1416 H./1996.

al-Baihaqī, Abū Bakr, *Faḍāʾil al-auqāt*, hrsg. v. Ḫilāf M. ʿAbd as-Samīʿ, Beirut 1997.

Bakrī, ʿAbd al-Karīm, *az-Zaman fī l-Qurʾān al-karīm*, Kairo 1997.

Balty, Janine und Briquel Chatonnet, Françoise, „Nouvelles mosaïques inscrites d'Osrhoène", in: *Monuments et Mémoires*. Fondation Eugène Piot, 79, Paris (2000): 31–72.

Barr, James, *Biblical Words for Time*. Revised Edition. London 1969.

Bateson, Mary C., *Structural Continuity in Poetry. A Linguistic Study of Five Pre-Islamic Arabic Odes*, Paris 1970.

Bauer, Thomas, *Altarabische Dichtkunst. Eine Untersuchung ihrer Struktur und Entwicklung am Beispiel der Onagerepisode*, 2 Bde., Wiesbaden 1992.

–, „al-Samaw'al b. ʿĀdiyā", in: *EI*[2], VIII, 1041.

Baumgarten, Albert I., *The Phoenician History of Philo of Byblos. A Commentary*, Leiden 1981.

Beck, Roger, „Mithraism since Franz Cumont", in: H. Temporini und W. Haase (Hg.), *Aufstieg und Niedergang der römischen Welt*, Berlin etc. (1984): 2002–2115.

–, „Merkelbach's Mithras", in: *Phoenix* 47 (1987): 296–316.

–, *The Religion of the Mithras Cult in the Roman Empire*, Oxford 2006.

Becker, Carl Heinrich, „Der Islam als Problem", in: Ders., *Vom Werden und Wesen der islamischen Welt. Islamstudien*, Bd. I., Leipzig (1924): 1–23.

–, „Der Islam im Rahmen einer allgemeinen Kulturgeschichte", in: Ders., *Islamstudien*, Bd. I, 24–39.

–, „Ubi sunt, qui ante nos in mundo fuere", in: Ders., *Islamstudien*, Bd. I, 501–519.

–, *Das Erbe der Antike im Orient und Okzident*, Leipzig 1931.

Beeston, A.F.L. u.a. (Hg.), *Arabic Literature to the End of the Umayyad Period* (The Cambridge History of Arabic Literature I), Cambridge 1983.

–, „Himyarite Monotheism“, in: *Pre-Islamic Arabia*, hrsg. v. Abdelgadir M. Abdalla u.a., Riad 1404 H./1984, English Section: 149–154.

Bek, M. A., al-Baǧǧāwī, A. M. und Ibrāhīm, M.A., *Aiyām al-ʿarab fī l-ǧāhilīya*, Kairo 1942.

Betz, Hans Dieter, *The „Mithras Liturgy“*. Text, Translation, and Commentary, Tübingen 2003.

Bianchi, Ugo, *Zaman i Ohrmazd: Lo zoroastrismo nelle sue origini e nella sua essenza*, Turin 1958.

Die Bibel, nach der Übersetzung Martin Luthers, Stuttgart 1985.

Septuaginta, gr., Athen 1991.

al-Bīrūnī, Abū r-Raiḥān Muḥammad b. Aḥmad, *Kitāb al-ʾāṯār al-bāqiya ʿan al-qurūn al-ḫāliya* (*Chronologie orientalischer Völker*), hrsg. v. E. Sachau, Leipzig 1878.

Bišr b. Abī Ḫāzim al-Asadī, *Diwan*, hrsg. v. Maǧīd Ṭurād, Beirut 1994.

Blau, Joshua, „Arabic Lexicographical Miscellanies“, in: *JSS*, 17 (1972): 175–177.

Bloch, Alfred, „Die altarabische Dichtung als Zeugnis für das Geistesleben der vorislamischen Araber“, in: *Anthropos*, 37–40 (1942–1945): 186–204.

–, „Qaṣīda“, in: *Asiatische Studien*, 2 (1948): 106–132.

BO = Bibliotheca Orientalis

Bobzin, Hartmut, *Der Koran: Eine Einführung*, 2. durchgesehene Aufl., München 2000.

–, *Koranlesebuch*, Freiburg 2005.

Böwering, Gerhard, „Ideas of Time in Persian Sufism“, in: *Iran*, 30 (1992): 77–89.

–, „God and His Attributes“, in: *EQ*, II, 316–331.

–, „Time“, in: *EQ*, V, 278–290.

–, „Zeit. Islam“, in: *Historisches Wörterbuch der Philosophie*, hrsg. v. J. Ritter, K. Gründer und G. Gabriel, Bd. 12, Basel (2004): 1223f.

Bohse, Paul, *Die Moira bei Homer*, Berlin 1893.

Boman, Thorleif, *Das hebräische Denken im Vergleich mit dem griechischen*, Göttingen 1954.

Borg, Gert, „The Divine in the works of Umayya b. Abî al-Ṣalt“, in: Ders. und Ed de Moor (Hg.), *Representations of the Divine in Arabic Poetry*, Amsterdam (2001): 9–23.

Bosworth, C. E., „Shāpūr“, in: *EI*[2], IX, 309.

Botterweck, G. J. und Ringgren, H. (Hg.), *Theologisches Wörterbuch zum Alten Testament*, Bd. I-IX, Stuttgart etc. 1973–2001.

Botterweck und Freedman-Lundbom, „דוֹר *dōr*“, in: G. Johannes Botterweck und Hellmer Ringgren (Hg.), *Theologisches Wörterbuch zum Alten Testament*, Bd. II, Stuttgart (1984): 182–194.

Bouman, Johan, *Gott und Mensch im Koran. Eine Strukturform religiöser Anthropologie anhand des Beispiels Allah und Muhammad*, 2. Auflage, Darmstadt 1989.

Boustany, S., „Imru' al-Ḳais b. Ḥudjr", in: *EI²*, III, 1176–1178.

Bowersock, Glen W., „A Report on Arabia Provincia", in: *JRS*, 61 (1971): 219–242.

–, *Roman Arabia*, Cambridge, MA 1983.

–, *Hellenism in Late Antiquity*, Ann Arbor 1990.

–, „Dionysus as Epic Hero", in: Neil Hopkinson (Hg.), *Studies in the* Dionysiaca *of Nonnus*, Cambridge (1994): 156–166.

–, „Notes on the New Edessene Mosaic of Prometheus", in: *Hyperboreus*, 7 (2001): 411–415.

–, *Mosaics as History. The Near East from Late Antiquity to Islam*, Cambridge MA, London 2006.

Boyce, Mary, *A History of Zoroastrianism*, 3 Bde., Leiden etc.: Bd. I, 1975, Bd. II, 1982, Bd. III, in cooperation with Franz Grenet, with a contribution by Roger Beck, 1991.

Brandon, Samuel George F., *Man and the Destiny in the Great Religions*, Toronto 1962.

–, *History, time, and deity. A historical and comparative study of the conception of time in religious thought and practice*, New York 1965.

Bräunlich, Erich, „Abū D̲u'aib-Studien", in: *Isl*, 18 (1929): 1–23.

–, „Versuch einer literargeschichtlichen Betrachtungsweise altarabischer Poesien", in: *Isl*, 24 (1937): 201–269.

Bravmann, Meir M., *The Spiritual Background of Early Islam*, Leiden 1972.

Brin, Gershon, *The Concept of Time in the Bible and the Dead Sea Scrolls*, Leiden etc. 2001.

Brock, Sebastian, *The Syriac Version of the Pseudo-Nonnos Mythological Scholia*, Cambridge 1971.

–, „A Dispute of the Months and some Related Syriac Texts", in: Ders., *From Ephrem to Romanos. Interactions between Syriac and Greek in Late Antiquity*, Chapter VIII, Aldershot 1999.

Brockelmann, Carl, *Grundriss der vergleichenden Grammatik der semitischen Sprachen*, 2 Bde., Berlin 1908–1913.

–, *Geschichte der arabischen Literatur*, 2 Bde., 2. Aufl., Leiden 1943–1949, 3 Supplementbde. Leiden 1937–1942.

–, „Allah und die Götzen, der Ursprung des islamischen Monotheismus", in: *AR*, 21 (1922): 99–121.

–, „Fabel und Tiermärchen in der älteren arabischen Literatur", in: *Islamica*, 2 (1926): 96–128.

–, *Lexicon syriacum*, 2. Aufl., Halle 1928. Rep.: Hildesheim 1982.

Brown, Peter, *The World of Late Antiquity. AD 150–750*, London 1971.

BSOAS = *Bulletin of The School of Oriental and African Studies*

al-Buḥturī, Abū ʿUbāda al-Walīd b. ʿUbaid, *Kitāb al-ḥamāsa*, hrsg. v. Lūwīs Šaiḫū, Beirut 1910.

al-Buḫārī, Muḥammad b. Ismāʿīl, *al-Ǧāmiʿ aṣ-ṣaḥīḥ*, 6 Bde., hrsg. v. Muṣṭafā D. al-Baġā, 3. Aufl., Beirut 1407 H./1987.

Callahan, John F., *Four Views of Time in Ancient Philosophy*, Cambridge, MA 1948.

Caskel, Werner, *Das Schicksal in der altarabischen Poesie*, Leipzig 1926.

–, „*Aijām al-ʿarab*. Studien zur altarabischen Epik", in: *Islamica*, 3 (1930): 1–99.

–, *Ǧamharat an-nasab. Das genealogische Werk des Hišām Ibn al-Kalbī*, 2 Bde., Leiden 1966.

–, „Al-Aʿshā. Maymūn b. Ḳais", in: *EI²*, I, 689f.

–, „The Bedounization of Arabia", in: F.E. Peters (Hg.), *The Arabs and Arabia on the Eve of Islam*, Aldershot (1999): 34–44. Ursprünglich veröffentlicht in: *American Anthropologist*, 56 (1954): 36–46.

CCGG = *Cahiers du Centre Gustave-Glotz*

Chevallier, R. (Hg.), *Aiôn. Le temps chez les Romains*, Paris 1976.

Chuvin, Pierre, *Mythologie et géographie Dionysiaques. Recherches sur l'œuvre de Nonnos de Panopolis*, Clermont-Ferrand: Adosa 1991.

CJ = *The Classical Journal*

Clover, F. M. und Humphreys, R. S. (Hg.), *Tradition and Innovation in Late Antiquity*, Madison 1989.

Corbin, Henry, „Cyclical Time in Mazdaism and Ismailism", in: *Man and Time*. Papers from the Eranos Yearbooks, New York (1957): 115–172.

Corpus Inscriptionum Arabicarum, gegründet von Max van Berchem, Kairo 1894.

Crone, Patricia, *Meccan Trade and the Rise of Islam*, Princeton 1987.

–, „How did the quranic pagans make a living?", in: *BSOAS*, 68 (2005): 387–399.

Cullmann, Oscar, *Christus und die Zeit*, Zürich 1948.

Cumont, Franz, *Textes et monuments figurés relatifs aux mystères de Mithra*, Bd. 2, Brüssel 1896, Bd. 1, Brüssel 1899.

–, *Les mystères de Mithra*, Brüssel 1913.

–, *The Mysteries of Mithra*, trans. T. J. McCormack, London 1903. Rep. New York 1956.

Daiber, Hans, „Rebellion gegen Gott. Formen atheistischen Denkens im frühen Islam", in: Friedrich Niewöhner und Olaf Pluta (Hg.), *Atheismus im Mittelalter und in der Renaissance*, Wiesbaden (1999): 23–44.

Ḍaif, Šauqī, *al-ʿAṣr al-ǧāhilī*, 8. Auflage, Kairo 1977.

Dalen, B. van u.a., „Ta'rīkh", in: *EI²*, X, 257–302.

Damaskios, *The Philosophical History*, text with translation and notes by Polymnia Athanassiadi, Athen 1999.

Degani, Enzo, *AIΩN*, Bologna 2001.

–, *AIΩN da Omero ad Aristotele*, Padova 1961.

Delling, Gerhard, *Das Zeitverständnis des Neuen Testaments*, Gütersloh 1940.

Diels, Hermann und Kranz, Walther (Hg.), *Die Fragmente der Vorsokratiker*. Griechisch und Deutsch. 3 Bde. Sechste verbesserte Auflage, Berlin 1951.

Dillmann, August, *Lexicon linguae aethiopicae cum indice latino*, Leipzig 1865.

Dimitriev, Kirill, *Das poetische Werk des Abū Ṣaḫr al-Huḏalī*, unveröffentlichte Dissertation, Freie Universität Berlin 2005.

ad-Dīn, Karīm Zakī Ḥusām, *az-Zamān ad-dalālī*, Kairo 1991.

aḍ-Ḍinnāwī, Muḥammad Amīn, *aṣ-Ṣaʿālīk fī l-ǧāhilīya: luṣūṣ am rūwād ṯaura iǧtimāʿīya*, Beirut 1997.

Dodds, E. R., *Pagan and Christian in an Age of Anxiety*, Cambridge 1965.

Dostal, Walter, „Die Araber in vorislamischer Zeit", in: Albrecht Noth und Jürgen Paul (Hg.), *Der islamische Orient – Grundzüge seiner Geschichte*, Würzburg 1998: 25–44.

Downey, G., „Gaza", in: *Reallexikon für Antike und Christentum*, hrsg. von Carsten Colpe u.a., VIII, Stuttgart (1972): 1123–1134.

Drijvers, H. J. W., „AION αἰών", in: K. van der Toorn, B. Becking und P. W. van der Horst (Hg.), *Dictionary of Deities and Demons in the Bible*, Leiden (1995): 22f.

Duffy, James, „Homer's Conception of Fate", in: *CJ*, 42 (1946–7): 397–405.

EI[1] = *Enzyklopaedie des Islam*, 4 Bde., Leiden 1913–1936.

EI[2] = *Encyclopaedia of Islam*. Hersg. von P. Bearman, Th. Bianquis, C.E. Bosworth, E. van Donzel and W.P. Heinrichs. New Edition, 12 Bde., Leiden 1960–2004.

Eliade, Mircea, „Time and Eternity in Indian Thought", in: *Man and Time*. Papers from the Eranos Yearbooks, New York (1957): 173–200.

Endress, Gerhard und Gutas, Dimitri (Hg.), *A Greek and Arabic Lexicon*, Bd. I, Leiden etc. 2002.

Epiphanius, *Panarion*. The Panarion of Epiphanius of Salamis, 2 Bde., ed. and translated by Frank Williams, Leiden etc., 1987–1994.

EQ = *Encyclopaedia of Qur'ān*. Hersg. von Jane Dammen McAuliffe. 6 Bde., Leiden 2001–2005.

ER = *Encyclopedia of Religion*. Hersg. von Mircea Eliade. 15 Bde., New York und London 1987.

Ess, Josef van, „Der Name Gottes im Islam", in: H. von Stietencron (Hg.), *Der Name Gottes*, Düsseldorf (1975): 156–175.

–, *Zwischen Ḥadīṯ und Theologie. Studien zum Entstehen prädestinatianischer Überlieferung*, Berlin 1975.

–, *Theologie und Gesellschaft im 2. und 3. Jahrhundert Hidschra: eine Geschichte des religiösen Denkens im Islam*, 6 Bde, Berlin 1991–1996.

Fahd, Toufic, *Le Panthéon de l'Arabie centrale*, Paris 1968.
–, *La divination arabe*, Paris 1987.
–, „Kāhin", in: *EI*², IV, 420–422.
–, „Nuḏjūm, Aḥkām, Al-", in: *EI*², VIII, 105–108.
–, „Ṣadā", in: *EI*², VIII, 706.
–, Dalen, B. van und Milstein, R., „Shams", in: *EI*², IX, 291–295.
–, „Talbiya", *EI*², X, 160f.
Fakhry, Majid, *A History of Islamic Philosophy*, New York 1970.
Falaturi, Abdoldjavad, „Zeit- und Geschichtserfahrung im Islam", in: Ders. und Walter Strolz (Hg.), *Glauben an den einen Gott. Menschliche Gotteserfahrung im Christentum und im Islam*, Freiburg (1975): 85–101.
Fauth, Wolfgang, *Eidos poikilon. Zur Thematik der Metamorphose und zum Prinzip der Wandlung aus dem Gegensatz in der* Dionysiaka *des Nonnos von Panopolis*, (Hypomnemata, 66), Göttingen 1981.
Finster, Barbara, „Arabien in der Spätantike. Ein Überblick über die kulturelle Situation der Halbinsel in der Zeit vor Muhammad", in: *Archäologischer Anzeiger* (1996): 287–319.
Fischer, A. „‚Tag und Nacht' im Arabischen und die semitische Tagesberechnung" in: *Abhandlungen der philologisch-historischen Klasse der Königlich Sächsischen Gesellschaft der Wissenschaften*, 27, Leipzig (1909): 739–758.
Flasch, Kurt, *Was ist Zeit?, Augustinus von Hippo, das XI. Buch der Confessiones, historisch-philosophische Studie: Text, Übersetzung, Kommentar*, Frankfurt 1993.
Fowden, Garth, *Empire to Commonwealth. Consequences of Monotheism in Late Antiquity*, Princeton 1993.
Fränkel, Hermann, *Wege und Formen frühgriechischen Denkens*, München 1955.
Fraser, P. M., *Ptolemaic Alexandria*, 3 Bde., Oxford 1972.
Frendo, David, „Wine for immortality and immortality for wine: reflections on the *Dionysiaka* of Nonnos of Panopolis", in: Elizabeth Jeffreys (Ed.), *Byzantine Style, Religion and Civilization.* In Honor of Sir Steven Runciman, Cambridge (2006): 275–289.
Fröbe-Kapteyn, O. (Hg.), *Mensch und Zeit.* Eranos – Jahrbuch 1951, Zürich 1952.
Fück, Johann, „Hellenismus und Islam", in: Ders., *Arabische Kultur und Islam im Mittelalter.* Ausgewählte Schriften. Hrsg. von Manfred Fleischhammer, Weimar (1981): 272–288.

Gabrieli, F., „ʿAdī b. Zaid", in: *EI*², I, 196a.
al-Ǧāḥiẓ, Abū ʿUṯmān, *Kitāb al-ḥayawān*, 7 Bde., hrsg. v. ʿAbd as-Salām M. Hārūn, Kairo 1965.

GAL = Brockelmann, Carl, *Geschichte der Arabischen Literatur.*

Gardet, Louis, „God in Islam“, in: *ER*, VI, 26–35.

GAS = Sezgin, Fuat, *Geschichte des arabischen Schrifttums*

Gawlikowski, Michael, „Hawarte. Excavations, 1999“, in: *Polish Archeology in the Mediterranean*, 11 (1999): 261–271.

al-Ġazālī, Abū Ḥāmid, *Tahāfut al-falāsifa*, hrsg. v. M. Bouyges, Beirut 1927.

–, *al-Munqiḏ min aḍ-ḍalāl*, hrsg. v. F. Jabre, Beirut 1969.

Geiger, Bernhard, „Die Muʿallaqa des Ṭarafa“, in: *WZKM*, 20 (1906): 37–80.

Gerleman, G., „דור *dōr* Generation“, in: Ernst Jenni, Claus Westermann (Hg.), *Theologisches Handwörterbuch zum Alten Testament*, 4. durchgesehene Aufl., Bd. I, München (1984): 443–445.

Gesenius, Wilhelm, *Hebräisches und Aramäisches Handwörterbuch über das Alte Testament*, 3 Bde., 18. Auflage, Hg. Herbert Donner, Berlin etc. 1995–2005.

Gibb, H. A. R., „The Structure of Religious Thought in Islam“, in: Stanford J. Shaw and William R. Polk (Hg.), *Studies on the Civilization of Islam*, London (1962): 176–218.

–, *Arabic Literature*, Oxford 1963.

Glay, Marcel le, „Aion“, in: *Lexicon Iconographicum Mythologiae Classicae*, Zürich und München (1981): Bd. I/1, 399–411 und Bd. I/2, 310–319.

Gloy, K., Mohn, J., u.a., „Zeit“, in: *TRE*, Bd. 36, hrsg. v. Gerhard Müller u.a., Berlin, New York (2004): 504–554.

Gnoli, Gherardo, „Zurvanism“, in: *ER*, XV: 595f.

Goethe, Johann Wolfgang von, *Kunst und Literatur. Goethes Werke*. Hamburger Ausgabe in 14 Bänden. Hrsg. von Erich Trunz. Bd. XII, München 1982.

Goitein, S. D., *Studies in Islamic History and Institutions*, Leiden 1968.

Goldziher, Ignaz, *Die Ẓāhiriten. Ihr Lehrsystem und ihre Geschichte*, Leipzig 1884.

–, *Muhammedanische Studien*, 2 Bde., Halle 1888. 2. Nachdr. der Ausg. Halle 1888: Hildesheim etc. 2004.

–, und Goichon, A. M., „Dahriyya“, *EI²*, II, 95–97.

Golega, Joseph, *Studien über die Evangeliendichtung des Nonnos von Panopolis. Ein Beitrag zur Geschichte der Bibeldichtung im Altertum*, Breslau 1930.

L. E. Goodmann, „The Greek Impact on Arabic Literature“, in: A.F.L. Beeston et al (Hg.), *The Cambridge History of Arabic Literature. Arabic Literature to the End of the Umayyad Period*, Cambridge (1983): 460–482.

–, „Time in Islam“, in: *Asian Philosophy*, 2 (1992): 3–19.

Grünebaum, Gustav von, *Die Wirklichkeitsweite in der früharabischen Dichtung*, Wien 1937.

–, „Zur Chronologie der früharabischen Dichtung“, in: *Orientalia*, 8 N.S. (1939): 328–345.

Grunebaum, Gustave E. von, „Pre-Islamic Poetry“, in: *MW*, 32 (1942): 147–153.

–, „The Response to Nature in Arabic Poetry“, in: *JNES*, 4 (1945): 137–151.

–, „Islam and Hellenism“, in: *Scientia* 44 (1950): 21–27, zugleich Kap. I in: Ders., *Islam and Medieval Hellenism: Social and Cultural Perspectives*. Variorum Reprints, London 1976.

–, *Medieval Islam: A Study in Cultural Orientation*, Chicago 1953.

–, „The Sources of Islamic Civilizations“, in: *Isl*, 46 (1970): 1–54, zugleich Kap. VII in: Ders., *Islam and Medieval Hellenism: Social and Cultural Perspectives*. Variorum Reprints, London 1976.

Günther, Sebastian, „Tag und Tageszeiten im Qur'ān“, in: Walter Belz und Sebastian Günther (Hg.), *Erlesenes*. Sonderheft der Halleschen Beiträge zur Orientwissenschaft anläßlich des 19. Kongresses der Union Européenne d'Arabisants et Islamisants, Halle (1998): 46–67.

al-Ǧurǧānī, ʿAlī, *at-Taʿrīfāt* (*Definitiones*), hrsg. v. G. Flügel, Leipzig 1845.

Gutas, Dimitri, *Greek thought, Arabic culture: the Graeco-Arabic translation movement in Baghdad and early ʿAbbāsid society (2nd-4th/8th-10th centuries)*, London etc. 1998.

Hamori Andras, *On the Art of Medieval Arabic Literature*, Princeton 1974.

al-Ḫansāʾ, *Diwan*, Beirut 1983.

al-Ḥāriṯ b. Ḥilliza, *Diwan*, hrsg. v. Ṭalāl Ḥarb, Beirut 1996.

Hartner, Willy, „Zamān“, in: *EI*[1], IV, 1307–1310.

Ḥasanain, Saiyid Ḥanafī, *aš-Šiʿr al-ǧāhilī*, Kairo 1981.

al-Hāšimī, Muḥammad ʿAlī, *ʿAdī b. Zaid al-ʿIbādī*, Aleppo 1967.

Ḥātim aṭ-Ṭāʾī, *Diwan*, Beirut 1401 H./1981.

Hawting, G. R., *The Idea of Idolatry and the Emergence of Islam. From Polemic to History*, Cambridge 1999.

–, „Oaths“, in: *EQ*, III, 561–566.

Hell, Joseph, *Einleitung über das Leben des Farazdaḳ*, Leipzig 1902.

–, *Neue Huḏailiten-Diwane*, 1. *Dīwān des Abū Ḏuʾaib*, Hannover 1926.

Heller, B. und Stillmann, N.A., „Luḳmān“, in: *EI*[2], V, 811f.

Henniger, Josef, „Über Sternkunde und Sternkult in Nord- und Zentralarabien“, in: *ZE*, 79 (1954): 82–117.

–, *Arabica sacra*, Göttingen 1981.

Henrich, Dieter und Iser Wolfgang (Hg.), *Funktionen des Fiktiven*, München 1983.

Henrichs, A., „Moira“, in: *Der Neue Pauly*, Bd. VIII, Stuttgart (2000): 340–343.

Hess, J. J., *Von den Beduinen des inneren Arabiens. Erzählungen, Lieder, Sitten und Gebräuche*, Zürich 1938.

Höfner, Maria, „Die vorislamischen Religionen Arabiens“, in: Hartmut Gese, Maria Höfner und Kurt Rudolf, *Die Religionen Altsyriens, Altarabiens und der Mandäer*. [*Die Religionen der Menschheit*. Hrsg. von Christel Matthias Schröder. Bd. X,2] Stuttgart u.a. (1970): 234–402.

Hopkinson, Neil, „Nonnos and Homer“, in: Ders. (Hg.), *Studies in the* Dionysiaca *of Nonnos* (= Cambridge Philological Society. Supplementary Vol. no. 17), Cambridge (1994): 156–166
–, *Greek Poetry of the Imperial Period*, Cambridge 1994.
Horovitz, Josef, *Koranische Untersuchungen*, Berlin 1926.
–, „Besprechung von Werner Caskel, *Das Schicksal in der altarabischen Poesie*“, in: *Isl*, 18 (1929): 251.
HSCP = Harvard Studies in Classical Philology.
Huart, Cl., „Kay Kā'ūs“, in: *EI²*, IV, 813.
Ḫulaif, Yūsuf, *aš-Šuʿarāʾ aṣ-ṣaʿālīk fī l-ʿaṣr al-ǧāhilī*, Kairo 1959.
al-Ḥuṭai'a, *Diwan*, hrsg. und komm. v. Abū Saʿīd as-Sukarrī, Beirut o. j.

Ibn ʿAbd Rabbihi, *al-ʿIqd al-farīd*, 7 Bde., Kairo 1302 H.
Ibn Ḫaldūn, ʿAbd ar-Raḥmān, *al-Muqaddima*, Beirut o.J.
Englische Übersetzung: Ibn Khaldûn, *The Muqaddimah*. An Introduction to History. Translated from the Arabic by Franz Rosenthal, 3 Bde., New York 1958.
Ibn Ḥanbal, Aḥmad b. Muḥammad, *al-Musnad*, 5 Bde., hrsg. v. A. M. Šākir, Kairo 1375 H./1955.
Ibn Hišām, Abū Muḥammad ʿAbd al-Malik, *as-Sīra n-nabawīya*, vier Teile in zwei Bänden, hrsg. v. W. b. M. b. Salāma und Ḥ. b. M. b. ʿUṯmān, Beirut 1422 H./ 2001.
Ibn al-Kalbī, Hišām b. M., *Kitāb al-aṣnām* (*Das Götzenbuch*), hrsg. v., Übersetzung mit Einleitung und Kommentar von Rosa Klinke-Rosenberger, Leipzig 1941.
Ibn Kaṯīr, Ismāʿīl, *Tafsīr al-Qur'ān al-ʿaẓīm*, 4 Bde., Beirut 1401 H.
Ibn an-Nadīm, Abū al-Faraǧ, *al-Fihrist*, 2 Bde., Kairo 1348 H. Englische Übersetzung: *The Fihrist of al-Nadīm. A Tenth-Century Survey of Muslim Culture*. ed. and trans. Bayard Dodge, 2 Bde., New York 1970.
Ibn Qaiyim al-Ǧauziya, Muḥammad b. Abi Bakr, *Zād al-maʿād*, 2 Bde., hrsg. v. Ṭaha ʿAbd ar-Ra'ūf Ṭaha, Miṣr 1970.
Ibn Qutaiba, Abū Muḥammad ʿAbdullāh, *Kitāb al-anwāʾ fī mawāsim al-ʿarab*, Ḥaidarabād 1956.
–, *Kitāb aš-šiʿr wa-š-šuʿarāʾ*, hrsg. v. Aḥmad M. Šākir, 2. Aufl. Kairo 1967.
Ibn Rašīq, Abū ʿAlī al-Ḥasan al-Qairawanī, *al-ʿUmda fī maḥāsin aš-šiʿr wa-ʾādābihi wa-naqdihi*, hrsg. v. M. M. ʿAbd al-Ḥamīd, Miṣr 1972.
Ibrāhīm, Ḥāriṯ (Hg.), *ar-Riwāya l-ʿarabīya li-(i)stišhād al-qiddīs Ḥāriṯ b. Kaʿb wa-rufaqā'ihi fī madīnat Naǧrān*, Balamand 2007.
Ibrāhīm, Muḥammad Ismāʿīl, *al-Qurʾān wa-iʿǧāzuhu l-ʿilmī*, Beirut o.J.
IC = Islamic Culture.
el-Id, Yumna, „The Aesthetics of Space and the Longing for the Lost City“, in: Angelika Neuwirth, Birgit Embalo, Sebastian Günther und Maher Jarrar

(Hg.), *Myths, Historical Archetypes and Symbolic Figures in Arabic Literature*, Beirut (1999): 71–84.

IG = *Inscriptiones Graecae, VII. Inscriptiones Megaridis, Oropiae, Boeotiae*, ed. Wilhelm Dittenberger. Berlin 1892.

IJMES = *International Journal of Middle East Studies.*

Imru' al-Qais, *Diwan*, hrsg. v. Muḥammad Riḍā Murūwa, Beirut 1993.

IOS = *Israel Oriental Studies.*

IS = *Islamic Studies.*

Iser, Wolfgang, „Das Fiktive im Horizont seiner Möglichkeiten. Eine Schlußbetrachtung", in: Dieter Henrich und Wolfgang Iser (Hg.), *Funktionen des Fiktiven*, München (1983): 547–557.

al-Iṣfahānī, Abū l-Faraǧ, *Kitāb al-aġānī*, 24 Bde., Kairo 1927–1961.

–, *Kitāb adab al-ġurabāʾ*, hrsg. v. Ṣalāḥ ad-Dīn al-Munaǧǧid, Beirut 1972.

Englische Übersetzung mit Einleitung und kommentierenden Anmerkungen: *The Book of Strangers. Medieval Arabic Graffiti on the Theme of Nostalgia.* Translated by Patricia Crone and Shmuel Moreh, Princeton 2000.

Isl = *Der Islam.*

Izutsu, Toshihiko, *God and Man in the Koran*, Tokio 1964.

JA = *Journal Asiatique.*

JAAR = *Journal of the American Academy or Religion.*

Jacob, Georg, *Altarabische Parallelen zum Alten Testament*, Berlin 1897.

–, *Altarabisches Beduinenleben*, 2. Aufl., Berlin 1897.

–, *Schanfarà-Studien*. 1. Teil: *Der Wortschatz der Lâmîja nebst Übersetzung und beigefügtem Text*, München 1914. 2. Teil: *Parallelen und Kommentar zur Lâmîja, Schanfarà-Bibliographie*, München 1915.

Jacobi, Renate, *Studien zur Poetik der altarabischen Qaṣīde*, Wiesbaden 1971.

–, „The Camel-Section of the panegyrical ode", in: *JAL*, 13 (1982): 1–22.

–, „Neue Forschungen zur altarabischen Qaṣide", in: *BO*, XL (1983): 5–16.

–, „Die Anfänge der arabischen Ġazalpoesie", in: *Isl*, 61 (1984): 218–250.

–, „Time and Reality in *nasīb* and *ghazal*", in: *JAL*, 16 (1985): 1–17.

–, „Die altarabische Dichtung (6.–7. Jahrhundert)", in: *Grundriß der arabischen Philologie*, Bd. II: *Literaturwissenschaft*, hrsg. v. Helmut Gätje, Wiesbaden (1987): 20–31.

–, „Die altarabische Dichtung (6.–7. Jahrhundert)", in: *Grundriß der arabischen Philologie*, Bd. III: *Supplement*, hrsg. v. Wolfdietrich Fischer, Wiesbaden (1992): 253–255.

–, „Besprechung von: A. Arazi, *La réalité et la fiction dans la poésie arabe ancienne*", in: *BO*, XLIX (1992): 531–537.

–, „Das Fiktive und das Imaginäre in der klassischen arabischen Dichtung", in: Stefan Leder (Hg.), *Story-telling in the framework of non-fictional Arabic literature*, Wiesbaden (1998): 20–33.

JAL = *Journal of Arabic Literature.*

Jeffery, Arthur, *Materials for the History of the Text of the Qur'ān*, Leiden 1937.

–, *The Foreign Vocabulary of the Qur'an*, Baroda 1938.

Jenni, Ernst, „Das Wort ‚*ʿolām*' im Alten Testament", in: *ZATW*, 64 (1952): 197–248 und 65 (1953): 1–35.

–, „עוֹלָם *ʿolām* Ewigkeit", in: G. Botterweck und H. Ringgren (Hg.), *Theologisches Wörterbuch zum Alten Testament*, Bd. II, Stuttgart (1984): 228–243.

– und Claus Westermann (Hg.), *Theologisches Handwörterbuch zum Alten Testament*, 2 Bde., 4. durchgesehene Aufl., München 1984.

JNES = *Journal of Near Eastern Studies.*

Johannes von Damaskus, *Writings*. Translated by Frederic H. Chase, Jr., New York 1958.

–, *Die Schriften des Johannes von Damaskus*, II, besorgt von Bonifatius Kotter, Berlin 1973.

Johannes von Gaza und Paulus Silentiarius, *Kunstbeschreibungen justinianischer Zeit*. Erläutert von Paul Friedländer, Leipzig und Berlin 1912.

Jones Hall, Linda, *Roman Berytus. Beirut in Late Antiquity*, London 2004.

Jones, Allan, *Early Arabic Poetry*. Bd. I: *Marāthī and Ṣuʿlūk poems*, Oxford 1992.

Jones, Christopher, „Nero Speaking", in: *HSCP*, 100 (2000): 453–461.

JRS = *Journal of Roman Studies.*

JSAI = *Jerusalem Studies in Arabic and Islam.*

JSS = *Journal of Semitic Studies.*

JTS = *Journal of Theological Studies.*

Junker, Heinrich F., „Über iranische Quellen der hellenistischen Aion-Vorstellung", in: *Vorträge der Bibliothek Warburg* hrsg. v. Fritz Saxl, Vorträge 1921–1922. Reprint: Nendeln/Lichtenstein Leipzig (1967): 125–178.

Kákosy, L., „Osiris-Aion", in: *Oriens Antiquus*, 3 (1964): 15–25.

Keizer, Helena Maria, *Life Time Eternity. A Study of AIΩN in Greek Literature and Philosophy, the Septuagint and Philo*. Dissertation, Amsterdam 1999.

Kennedy, Hugh, „Islam", in: G. W. Bowersock, Peter Brown und Oleg Grabar (Hg.), *Late Antiquity: A Guide to the postclassical World*, Cambridge MA etc. (1999): 219–237.

Kennedy, Philip, *The Wine Song in Classical Arabic Poetry. Abū Nuwās and the Literary Tradition*, Oxford 1997.

Kessler, Konrad, *Mani*, Berlin 1889.

Khalidi, Tarif, *Arabic Historical Thought in the Classical Period*, Cambridge 1994.

Khoury, Adel Theodor, *Der Koran. Arabisch-Deutsch. Übersetzung und wissenschaftlicher Kommentar.* 12 Bde. Gütersloh 1990–2001.

Kister, M. J., „The Seven Odes. Some Notes on the Compilation of the *Muʿallaqāt*", in: *RSO*, 44 (1970): 27–36.

–, „Labbayka, Allāhumma, Labbayka …“, in: *JSAI*, 2 (1980): 33–57.

Kitāb an-Naqā'iḍ: The Naḳā'iḍ of Jarir and al-Farazdaḳ, hrsg. v. Anthony A. Bevan, 3 Bde., Leiden 1905–1912.

Klocker, Sabine Thalia, *There should be one grave opposite the other: Blutrache-praxis bei den Beduinen in Nordarabien*, Hamburg 1996.

Knysh, A., „Months“, in: *EQ*, III, 409–414.

Köhler, L. und Baumgartner, W., *Hebräisches und Aramäisches Lexicon zum Alten Testament*, 5 Bde., 3. Auflage, Leiden 1967–1995. Supplementband, 1996.

Kopf, L., „Arabische Etymologien und Parallelen zum Bibelwörterbuch“, in: *VT*, 8 (1958): 161–215.

Kosegarten, G., *The Hudsailian Poems in Arabic and English*, vol. I, London 1854.

Kowalski, T., „A contribution to the authenticity of the Dīwān of as-Samaw'al“, in: *Archiv Orientalni*, 3 (1931): 156–161.

Kraus, Paul (Hg.), *Razis Opera Philosophica*, Kairo 1939.

Krone, Susanne, *Die altarabische Gottheit al-Lāt*, Frankfurt am Main etc. 1992.

Kulber, George, *The Shape of Time*, New Haven und London 1962.

Kunitzsch, Paul, „Sun“, in: *EQ*, V, 162f.

Labīd b. Rabīʿa, *Diwan*, Beirut o.J.

Lackeit, Conrad, *Aion. Zeit und Ewigkeit in Sprache und Religion der Griechen*, Königsberg 1916.

Landau-Tasseron, Ella, „Tribes and Clans“, in: *EQ*, V, 363–368.

Lane, = Edward W. Lane, *An Arabic-English Lexicon*, Book I, Part 1–8, London-Edinburgh 1863–1893.

Lavagne, Henri, „Remarques sur l'Aion de la mosaïque de Sentinum“, in: Yvette Duval (Hg.), *Mosaique Romaine Tardive*, Paris (1982): 27–40.

Leitzke, Eckhard, *Moira und Gottheit im alten griechischen Epos*, Göttingen 1930.

Levi, Doro, „Aion“, in: *Hesperia*, 13 (1944): 269–314.

Lewy, Hans, *Chaldean Oracles and Theurgy*, Paris 1978.

Lexikon zu den Dionysiaka des Nonnos, hrsg. von einer Arbeitsgruppe des Instituts für Klassische Philologie an der Martin-Luther-Universität Halle-Wittenberg unter Leitung von Werner Peek, Bd. I-IV, Hildesheim 1968–1975.

Lichtenstädter, Ilse, „Das *Nasīb* der altarabischen *Qaṣīde*“, in: *Islamica*, 5 (1932): 17–96.

–, „Altarabische Literatur“, in: *Neues Handbuch der Literaturwissenschaft*, hrsg. von Klaus von See, Bd. V: *Orientalisches Mittelalter*, hrsg. von Wolfhart Heinrichs. Wiesbaden (1990): 142–165.

LIMC = *Lexicon Iconographicum Mythologiae Classicae*, hrsg. v. Jean Charles Balty, Bd. I-IX mit Teilbänden, Zürich, München 1881–1999.

Lisān = Abū al-Faḍl Ǧamāl ad-Dīn M. b. Mukarram b. Manẓūr, *Lisān al-ʿarab*, 15 Bde, Beirut (1955–1956).

Littmann, Enno, *Semitic Inscriptions*, 4 Bde., Leiden 1914–1949.

Luxenberg, Christoph, *Die syro-aramäische Lesart des Koran: ein Beitrag zur Entschlüsselung der Koransprache*, Berlin 2000.

Lyall, Sir Charles, *The Poems of ʿAmr Son of Qamīʾah*, Cambridge 1919.

–, *The Mufaḍḍalīyāt*, Vol. I. Arabic Text. Oxford 1921; *The Mufaḍḍalīyāt*, Vol. II. Translation and Notes, Oxford 1918.

Lyons, M.C., *Identification and Identity in Classical Arabic Poetry*, E.J.W. Gibb Memorial Trust, Warminster, 1999.

Macdonald, D. B., „Allāh", in: *EI*[1], I, 316–327.

Machut-Mendecka, Ewa, „The Desert Near the Threshold (Forms of Time and Space in Islamic Culture)", in: *Studia Arabistyczne i Islamistyczne*, 8 (2000): 33–43.

al-Maḥallī, Ǧalāl ad-Dīn und as-Suyūṭī, Ǧalāl ad-Dīn, *Tafsīr al-ǧalālain*, Kairo o.J.

Manchester, Peter, *The Syntax of Time. The Phenomenology of Time in Greek Physics and Speculative Logic from Iamblichus to Anaximander*, Leiden etc. 2005.

Mark Aurel, *The Meditations of the Emperor Marcus Antoninus*. Edited with Translation and Commentary by A. S. L. Farquharson, Oxford 1944.

al-Marzūqī, Abū ʿAlī, *Kitāb al-azmina wa-l-amkina*, Beirut 1996.

Matériaux pour un Corpus Inscriptionum Arabicarum, Institut Français d'Archéologie Orientale, Bd. Iff., Kairo 1954ff.

al-Māturīdī, Abū Manṣūr, *Kitāb at-tauḥīd*, hrsg. v. F. Ḫulaif, Beirut 1970.

al-Mausūʿa š-šiʿrīya, CD-ROM Edition, Cultural Foundation Abu Dhabi 2003.

Meimaris, Yiannis, „The Arab (Hijra) era mentioned in Greek inscriptions and papyri from Palestine", in: *Graeco-Arabica*, 3 (1984): 177–189.

Merkelbach, Reinhold, *Mithras. Ein persisch-römischer Mysterienkult*, Wiesbaden 1998.

Meyer, Egbert, *Der historische Gehalt der Aiyām al-ʿArab*, Wiesbaden 1970.

Midrash Rabbah, hrsg. v. Harry Freedman, 2 Bde., London 1951.

Misch, Georg, *Geschichte der Autobiographie*. Zweiter Band: *Das Mittelalter*. Erster Teil: *Die Frühzeit*. Erste Hälfte. 2. Auflage, 1969.

Moberg, A., „Nasīʾ", in: *EI*[2], VII, 977.

Monroe, James T., „Oral Composition in pre-Islamic poetry", in: *JAL*, 3 (1972): 1–53.

Müller, Gottfried, *Ich bin Labīd und das ist mein Ziel. Zum Problem der Selbstbehauptung in der altarabischen Qaside*, Wiesbaden 1981.

Müller, Kathrin, *Der Beduine und die Regenwolke: Ein Beitrag zur Erforschung der altarabischen Anekdote*. Bayerische Akademie der Wissenschaften Philosophisch-Historische Klasse, Sitzungsberichte Jahrgang 1994, Heft 5, München 1994.

al-Mufaḍḍal aḍ-Ḍabbī, *al-Mufaḍḍalīyāt*, hrsg. v. Aḥmad Muḥammad Šākir und ʿAbd as-Salām M. Hārūn, 3. Aufl., Kairo 1964.

al-Muhalhil b. Rabīʿa, *Diwan*, hrsg. v. Ṭalāl Ḥarb, Beirut 1996.

MW = *The Moslem World.*

an-Nābiġa aḏ-Ḏubyānī, *Diwan*, hrsg. v. Karam al-Bustānī, Beirut o.J.

Nagel, Tilman, *Alexander der Große in der frühislamischen Volksliteratur*, Walldorf-Hessen 1978.

–, *Der Koran: Einführung – Texte – Erläuterungen*, München 1983.

an-Naḥḥās, Abū Ǧaʿfar Aḥmad b. Muḥammad, *Šarḥ al-qaṣā'id at-tisʿ al-mašhūrāt*, 2 Bde., hrsg. v. Aḥmad Ḫaṭṭāb, Bagdad 1973.

an-Naisābūrī, Abū l-Ḥusain Muslim b. al-Ḥaǧǧāǧ al-Qušairī, *Ṣaḥīḥ Muslim*, 5 Bde., hrsg. v. Muḥammad Fu'ād ʿAbd al-Bāqī, Kairo 1374/1955.

an-Nawawī, Abū Zakarīyā Yaḥyā, *Šarḥ an-Nawawī ʿalā ṣaḥīḥ Muslim*, 18 Bde., Beirut 1972/ 1392 H.

Netton, I. R., „Nature as Signs", in: *EQ*, III, 528–536.

Neuwirth, Angelika, *Studien zur Komposition der mekkanischen Suren*, Berlin 1981.

–, „Zur Relevanz der einleitenden Schwurserien für die Suren der frühmekkanischen Zeit", in: Udo Tworuschka (Hg.), *Gottes ist der Orient, Gottes ist der Okzident. Festschrift für Abdoljavad Falaturi zum 65. Geburtstag*, Wien (1991): 3–39.

–, „Vom Rezitationstext über die Liturgie zum Kanon. Zu Entstehung und Wiederauflösung der Surenkomposition im Verlauf der Entwicklung eines islamischen Kultus", in: Stefan Wild (Hg.), *The Qur'an as Text*, Leiden (1996): 69–105.

–, „Erzählen als Kanonischer Prozeß – Die Mose-Erzählung im Wandel der koranischen Geschichte", in: Rainer Brunner, Monika Gronke, Jens Peter Laut und Ulrich Rebstock, (Hg.), *Islamstudien ohne Ende. Festschrift für Werner Ende zum 65. Geburtstag*, Würzburg (2002): 323–344.

Nicholson, R. A., *A Literary History of the Arabs*, Cambridge 1956.

Nielsen, Ditlef, *Handbuch der altarabischen Altertumskunde*, Paris-Kopenhagen-Leipzig, Bd. I 1927.

Nilsson, Martin P., *Primitive Time-Reckoning*, London etc. 1920.

–, *Geschichte der griechischen Religion*. Bd. I: *Die Religion Griechenlands bis auf die griechische Weltherrschaft*, 3. durchges.u. ergän. Aufl., München 1967. Bd. II: *Die hellenistische und römische Zeit*, 2. durchges.u. ergän. Aufl., München 1961.

Nock, Arthur Darby, „A Vision of Mandulis Aion", in: *The Harvard Theological Review*, 27 (1934): 53–104.

Nöldeke, Theodor, *Beiträge zur Kenntnis der Poesie der alten Araber*, Hannover 1864.

–, *Geschichte der Perser und Araber zur Zeit der Sasaniden*. Aus der arabischen Chronik des Tabari übersetzt und mit ausführlichen Erläuterungen und Ergänzungen versehn, Leyden 1879.

–, „Besprechung von: Friedrich Delitzsch, *Prolegomena eines neuen hebräisch-aramäischen Wörterbuchs zum Alten Testament*", in: *ZDMG*, 40 (1886): 718–743.

–, „Besprechung von: Julius Wellhausen, *Reste arabischen Heidentums*", in: *ZDMG*, 41 (1887): 707–726.

–, *Fünf Moʿallaqāt*, übersetzt und erklärt, I-III, Wien 1899–1901.

–, „Arabs (Ancient)", in: *Encyclopædia of Religion and Ethics*, Bd. I, hrsg. v. James Hastings, New York (1908): 659–673.

– und Schwally, Friedrich, *Geschichte des Qorāns*. Erster Teil. *Über den Ursprung des Qorāns*, Leipzig 1909. Rep. Hildesheim 2005.

–, „Umaija b. AbiṣṢalt", in: *ZA*, 27 (1912): 159–172.

–, →ʿUrwa b. al-Ward, *Die Gedichte des ʿUrwa ibn Alward*

Nonni Panopolitani Dionysiaca. Recognovit Rudolfus Keydell. 2 Bde., Berlin 1959.

Nonnos von Panopolis, *Die Dionysiaka des Nonnos*. Deutsch von Thassilo von Scheffer, 2 Bde., München 1929.

–, *Dionysiaca*. With an English translation by H. J. Rose and notes on text criticism by L. R. Lind, 3 Bde., Cambridge MA 1940.

an-Nuwaihī, Muḥammad, *aš-Šiʿr al-ǧāhilī. Manhaǧ fī dirāsatihi wa-taqwīmihi*, 2 Bde., Kairo 1966.

Ogawa, H., „The Concept of Time in the Mithraic Mysteries", in: J. T. Fraser, N. Lawrence und D. Park (Hg.), *The Study of Time*, III, New York etc. (1978): 658–679.

O'Leary, D. L., *Arabia before Muhammad*, London 1927.

Oppenheim, Max Freiherr v., *Die Beduinen*. Bde. I-II. Unter Mitbearbeitung von E. Bräunlich und W. Caskel, Leipzig 1939–1943. Bde. III-IV. Bearbeitet von W. Caskel, Wiesbaden 1952–1968.

Orelli, Conrad, *Die hebräischen Synonyma der Zeit und Ewigkeit genetisch und sprachvergleichend dargestellt*, Leipzig 1871.

Otto, W. F., *Die Götter Griechenlands*, Bonn 1929.

Owen, E. C. E., „αἰών and αἰώνιος", in: *JTS*, 37 (1936): 265–283 und 390–404.

Paret, Rudi, *Kommentar und Konkordanz*, 2. Aufl., Stuttgart u.a. 1977.

Parrish, David, „Annus-Aion in Roman Mosaics", in: Yvette Duval (Hg.), *Mosaique Romaine Tardive*, Paris (1982): 11–26.

–, „The Mosaic of Aion and the seasons from Haïdra (Tunisia): An Interpretation of its Meaning and Importance", in: *AT*, 3 (1995): 167–191.

Pellat, Ch., „anwā'", in: *EI*², I, 523f.

Perceval, Caussin de, „Notes on the Arab Calendar Before Islam", in: *IC*, 21 (1947): 135–153 (von L. Nobiron besporgte englische Übersetzung des 1843 in *JA* veröffentlichten Aufsatzes „Memoires Sure Le Calendrier Arab Avant L'Islamisme").

Pettazzoni, Raffaele, *Essays on the History of Religions*, Leiden 1954.

Pindar, *Odes*. Ed. and trans. by William Race, Cambridge, MA 1997.

Pines, Shlomo, *Beiträge zur islamischen Atomlehre*, Berlin 1936.

–, „Jāhiliyya and ʿilm", in: *JSAI*, 13 (1990): 175–194.

Pingree, D. und Rodinson, M., „al-Ḳamar", in: *EI*², IV, 517–519.

Platon, *Werke in acht Bänden*, griechisch und deutsch, hrsg. von Gunther Eigler, Darmstadt 1977.

Plessner, Helmut, „Über die Beziehung der Zeit zum Tode", in: O. Fröbe-Kapteyn (Hg.), *Mensch und Zeit*. Eranos – Jahrbuch 1951, Zürich (1952): 349–386.

Plotin, *Über Ewigkeit und Zeit. Enneade III, 7*. Übers., eingeleitet und kommentiert von Werner Beierwaltes, Frankfurt 1967.

Potts, Daniel T., „Trans-Arabian Routes of the Pre-Islamic Period", in: F.E. Peters (Hg.), *The Arabs and Arabia on the Eve of Islam*, Aldershot (1999): 45–80.

Priestly, J.B., *Man and Time*, London 1964.

Procksch, Otto, *Über die Blutrache bei den vorislamischen Arabern und Mohammeds Stellung zu ihr*, Leipzig 1899.

Proclus, *The Elements of Theology*. A revised Text with Translation, Introduction and Commentary by E. R. Dodds. 2. Aufl., Oxford 1963.

Puech, Henri-Charles, „Gnosis and Time", in: *Man and Time*. Papers from the Eranos Yearbooks, New York (1957): 38–84.

Puin, Gerd-R., „Leuke Kome / Laika, die Arser / Aṣḥāb al-Rass und andere vorislamische Namen im Koran: Ein Weg aus dem ‚Dickicht'?", in: Karl-Heinz Ohlig und Gerd-R. Puin (Hg.), *Die dunklen Anfänge: Neue Forschungen zur Entstehung und frühen Geschichte des Islam*, Berlin (2005): 317–340.

Quet, Marie-Henriette, „La Mosaïque dite d'Aiôn de Shahba-Philippopolis, Philippe l'Arabe, et la Conception Hellène de l'Ordre du Monde, en Arabie, à l'aube du Christianisme", in: *CCGG*, 10 (1999): 269–330.

Qur'ān: *Der Koran*, Übersetzung von Rudi Paret, 5. Aufl., Stuttgart u.a. 1989.

Der edle Qur'ān und die Übersetzung seiner Bedeutungen in die deutsche Sprache. Übers. ʿAbdullāh aṣ-Ṣāmit, Frank Bubenheim und Nadeem Elias, al-Madīna al-Munauwara 1422 H.

al-Qurṭubī, Abū ʿAbdillāh Muḥammad b. Aḥmad al-Anṣārī, *al-Ǧāmiʿ li-aḥkām al-Qurʾān*, 20 Bde., hrsg. v. Aḥmad al-Bardūnī, Kairo 1372 H.

Quṭb, Saiyid, *Fī ẓilāl al-Qurʾān*, 8 Bde. Beirut 1391 H./1971.

Quṭrub, Abū ʿAlī Muḥammad b. al-Mustanīr, *Kitāb al-azmina wa-talbiyat al-ǧāhilīya*, Beirut 1985.

ar-Rabīʿ b. az-Ziād, *Diwan*, hrsg. v. ʿĀdil al-Baiyātī, Bagdad 1968.
Rahman, Fazlur, *Major Themes of the Qur'ān*, 2. Aufl., Minneapolis 1994.
ar-Rāzī, Faḫr ad-Dīn Muḥammad b. ʿUmar, *at-Tafsīr al-kabīr au mafātiḥ al-ġaib*, 32 Bde., Beirut 1411 H./1990.
Reisner, M., „The Life of the Text and the Fate of Tradition. III: Interpretation of pre-Islamic Calendar Festivals in Classical Persian Poetry of the 10th–12th Centuries (By the Example of *Nawrūz*)", in: *Manuscripta Orientalia*, 10 (2004): 34–42.
Ribichini, Sergio, „Quelques Remarques sur le ‚Temps' Phénicien", in: F. Briquel-Chatonnet und H. Lozachmeur (Hg.), *Proche-Orient Ancien Temps Vécu, Temps Pensé*, Paris (1998): 99–119.
Ringgren, Helmer, *Fatalism in Persian Epics*, Uppsala und Wiesbaden 1952.
–, *Studies in Arabic Fatalism*, Uppsala und Wiesbaden 1955.
–, „Islamic Fatalism", in: Helmer Ringgren (Hg.), *Fatalistic Beliefs in Religion, Folklore, and Literature*, Stockholm (1967): 52–62.
Rodinson, Maxime, „L'Espace et le Temps chez les Anciens Arabes [Première partie: Le Temps]", in: *Matériaux Arabes et Sudarabiques – Groupe d'Études de Linguistique et de Littérature Arabes et Sudarabiques*, N.S. 8 (1997): 13–77.
Rosenthal, Franz, *A History of Muslim Historiography*, 2. Aufl., Leiden 1968.
–, *„Sweeter than Hope": Complaint and Hope in Medieval Islam*, Leiden 1983.
–, „Nasab", in: *EI*², VII, 967f.
–, „History and the Qur'ān", in: *EQ*, II, 428–442.
RSO = *Rivista degli Studi Orientali.*
Rückert, Friedrich, *Hamāsa oder die ältesten arabischen Volkslieder, gesammelt von Abu Temmām*, 2 Bde. Bearbeitet von Wolfdietrich Fischer, Göttingen 2004.
Rudolph, Kurt, „Die Anfänge Moḥammeds im Lichte der Religionsgeschichte", in: Ders., R. Heller et al. (Hg.), *Festschrift Walter Baetke. Dargebracht zu seinem 80. Geburtstag am 28. März 1964*, Weimar (1966): 298–326.
aṣ-Ṣāʾiġ, ʿAbd al-Ilāh, *az-Zaman ʿinda š-šuʿarāʾ al-ʿarab qabla l-Islām*, Bagdad 1986.
Sahlins, M. D., *Tribesmen*, Englewood Cliffs 1968.
–, „Die segmentäre Lineage: zur Organisation räuberischer Expansion" in: K. Eder (Hg.), *Seminar: Die Entstehung von Klassengesellschaften*, Frankfurt am Main (1973): 114–152.
aš-Šahrastānī, Abū l-Fatḥ Muḥammad, *al-Milal wa-n-niḥal*, hrsg. v. ʿAbd al-Laṭīf M. al-ʿĪd, Kairo 1977.
Šaiḫū, Lūwīs, *Šuʿarāʾ an-Naṣrānīya qabla l-Islām*, 2. Aufl. Beirut 1967.

aṣ-Ṣalībī, Kamāl Sulaimān, „Al-Iṭār al-ḫāriǧī li-ǧāhilīyat al-ʿarab", in: *Pre-Islamic Arabia*, hrsg. v. Abdelgadir M. Abdalla a. o., Riad (1404 H./1984): Arabic Section: 313–329.

as-Samauʾal b. ʿĀdiyāʾ, *Diwan*, hrsg. v. W. aṣ-Ṣamad, Beirut 1996.

Sambursky, S. und Pines, S., *The Concept of Time in Late Neoplatonism*. Texts with Translation, Introduction and Notes, Jerusalem 1971.

Sartre, Maurice, *The Middle East under Rome*, Cambridge, MA 2005.

Sasse, H., „αἰών", in: *Theologisches Wörterbuch zum Neuen Testament*, hrsg. v. Gerhard Kittel u.a., Stuttgart (1949): 205f.

Ṣāwī, ʿAbdullāh Ismāʿīl, *Šarḥ dīwān al-Farazdaq*, Kairo 1354/1936.

Sayar, Mustafa, Siewert, Peter und Taeubner, Hans, *Inschriften aus Hierapolis-Kastabala* (= Sitzungsberichte der Österreichischen Akademie der Wissenschaften, Phil.-hist. Kl., 547. Bd.), Wien 1989.

SBAW = Situngsberichte der (Kaiserl.) Akademie der Wissenschaften, phil.-hist. Classe, Wien.

Schacht, J. und Ettinghausen, R., „Hilāl", in: *EI*², III, 379–385.

Schaeder, Heinrich H., „Der iranische Zeitgott und sein Mythos", in: *ZDMG*, 95 (1941): 268–299.

Schäfer, Peter (Hg.), *The Talmud Yerushalmi and Graeco-Roman Culture*, 3 Bde., Tübingen 1998–2002.

Scheftelowitz, Isidor, *Die Zeit als Schicksalsgottheit in der indischen und iranischen Religion*, Stuttgart 1929.

Schmid, Wolfgang, „Ein Tag und der Aion. Betrachtungen zu Ciceros Doxologie der Philosophia", in: *Wort und Text*. Festschrift für Fritz Schalk, hrsg. von Harri Meier und Hans Sckommodau, Frankfurt (1963): 14–33.

Schoeler, Gregor, „Die Anwendung der oral poetry-Theorie auf die arabische Literatur", in: *Isl*, 58 (1981): 205–236.

Schrameier, W. L., *Ueber den Fatalismus der vorislamischen Araber*, Bonn 1881.

Schulthess, Friedrich, „Umaija b. Abi-ṣ-Ṣalt", in: Carl Bezold (Hg.), *Orientalische Studien. Theodor Nöldeke zum siebzigsten Geburtstag*, Gieszen (1906): 71–89.

–, *Umajja b. Abi ṣ-Ṣalt*. Die unter seinem Namen überlieferten Gedichtfragmente ges. und übers. v. F. Schultheß, Leipzig 1911.

Seidensticker, Tilman, „The Authenticity of the Poems ascribed to Umayya Ibn Abī aṣ-Ṣalt", in: J. R. Smart (Hg.), *Tradition and Modernity in Arabic Language and Literature*, Richmond 1996: 87–101.

Sezgin, Fuat (Hg.), *Geschichte des arabischen Schrifttums*, Bd. Iff., Leiden 1967ff.

Shahîd, Irfan, *The Martyrs of Najrān: New Documents*, Brussels 1971.

–, *Byzantium and the Arabs in the fourth century,* Washington D.C. 1984.

–, *Byzantium and the Semitic Orient before the rise of Islam*, London 1988.

–, *Byzantium and the Arabs in the fifth century,* Washington D.C. 1989.

–, *Byzantium and the Arabs in the sixth century,* Washington D.C. 1995.
–, *Byzantium and the Arabs. Late Antiquity,* 2 Bde., Bruxelles 2006.
Shaikh, Fazlur Rehman „The Veracity of the Arab Pagan Calendar", in: *IC*, 71 (1997): 41–69.
Shaked, Shaul, „The Myth of Zurvan: Cosmogony and Eschatology", in: I. Grunewald, S. Shaked und G. G. Stroumsa (Hg.), *Messiah and Christos: Studies in the Jewish Origins of Christianity Presented to David Flusser,* Tübingen (1992): 219–240.
–, *Dualism in Transformation*, London 1994.
–, „Cosmic Origins and Human Origins in the Iranian Cultural Milieu", in: Ders. (Hg.), *Genesis and Regeneration*, Jerusalem (2005): 210–222.
Shaki, Mansour, „Dahrī I (In Middle Persian Literature)", in: *Encyclopedia Iranica*, VI, 587b.
Shamsi, F. A., „Perceval's Reconstruction of the pre-Islamic Arab Calendar", in: *IS*, 37 (1998): 354–369.
aš-Šanfarā, *Diwan*, mit den Gedichten as-Sulaiks, hrsg. v. Ṭalāl Ḥarb, Beirut 1996.
Sharon, Moshe, *Corpus Inscriptionum Arabicarum Palaestinae*, 2 Bde., Leiden 1997–2004.
Shorrock, Robert, *The Challange of Epic. Allusive Engagement in the* Dionysiaca *on Nonnos*, Leiden etc. 2001.
Smith, G. R., „Oath in the Qur'an", in: *Semitics*, 1 (1970): 126–156.
Smith, R. R. R., *The Monument of C. Julius Zoilos*, Mainz am Rein 1993.
Smith, Sidney, „Events in Arabia in the 6th Century A.D.", in: *BSOAS*, 16 (1954): 425–468.
Sorabji, Richard, *Time, Creation and the Continuum. Theories in Antiquity and the Early Middle Ages*, Ithaca 1983.
Spectorsky, Susan A., „Sufyān b. ʿUyayna", in: *EI²*, IX, 772.
Speidel, Michael P., „Exercitus Arabicus", in: *Latomus*, 33 (1974): 934–939.
–, „The Roman Army in Arabia", in: H. Temporini und W. Haase (Hg.), *Aufstieg und Niedergang der römischen Welt*, II. 8, Berlin etc. (1977): 2002–2115.
Sprenger, A., „Über den Kalender der Araber vor Moḥammed", in: *ZDMG*, 13 (1859): 134–175.
Stern, Sacha, *Time and Progress in Ancient Judaism*, Oxford 2003.
Stetkevych, Jaroslav, *The* Zephyrs *of* Najd. *The Poetics of Nostalgia in the Classical Arabic* Nasīb, Chicago 1993.
Stewart, F. H., „Tha'r", in: *EI²*, X, 442.
Surty, Muhammad Ibrahim H., *The Qur'anic Concept of al-Shirk (Polytheism)*, London 1982.
Synesios von Kyrene, *Hymnen*, eingeleitet, übersetzt und kommentiert von Joachim Gruber und Hans Strohm, Heidelberg 1991.

Ta'abbaṭa Šarran, *Diwan*, hrsg. v. Ṭalāl Ḥarb, Beirut 1993.
aṭ-Ṭabarī, Abū Ǧaʿfar Muḥammad b. Ǧarīr, *Ǧāmiʿ al-bayān ʿan ta'wīl al-Qur'ān*, 30 Bde., Beirut 1405 H.
–, *Tarīḫ al-umam wa-l-mulūk*, 5 Bde., Beirut 1407 H.
at-Tabrīzī, al-Ḫaṭīb, *Šarḥ al-qaṣā'id al-ʿašr*, 2 Bde., hrsg. v. Faḫr ad-Dīn Qabāwa, Aleppo 1969.
Ṭarafa b. al-ʿAbd, *Diwan*, hrsg. v. Karam al-Bustānī, Beirut o.J.
el-Tayib, Abdulla, „Pre-Islamic Poetry", in: A. F. L. Beeston et al. (Hg.), *The Cambridge History of Arabic Literature. Arabic Literature to the end of the Umayyad period*, Cambridge (1983): 27–113.
Teixidor, Javier, *The Pagan God. Popular Religion in the Greco-Roman Near East*, Princeton 1977.
Theunissen, Michael, *Pindar: Menschenlos und Wende der Zeit*, München 2000.
–, *Schicksal in Antike und Moderne*, München 2004.
Thilo, Ulrich, *Die Ortsnamen in der altarabischen Poesie: ein Beitrag zur vor- und frühislamischen Dichtung und zur historischen Topographie Nordarabiens*, Wiesbaden 1958.
Thomson, William, „The conception of human destiny in Islam", in: *MW*, 35 (1945): 281–299.
TRE = *Theologische Realenzyklopädie*, hrsg. v. Gerhard Krause, Siegfried Schwertner und Gerhard Müller, 37 Bde., Berlin, New York 1977–2005.
Trimingham, J. Spencer, *Christianity among the Arabs in Pre-Islamic Times*, London/Beirut 1979.

Ullmann, Manfred, *Das Gespräch mit dem Wolf*. Beiträge zur Lexikographie des klassischen Arabisch Nr. 2, Bayerische Akademie der Wissenschaften philosophisch-historische Klasse: Sitzungsberichte Heft 2. München 1981.
ʿUrwa b. al-Ward, *Die Gedichte des ʿUrwa ibn Alward*, herausgegeben, übersetzt und erläutert von Theodor Nöldeke, Göttingen 1863.

Varisco, D. M., „Moon", in: *EQ*, III, 414–416.
Vermaseren, Maarten Jozef, *Corpus Inscriptionum et Monumentorum Religionis Mithriacae*, 12 Bde., Hague 1956–1960.
–, *Mithras. Geschichte eines Kultes*, Stuttgart 1965.
Vian, Francis, *L'épopée posthomérque*. Recueil d'études, édité par Domenico Accorinti, Alessandria 2005.
Vries, Simon de, *Yesterday, Today and Tomorrow. Time and History in the Old Testament*, London 1975.
VT = *Vetus Testamentum.*

Wagner, Ewald, *Grundzüge der klassischen arabischen Dichtung*: Bd. I: *Die altarabische Dichtung*, Darmstadt 1987. Bd. II: *Die arabische Dichtung in islamischer Zeit*, Darmstadt 1988.

Wansbrough, John, *Quranic Studies*, London 1977.

Watt, W. M., *Free Will and Predestination in Early Islam*, London 1948.

–, *Muhammad at Mecca*, Oxford 1953.

–, „Belief in a ‚High God' in Pre-Islamic Mecca", in: *JSS*, 16 (1971): 35–40.

–, „Pre-Islamic Arabian Religion", in: *IS*, 15 (1976): 73–79.

–, „Ḥanīf", in: *EI²*, III, 165f.

–, „Al-Ḥudaybiya", in: *EI²*, III, 539.

Wehr = Hans Wehr, *Arabisches Wörterbuch für die Schriftsprache der Gegenwart*, 5. Auflage. Unter Mitwirkung von Lorenz Kropfitsch, Wiesbaden 1985.

Weinrich, Otto, „Aion in Eleusis", in: *AR*, 19 (1918): 174–190.

Weizsäcker, P., „Moira", in: W. H. Roscher, *Ausführliches Lexikon der griechischen und römischen Mythologie*, Bd. 3. Reprografischer Nachdruck der Ausgabe Leipzig 1894–1897. Hildesheim (1965): 3084–3102.

Welch, Alford T., „Allah and Other Supernatural Beings: The Emergence of the Qur'anic Doctrine of *tawhid*", in: *JAAR*, thematic issue, 47 (1979): 733–753.

Wellhausen, Julius, *Lieder der Hudhailiten*, in: *Skizzen und Vorarbeiten*, I, Berlin 1884. Photomechanischer Nachdruck, Berlin 1985.

–, *Reste altarabischen Heidentums*, Berlin 1887. Abdruck: Berlin 1961.

–, *Skizzen und Vorarbeiten* IV, Berlin 1889. Nachdruck: Berlin 1985.

Wensinck, Arent J., *Concordance et indices de la tradition musulmane*, 8 Bde., Leiden 1943–1988.

West, Martin L., *Early Greek Philosophy and the Orient*, Oxford 1971.

Widengren, Geo, *Die Religionen Irans*, Stuttgart 1965.

Wilamowitz-Moellendorff, Ulrich von, *Der Glaube der Hellenen*, 2 Bde., Berlin: Bd. I, 1931, Bd. II, 1932.

–, *Hellenistische Dichtung*, 2. verbesserte Auflage, Berlin 1962.

WKAS = *Wörterbuch der klassischen arabischen Sprache*, hrsg. von der Deutschen Morgenländischen Gesellschaft, bearbeitet von Manfred Ullmann, Bd. I, II, Wiesbaden 1970, 1972ff.

Wochenmark, Joseph, *Die Schicksalsidee im Judentum*, Stuttgart 1933.

Wolff, Phillip, *Muallakat*, Rotweil 1857.

Wolfson, Harry A., *The Philosophy of the Church Fathers*. Third edition revised, Cambridge, MA 1970.

Wüstenfeld, Ferdinand., *Genealogische Tabellen der arabischen Stämme und Familien*, 2 Bde., Göttingen 1852–1853.

WZKM = *Wiener Zeitschrift für die Kunde des Morgenlandes.*

ZA = *Zeitschrift für Assyriologie.*

Zaehner, R. C., *Zurvan. A Zoroastrian Dilemma*, Oxford 1955.

–, *The Dawn and Twilight of Zoroastrianism*, London 1961.

az-Zamaḫšarī, Abū l-Qāsim Maḥmūd b. ʿUmar, *al-Kaššāf ʿan ḥaqāʾiq at-tanzīl wa-ʿuyūn al-aqāwīl fī wuǧūh at-taʾwīl*, 3 Bde., Kairo 1367 H./1948.

ZATW = *Zeitschrift für die alttestamentliche Wissenschaft.*

az-Zauzanī, Abū ʿAbdillāh al-Ḥusain b. Aḥmad, *Šarḥ al-muʿallaqāt as-sabʿ*, Beirut 1973.

ZDMG = *Zeitschrift der Deutschen Morgenländischen Gesellschaft.*

ZE = *Zeitschrift für Ethnologie.*

Zepf, Max, „Der Gott Αἰών in der hellenistischen Theologie“, in: *AR*, 25 (1927): 225–244.

Zuhair b. Abī Sulmā, *Diwan*, hrsg. v. Karam al-Bustānī, Beirut o.J.

Zuntz, Günter, „Aion Plutonios“, in: *Hermes*, 116 (1988): 291–303.

–, *Aion, Gott des Römerreichs* (= Abhandlungen der Heidelberger Akademie der Wissenschaften, Phil.-hist. Kl., Jg. 1989, 2. Abh.), Heidelberg 1989.

–, *AIΩN im Römerreich* (= Abhandlungen der Heidelberger Akademie der Wissenschaften. Phil.-hist. Kl., Jg. 1991, 3. Abh.), Heidelberg 1991.

–, *AIΩN in der Literatur der Kaiserzeit*, (= Wiener Studien. Beiheft 17), Wien 1992.

Zwettler, Michael, *The Oral Tradition of Classical Arabic Poetry*, Columbus, Ohio 1978.

Index der behandelten und berücksichtigten Koranverse

Personenindex

Sachindex